EBS 중학

뉴런

| 영어 3 |

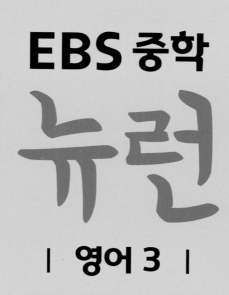

Main Book

| 기획 및 개발 |

최서윤 주여정 허진희 김단 김설현 양성심

| 집필 및 검토 |

정운경(신반포중) 김순천(덕수중) 염지선(구현고) 이지애(고양중) 주민혜(선린인터넷고)

| 검토 |

고미라(상경중) 유현주(언남중) 이수열(세종국제고) 우은정(상일여고) 조옥현(모락고) Robin Klinkner(서울과학기술대) Colleen Chapco(홍익대)

교재 정답지, 정오표 서비스 및 내용 문의   EBS 중학사이트 교재학습자료 교재 / 서비스 메뉴

EBS 중학

뉴런

| 영어 3 |

Main Book

Structure 이 책의 구성과 특징

Main Book

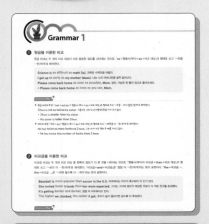

Grammar

중학교 3학년에서 학습하기에 적합한 문법 요소 체계적으로 정리하여 학습할 수 있도록 하였습니다.

Grammar Practice

Grammar에서 학습한 내용을 간단한 연습 문제로 점검해 볼 수 있도록 하였습니다.

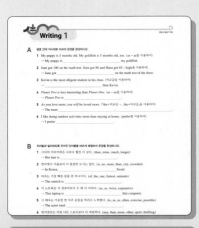

Writing

Grammar에서 학습한 문법 요소들을 활용한 실제적인 문장 쓰기 연습을 통해 서술형 평가에 대비하도록 하였습니다.

Reading

Grammar의 문법 요소들이 포함된 읽기 자료를 다양한 유형의 문제와 함께 제시하여 영어로 읽고 이해하는 능력과 이해한 것을 표현하는 능력을 향상하도록 하였습니다.

Vocabulary

접미사와 접두사, 다의어, 반의어, 유의어, 구동사 등 어휘들을 항목화하여 제시하고 간단히 점검해 봄으로써 보다 쉽고 체계적으로 어휘력을 확장할 수 있도록 하였습니다.

수행평가

3개 유닛마다 학습한 모든 문법 요소들을 활용한 실용적인 글쓰기 연습을 통해 과정 중심 쓰기 수행평가에 대비하도록 하였습니다.

Workbook

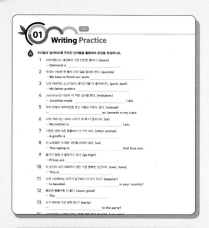

Writing Practice

메인북 해당 유닛의 문법 요소를 적용한 문장 쓰기 연습 문제를 통해 학습한 문법을 표현적 관점에서 다시 점검하고 자동화할 수 있도록 하였습니다.

Actual Test

학교 시험에서 실제로 출제되는 다양한 문법 문제를 풀어 봄으로써 내신을 대비할 수 있도록 구성하였습니다.

Mini Book

정답과 해설

Reading 어휘 연습

Reading의 읽기 자료와 함께 학습한 주요 어휘를 우리말 문장 속에서 부담 없이 복습할 수 있게 구성하였습니다.

Vocabulary 어휘 목록

Vocabulary의 어휘를 항목별로 제시함으로써 어휘력을 효율적으로 확장할 수 있도록 하였습니다.

정답 또는 예시 답안, 해석, 풍부한 내용의 해설을 제시하여 학습자 스스로, 혼자서 학습하는 것을 돕도록 하였습니다.

Contents 이 책의 차례

Unit	Grammar 1	Grammar 2	Vocabulary	Page
01 비교	원급을 이용한 비교	최상급을 이용한 비교	숫자를 나타내는 표현	6
			여러 가지 뜻을 가진 단어	
	비교급을 이용한 비교	원급, 비교급을 활용한 최상급 의미 표현	out이 들어간 동사구	
02 시제	과거 *vs.* 현재완료	must have＋과거분사(p.p.)	성격을 나타내는 단어	18
			여러 가지 뜻을 가진 단어	
	과거완료	should have＋과거분사(p.p.)	반대되는 뜻을 가진 단어	
03 의문문	부가의문문	간접의문문: 의문사가 있는 경우	비슷한 뜻을 가진 단어	30
			여러 가지 뜻을 가진 단어	
	선택의문문	간접의문문: 의문사가 없는 경우	'명사＋ed'의 표현	
수행평가				
04 대명사	all	other, another	'자격, 정신적 특성'을 뜻하는 -ship	44
			'기간, 시절, 신분, 정신적 특성'을 뜻하는 -hood	
	every, each	one, it	'～주의, ～특성'을 뜻하는 -ism	
05 접속사(1)	both *A* and *B*	either *A* or *B*	'나쁜, 잘못된'을 뜻하는 mis-	56
			'～사이에, ～간에'를 뜻하는 inter-	
	not only *A* but also *B*	neither *A* nor *B*	사람을 나타내는 -ant, -or	
06 접속사(2)	결과를 나타내는 「so ... that ~」	「명령문, and」와 「명령문, or」	'아래로'를 뜻하는 de-	68
			주체를 나타내는 -er, -or *vs.* 객체를 나타내는 -ee	
	목적을 나타내는 「so that ~」	접속부사	'아래'를 뜻하는 sub-(변화형 sup-)	
수행평가				

Unit	Grammar 1	Grammar 2	Vocabulary	Page
07 가정법	가정법	I wish+가정법 과거	'～밖의, ～을 넘어서'를 뜻하는 extra- (변화형 extro-)	82
			'～밖으로'를 뜻하는 ex-	
	가정법 과거	as if+가정법 과거	come이 들어간 동사구	
08 관계사	관계부사 when	관계대명사의 계속적 용법	'～론, ～설, ～학, ～과학' 등을 뜻하는 -(o)logy	94
			명사와 동사의 형태가 같은 단어	
	관계부사 where	관계부사의 계속적 용법	look이 들어간 동사구	
09 수동태	능동태와 수동태	목적어가 두 개인 문장의 수동태	부정을 나타내는 in-, im-, ir-	106
	다양한 시제의 수동태	조동사가 있는 문장의 수동태		
수행평가				
10 분사	분사의 종류와 역할	분사구문의 형태	'전부, 완전히'를 뜻하는 al-	120
	사역동사/지각동사+ 목적어+분사	분사구문의 다양한 의미	'바깥쪽'을 뜻하는 out-	
11 일치와 수식	수 일치	명사를 뒤에서 수식하는 경우	'하나, 하나로 된'을 뜻하는 uni-	132
			높이, 길이, 넓이 등을 나타내는 형용사와 명사	
	시제 일치	형용사를 수식하는 to부정사	형용사를 명사로 바꾸는 -ce	
12 도치와 강조	Here+동사+주어	조동사 do를 이용한 강조	'더 높이, 위로, 꼭대기로'를 뜻하는 up-	144
	so+동사+주어	「It ~ that ...」 강조구문	'너무 많이'를 뜻하는 over-	
수행평가				

Unit

01

비교

Grammar 1

❶ 원급을 이용한 비교

❷ 비교급을 이용한 비교

Grammar 2

❶ 최상급을 이용한 비교

❷ 원급, 비교급을 활용한 최상급 의미 표현

Grammar 1

❶ 원급을 이용한 비교

원급 비교는 두 개의 비교 대상이 서로 동등한 정도를 나타내는 것으로, 「as+형용사/부사+as+비교 대상」의 형태로 쓰고 '~만큼 …한/하게'로 해석한다.

> **Science is** as difficult as **math (is).** 과학은 수학만큼 어렵다.
> **I get up** as early as **my mother (does).** 나는 나의 어머니만큼 일찍 일어난다.
> **Please come back home** as soon as possible, **Mom.** 엄마, 가능한 한 빨리 집으로 돌아오세요.
> = **Please come back home** as soon as you can, **Mom.**

Grammar Plus ➕

■ 원급 비교의 부정: 「not+as[so]+형용사/부사+as+비교 대상」의 형태로 쓰고 '~만큼 …하지 않은/않게'로 해석한다.

Jihun is not as tall as his sister. 지훈이는 그의 누나[여동생]만큼 키가 크지 않다.

= Jihun is smaller than his sister.

= His sister is taller than Jihun.

■ 배수의 표현: 「배수+as+형용사/부사+as+비교 대상」의 형태로 쓰고 '~배만큼 더 …한/하게'로 해석한다.

He has twice as many books as I have. 그는 내가 가진 책의 두 배를 가지고 있다.

= He has twice the number of books that I have.

❷ 비교급을 이용한 비교

비교급 비교는 두 개의 비교 대상 중 한쪽의 정도가 더 큰 것을 나타내는 것으로, 「형용사/부사의 비교급+than+비교 대상」의 형태로 쓰고 '~보다 더 …한/하게'로 해석한다. 「비교급+and+비교급」은 '점점 더 ~한/하게'라는 뜻의 표현이다. 「the+비교급 ~, the+비교급 …」은 '~하면 할수록 더 …하다'라는 뜻의 표현이다.

> **Baseball is** more popular than **soccer in the U.S.** 미국에서는 야구가 축구보다 더 인기 있다.
> **She invited** fewer **friends** than **her mom expected.** 그녀는 그녀의 엄마가 예상한 것보다 더 적은 친구를 초대했다.
> **It's getting** darker and darker. 점점 더 어두워지고 있어.
> The higher **we climbed,** the colder **it got.** 우리가 높이 올라가면 갈수록 더 추워졌다.

Grammar Plus ➕

■ prefer A to B는 'B보다 A를 더 좋아하다'라는 표현으로 like A more than B의 뜻이다.

I prefer watching movies to playing tennis. 나는 테니스 치는 것보다 영화 보는 것이 더 좋아.

■ 비교급 앞에 much/even/still/far/a lot을 써서 비교급을 강조할 수 있으며, '훨씬 더 ~한/하게'라는 뜻이다.

This game is much more interesting than that one. 이 게임이 저것보다 훨씬 더 재미있어.

Grammar Practice 1

A 괄호 안에서 알맞은 말을 고르시오.

1 It's getting (cold / colder) and colder.

2 She tried to run as (fast / faster) as possible.

3 You can speak Chinese as (well / good) as Mei.

4 He is not (so / more) popular as his sister.

B 괄호 안의 단어를 알맞은 형태로 고쳐 쓰시오.

1 He spent _____(little) money today than yesterday.

2 Can you dance _____(well) than me?

3 The _____(early) he gets up, the fresher he feels.

4 The backpack is even _____(heavy) than the suitcase.

C 밑줄 친 부분을 어법에 맞게 고쳐 쓰시오.

1 English is as <u>easier</u> as math.

→ _____

2 My computer is <u>very more expensive</u> than yours.

→ _____

3 He prefers climbing mountains <u>than swimming</u>.

→ _____

4 My father is <u>as three times old</u> as me.

→ _____

D 두 문장의 뜻이 같도록 빈칸에 알맞은 말을 쓰시오.

1 The science exam is not as difficult as the English exam.

= The English exam is _____ _____ _____ the science exam.

2 As we grow older, we become wiser.

= The _____ we grow, _____ _____ we become.

3 Jessy has more dogs than Alisa.

= Alisa has _____ dogs _____ Jessy.

4 Nick tried to get up as early as possible.

= Nick tried to get up _____ early as _____ _____.

A

1. 「비교급＋and＋비교급」 점점 더 ~한

2. as ~ as possible 가능한 한 ~한/하게

3. well은 부사이고 good은 형용사이다.

• popular 인기 있는

B

2. 대화체에서는 흔히 than 다음에 주격 I 대신에 목적격 me를 쓴다.

4. even은 비교급 앞에 쓰면 '훨씬'이라는 뜻이다.

C

2. yours는 your computer를 나타낸다.

D

2. 접속사 as는 '~함에 따라' 또는 '~하면서'라는 뜻이다.

3. many의 비교급은 more(더 많은)이고, few의 비교급은 fewer(더 적은)이다.

4. as ~ as possible은 as ~ as one can으로 바꿔 쓸 수 있다. 이때 one은 주절의 주어를 가리키는 대명사를 쓰고, can은 주절의 시제에 따라 can 또는 could로 쓴다.

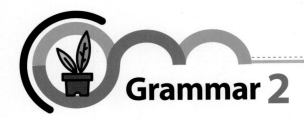

1 최상급을 이용한 비교

최상급 비교는 셋 이상을 비교하여 정도가 가장 큰 것을 나타내는 것으로, 「(the) 형용사/부사의 최상급」의 형태로 쓰고 뒤에는 흔히 「in+장소/집합명사」 또는 「of+복수명사」를 써서 비교 범위나 대상을 나타낸다. 부사의 최상급 앞에서는 흔히 the를 생략한다.

> **The Nile is** the longest **river in the world.** 나일강은 세계에서 가장 긴 강이다.
> **Who is** the best-dressed **person of them?** 그들 중 누가 가장 옷을 잘 입는 사람이니?
> **My baby sister gets up** earliest **in my family.** 내 아기 여동생이 나의 가족 중에서 가장 일찍 일어난다.
> **Antoni Gaudi was one of** the greatest **architects in Spain.**
> Antoni Gaudi는 스페인의 가장 위대한 건축가 중 한 명이었다.

 **Grammar Plus**

■ 최상급을 나타내는 형용사의 수식을 받는 명사 뒤에 (that) I've ever seen[heard/visited/...]의 관계대명사절을 넣어 최상급의 의미를 더 강하게 나타낼 수 있다.

This is the most beautiful city I've ever seen. 이곳은 내가 여래까지 보아 온 가장 아름다운 도시이다.

2 원급, 비교급을 활용한 최상급 의미 표현

원급이나 비교급을 활용하여 최상급의 의미를 나타낼 수 있다.

> **Health is** the most **important (thing) of all.** 건강은 모든 것 중에서 가장 중요하다.
> **Health is** more **important** than any other thing. 건강은 다른 어떤 것보다 더 중요하다.
> **Nothing is** more **important** than health. 건강보다 더 중요한 것은 없다.
> **Nothing is** as **important** as health. 건강만큼 중요한 것은 없다.

 **Grammar Plus**

■ 원급, 비교급을 활용하여 최상급의 의미를 나타내는 문장 중 부정주어로 시작하는 구문의 주어는 「no (other)+명사」로 표현한다.

Janghun is the tallest student in my class. 장훈이는 나의 반에서 키가 가장 큰 학생이다.

= No (other) student in my class is taller than Janghun. 나의 반의 어떤 학생도 장훈이보다 키가 더 크지 않다.

= No (other) student in my class is as tall as Janghun. 나의 반의 어떤 학생도 장훈이만큼 키가 크지 않다.

Grammar Practice 2

A 그림을 보고, 괄호 안에서 알맞은 말을 고르시오.

• scary 무서운

1  2  3  4

1 Burj Khalifa is the world's (taller / tallest) building.

2 *Timer* is one of the scariest (movie / movies) I've ever seen.

3 The Nile is longer (as / than) any other river in the world.

4 No animal at this zoo is (heavier / heaviest) than that elephant.

B 괄호 안의 단어를 최상급으로 고쳐 쓰시오.

• delicious 맛있는

1 This is one of the _____(delicious) foods at this restaurant.

2 Yesterday was the _____(hot) day of the year.

3 I think Mr. K is the _____(good) singer in his group.

C 밑줄 친 부분을 어법에 맞게 고쳐 쓰시오.

• moment 순간
• useful 유용한

1 When was the <u>baddest</u> moment in your life?

→ _____

2 Russia is <u>largest</u> than any other country in the world.

→ _____

3 No class is <u>most useful</u> as Chef Jo's cooking class.

→ _____

D 두 문장의 뜻이 같도록 빈칸에 알맞은 말을 쓰시오.

• snail 달팽이
• subject 과목

1 The snail has the most teeth of all animals.

= No animal has more _____.

2 Math is the most difficult subject to me.

= Math is _____.

3 No painter is more famous than Vincent van Gogh.

= No _____.

Writing 1

A 괄호 안의 지시대로 비교의 문장을 완성하시오.

1 My puppy is 5 months old. My goldfish is 5 months old, too. (as ~ as를 이용하여)
→ My puppy is _____ my goldfish.

2 Jane got 100 on the math test. Sora got 90 and Hana got 65. (high를 이용하여)
→ Jane got _____ on the math test of the three.

3 Kevin is the most diligent student in his class. (비교급을 이용하여)
→ _____ than Kevin.

4 *Planet Two* is less interesting than *Planet One*. (as ~ as를 이용하여)
→ *Planet Two* is _____.

5 As you love more, you will be loved more. (「the+비교급 ~, the+비교급」을 이용하여)
→ The more _____, _____.

6 I like doing outdoor activities more than staying at home. (prefer를 이용하여)
→ I prefer _____.

B 우리말과 일치하도록 주어진 단어들을 바르게 배열하여 문장을 완성하시오.

1 그녀의 머리카락은 나보다 훨씬 더 길다. (than, mine, much, longer)
→ Her hair is _____.

2 한국에서 서울보다 더 혼잡한 도시는 없다. (is, no, more, than, city, crowded)
→ In Korea, _____ Seoul.

3 타조는 가장 빠른 동물 중 하나이다. (of, the, one, fastest, animals)
→ The ostrich is _____.

4 이 노트북은 저 컴퓨터보다 두 배 더 비싸다. (as, as, twice, expensive)
→ This laptop is _____ that computer.

5 그 배우는 가능한 한 자주 운동을 하려고 노력했다. (to, as, as, often, exercise, possible)
→ The actor tried _____.

6 번지점프는 어떤 다른 스포츠보다 더 짜릿하다. (any, than, more, other, sport, thrilling)
→ Bungee jumping is _____.

Writing 2

A 자전거 광고에 나온 정보를 보고, 〈보기〉의 단어를 활용하여 문장을 완성하시오.

이름	Giant Wheel Elite	Carbon M5	Pro Ruz C
제조 연도	2019	2019	2017
무게	13 kg	10 kg	13 kg
가격	$499	$3,100	$2,100

┤ 보기 ├

old　　　new　　　heavy　　　light　　　cheap　　　expensive

1　The Giant Wheel Elite is the _____ of the three bikes.

2　The Pro Ruz C is _____ of the three bikes.

3　The Pro Ruz C is as _____.

4　The Carbon M5 is lighter and more _____ the Giant Wheel Elite.

5　No bike is _____ the Carbon M5.

B 교실 풍경을 보고, 대상들을 비교하는 문장을 완성하시오.

1　Jessy is as _____ Micky.

2　Hans has _____ backpack of the three.

3　Puzzle A looks _____ Puzzle B.

4　No student has _____ lollipops _____ Jacky has.

Reading 1

   Andy Warhol was one of the most important artists of the 20th century. In his early years, Warhol tried to find a way to become as popular as more well-known artists of the day. An art gallery owner suggested that Warhol paint a can of Campbell's soup. <u>He did.</u> Instead of using an actual can of soup as his guide, however, Warhol used images from a magazine to paint a huge soup can. Once it was hung in an art gallery, the painting interested many people because it was so different. Warhol took a common product and turned it into art.

1 Andy Warhol에 대한 설명으로 글의 내용과 일치하지 <u>않는</u> 것은?

① 20세기 가장 중요한 예술가 중 한 명이었다.

② 초창기에 인기를 얻고 싶어 했다.

③ Campbell's의 수프 깡통을 실제 크기와 똑같이 그렸다.

④ 그의 그림은 남달랐다.

⑤ 평범한 제품을 예술로 승화시켰다.

2 윗글의 밑줄 친 **He did.**의 내용을 영어로 쓰시오.

_____

Words & Phrases

century 명 세기	gallery 명 화랑, 미술관	owner 명 소유주, 주인
suggest 통 제안하다	instead of ~ 대신에	actual 형 실제의
guide 명 안내, 지침	image 명 영상, 이미지	huge 형 거대한
once 접 일단 ~하면, ~하자마자	hang 통 걸다	common 형 평범한, 공통의
product 명 제품		

Reading 2

When my daughter was very small, she had very advanced language skills. I wasn't surprised at all when she asked me, "Daddy, (A) what's *density*?" She didn't pronounce it quite correctly, but I loved hearing her small voice attempting ⓐ this grown-up word.

It was ⓑ a real challenging word. I tried to figure out how to explain ⓒ this difficult concept to such a young child. I tried explaining ⓓ the word with toy blocks. She listened very carefully through ⓔ the explanation which was much longer than explaining easier words. Finally I asked, "Now do you know what density is?" She replied, "I don't think so." I asked why she wanted to know about density. "Well," she said slowly, "I just wondered what it means when we sing *I am the Lord of the Dance, said he.*"

1 윗글의 밑줄 친 **(A) what's density?**에 대해 글쓴이가 이해한 내용과 딸이 묻는 의도가 각각 무엇인지 설명하시오.

(1) 글쓴이가 이해한 내용

→ _____

(2) 딸이 묻는 의도

→ _____

     _____

2 윗글의 밑줄 친 ⓐ~ⓔ 중 가리키는 것이 나머지 넷과 **다른** 것은?

① ⓐ   ② ⓑ   ③ ⓒ   ④ ⓓ   ⑤ ⓔ

Words & Phrases

advanced 형 앞선, 진보한
pronounce 동 발음하다
attempt 동 시도하다
explain 동 설명하다
reply 동 대답하다

skill 명 기술, 기능, 솜씨
quite 부 꽤, 상당히
challenging 형 도전적인
concept 명 개념
wonder 동 궁금해하다

density 명 밀도
correctly 부 정확하게
figure out ~을 알아내다
explanation 명 설명

Vocabulary

1. 숫자를 나타내는 표현

cent(i)- 100, 백 century 세기 centipede 지네	milli- 1000분의 1 millimeter 밀리미터 millennium 천 년
kilo- 1000, 천 kilometer 킬로미터 kilogram 킬로그램	bi- 2, 둘 bicycle (두발) 자전거 biweekly 격주의, 주 2회의
tri- 3, 셋 triangle 삼각형 triathlon 철인 3종 경기	quadr- / quart- 4, 넷 quadruple 4배로 만들다 quarter 4분의 1
penta- 5, 다섯 pentagon 오각형 pentagram 별표	hexa- 6, 여섯 hexagon 육각형
sept- 7, 일곱 septangle 칠각형	oct(a)- 8, 여덟 octagon 팔각형 octopus 문어, 낙지

2. 여러 가지 뜻을 가진 단어

can 몡 깡통, 통조림 콩 통조림: a _____ of beans	can 조 ~할 수 있다 넌 그것을 풀 수 있어.: You _____ solve it.
pretty 혱 예쁜 예쁜 인형: a _____ doll	pretty 뷔 상당히, 꽤 상당히 비싼: _____ expensive
mean 됭 의미하다 무슨 뜻이니?: What does it _____ ?	mean 혱 비열한 너무 비열하게 굴지 마라.: Don't be so _____ .
story 몡 이야기 무서운 이야기: a scary _____	story 몡 (건물의) 층 30층 건물: a 30- _____ building
block 몡 블록, 사각형 덩어리 얼음 한 조각: a _____ of ice	block 됭 막다, 차단하다 창문을 막다: _____ the window

3. out이 들어간 동사구

figure out 알아내다, 이해하다, 계산해 내다
We could _____ _____ how to play this game. 우리는 이 게임을 어떻게 하는지 알아낼 수 있었다.

put out (불을) 끄다
He helped to _____ _____ the fire. 그는 불을 끄는 것을 도왔다.

carry out 수행하다, 실행하다
They tried to _____ _____ their original plan. 그들은 원래 계획을 실행하려고 노력했다.

come out 나오다, 출시되다, 발간되다
His new book will _____ _____ next Friday. 그의 새 책은 다음 금요일에 출간될 것이다.

hang out (with) (~와) 많은 시간을 보내다, 어울리다
I sometimes _____ _____ with my friends after school. 나는 가끔 방과 후에 내 친구들과 어울린다.

Voca Checkup

A 우리말은 영어로, 영어는 우리말로 쓰시오.

1 격주의 _____
2 문어 _____
3 비열한 _____
4 알아내다 _____
5 차단하다 _____

6 pentagon _____
7 century _____
8 come out _____
9 carry out _____
10 millennium _____

B 빈칸에 알맞은 말을 넣어 문장을 완성하시오.

1 It's a _____ to five. (5시 15분 전이야.)
2 I feel _____ good. (난 상당히 기분이 좋아.)
3 The firefighters tried their best to _____ the fire. (소방관들은 불을 끄려고 최선을 다했다.)
4 I _____ with Sora every day. (난 매일 소라와 시간을 보낸다.)
5 My school is a 5-_____ building. (나의 학교는 5층 건물이다.)

정답 A 1. biweekly 2. octopus 3. mean 4. figure out 5. block 6. 오각형 7. 세기 8. 나오다, 출시되다 9. 수행하다, 실행하다 10. 천 년
B 1. quarter 2. pretty 3. put out 4. hang out 5. story

Unit 02

시제

Grammar 1

① 과거 *vs.* 현재완료

② 과거완료

Grammar 2

① must have＋과거분사(p.p.)

② should have＋과거분사(p.p.)

Grammar 1

❶ 과거 vs. 현재완료

과거시제는 과거의 어느 시점에 있었던 일을 나타낸다. 현재완료시제는 과거에서부터 현재까지 이르는 일을 나타낼 때 사용한다. 즉, 현재완료는 과거에 시작된 일이 현재 계속되거나 완료된 상황, 과거부터 현재까지의 경험을 말할 때, 과거의 일에 대한 결과가 현재에 영향을 미치는 경우에 사용한다.

> **Beethoven** composed **nine symphonies during his life.** 베토벤은 그의 일생 동안 9개의 교향곡을 작곡했다.
> ▶ 과거 사실 기술
>
> **Mr. Purple** has composed **nine songs over three years.** Purple 씨는 3년이 넘는 동안 9개의 노래를 작곡해 왔다.
> ▶ 3년 전부터 현재까지의 계속된 동작
>
> **My sister** was **in Canada last week.** 나의 언니(누나/여동생)는 지난주에 캐나다에 있었다. ▶ 과거 사실 기술
>
> **She** has been **to Canada twice.** 그녀는 캐나다에 두 번 다녀왔다. ▶ 현재까지의 경험

 **Grammar Plus**

■ 자주 함께 사용되는 표현

과거시제＋yesterday / last ~ / ~ ago / just now ...

현재완료시제＋for / since / just / already / yet ...

My uncle left for Daegu just now. 나의 삼촌은 방금 전에 대구로 떠났다.

The train has just left the station. 기차는 막 역을 떠났다.

■ 주의할 표현: since는 과거를 나타내는 부사구나 절 앞에 쓰인다. 단, since로 시작하는 부사구나 절을 포함하는 문장은 현재완료시제로 쓴다.

She has been sick since three days ago. 그녀는 3일 전부터 (계속) 아팠다.

❷ 과거완료

과거완료는 과거의 어느 시점보다 앞서 일어난 일이나 그 시점까지의 완료, 결과, 계속, 경험을 나타내며 「had＋과거분사」의 형태로 쓴다.

> **When I got there, the party** had already finished**.** 내가 그곳에 도착했을 때, 파티는 이미 끝났었다.
> ▶ 과거 어느 시점까지의 동작의 완료
>
> **My brother** had slept **for ten hours then.** 그때 나의 형(오빠/남동생)은 10시간 동안 잤다.
> ▶ 과거 어느 시점까지의 동작의 계속
>
> **She lost the bag her father** had bought **on her birthday.** 그녀는 아빠가 그녀의 생일에 사 주었던 가방을 잃어버렸다.
> ▶ 과거 어느 시점보다 더 이전에 일어난 일, 대과거

 **Grammar Plus**

■ 접속사 before, after는 전후 관계를 분명하게 나타내는 말로 먼저 일어난 일이라 할지라도 과거완료시제 대신에 과거시제를 많이 쓴다.

She washed her hands before she had breakfast. 그녀는 아침을 먹기 전에 손을 씻었다.

Grammar Practice 1

A 괄호 안에서 알맞은 말을 고르시오.

1 I (traveled / have traveled) to Gyeongju last month.

2 She (has not / did not) done her work yet.

3 Where (were you / have you been) since I saw you last?

4 When I came home, my brother (has / had) already eaten all the cake.

A

• yet (부정문에서) 아직

B 괄호 안의 단어를 알맞은 형태로 고쳐 쓰시오.

1 Jina _____(finish) making pizza just now.

2 When I woke up, my mother _____(go, just) to work.

3 I _____(live) with my grandparents since I was born.

4 My father _____(read, already) the novel three times when I first read it.

B

1, 2. just now는 과거시제에 쓰고, just는 완료시제에 쓴다.

• wake up 일어나다

• novel 소설

C 빈칸에 동사 **see**의 알맞은 형태를 쓰시오.

1 **2**  **3** **4**

1 Last Saturday, my family hiked up Seoraksan and _____ the wonderful landscape below.

2 I said, "I have never _____ such a beautiful view."

3 My dad said he _____ the landscape from the top twice.

4 Right then, I _____ my old friend near the biggest rock by chance.

C

• landscape 경치, 풍경

• right then 바로 그때

• by chance 우연히

D 두 문장의 뜻이 같도록 완료시제를 이용하여 문장을 완성하시오.

1 I lost my cell phone, so I don't have it now.

= I _____ my cell phone.

2 I visited Jejudo when I was 7 and 12.

= I _____ Jejudo twice.

3 The plane left on time and I got to the airport late.

= The plane _____ when I got to the airport.

D

• on time 정각에

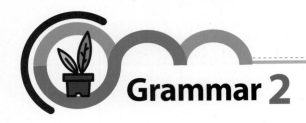

Grammar 2

① must have+과거분사(p.p.)

「must have+과거분사(p.p.)」는 과거에 일어난 일에 대한 강한 확신, 추측을 나타내는 표현으로 '~했음에(이었음에) 틀림없다'라는 뜻이다.

> Emma must have passed the audition. Emma는 오디션을 통과했음에 틀림없다.
> My friend must have broken the promise. 나의 친구가 그 약속을 어겼던 게 틀림없다.
> He must have played games all day long. 그는 하루 종일 게임을 했음에 틀림없다.
> (→ It's certain that he played games all day long.)

Grammar Plus ✚

- 「cannot have+과거분사(p.p.)」는 과거에 일어난 일에 대한 강한 부정의 추측을 나타내고 '~했을(이었을) 리가 없다'라는 뜻이다.
  The 5-year-old child cannot have told a lie. 그 다섯 살 아이가 거짓말을 했을 리가 없다.
- 「may have+과거분사(p.p.)」는 약한 추측의 표현으로 '~했을지도(이었을지도) 모른다'라는 뜻이고, 부정형인 「may not have+과거분사(p.p.)」는 '~하지 않았을지도(아니었을지도) 모른다'라는 뜻이다.
  He may have gotten up late. 그는 늦게 일어났을지도 모른다.
  (→ Perhaps he got up late. 아마도 그는 늦게 일어났을 것이다.)
  She may not have missed the bus. 그녀는 버스를 놓치지 않았을지도 모른다.

② should have+과거분사(p.p.)

「should have+과거분사(p.p.)」는 과거에 하지 않은 일에 대한 후회나 유감을 나타내는 표현으로 '~했었어야 했는데'라는 뜻이다.

> You should have been more careful. 너는 좀 더 조심했었어야 했는데.
> (→ It's a pity that you were not more careful. 네가 더 조심하지 않았던 게 유감이다.)
> I should have brought some water. 나는 물을 좀 가져왔었어야 했는데.
> (→ I regret that I didn't bring some water. 나는 물을 좀 가져오지 않았던 것을 후회한다.)

Grammar Plus ✚

- 「shouldn't have+과거분사(p.p.)」는 과거에 한 일에 대한 후회나 유감을 나타내는 표현으로 '~하지 말았어야 했는데'라는 뜻이다.
  You shouldn't have made fun of her. 너는 그녀를 놀리지 말았어야 했다.
  (→ I am sorry you made fun of her. 네가 그녀를 놀렸던 것이 나는 유감이다.)

Grammar Practice 2

A 자연스러운 대화가 되도록 괄호 안에서 알맞은 말을 고르시오.

1 A: I feel cold.

B: You (must / should) have worn a warm sweater.

2 A: I have a stomachache.

B: You (should / shouldn't) have eaten so much pizza.

3 A: I think Steve took the last cookie.

B: He (must / cannot) have taken the last cookie. He wasn't even here.

B 빈칸에 알맞은 말을 〈보기〉에서 골라 쓰시오.

> ┤ 보기 ├
>
> must   cannot   should   shouldn't

1 John didn't study hard for the exam. He _____ have got a good grade on it.

2 Rosy hurt her ankle biking. She _____ have fallen off her bike.

3 Oh, my goodness! My computer crashed. I _____ have backed up my files.

C 자연스러운 문장이 되도록 밑줄 친 부분을 바르게 고쳐 쓰시오.

1 She became a famous cook. She cannot have practiced cooking hard.

→ _____

2 I have a cold. I should have played basketball in the rain.

→ _____

3 You saw Joe this morning? No way, you cannot see him. He went to Singapore yesterday.

→ _____

D 두 문장의 뜻이 같도록 조동사를 이용하여 문장을 완성하시오.

1 I'm sure it rained last night.

= It _____ rained last night.

2 I regret I didn't practice dancing more.

= I _____ dancing more.

3 It's a pity she made a mistake during her presentation.

= She _____ a mistake during her presentation.

A
- worn wear(입다)의 과거분사형
- sweater 스웨터
- stomachache 복통

B
- ankle 발목
- crash (컴퓨터가) 고장 나다, 갑자기 서 버리다

C
- famous 유명한

D
- regret 후회하다
- pity 유감
- make a mistake 실수하다
- presentation 발표

Writing 1

A 우리말과 일치하도록 주어진 단어들을 활용하여 문장을 완성하시오.

1 3일째 비가 왔다. (rain, for)

→ It _____ .

2 당신은 얼마나 오랫동안 여기 머물렀습니까? (stay here)

→ How long _____ ?

3 나의 언니는 방금 음악을 틀었다. (start, just now)

→ My sister _____ .

4 나는 그때 그에게 거짓말을 하지 말았어야 했다. (tell)

→ I _____ a lie then.

5 그녀는 역사에 관심이 있었던 것이 틀림없다. (be interested in)

→ She _____ history.

6 내가 엄마에게 전화를 걸었을 때, 그녀는 이미 외출하셨다. (go out)

→ When I called Mom, she _____ .

B 괄호 안에서 한 단어를 제외한 나머지 단어들을 바르게 배열하여 문장을 완성하시오.

1 I didn't go to the library. I _____ my umbrella there.

(have, left, cannot, shouldn't)

2 He broke his leg. He _____ .

(been, more, have, must, should, careful)

3 Henry lost _____ for him.

(the, new, has, had, bike, bought, his mother)

4 Sumin looked very hungry. She _____ .

(must, have, cannot, skipped, breakfast)

5 His grandfather _____ .

(has, for, have, fifty, years, played, tennis)

6 Mike _____ .

(has, ago, hours, three, repaired, the computer)

Writing 2

A 다음은 애완동물을 키우는 **Ms. Petlove**를 인터뷰한 내용이다. 그림을 보고, 〈보기〉의 단어를 활용하여 인터뷰를 완성하시오.

┤ 보기 ├

die   get   raise

1 Reporter: Which dog did you get first?

Ms. Petlove: I _____ Mungchi first.

2 Reporter: How long have you had him?

Ms. Petlove: About 7 years. I _____ him since he was born.

3 Reporter: Which one is the youngest?

Ms. Petlove: Haechi is. I _____ him last summer. His mom _____ already _____ when I found him.

B 민지의 방 모습과 민지가 쓴 메모를 보고, 괄호 안에서 알맞은 말을 골라 문장을 완성하시오.

I should ....

– clean my room ☐
– water the plant ☐
– practice playing the guitar ☑
– not eat candy ☒

1 Minji _____ her room. It's still messy. (must / cannot)

2 Minji _____ the plant. It is dead. (should / shouldn't)

3 Minji _____ playing the guitar. (must / cannot)

4 Minji _____ candy. She has to go to the dentist.
(should / shouldn't)

Reading 1

Dear Ms. Yang,

 I hope everything is going well at the pet shelter. Lucky and I are doing great. When she first came to my house, she didn't want to eat anything and just slept. She must have been sad and tired. However, she has changed a lot. She follows me everywhere and is curious about everything. I have changed a lot, too. I have learned how to take care of a pet. I walk her and clean up after her. <u>These</u> are useful responsibilities for me to take on. And she pays back my love. She's my best friend. Thank you for giving me the best friend ever!

Many thanks,
Siwon

1 위 편지를 쓴 목적으로 가장 적절한 것은?

① to praise   ② to complain

③ to introduce   ④ to apologize

⑤ to show appreciation

2 밑줄 친 **These**가 가리키는 내용을 본문에서 찾아 쓰시오.

_____

Words & Phrases

go well 잘 되어 가다   pet shelter 애완동물 보호소

be curious about ~에 호기심을 보이다, ~을 궁금해하다   responsibility 몡 책임

take on (책임을) 지다, (일 등을) 맡다   pay back 되갚아 주다   praise 통 칭찬하다

complain 통 불평하다   introduce 통 소개하다   apologize 통 사과하다

appreciation 몡 감사

Reading 2

I think one of the most important expressions in the English language is "thank you." Saying it puts other people at ease. (①) However, its absence can stir all kinds of negative feelings. (②) Last month, my son had a sleepover with a few of his friends. I ordered Chinese food for dinner. I cleaned and prepared bedding for my son's friends. (③) In the morning, I made and served French toast for the group. (④) When his friends left one by one, none of the boys said _____. (⑤) My son said they were probably too shy to say _____, but I felt offended.

1 윗글의 ①~⑤ 중, 다음 문장이 들어갈 위치로 알맞은 곳은?

> Let me give you one example.

①   ②   ③   ④   ⑤

2 빈칸에 공통으로 들어갈 말을 본문에서 찾아 쓰시오.

_____

Words & Phrases

expression 명 표현
stir 통 휘젓다, (감정을) 일으키다
order 통 주문하다
probably 부 아마도

at ease 편안한, 편히
negative 형 부정적인, 부정의
prepare 통 준비하다
shy 형 수줍어하는

absence 명 부재
sleepover 명 함께 자며 놀기, 밤샘 파티
bedding 명 잠자리, 침구
offended 형 기분 상한, 화난

Vocabulary

1. 성격을 나타내는 단어

curious 형 호기심이 많은 호기심이 많은 강아지: a _____ puppy	uninterested 형 무관심한 무관심한 태도: an _____ attitude
shy 형 수줍어하는, 수줍음이 많은 수줍음이 많은 학생: a _____ student	confident 형 자신감 있는 자신감 있는 목소리: a _____ voice
hostile 형 적대적인 적대적인 말: _____ remarks	friendly 형 친절한, 다정한, 호의적인 호의적인 사람: a _____ person
courageous 형 용맹한, 용감한 용감한 도전: a _____ challenge	cowardly 형 겁이 많은, 비겁한 비겁한 남자: a _____ man
patient 형 참을성이 많은 인내해라.: Be _____.	impatient 형 짜증난, 참을성이 없는 짜증스러운 몸짓: an _____ gesture

2. 여러 가지 뜻을 가진 단어

change 동 변하다 많이 변하다: _____ a lot	change 명 잔돈, 거스름돈 거스름돈을 가지세요.: Keep the _____.
order 동 주문하다 명 주문 주문할 준비가 된: ready to _____	order 명 순서 알파벳 순서로: in alphabetical _____
kind 명 종류 일종의 예술: a _____ of art	kind 형 친절한 친절한 예술가: a _____ artist
last 동 지속되다 두 시간 동안 지속되다: _____ for two hours	last 형 마지막의; 지난 마지막 콘서트: the _____ concert
lot 명 많음, 다수 많은 물: a _____ of water	lot 명 지역, 부지 주차장: a parking _____

3. 반대되는 뜻을 가진 단어

negative 형 부정적인 부정적인 효과: a _____ effect	positive 형 긍정적인, 적극적인 긍정적인 의견: a _____ opinion
absence 명 부재, 결석 학교에 결석함: an _____ from school	presence 명 참석, 존재 파티에 참석함: a _____ at the party
praise 동 칭찬하다 공연을 칭찬하다: _____ the performance	blame 동 비난하다 자신을 탓하지 마세요.: Don't _____ yourself.
thrilling 형 짜릿한, 흥분되는 짜릿한 극한 스포츠: _____ extreme sports	boring 형 지루한, 지겨운 지루한 영화들: _____ movies
ease 명 쉬움; 편안함 쉽게, 수월하게: with _____	difficulty 명 어려움 수영에 어려움을 겪다: have _____ in swimming

Voca Checkup

A 우리말은 영어로, 영어는 우리말로 쓰시오.

1 호기심이 많은 _____
2 참을성이 없는 _____
3 용감한 _____
4 긍정적인 _____
5 자신감 있는 _____

6 praise _____
7 order _____
8 last _____
9 change _____
10 uninterested _____

B 빈칸에 알맞은 말을 넣어 어구를 완성하시오.

1 a _____ response (부정적인 반응)
2 a _____ attitude (적대적인 태도)
3 a _____ moment (짜릿한 순간)
4 a long _____ (장기 결석)
5 terrible _____ (지독한 어려움)

정답   **A**   1. curious   2. impatient   3. courageous   4. positive   5. confident   6. 칭찬하다   7. 주문하다; 주문, 순서   8. 지속되다; 마지막의, 지난
      9. 변하다; 잔돈, 거스름돈   10. 무관심한
    B   1. negative   2. hostile   3. thrilling   4. absence   5. difficulty

Unit

03 의문문

Grammar 1

① 부가의문문

② 선택의문문

Grammar 2

① 간접의문문: 의문사가 있는 경우

② 간접의문문: 의문사가 없는 경우

Grammar 1

❶ 부가의문문

부가의문문은 사실을 확인하거나 동의를 구할 때 평서문 뒤에 덧붙이는 「동사+주어?」의 짧은 의문문이다. 평서문이 긍정문이면 부정문으로, 평서문이 부정문이면 긍정문으로 부가의문문을 만든다. 부가의문문의 주어는 반드시 대명사로 쓴다.

> Fred was late, wasn't he? Fred는 지각했지, 그렇지 않니?
>
> Bomi broke her arm, didn't she? 보미는 팔이 부러졌지, 그렇지 않니?
>
> Nick and Tom can't come to the park, can they? Nick과 Tom은 공원에 올 수 없지, 그렇지?
>
> You have been to Hong Kong, haven't you? 너는 홍콩에 가 봤지, 그렇지 않니?

Grammar Plus ✚

- 「There is/are ~」 구문의 부가의문문은 「isn't/aren't there?」이다.

  There are five members in your family, aren't there? 너의 가족은 5명이지, 그렇지 않니?

❷ 선택의문문

선택의문문은 둘 중 하나를 선택하게 하는 의문문으로 「A or B?」의 구조로 되어 있다.

> Is this your cap or Jessy's cap? 이것은 너의 모자니 아니면 Jessy의 모자니?
>
> Did you go out or stay at home yesterday? 너는 어제 외출했니 아니면 집에 있었니?
>
> Which do you prefer, playing baseball or watching baseball games?
> 너는 야구를 하는 것과 야구 경기를 보는 것 중에 어느 것을 더 좋아하니?

Grammar Plus ✚

- 선택의문문에는 Yes나 No로 대답하지 않는다.

  A: Are you an early bird or a night owl? 너는 아침형 인간이니 아니면 야행성 인간이니?

  B: I am a night owl. 나는 야행성 인간이야.

Grammar Practice **1**

A 괄호 안에서 알맞은 말을 고르시오.

1 The game is really exciting, (is / isn't) it?

2 He doesn't eat carrots, (does / doesn't) he?

3 Sam lost his bike, didn't (he / Sam)?

4 Which is bigger, an elephant (and / or) a whale?

B 밑줄 친 부분을 어법에 맞게 고쳐 쓰시오.

1 John and Peter fought yesterday, <u>didn't he</u>?

→ _____

2 Pat has never been to Mexico, <u>does she</u>?

→ _____

3 Which is <u>heavy</u>, a panda or a gorilla?

→ _____

4 Would you like your coffee with <u>and</u> without sugar?

→ _____

C 빈칸에 알맞은 부가의문문을 쓰시오.

1 You don't like meat, _____?

2 Your mom sings well, _____?

3 Sujin can speak Chinese, _____?

4 You haven't finished it, _____?

D 자연스러운 대화가 되도록 질문을 완성하시오.

1   **2** **3**

1 A: Which do you prefer, _____?

B: I prefer coffee to tea.

2 A: Do you go to school _____?

B: By subway. It's faster than by bus.

3 A: Would you like to swim _____?

B: I'd like to swim in the pool. It is scary to swim in the sea.

A
- whale 고래

B
- fought fight(싸우다)의 과거형
- sugar 설탕

C
- meat 고기, 육류

D
- prefer A to B B보다 A를 더 좋아하다
- scary 무서운

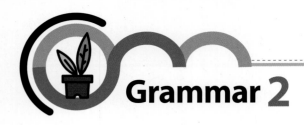

Grammar 2

① 간접의문문: 의문사가 있는 경우

간접의문문은 의문문이 다른 문장의 일부로 들어가서 명사처럼 쓰이는 의문문이다. 직접의문문은 「의문사＋동사＋주어」의 어순이지만, 간접의문문은 「의문사＋주어＋동사」의 어순이다.

> **I wonder** how long he worked here. 나는 그가 여기에서 얼마나 오래 일했는지 궁금하다.
> *cf.* **How long did he work here?** 그는 여기에서 얼마나 오래 일했니? ▶ 직접의문문
> **Could you tell me** where the nearest bakery is? 가장 가까운 빵집이 어디에 있는지 말씀해 주시겠어요?
> **I want to know** whose smart phone that is. 나는 저것이 누구의 스마트폰인지 알고 싶다.

Grammar Plus ✚

■ 「Do you know＋의문사＋주어＋동사 ~?」 *vs.* 「의문사＋do you think＋주어＋동사 ~?」
think, believe, guess 등의 동사인 경우 의문사를 문장 맨 앞에 쓴다.
Do you know who the man is? 너는 그 남자가 누구인지 아니?
Who do you think the man is? 너는 그 남자가 누구라고 생각하니?

② 간접의문문: 의문사가 없는 경우

의문사가 없는 의문문은 간접의문문에서 「if[whether]＋주어＋동사 ~」로 쓰고 '~인지 아닌지'로 해석한다.

> **Do you know** if[whether] John ate lunch? 너는 John이 점심을 먹었는지 아닌지 아니?
> *cf.* **Did John eat lunch?** John은 점심을 먹었니? ▶ 직접의문문
> **Tell me** whether[if] you have money or not. 너에게 돈이 있는지 없는지 내게 알려 줘.
> **I doubt** whether or not she will pass the test. 나는 그녀가 시험에 통과할 것인지 아닌지 의심스럽다.
> *cf.* **I doubt** if or not she will pass the test. (×)

Grammar Plus ✚

■ whether가 이끄는 절은 주어나 보어로 쓰이기도 한다.
Whether he has ability or not is important. 그가 능력이 있는지 없는지가 중요하다.
The problem is whether he will join our club or not. 문제는 그가 우리 클럽에 가입하느냐 마느냐이다.

Grammar Practice 2

A 괄호 안에서 알맞은 말을 고르시오.

1 Can you tell me what time (it is / is it)?

2 I don't know why (she cried / did she cry).

3 (What do you know / Do you know what) he is doing in the gym?

4 I wonder (if / whether) or not he will come to the party.

B 밑줄 친 부분을 어법에 맞게 고쳐 쓰시오.

1 I'm not sure <u>how much are these shoes</u>.

→ _____

2 <u>Do you think where</u> he put his glasses?

→ _____

3 I don't know <u>whether will she help me</u>.

→ _____

4 Do you know <u>how he goes hiking often</u>?

→ _____

C 빈칸에 주어진 의문문을 고쳐 쓰시오.

1 What is your favorite color?

→ I want to know _____.

2 What does his brother do?

→ Tell me _____.

3 Does Amy like playing board games?

→ I wonder _____.

D 자연스러운 대화가 되도록 밑줄 친 부분을 묻는 말을 완성하시오.

1 A: I wonder what _____.

B: I get up <u>at 7</u>.

2 A: Were you late this morning? Let me know if _____.

B: No, I was <u>not late</u>.

3 A: Can I ask you _____?

B: Sure. I'm <u>165 cm tall</u>.

A

4. 간접의문문을 이끄는 if는 뒤에 바로 이어서 or not을 쓰지 않는다.

• gym 체육관

B

• go hiking 도보 여행을 가다
• how often 얼마나 자주

C

• board game 보드 게임

D

• let me know ~ ~을 알려 줘

Writing 1

A 우리말과 일치하도록 빈칸에 알맞은 말을 쓰시오.

1 너는 어제 영화 보러 갔지, 그렇지 않니?

→ You went to the movies yesterday, _____?

2 너는 고양이와 개 중에 어느 것을 애완동물로 더 좋아하니?

→ Which do you prefer as pets, _____?

3 나는 그가 그 음식을 어떻게 만들었는지 궁금하다.

→ I wonder _____ the food.

4 우리가 어디에서 만날지 내게 말해 줘.

→ Tell me _____.

5 네가 가장 좋아하는 텔레비전 프로그램은 무엇인지 내게 말해 줄 수 있니?

→ Can you tell me _____?

6 나는 나의 강아지가 아픈지 안 아픈지 모르겠어.

→ I don't know _____.

B 우리말과 일치하도록 괄호 안의 단어들을 바르게 배열하여 문장을 완성하시오.

1 우리 마을에 연못이 하나 있었지, 그렇지 않니? (was, wasn't, there, there)

→ _____ a pond in our village, _____?

2 Joanne은 파티에 오지 않았지, 그렇지? (she, did, come, didn't, Joanne)

→ _____ to the party, _____?

3 저 하얀 셔츠와 파란 셔츠 중에 어느 것이 더 비싼가요?

(or, more, expensive, the white shirt, the blue shirt)

→ Which is _____, _____?

4 나는 네가 그것을 살 것인지 아닌지 궁금해. (if, it, or, you, buy, not, will)

→ I wonder _____.

5 너는 그 박물관까지 가는 데 얼마나 걸렸는지 아니? (it, to, get, how, took, long)

→ Do you know _____ to the museum?

6 이번 경기에 우리가 이기느냐 마느냐는 매우 중요하다. (or, we, not, win, will, whether, this game)

→ _____ is very important.

Writing 2

A 〈보기〉의 표현과 필요한 단어를 추가하여 대화를 완성하시오.

┤ 보기 ├

do   don't   drinks   dessert   for here   to go

1 A: Hello. Can I take your order?

B: Yes. I'd like one fish sandwich and one cheeseburger. And you have onion rings, _____ _____?

A: Yes, we do.

B: Then I'll take some onion rings, too.

2 A: Would you like any _____ or _____?

B: I'd like two colas, please.

3 A: _____ or _____?

B: For here, please.

B 스타의 팬 사인회에 참석한 팬들이 하는 질문을 보고, 다음과 같이 바꿔 쓰시오.

1 Hyemi: I want to know _____.

2 Sora: I wonder _____.

3 Junhui: Could you tell me _____?

4 Gyurim: Can I ask you _____?

5 Yesol: Tell me _____.

Reading 1

(A) Do you know ⓐ why do they think so? This is because there is ⓑ no way to measure them. When you take the distance around a circle and divide it by the distance across it, you will always get Pi.

(B) While Pi is equal to about 3.14, it is infinitely long. With the help of computers, mathematicians ⓒ have been able to calculate Pi but they haven't been able to see the ending of the number.

(C) The Earth ⓓ is shaped like a 3D circle. A slice of a tree trunk reveals many circular rings and the human eye contains ⓔ a circle-shaped pupil. Like those examples, we can find circles everywhere in the natural world. However, people think circles are mysterious.

1 윗글의 흐름이 자연스럽도록 바르게 배열한 것은?

① (A) – (B) – (C)

② (A) – (C) – (B)

③ (B) – (A) – (C)

④ (C) – (A) – (B)

⑤ (C) – (B) – (A)

2 윗글의 밑줄 친 ⓐ~ⓔ 중에서 어법에 맞지 <u>않는</u> 것을 골라 바르게 고쳐 쓰시오.

_____

Words & Phrases

measure 图 재다, 측정하다
across 젠 ~을 가로질러
with the help of ~의 도움으로
trunk 閱 나무의 몸통
pupil 閱 눈동자, 동공

distance 閱 거리
be equal to ~와 동등하다
mathematician 閱 수학자
reveal 图 드러내다
mysterious 園 신비로운

divide 图 나누다
infinitely 囲 무한으로, 끝없이
calculate 图 계산하다
contain 图 담다, 포함하다

Reading 2

정답과 해설 ▶ 14쪽

Highly successful people have three things in common: motivation, ability, and opportunity. This means that we need a combination of motivation, talent, and luck if we want to succeed. However, there is one more very important factor. The fourth ingredient is interaction with other people. This is critical but often neglected: every time we interact with another person at work, we have a choice to make. Are we going to give more, take more, or just match what we give with what we take? Takers might seem the most successful. However, one study showed that the most successful people were givers.

1 윗글의 글쓴이의 의도로 가장 알맞은 것은?

① 성공과 행복은 밀접한 관계가 있다.

② 사람들은 누구나 성공하고 싶어 한다.

③ 성공한 사람들은 개인마다 독특한 특징이 있다.

④ 남들에게 베푸는 사람들이 가장 성공적인 사람들이다.

⑤ 인생에서 성공하려면 좋은 선택을 하는 것이 중요하다.

2 윗글의 내용과 일치하도록 질문에 대한 대답을 완성하시오.

Q: What are necessary factors to be successful?

A: Motivation, _____, _____, and _____ are necessary factors.

Words & Phrases

successful 혤 성공한

motivation 몡 동기

combination 몡 조합

ingredient 몡 성분, 요소

neglect 통 무시하다

have ~ in common ~을 공통으로 가지고 있다

ability 몡 능력

talent 몡 재능

interaction 몡 상호 작용

interact 통 소통하다, 교류하다

opportunity 몡 기회

factor 몡 요소

critical 혤 대단히 중대한

choice 몡 선택

Vocabulary

1. 비슷한 뜻을 가진 단어

opportunity 명 기회
좋은 기회: a good _____

chance 명 기회
아주 좋은 기회: a great _____

whole 형 전체의
전 세계: the _____ world

entire 형 전체의
전체 숲: the _____ forest

worried 형 걱정하는
걱정하는 십 대들: _____ teenagers

anxious 형 걱정하는, 근심하는
걱정하는 부모들: _____ parents

grown-up 명 성인, 어른
장성한 아들: a _____ son

adult 명 성인, 어른
성인 교육: _____ education

collect 동 모으다
동전을 모으다: _____ coins

gather 동 모으다
먹이를 모으다: _____ food

2. 여러 가지 뜻을 가진 단어

trunk 명 (나무의) 몸통
나무 몸통 조각: a slice of a tree _____

trunk 명 (코끼리의) 코
그 코끼리의 코: the elephant's _____

ring 명 반지; 고리; 원, 원형
금반지: a gold _____

ring 동 전화하다
경찰에 전화하다: _____ up the police

pupil 명 동공, 눈동자
그녀의 크고 푸른 눈동자: her big blue _____s

pupil 명 학생, 제자
그 어린 학생: the young _____

common 형 공통의, 공동의
공통의 관심사: a _____ interest

common 형 흔한
흔한 이름: a _____ name

match 동 (대등하게) 맞추다
수익을 맞추다: _____ the profits

match 명 시합; 성냥
큰 대회: a big _____

3. '명사+ed'의 표현

-shaped 형 ~ 모양인, ~ 모양을 지닌	원 모양의 눈동자: circle-_____ pupils 별 모양의 과자: star-_____ cookies
-mouthed 형 ~ 입을 가진	입이 큰 두꺼비: a wide-_____ toad 입 벌린 물고기: an open-_____ fish
-eyed 형 ~ 눈을 가진	갈색 눈을 가진 소녀: a brown-_____ girl 큰 눈을 가진 사슴: a big-_____ deer
-tailed 형 ~ 꼬리를 가진	짧은 꼬리를 가진 토끼: a short-_____ rabbit 털 꼬리를 가진 동물: a furry-_____ animal
-colored 형 ~ 색깔을 가진, ~ 빛깔의	금빛의 팔찌: a gold-_____ bracelet 에메랄드 빛깔의 도마뱀: an emerald-_____ lizard

Voca Checkup

A 우리말은 영어로, 영어는 우리말로 쓰시오.

1 전체의 _____
2 (나무의) 몸통 _____
3 공통의 _____
4 반지, 고리 _____
5 학생, 제자 _____

6 big-eyed _____
7 anxious _____
8 match _____
9 collect _____
10 short-tailed _____

B 빈칸에 알맞은 말을 넣어 어구를 완성하시오.

1 a child like a _____ (어른 같은 아이)
2 a diamond-_____ bag (다이아몬드 모양의 가방)
3 green _____ (초록 눈동자들)
4 an equal _____ (동등한 기회)
5 a rainbow-_____ ball (무지개 색깔의 공)

정답 **A** 1. entire[whole] 2. trunk 3. common 4. ring 5. pupil 6. 큰 눈을 가진 7. 걱정하는, 근심하는 8. (대등하게) 맞추다; 성냥, 시합
9. 모으다 10. 짧은 꼬리를 가진
B 1. grown-up 2. shaped 3. pupils 4. opportunity[chance] 5. colored

Writing

예시 문제	자신의 제품을 광고하는 포스터를 만들어 봅시다.
조건	1. 제품 브랜드 이름, 광고 문구 등 모든 명칭은 직접 만들 것
	2. 제품의 특별한 점을 세 가지 쓸 것
	3. 원급, 비교급, 최상급 중 한 가지 표현을 반드시 넣을 것

STEP 1 Get Ready

다음 범주에 해당하는 단어를 쓰면서 자신이 팔 품목을 정해 봅시다.

의류 & 신발 (clothing & shoes)	음식 (food)	책 & 문구류 (books & stationery)	전자제품 (electronics)	스포츠 용품 (sporting goods)
soccer uniform	sausage	eraser	computer	bike

STEP 2 Organize

Step 1에서 정한 품목에 대해 주어진 항목별로 정리해 봅시다.

품목(Item)	running shoes	
브랜드 이름 (Brand Name)	Flying Shoes	
특별한 점 (Special Features)	1. the lightest in the world 2. as comfortable as socks 3. cheaper than pizza	
광고 문구(Slogan)	Wear Them and Fly Up to the Sky	

STEP ③ Draft

Step 2의 내용을 바탕으로 자신의 제품을 광고하는 포스터를 만들어 봅시다.

> **Brand/Item** _____
>
> **Ads:** _____
>
> What is special? _____
>
> 1. _____
>
> 2. _____
>
> 3. _____
>
> Slogan: _____

	평가 영역	채점 기준	점수
채점 기준 예시 (총 10점)	과제 완성도	조건을 모두 충족시켜 과제를 완성함	4점
		조건의 일부를 충족시켜 과제를 완성함	3점
		과제를 완성하지 못함	2점
	창의성	내용과 구성이 매우 창의적임	3점
		내용과 구성의 일부분이 창의적임	2점
		내용과 구성면에서 창의력이 거의 없음	1점
	정확성	문법과 어휘의 사용에 오류가 없음	3점
		문법과 어휘의 사용에 일부 오류가 있음	2점
		문법과 어휘의 사용에 대부분 오류가 많음	1점

대명사

Grammar 1

1 all

2 every, each

Grammar 2

1 other, another

2 one, it

Grammar 1

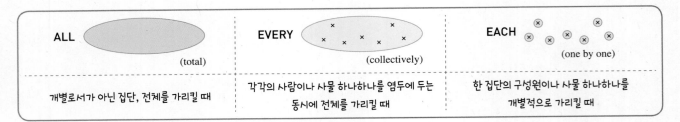

ALL	EVERY	EACH
(total)	(collectively)	(one by one)
개별로서가 아닌 집단, 전체를 가리킬 때	각각의 사람이나 사물 하나하나를 염두에 두는 동시에 전체를 가리킬 때	한 집단의 구성원이나 사물 하나하나를 개별적으로 가리킬 때

① all

all은 (셋 이상) '모든 것, 모든 사람'이라는 뜻으로 쓰인다.

> All are silent. 모든 사람들이 조용하다. ▶ 사람 − 복수 취급
>
> All is silent. 만물이 고요하다. ▶ 상황 − 단수 취급
>
> All (of the) students are enjoying the party. (그) 학생들 모두는 파티를 즐기고 있다. ▶ 복수 명사구 − 복수 취급
>
> All (of my) milk was spilled. (내) 우유가 모두 쏟아졌다. ▶ 단수 명사구 − 단수 취급

■ all을 부정할 때는 none을 사용한다.

　None of the students enjoy the party. 학생들 중 어느 누구도 파티를 즐기지 않는다.

■ both는 '(둘일 때) 둘 모두'라는 뜻의 대명사로 쓰인다.

　He has two daughters. Both are artists. 그는 딸이 둘 있다. 그 둘은 모두 예술가이다.

② every, each

every(모든, 매 ～)는 셋 이상의 사람이나 사물을 전제로 하고, 「every＋단수명사＋단수동사」 형태로 쓴다. **each**(각각의)는 둘 이상의 사람이나 사물을 전제로 하고, 「each＋단수명사＋단수동사」, 「each of＋복수명사＋단수동사」 형태로 쓴다. every와 each가 사람을 가리킬 때, 단수 대명사인 he나 she로 대체되지만, 구어체에서는 they(their / them)가 흔히 쓰인다. 사물을 가리킬 때는 대명사 it으로 대체된다.

> Every country has its own culture. 모든 나라는 고유의 문화를 가지고 있다.
>
> Each person has been given their[his / her] own project. 각 사람에게 각자의 프로젝트가 주어졌다.
>
> Each of us has different hobbies. 우리 각각은 다른 취미를 가지고 있다.
>
> There are some trees on each side of the street. 도로의 양편에는 나무들이 있다.

■ every는 단수명사 또는 「수사＋명사」 앞에 와서 '매 ～마다'라는 뜻이다.

　every day[week/year/Sunday] 매일[매주/매년/일요일]마다　　every third day 3일에 한 번　　every ten minutes 10분마다

■ every는 not과 쓰면 부분 부정으로 '모두가[누구나] ～인 것은 아니다'라는 뜻이다.

　Not every student attended the meeting. 모든 학생이 그 회의에 참석했던 것은 아니었다.

Grammar Practice 1

A 괄호 안에서 알맞은 말을 고르시오.

1 All of them (was / were) high school students.

2 (Everyone / All) is welcome to join us for a Thanks-giving potluck.

3 (Each / All) class tries its best in the sports events.

B 각 그림의 상황에 맞는 문장을 연결하시오.

1
Good morning, students.

ⓐ The teacher said good morning to each student.

2
Good morning, Susan.
Good morning, Daniel.
Good morning, Suji....

Good morning.

ⓑ The teacher said good morning to all of the students.

C 괄호 안의 단어를 알맞은 현재시제 형태로 바꿔 쓰시오.

1 None of them _____ (be) so cute.

2 All of the milk _____ (be) spilled all over the table.

3 Each student _____ (have) a different learning style.

D 우리말과 일치하도록 주어진 단어들을 배열하여 문장을 완성하시오.

1 도서 목록의 모든 책은 학기말까지는 읽혀져야 한다.

(the book list, every, book, be, read, must, in)

→ _____ by the end of the semester.

2 그 학생들 모두가 배구를 하고 있었다. (the students, of, all, were)

→ _____ playing volleyball.

3 그들 각자는 자신의 삶의 좌우명이 있다. (their, each, of, has, them)

→ _____ own life motto.

A

· potluck 각자가 음식을 조금씩 가져와서 나눠 먹는 식사 모임

B

all of the students는 학생들 모두를 전체(total)로 보고, each student는 학생 개개인에 초점을 둔다.

C

1. none of 뒤에 복수명사가 올 때 동사의 수를 고려한다.

2. 「all of the+셀 수 없는 명사」 뒤에 동사의 수를 고려한다.

· spill 쏟다

· learning style 학습 스타일

D

· semester 학기

· motto 좌우명

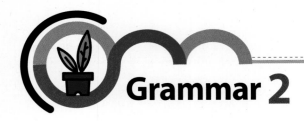

Grammar 2

❶ other, another

others는 '불특정한 다른 사람들, 사물들'을 가리키고 **the others**는 '나머지 모두들', **the other**는 '나머지 하나'라는 뜻이다. **another**는 '또 다른 하나', 즉 '또 다른 사람이나 사물'이라는 뜻이다.

> **You should care more about** others. 너는 다른 사람들을 좀 더 신경 써야 한다.
> **Please tell this to** the others. (나머지) 다른 사람들에게 이것을 말해 주세요.
> **I don't like this watch. Can you show me** another? 이 시계가 마음에 들지 않아요. 다른 것을 보여 주시겠어요?

Grammar Plus +

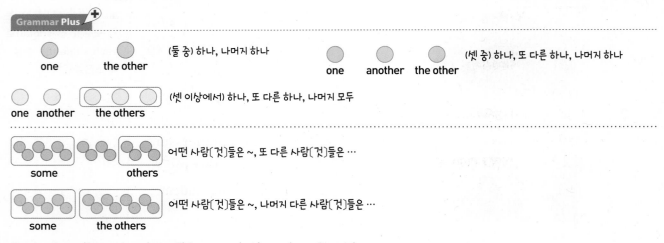

Some of my classmates chose Chinese, and others chose Spanish.
우리 반 친구들 중 몇 명은 중국어를 선택했고, 다른 친구들은 스페인어를 선택했다.

On the playground, some students are playing baseball, and the others are playing tag.
운동장에서 몇몇 학생들은 야구를 하고 있고, 나머지 학생들은 술래잡기를 하고 있다.

❷ one, it

부정대명사 **one**은 앞서 언급한 대상과 같은 종류의 다른 하나, 지시대명사 **it**은 앞서 언급한 바로 그 대상을 가리킨다.

> **I lost my eraser, so I need to buy** one. 나는 지우개를 잃어버려서 지우개를 하나 살 필요가 있다. (one = an eraser)
> **I have an extra eraser, so you can use** it. 나는 여분의 지우개가 있으므로 네가 그것을 사용해도 된다.
> (it = the extra eraser I have)

Grammar Plus +

- 부정대명사 one의 복수형은 ones이다.
  A: Are these your bags? 이것들은 너희들 가방이니?
  B: No. Ours are the large ones. 아니요. 우리 것은 큰 것이에요.

Grammar Practice 2

A 괄호 안에서 알맞은 말을 고르시오.

1 Mr. Kim is always kind to (others / the others).

2 I've already seen this movie. Let's see (another / others) movie.

3 She has three daughters. One lives in Spain, another lives in Sweden, and (other / the other) lives in Korea.

B 어법상 <u>틀린</u> 부분을 찾아 바르게 고쳐 쓰시오.

1 This apple looks clean. Who washed one?

_____ → _____

2 I have two sisters. One is 10 years old, and another is 17 years old.

_____ → _____

3 Three women were approaching. One had black hair, another had brown hair, and other had blonde hair.

_____ → _____

C 빈칸에 알맞은 말을 〈보기〉에서 골라 쓰시오.

┤ 보기 ├
| another | others | the others | one | it |

1 I didn't bring my umbrella. Can I borrow _____?

2 A: Where's your backpack?
B: _____ is right over there.

3 We all had to choose between soccer and volleyball. Some wanted to play soccer, and _____ wanted to play volleyball.

D 그림을 보고, 빈칸에 알맞은 말을 쓰시오.

1

2

1 I recommend two books for you. _____ is a biography, and _____ is a novel.

2 At this restaurant, there are three kinds of pizza. _____ is cheese pizza, _____ is pepperoni pizza, and _____ is vegetable pizza.

A

불특정한 다른 사람들을 가리킬 때 쓰는 말과 또 다른 하나를 가리키는 말, '나머지 다른 사람'이라는 뜻을 가진 말이 각각 무엇인지 생각해 본다.

B

1. one은 앞서 언급한 같은 종류의 다른 하나를, it은 앞서 언급한 바로 그것을 가리킨다.
2, 3. the other는 '나머지 하나'를, another는 '또 다른 하나'를 가리킨다.
• approach 다가오다
• blonde 금발; 금발의

C

1, 2. 같은 종류의 다른 하나를 언급할 때, 앞서 언급한 같은 대상을 가리킬 때 각각 어떤 말을 써야 하는지 생각해 본다.
3. '어떤 사람들은 ~, 나머지 다른 사람들은 …'을 표현할 때 쓰는 말을 생각해 본다.
• backpack 배낭
• volleyball 배구

D

• recommend 추천하다
• biography 전기
• novel 소설
• vegetable 채소

Writing 1

A 우리말과 일치하도록 주어진 단어들을 바르게 배열하여 문장을 완성하시오.

1 크리스마스 날에 그는 우리 각각에게 작은 선물을 주었다. (of, each, a small gift, us)

→ He gave _____ on Christmas Day.

2 어항 안의 물고기는 모두 죽었다. (in the fishbowl, the fish, of, all)

→ _____ have died.

3 나는 이 그림이 마음에 든다. 그것은 수백만 달러의 가치가 있다. (is, millions of, it, worth)

→ I love this painting. _____ dollars.

4 그 밴드의 노래 하나하나가 큰 인기를 끌었다. (song, of the band, every)

→ _____ has been a hit.

5 그 영화감독은 한 장면을 위해 500명의 엑스트라들을 고용했다. 그것은 전투 장면이었다.

(a, it, was, battle)

→ The movie director hired 500 extras for one scene. _____
scene.

6 테이블 위에 과일이 많이 있다. 하나는 사과이고, 다른 하나는 망고이고, 나머지 다른 것들은 오렌지이다.

(another, is, the others, and, a mango, oranges, are)

→ There are a lot of fruits on the table. One is an apple, _____.

B 우리말과 일치하도록 주어진 단어를 활용하여 문장을 완성하시오.

1 이 케이크 좀 봐! 다 탔어. 우리는 또 다른 하나를 구울 시간이 없다. (bake, another)

→ Look at this cake! It's all burnt. We don't have time _____.

2 나는 그들이 매 시간 가이드 투어를 제공한다고 들었다. (guided tours, hour)

→ I heard they _____.

3 나의 반 친구들 모두 무대에 설 것이다. (all, classmates, of)

→ _____ will be on stage.

4 문화는 사회에서 공유되는 신념과 관습이다. 그것은 각각의 개별 가족으로부터 시작된다.

(begin with, individual)

→ Culture is the shared beliefs and customs in society. It _____.

5 몇몇 사람들은 50년 이후에 많은 언어들이 사라질 거라고 말한다. 하지만 다른 사람들은 그 생각에 동
의하지 않는다. (agree with, others)

→ Some people say that a lot of languages will disappear in 50 years. However,
_____ that idea.

Writing 2

A 그림과 주어진 표현을 참고하여, 〈보기〉에서 알맞은 말을 골라 문장을 완성하시오.

jump rope /
play badminton

go down the slide /
play on the swings

Jane Eyre /
What Men Live By /
The Great Stone Face

┤ 보기 ├
| one | another | the other | some | the others |

1 Some students are playing in the playground. _____ is playing basketball, _____ and _____.

2 Five little kids are playing. _____ kids are _____ and _____ are _____.

3 I have three favorite novels. One is *Jane Eyre*, _____, and _____.

B 그림을 보고, 〈조건〉에 맞게 다음 수학 문제를 완성하시오.

┤ 조건 ├
1. each, one, another, the other 중 하나를 꼭 사용할 것   2. 각각 3단어로 쓸 것

Last summer vacation, my brother and I went to the zoo. At the zoo we saw three bears. They were eating honey from three jars. **1** _____ 600 grams of honey. One bear ate half of the honey in its jar. **2** _____ only 1/4 of the honey from its jar. **3** _____ had 3/4 of the honey from its jar. How much honey did the bears eat?

(1) The amount of honey eaten: $600 \times \dfrac{1}{2} + 600 \times \dfrac{1}{4} + 600 \times \dfrac{3}{4} = 900\,(\text{g})$

(2) The amount of remaining honey: $(600 \times 3) - \left(600 \times \dfrac{1}{2} + 600 \times \dfrac{1}{4} + 600 \times \dfrac{3}{4}\right) = 900\,(\text{g})$

My homeroom prepared a surprise party for Ms. Kim, our homeroom teacher, for Teacher's Day. Some students put up balloons on the walls. And others decorated the chalkboard with thank-you messages. We wrote messages in the shape of a big heart on the board. Then, we called Ms. Kim to the classroom, and showed her a video of our class. After watching the video, two classmates came into the classroom. They brought a big chocolate cake. On the cake, there were three candles. One was red, another was blue, and the other was yellow. <u>Ms. Kim looked very happy and said, "Thank you all, my lovely students." Then she gave us a hug one by one.</u>

1 윗글에서 스승의 날 깜짝 파티 내용으로 언급되지 <u>않은</u> 것은?

① 벽을 풍선으로 장식했다
② 칠판을 감사 메시지로 꾸몄다
③ 학급 비디오를 보여 드렸다.
④ 선생님께 케이크를 전달했다.
⑤ 교실에 하트 모양의 촛불 장식을 했다.

2 윗글의 밑줄 친 부분을 다음과 같이 바꿔 쓸 때, 〈보기〉의 단어들을 이용하여 문장을 완성하시오. (중복 사용 가능)

┤ 보기 ├

| all | each | us | to | of |

Ms. Kim said "Thank you" _____ _____ _____ _____.
Then she gave _____ _____ _____ a hug.

Words & Phrases

surprise party 깜짝 파티
chalkboard 명 칠판
one by one 하나씩, 한 사람씩

put up (남의 눈에 띄게) 붙이다
in the shape of ~ 모양으로

decorate 통 장식하다
give ~ a hug ~을 안아 주다

Reading 2

Hobbies help teenagers to keep mentally and physically healthy. Another benefit is that they increase creativity and decrease stress. Also, sharing hobbies helps them make new friends and build friendships.

Playing a musical instrument is a popular hobby among teenagers. ___(A)___ just play an instrument in their free time. ___(B)___ show their musical talents in school bands and choirs. Also, dancing is another popular hobby among teenagers. Many of them join school dance clubs and learn different types of dancing, from ballet, modern dance, to K-pop dance. There are also teenagers who choose to volunteer to help others in their neighborhood as a hobby. They may serve meals at a homeless shelter or help with a local cleanup. And ___(C)___ teenagers prefer to spend time doing art, like drawing or painting. What are some hobbies that you're interested in?

1 윗글의 빈칸 (A)~(C)에 알맞은 말이 바르게 짝지어진 것은?

	(A)		(B)		(C)
①	Some	–	Others	–	Other
②	Some	–	Another	–	Other
③	Another	–	Others	–	The other
④	The others	–	Another	–	The other
⑤	Another	–	The Others	–	Another

2 십 대들이 취미를 통해 얻을 수 있는 이점을 모두 찾아 우리말로 쓰시오.

(1) _____

(2) _____

(3) _____

Words & Phrases

mentally 뷔 정신적으로
increase 통 증가시키다
choir 명 합창단, 성가대
homeless shelter 노숙자 보호소

physically 뷔 육체적으로
decrease 통 감소시키다
neighborhood 명 이웃, 근처
cleanup 명 청소, 정화

benefit 명 이점, 이득, 혜택
instrument 명 악기
serve 통 (음식 등을) 제공하다
prefer 통 선호하다

Vocabulary

1. '자격, 정신적 특성'을 뜻하는 -ship

friend 명 친구 나의 가장 친한 친구, Jane: my best _____, Jane	friendship 명 우정, 교우 관계 평생 동안의 우정: a lifelong _____
citizen 명 시민 오스트레일리아 시민: an Australian _____	citizenship 명 시민 자격, 시민권 프랑스 시민권을 얻다: get French _____
member 명 회원 적십자회 회원: a _____ of the Red Cross	membership 명 회원 자격, 회원권 회원증을 발급하다: issue a _____ card
intern 명 인턴 학생 인턴: a student _____	internship 명 인턴 자격, 인턴 근무 호텔에서 인턴으로 근무하다: serve one's _____ at a hotel
leader 명 지도자 정신적[영적] 지도자 a spiritual _____	leadership 명 지도력, 통솔력 리더십을 발휘하다: show[demonstrate] _____

2. '기간, 시절, 신분, 정신적 특성'을 뜻하는 -hood

neighbor 명 이웃 사람 친절한 이웃: a friendly _____	neighborhood 명 이웃, 이웃 관계, 근처 우리 집 가까이에: in my _____
child 명 아이 외동(딸, 아들): an only _____	childhood 명 어린 시절, 유년기 어린 시절의 추억: _____ memories
adult 명 어른 어른으로서: as an _____	adulthood 명 성인 시절, 성인기 성장하여 어른이 되다: grow to _____
mother 명 어머니 아기를 안고 있는 어머니: a _____ holding a baby	motherhood 명 모성 어머니가 되다: attain _____
parent 명 부모, 어버이 부모로서의 의무: duties as a _____	parenthood 명 어버이 신분 부모로서의 책임: responsibilities of _____

3. '〜주의, 〜특성'을 뜻하는 -ism

modern 형 현대의
현대 무용: _____ dance

modernism 명 현대주의 (현대적 사상이나 방식)
모더니즘 건축: _____ architecture

critic 명 비평가
음악 평론가: a music _____

criticism 명 비평, 비판
건설적인 비판을 하다: offer constructive _____

optimistic 형 낙관적인
낙관적인 분위기: an _____ mood

optimism 명 낙관주의
에너지와 낙관적인 생각으로 가득 찬: full of energy and _____

real 형 사실적인, 진짜의
진실되게 행동하다: keep it _____

realism 명 사실주의
사실주의로 잘 알려진: well known for _____

natural 형 자연의
자연재해: _____ disasters

naturalism 명 자연주의
미술에서의 자연주의: _____ in art

Voca Checkup

A 영어는 우리말로, 우리말은 영어로 쓰시오.

1 friendship _____

2 optimism _____

3 internship _____

4 neighborhood _____

5 parenthood _____

6 지도력, 통솔력 _____

7 비평, 비판 _____

8 사실주의 _____

9 모성 _____

10 자연주의 _____

B 빈칸에 알맞은 말을 넣어 어구를 완성하시오.

1 early _____ education (유아 교육)

2 a combination of tradition and _____ (전통과 모더니즘의 결함)

3 reach _____ (성인기에 도달하다)

4 apply for American _____ (미국 시민권을 신청하다)

5 qualify for _____ (회원 자격을 얻다)

정답 A 1. 우정, 교우 관계 2. 낙관주의 3. 인턴 자격, 인턴 근무 4. 이웃, 이웃 관계 5. 어버이 신분 6. leadership 7. criticism 8. realism
9. motherhood 10. naturalism
B 1. childhood 2. modernism 3. adulthood 4. citizenship 5. membership

Unit 05

접속사(1)

Grammar 1

❶ both *A* and *B*

❷ not only *A* but also *B*

Grammar 2

❶ either *A* or *B*

❷ neither *A* nor *B*

Grammar 1

❶ both *A* and *B*

상관접속사는 짝을 이루는 접속사로 2개 이상의 어구가 짝을 이루어 하나의 접속사 역할을 한다. **both *A* and *B*** 는 'A와 B 둘 다' 라는 뜻을 강조하고자 할 때 쓴다.

> Both Mom and Dad went to the same college. 엄마와 아빠 두 분 다 같은 대학을 다니셨다.
> Both boys and girls can join the soccer club. 소년들과 소녀들 모두 그 축구 클럽에 가입할 수 있다.
> The swimming pool offers lessons for both beginners and advanced levels.
> 그 수영장은 초급자와 상급자 모두에게 강습을 제공한다.

➡ 상관접속사로 연결되는 A와 B는 동일한 구조여야 한다. 즉, 단어와 단어, 구와 구, 절과 절, 동사와 동사, 명사와 명사, 형용사와 형용사, to부정사와 to부정사, 동명사와 동명사 등이 연결된다.
  Sarah likes **both** music **and** art. (○) Sarah는 음악과 미술 둘 다 좋아한다.
  Sarah likes **both** music **and** drawing pictures. (×)

➡ both *A* and *B*가 주어로 쓰일 때는 항상 복수동사를 쓴다.
  Both a doctor **and** a nurse **have** to work the night shift.
  의사와 간호사 모두 야간 근무를 해야 한다.

■ *A* and *B*가 하나의 단일 개념을 나타낼 때는 단수 취급하여 단수동사를 쓴다.
  Bread and butter makes a good breakfast. 버터 바른 빵은 훌륭한 아침 식사가 된다.

❷ not only *A* but also *B*

not only *A* but also *B*는 'A뿐만 아니라 B도'라는 의미를 강조할 때 쓰며 also는 생략되기도 한다. 같은 뜻으로 *B* as well as *A*가 있다. not only *A* but also *B*, *B* as well as *A*가 주어인 경우 동사의 수는 B에 일치시킨다.

> Kim is not only a great teacher but (also) a great friend. Kim은 멋진 교사일 뿐만 아니라 멋진 친구이기도 하다.
> Not only you but also Tom likes to ride a bike. 너뿐만 아니라 Tom도 자전거 타기를 좋아한다.
> (= Tom as well as you likes to ride a bike.)

■ 상관접속사 not *A* but *B*는 'A가 아니라 B'라는 뜻이며, 주어인 경우 동사의 수는 B에 일치시킨다.
  Friendship is not about finding the perfect friend, but about creating the right relationship.
  우정은 완벽한 친구를 찾는 것에 관한 것이 아니라 올바른 관계를 만드는 것에 관한 것이다.
  Not I but you are to blame. 내가 아니라 너의 책임이야.

Grammar Practice 1

A 괄호 안에서 알맞은 말을 고르시오.

1 This magazine is not only interesting (and / but) also useful.

2 (Both / All) Susan and Sam have the same hobby.

3 My grandparents raise geese (as well as / not only) pigs.

A

not only *A* but (also) *B* A뿐
만 아니라 B도

both *A* and *B* A와 B 둘 다

B as well as *A* A뿐만 아니라
B도

B 빈칸에 알맞은 말을 〈보기〉에서 골라 쓰시오.

┤ 보기 ├
| not only | but also | as well as | both |

1 _____ David and Hans arrived in Seoul on the same day.

2 The book was published in Spanish _____ in Portuguese.

3 I need a sofa that is _____ comfortable _____ decorative.

B

• Spanish 스페인어
• Portuguese 포르투갈어
• decorative 장식용의

C 의미상 자연스러운 문장이 되도록 연결하시오.

1 This is not what I want to do, •

2 Our team won not only the tug-of-war •

3 The gallery displays portraits of famous politicians •

• ⓐ but also the dodge ball match.

• ⓑ but what I must do.

• ⓒ as well as writers, artists, and rock stars.

C

not *A* but *B* A가 아니라 B

• dodge ball 피구
• tug-of-war 줄다리기
• display 전시하다
• portrait 초상화
• politician 정치인

D 우리말과 일치하도록 빈칸에 알맞은 말을 넣어 문장을 완성하시오.

1 고양이와 개 모두 입양이 가능하다.

→ _____ cats _____ dogs are available for adoption.

2 나는 새 음악 앨범뿐만 아니라 신상품 티셔츠도 샀다.

→ I bought a brand new T-shirt _____ _____ _____ a new music album.

D

• available 가능한
• adoption 입양

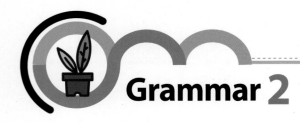

Grammar 2

1 either *A* or *B*

either *A* or *B*는 'A 혹은 B 둘 중 하나'라는 뜻의 상관접속사이다. A와 B 부분에 동일한 구조의 어구가 와야 한다. **either *A* or *B***가 주어인 경우 동사의 수는 B에 일치시킨다.

> **Either you or your sister must be an artist.** 당신과 당신의 여동생 중 한 사람은 예술가임에 틀림없다.
>
> (you — your sister)
>
> **My next step is either to get a job or to study more.** 나의 다음 단계는 취업을 하거나 아니면 공부를 더 하는 것이다.
>
> (to get a job — to study more)
>
> **Either your mom or I am going to pick you up.** 네 엄마나 내가 너를 데리러 갈 것이다. (your mom — I)

Grammar Plus

- either는 부정문에 사용되어 '~도 또한 (아니라)'이라는 의미로 사용된다.

  If you don't go, I won't go, either. 당신이 가지 않는다면, 나도 가지 않겠다.

  A: I wasn't tired. 나는 피곤하지 않았어.
  B: I wasn't, either. 나도 피곤하지 않았어.

  A: I didn't go to school last Friday. 나는 지난 금요일에 학교에 가지 않았어.
  B: I didn't, either. 나도 역시 학교에 가지 않았어.

2 neither *A* nor *B*

neither *A* nor *B*는 'A, B 둘 다 아닌'이라는 뜻의 상관접속사이다. **neither *A* nor *B***가 주어인 경우 동사의 수는 동사 가까이에 있는 B에 일치시킨다.

> **Neither my friend nor I like classical music.** 내 친구와 나 둘 다 클래식 음악을 좋아하지 않는다.
>
> **His doctor allows him neither to drink nor to smoke.**
> 그의 의사는 그에게 술을 마시는 것도 담배를 피우는 것도 허용하지 않는다.
>
> **He is neither a hero nor a saint.** 그는 영웅도 아니고 성자도 아니다.

Grammar Plus

- both *A* and *B* ~ not은 부분 부정으로 '둘 다는 아닌'이라는 뜻이므로 '둘 중 하나'를 의미하는 either *A* or *B*와 바꿔 쓸 수 있다. A, B 둘 다 부정을 할 경우에는 neither *A* nor *B* 구문을 사용한다.

  Both John and Mary sang. John과 Mary가 둘 다 노래를 불렀다. ▶ 노래 부른 것이 'John과 Mary 둘 다'라는 뜻을 강조함.

  Both John and Mary did not sing. John과 Mary 둘 다 노래를 부르지는 않았다. ▶ 부분 부정

  Either John or Mary sang. John과 Mary 둘 중 한 사람이 노래를 불렀다.

  Neither John nor Mary sang. John과 Mary 둘 다 노래를 부르지 않았다. ▶ 전체 부정

Grammar Practice 2

A 괄호 안에서 알맞은 말을 고르시오.

1 (Neither / Either) my father nor my mother likes sushi.

2 Neither my friends (nor / or) my coach agrees with my idea.

3 (Either / Neither) Mike or Rachel ate the last slice of cheesecake.

- sushi 스시, 초밥
- agree with ~에 동의하다
- slice 조각

B 괄호 안의 단어를 알맞은 현재시제 형태로 바꿔 쓰시오.

1 Either she or I _____(be) going to be in charge of the project.

2 Neither the police officers nor the detectives _____(be) going to give any information about the criminal.

- in charge of ~을 맡아서, ~을 담당해서
- detective 형사
- criminal 범인, 범죄자

C 빈칸에 알맞은 말을 쓰시오.

1 You can find me _____ in the garage or in the backyard.

2 When the weather is either hot _____ humid, you can easily get tired.

3 My new house is neither big _____ small.

- garage 차고
- humid 습한

D 그림을 참고하여 우리말과 일치하도록 주어진 단어들을 바르게 배열하여 문장을 완성하시오.

1  **2**

(×)　(○)　(×)

- main gate 정문
- get a haircut 이발하다, 머리 카락을 자르다

1 당신은 여기 혹은 정문 옆 둘 중 한 곳에 차를 주차할 수 있다.

(here, or, either, the main gate, next to)

→ You can park your car _____.

2 나는 머리카락을 잘랐다. 나의 새 머리 스타일은 길지도 짧지도 않다.

(nor, short, new hair style, long, is, neither)

→ I got a haircut. My _____.

Writing 1

정답과 해설 ▶ 20쪽

A 우리말과 일치하도록 주어진 단어들을 활용하여 문장을 완성하시오.

1 Sam은 노래뿐만 아니라 춤도 잘 춘다. (not only, but also)

→ Sam is good at _____.

2 그 실수는 너나 Becky의 탓이 아니다. (neither ~ nor)

→ _____ is to blame for the mistake.

3 내 친구들은 재미있지 않고 진지하다. (not ~ but, funny, serious)

→ My friends _____.

4 Brown 씨는 예술가일 뿐 아니라 유명 인사이기도 하다. (not only, celebrity)

→ Mr. Brown is _____.

5 나는 721번 버스나 35번 버스를 타고 출근한다. (either ~ or)

→ I take _____ to work.

6 블루베리는 맛있을 뿐만 아니라 영양가도 많다. (as well as, nutritious)

→ Blueberries are _____.

B 우리말과 일치하도록 주어진 단어들을 바르게 배열하여 문장을 완성하시오.

1 그들은 재미있을 뿐만 아니라 매우 친절하기도 하다. (not, funny, but, only, very, kind, also)

→ They are _____.

2 Rachel도 그녀의 남편도 프랑스로 여행가는 것에 대해 어떤 것도 언급하지 않았다.
(Rachel, her husband, mentioned, nor, anything, neither)

→ _____ about travelling to France.

3 우리는 KTX로 갈 수도 있고 차를 빌릴 수도 있다. 어느 것이 좋은가?
(go by KTX, can, either, or, rent a car)

→ We _____. Which do you prefer?

4 그는 스페인어뿐만 아니라 프랑스어도 유창하다. (not only, is, fluent, in French, also, in Spanish, but)

→ He _____.

5 종업원이 불친절했다는 것이 아니라 음식이 형편없었다는 것이다. (but that, terrible, was, the food)

→ It's not that the waiter was unkind _____.

6 건강한 식단은 우리의 육체 건강뿐만 아니라 정신 건강에도 중요하다.
(as well as, mental health, physical health)

→ A healthy diet is important for _____.

Writing 2

정답과 해설 ▶ 20쪽

A 다음 주어진 표현을 활용하여 〈보기〉와 같이 문장을 완성하시오.

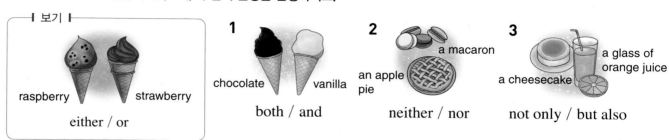

┤ 보기 ├

raspberry   strawberry

either / or

1

chocolate   vanilla

both / and

2

a macaron

an apple pie

neither / nor

3

a glass of orange juice

a cheesecake

not only / but also

┤ 보기 ├

Q: What ice cream flavor are you going to choose?

A: I'd like <u>either raspberry or strawberry</u>.

1 Q: What ice cream flavor are you going to choose?

A: I'm going to choose _____.

2 Q: Which does your mom want, a macaron or an apple pie?

A: She wants _____.

3 Q: What is your dad going to have for dessert?

A: He's going to eat _____.

B 뉴욕의 한 식당 영수증을 보고, 괄호 안의 단어를 활용하여 문장을 완성하시오.

Coffee	$ 5.90
Two Eggs Any Style	$ 6.95
Whole-Wheat Pancakes	$ 8.95
Hawaiian Sausage	$ 4.50
Subtotal	$ 26.30
Tax	$ 2.10
Total	$28.40

Suggested Tip Amounts are provided for your convenience:

Tip 20% : $ 5.68
Tip 18% : $ 5.11
Tip :

_____
(write your tip)
by cash/credit card

Total : _____

1 Usually the menu price includes _____ _____ _____ _____. (neither, tip, tax)

2 According to the receipt, your tip can be _____ _____ _____ _____. (either)

3 At the restaurant, you should pay _____ _____ _____. (both, tax, tip)

4 You can pay your tip using _____ _____ _____ _____. (either)

Reading 1

How do you feel when you see photos of a celebrity on a date? You might either simply feel interested in who the celebrity is dating, or feel sorry for the celebrity for not having a private life. However, some people go one step further and create rumors based on the photos. Some even torture his or her date. No matter how you react, one thing is sure: that person didn't sell access to his or her private life. Moreover, we never purchased it. You might think the news is free for everyone, but actually, <u>그 것은 공짜가 아니라 훔친 것이다</u>. Therefore, we should stop consuming gossip and leave celebrities alone.

1 윗글의 요지로 알맞은 것은?

① Let's not spread rumors.

② Mind your own business.

③ Respect your relationships.

④ Don't violate the privacy of celebrities.

⑤ Don't talk about people behind their back.

2 괄호 안에 주어진 단어들을 활용하여 밑줄 친 부분을 영작하시오.

_____

(free, stolen)

Words & Phrases

celebrity 몡 유명 인사
go one step further 한 걸음 더 나아가다
based on ~에 근거하여
access 몡 접근권, 접촉 기회
consume 통 소비하다, 소모하다

date 몡 데이트; 데이트 상대 통 ~와 데이트하다
create 통 만들어 내다
torture 통 지독히 괴롭히다
moreover 뷔 게다가
gossip 몡 소문

rumor 몡 소문
react 통 반응하다
purchase 통 구매하다, 사다
leave ~ alone ~을 내버려 두다, 건드리지 않다

Reading 2

Susie and her husband, Ben, were walking in the park. After a while, she asked Ben, "Would you like to stop at that food stand for a snack?" Ben answered, "No, I'm not hungry yet." Suddenly, Susie became quiet. Ben didn't know why. He thought she was asking if he was hungry. However, Susie was telling him that she wanted to stop for a snack. Like this, there are misunderstandings between men and women. Consultants say that miscommunication happens because men and women grow up with different conversational rules. 여성들은 대화를 감정을 표현하는 데뿐만 아니라 합의에 이르는 데에도 사용한다. However, men often use talk to gain respect as well as exchange information. Therefore, the difference in conversation style is very meaningful in male—female interactions.

1 윗글의 내용과 일치하는 것은?

① Men use talk to gain agreement.

② Women are raised to hide their feelings.

③ Both men and women use talk to build relationships.

④ Men and women grow up learning different conversational rules.

⑤ There are no misunderstandings between men and women.

2 밑줄 친 우리말과 일치하도록 주어진 단어들을 활용하여 영작하시오.

_____

(women, to express feelings, to reach agreement)

Words & Phrases

snack 명 간단한 식사, 간식
miscommunication 명 잘못된 전달, 오해
respect 명 존경
female 명 여자 형 여성의

misunderstanding 명 오해
conversational 형 대화의
exchange 통 교환하다
interaction 명 상호 작용

consultant 명 상담가, 고문
gain 통 얻다
male 명 남자 형 남성의
raise 통 기르다, 양육하다

Vocabulary

1. '나쁜, 잘못된'을 뜻하는 mis-

understand 동 이해하다 설명서를 이해하다: _____ the manual	misunderstand 동 오해하다 그의 의도를 오해하다: _____ his intention
behave 동 얌전하게 굴다 얌전하게 행동해라: _____ yourself	misbehave 동 버릇없게 굴다 때로 아이들이 버릇없게 군다.: Kids sometimes _____.
read 동 읽다 신문을 읽다: _____ the newspaper	misread 동 잘못 해석하다, 잘못 읽다 신호를 잘못 읽다: _____ the signal
inform 동 전하다, 알리다 모두에게 알리다: _____ everyone	misinform 동 잘못 전하다, 틀린 정보를 전하다 역사에 관해 잘못된 정보를 주다: _____ about history
match 동 연결하다, 짝짓다, 어울리다 벽과 어울리도록: to _____ the walls	mismatch 동 짝을 잘못 짓다, 어울리지 않다 어울리지 않는 커플: a _____ed couple

2. '~사이에, ~간에'를 뜻하는 inter-

action 명 행동 즉각 행동을 취하다: take _____ immediately	interaction 명 상호 작용 사람과 자연 사이의 상호 작용: _____ between people and nature
national 형 국가의 국내 및 국제 뉴스: _____ and international news	international 형 국제적인 국제 무역: _____ trade
section 명 구분, 부분, 구획 기차의 뒷부분: the rear _____ of a train	intersection 명 교차점, 교차로 교차로에서: at the _____
personal 형 사람의, 개인의 개인 소지품: _____ belongings	interpersonal 형 사람 사이의, 대인 관계의 대인 관계 기술: _____ skills
continental 형 대륙의 대륙성고기압:the _____high pressure system	intercontinental 형 대륙 간의, 대륙 사이의 대륙 횡단 철도: an _____ railway

3. 사람을 나타내는 -ant, -or

consult 통 상담하다, 상의하다
의사와 상담하다: _____ a doctor

consultant 명 상담가, 고문
기업 고문: a business _____

serve 통 시중들다
손님 시중을 들다: _____ the guests

servant 명 하인, 고용인
공무원: a public _____

negotiate 통 협상하다
연봉을 협상하다: _____ a salary

negotiator 명 협상가
경영자 측 협상가: management _____

edit 통 편집하다
잡지를 편집하다: _____ a magazine

editor 명 편집자
편집장: an _____-in-chief

prosecute 통 기소하다
불기소하다: do not _____

prosecutor 명 검사
특별 검사: a special _____

Voca Checkup

A 우리말은 영어로, 영어는 우리말로 쓰시오.

1 대륙 간의 _____
2 편집자 _____
3 버릇없게 굴다 _____
4 교차점 _____
5 하인 _____

6 mismatch _____
7 interpersonal _____
8 misunderstand _____
9 prosecutor _____
10 misread _____

B 빈칸에 알맞은 말을 넣어 어구를 완성하시오.

1 an expert in _____ law (국제법 전문가)
2 a _____ to the government (정부의 자문위원)
3 a union _____ (노조 측 협상가)
4 _____ the public (대중에게 잘못된 정보를 주다)
5 social _____ (사회적인 상호 작용)

정답 **A** 1. intercontinental 2. editor 3. misbehave 4. intersection 5. servant 6. 짝을 잘못 짓다 7. 사람 사이의, 대인 관계의 8. 오해하다
9. 검사 10. 잘못 해석하다, 잘못 읽다
B 1. international 2. consultant 3. negotiator 4. misinform 5. interaction

접속사(2)

Grammar 1

1 결과를 나타내는 「so ... that ~」

2 목적을 나타내는 「so that ~」

Grammar 2

1 「명령문, and」와 「명령문, or」

2 접속부사

Grammar 1

1 결과를 나타내는 「so ... that ~」

「so+형용사/부사+that ~」은 '매우(너무) …해서 ～하다'라는 의미로 원인과 결과를 나타낸다. 구어체에서 that은 흔히 생략된다.

> I was **so** tired **(that)** I couldn't walk. 나는 너무 피곤해서 걸을 수 없었다.
>
> This comic book is **so** funny **(that)** I can read it again. 이 만화책은 매우 재미있어서 나는 그것을 다시 읽을 수 있다.
>
> The box was **so** heavy **(that)** she couldn't move it. 그 상자가 너무 무거워서 그녀는 그것을 옮길 수 없었다.
>
> We were **so** angry **(that)** we asked to see the manager. 우리는 매우 화가 나서 매니저를 보기를 요청했다.

Grammar Plus ✚

■ to부정사를 사용하여 「so ... that ~」과 같은 뜻을 나타낼 수 있다.

This comic book is **so** funny **that** I can read it again.

= This comic book is funny **enough** for me **to** read again. 이 책은 내가 다시 읽을 만큼 충분히 재미있다.

The box was **so** heavy **that** she couldn't move it.

= The box was **too** heavy for her **to** move. 그 상자는 그녀가 옮기기에는 너무 무거웠다.

2 목적을 나타내는 「so that ~」

「so that ~」은 '～하기 위하여, ～할 수 있도록'이라는 의미로 목적을 나타낸다. that은 구어체에서 생략되기도 한다. so that이 이끄는 목적절에서 동사 앞에 can/could/may/might/will/would를 붙여 쓸 수 있다.

> Take your umbrella **so that** you won't get wet. 젖지 않도록 우산을 가져가라.
>
> Can you turn up the volume **so that** we can hear the music? 우리가 음악을 들을 수 있도록 볼륨을 높여 주겠니?
>
> Please let me know your phone number **so that** I can text you.
> 내가 너에게 문자 메시지를 보낼 수 있도록 너의 전화번호를 내게 알려 줘.

Grammar Plus ✚

■ to부정사를 사용하여 「so that ~」과 같은 뜻을 나타낼 수 있다.

Leave early **so that** you can get a good seat. 좋은 자리를 얻도록 일찍 출발해라.

= Leave early **in order to** get a good seat.

= Leave early **so as to** get a good seat.

Grammar Practice 1

A 괄호 안에서 알맞은 말을 고르시오.

1 The restaurant is so popular (what / that) it's hard to get a table on weekends.

2 The case was easy (enough / very) for me to solve.

3 The problems were (so / too) complicated to answer.

B 우리말과 일치하도록 주어진 단어들을 바르게 배열하여 문장을 완성하시오.

1 우리는 비행기 시간에 늦지 않도록 일찍 일어났다.

(be, on time, so as to, for, the plane)

→ We got up early _____.

2 그는 너무 느려서 수업에 결코 제시간에 오지 않는다.

(gets to, so slow, he, that, never)

→ He is _____ class on time.

C 자연스러운 문장이 되도록 다음을 연결하시오.

1 The cameraman asked people to pose   •

2 The stadium is large   •

3 This tea is too hot   •

• ⓐ to drink now.

• ⓑ so that he could take a group photo.

• ⓒ enough to hold about 25,000 people.

D 그림을 보고 두 문장을 한 문장으로 나타낼 때, 빈칸에 알맞은 말을 쓰시오.

1

2

1 Greg studies hard. He hopes to get an A⁺ on his English test.

(so that, can)

→ Greg studies hard _____.

2 Our family ate breakfast very quickly. We wanted to go to the museum early. (so that, could)

→ Our family ate breakfast very quickly _____.

A
• on weekends 주말에, 주말마다
• complicated 복잡한

B
• on time 시간을 어기지 않고, 정각에
• so as to ~ ~하기 위하여

C
... enough to ~ ~하기에 충분히 …한
too ... to ~ 너무 …해서 ~할 수 없다
• pose 자세(포즈)를 취하다
• hold 수용하다

D
• so that ~ ~하기 위하여
• quickly 빨리
• museum 박물관

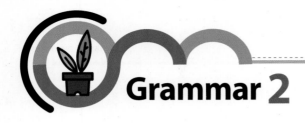

Grammar 2

❶ 「명령문, and」와 「명령문, or」

명령문, and ~. (= If you …, you ~.)   …해라, 그러면 ~. (만일 …하면, 너는 ~.)

명령문, or ~. (= If you … not, you ~.)   …해라, 그렇지 않으면 ~. (만일 …하지 않으면, 너는 ~.)

> Push this button, and **the door will open.** 이 버튼을 눌러라, 그러면 문이 열릴 것이다.
>
> = If you push this button, the door will open.
>
> Leave now, or **you will be late for your dentist appointment.** 지금 출발해라, 그렇지 않으면 치과 예약에 늦을 것이다.
>
> = If you don't leave now, you will be late for your dentist appointment.
>
> = Unless you leave now, you will be late for your dentist appointment.
>
> Save it, or **you might lose your data.** 그것을 저장해라, 그렇지 않으면 데이터를 잃을 수도 있다.
>
> = If you don't save it, you might lose your data.

Grammar Plus ➕

■ unless는 if ~ not의 의미이므로 「명령문, or ~.」는 Unless you …, you ~.로도 표현할 수 있다. 조건절에서는 미래의 일이더라도 현재시제로 표현하는 것에 유의한다.

❷ 접속부사

접속부사는 두 문장 사이에서 여러 가지 연결의 의미를 나타낸다.

대조: on the contrary, on the other hand(반면에), instead(대신에), however(그러나)

결과: therefore(그러므로), as a result(결과적으로), so(그래서)

부가: in addition(덧붙여, 게다가), besides, moreover(게다가, 더욱이)

예시: for example, for instance(예를 들어)

양보: nevertheless, nonetheless, in spite of that(그럼에도 불구하고)

> The picnic mat is thin and light. Therefore, it is very convenient to carry around.
>
> 그 소풍 돗자리는 얇고 가볍다. 그러므로 휴대하기가 매우 편리하다.
>
> They used to have fights with each other. However, they are now good friends.
>
> 그들은 서로 싸우곤 했다. 그러나 이제 그들은 좋은 친구이다.
>
> I like spending my holidays in the mountains. On the other hand, my sister prefers the seaside.
>
> 나는 휴가를 산에서 보내는 것이 좋다. 반면에, 내 언니(여동생)는 해변을 더 좋아한다.

Grammar Plus ➕

■ 접속부사는 접속사와는 달리 두 개의 절을 한 문장으로 연결하지는 않는다.

They used to have fights with each other, but they are now good friends.

Though they used to have fights with each other, they are now good friends.

Grammar Practice 2

A 괄호 안에서 알맞은 말을 고르시오.

1 Get enough sleep, (and / or) you will soon get tired.

2 Reduce the amount of sugar in your food, (and / or) you'll be healthier.

3 (If / Unless) you wear a raincoat, you will get completely wet.

A

3. unless는 '~하지 않으면'이라는 뜻으로 if ~ not의 의미이다.
· amount 양
· completely 완전히

B 빈칸에 알맞은 말을 〈보기〉에서 골라 쓰시오.

┤ 보기 ├
however   for example   as a result

1 Artificial intelligence is used in every aspect of our lives. _____, it's used for watering gardens, feeding pets, or doing surgeries.

2 Surfing was started in Hawaii long ago. These days, _____, people enjoy it all over the world.

3 My brother studies hard at night. _____, his grades are improving.

B

· artificial intelligence 인공지능
· aspect 측면, 양상
· feed 먹이를 주다
· surgery 수술
· improve 개선되다, 나아지다

C 자연스러운 문장이 되도록 다음을 연결하시오.

1 Close the window when you sleep, •

2 Hurry up, •

3 Press this button, •

• ⓐ and you will be on time.

• ⓑ and the machine will turn on.

• ⓒ or you may catch a cold.

C

명령문, and ~. …해라, 그러면 ~
명령문, or ~. …해라, 그렇지 않으면 ~

D 두 문장의 뜻이 같도록 빈칸에 알맞은 말을 쓰시오

1 Do stretching exercises every day, and you will be more flexible.
= _____ do stretching exercises every day, you will be more flexible.

2 Study in a quiet place, or you'll get distracted.
= _____ study in a quiet place, you'll get distracted.

D

명령문, and ~. = If you ..., you ~.
명령문, or ~. = If you ... not, you ~.
· flexible 유연한
· distracted 산만해진

Writing 1

정답과 해설 ▶ 23쪽

A 우리말과 일치하도록 주어진 단어를 활용하여 문장을 완성하시오.

1 속도를 줄여라, 그렇지 않으면 속도위반 딱지를 떼게 될 것이다. (get, a speeding ticket)

→ Slow down, _____.

2 나는 벌써 세 번이나 시험에 실패했다. 그러나 나는 계속 노력할 것이다. (however, keep)

→ I have failed the test three times already. _____ trying.

3 비타민 C를 복용해라, 그러면 기분이 상쾌해질 것이다. (feel refreshed)

→ Take some Vitamin C, _____.

4 여전히 의논할 것이 많다. 그러므로 우리는 한 번 더 만나야 한다. (therefore, have to)

→ There is still much to discuss. _____ once more.

5 Tom이 너무 빨리 말해서 나는 그를 이해할 수 없다. (so ~ that, understand)

→ Tom speaks _____.

6 부엌을 깨끗하게 유지할 수 있도록 매일 음식물 쓰레기를 내다 버려라. (so that, keep ~ clean)

→ Take out the food garbage every day _____.

B 우리말과 일치하도록 주어진 단어들을 바르게 배열하여 문장을 완성하시오.

1 대개 2월은 28일로 짧다. 그러나 올해 2월은 29일이다. (February, 29 days, has, however)

→ Usually, February falls short with 28 days. _____ this year.

2 Smith 씨는 항상 누구에게나 친절하다. 그래서 그는 친구가 많다. (a lot of, therefore, has, he)

→ Mr. Smith is always kind to everyone. _____ friends.

3 8시에 나와라, 그러면 너는 아침 먹을 시간이 있을 것이다. (you, have, and, time, breakfast, for, will)

→ Come out at 8 o'clock, _____.

4 도서관에서 조용히 해라, 그렇지 않으면 다른 사람들을 방해하게 될 것이다.

(you'll, other, disturb, people, or)

→ Please be quiet in the library, _____.

5 나는 너무 실망스러워서 한 마디 말도 하지 않았다. (say a word, that, so, I, disappointed, didn't)

→ I felt _____.

6 제가 당신에게 그 소포를 보낼 수 있도록 제게 당신의 주소를 알려 주세요.

(the package, I, send, so, that, can, you)

→ Please let me know your address _____.

A 그림을 보고, 괄호 안의 단어를 사용하여 각 인물의 말을 완성하시오.

1
Sujin was so sick ....

2
Ms. Kim, please let me know the password for the lock so ....

3
My son is so shy ....

1 Sujin was so _____ to school. (go)

2 Ms. Kim, please let me know the password for the lock so _____ the classroom. (enter)

3 My son is so _____ when he sees strangers. (speak)

B 그림과 주어진 표현을 사용하여 각 인물에게 해 줄 충고를 완성하시오.

1
I have a fever.

2
Exam day is coming!

3
The sun is too strong.

4
There are so many mosquitoes.

1 Take some medicine, _____. (feel better)

2 Study hard, _____. (pass the exam)

3 Put on some sunscreen, _____. (get a painful sunburn)

4 Bring some mosquito spray, _____.
(be covered in mosquito bites)

Artificial intelligence (AI) has developed _____
_____. In 1997, there was
a big chess match. At that time, many people were sure that
humans were smarter than AI. (①) The world chess
champion and IBM's computer Deep Blue played chess.
(②) That received a lot of attention and was on every
major media outlet at that time. (③) The same thing
happened when Lee Sedol, a baduk champion, lost against AlphaGo of Google DeepMind in
2016. (④) Some believe that AI mimics human's subconscious decisions. (⑤) Other people
are worried that AI will get so smart that it might rule humans in the near future. They say that
AI will possibly degrade human worth and human dignity.

1 윗글의 ①~⑤ 중, 다음 문장이 들어갈 위치로 알맞은 곳은?

What was the result? Deep Blue won.

①   ②   ③   ④   ⑤

2 윗글의 빈칸에 들어갈 말을 주어진 단어들을 바르게 배열하여 완성하시오.

_____

(that, so much, threatens, it, intelligence, human)

Words & Phrases

artificial 혱 인공적인   intelligence 몡 지능   attention 몡 관심, 주의, 주목
major 혱 주요한   media outlet (신문·방송 등의) 대중 매체   mimic 통 모방하다, 흉내 내다
subconscious 혱 잠재의식의   decision 몡 결정   degrade 통 비하하다, 비하시키다
dignity 몡 존엄성, 위엄, 품위   threaten 통 위협하다

Reading 2

정답과 해설 ▶ 24쪽

유능한 인재를 구합니다

Imagine you are the CEO of a company, and you need someone to work for you. You will want a really talented worker for sure. But how can you find that kind of person? A lot of people think that if you offer a high salary, you can easily get competent workers. But that's not always true. You will probably have a higher chance to have better interviewees. ____(A)____, a high salary doesn't guarantee a good worker. Because everyone wants to have a high salary, offering a high salary attracts all kinds of people. If you are not able to recognize a competent worker and you choose the wrong person, you will regret your decision. ____(B)____, you need to develop the skills to be able to recognize who a skilled worker is.

1 윗글의 빈칸 **(A), (B)**에 들어갈 말이 바르게 짝지어진 것은?

	(A)		(B)
①	In addition	–	However
②	However	–	Therefore
③	However	–	Besides
④	As a result	–	Moreover
⑤	For example	–	Therefore

2 윗글을 읽고 주어진 표현을 사용하여 다음 질문의 답을 완성하시오.

Q: According to the passage, as a CEO, what skills should you develop in order to hire a good worker?

A: We need to _____.

(skills, find, right, person, job)

Words & Phrases

CEO 명 사장, 최고 경영자 (Chief Executive Officer)

offer 통 제공하다

chance 명 확률

recognize 통 알아보다

high salary 높은 급여

interviewee 명 면접 대상자

for sure 분명히

competent 형 유능한, 능숙한

guarantee 통 보장하다

Vocabulary

1. '아래로'를 뜻하는 de-

grade 명 등급, 학년 최고급의: the highest _____	degrade 동 (등급, 지위 등을) 낮추다 공기의 질을 낮추다: _____ the air quality
press 동 누르다 버튼을 누르다: _____ a button	depress 동 우울하게 하다, 낙담하게 하다 비오는 날씨는 나를 우울하게 만든다.: Rainy weather _____es me.
form 명 모양, 형태 ~의 형태(방식)로: in the _____ of	deform 동 모양이 망가지다, 망가뜨리다 꼭 맞는 신발을 신으면 발 모양이 망가질 수 있다.: Wearing tight shoes can _____ your feet.
posit 어근 놓다, 두다(put) position 위치	deposit 명 보증금, 예금 동 내려놓다, 예금하다 보증금을 내다: put down a _____ on
scribe 어근 쓰다(write) prescribe 처방하다	describe 동 묘사하다, 서술하다 상황을 묘사하다: _____ the situation

2. 주체를 나타내는 -er, -or vs. 객체를 나타내는 -ee

employer 명 고용주 유능한 고용주: a competent _____	employee 명 종업원, 고용인 성실한 종업원: a diligent _____
trainer 명 교육시키는 사람(교관) 교사 교육 담당자: a teacher _____	trainee 명 교육 받는 사람, 훈련생 실습(수습) 교사: a _____ teacher
interviewer 명 면접관 연구 면접관: a research _____	interviewee 명 면접 대상자 면접 대상자에게 물어볼 10가지 질문: 10 questions to ask an _____
loaner 명 대여자, 대부자 금융 대부업자: a financial _____	loanee 명 채무자, 대출자 대출자가 빚을 갚다: the _____ pays the debt
mentor 명 멘토, 스승, 조언자 멘토가 내 공부를 돕는다.: My _____ helps me with my studies.	mentee 명 멘티(멘토에게 상담이나 조언을 받는 사람) 멘티를 지도하다: coach the _____

3. '아래'를 뜻하는 sub- (변화형 sup-)

conscious 형 의식 있는, 의도적인 의도적인 결정: a _____ decision	subconscious 형 잠재의식의 잠재의식적인 생각: the _____ mind
way 명 길 먼 길: a long _____	subway 명 지하철 뉴욕 지하철 지도: a New York _____ map
marine 형 바다의 해양 생물학을 공부하다: study _____ biology	submarine 형 바다 밑의 명 잠수함 해저 화산: a _____ volcano
urban 형 도시의, 도회의 도시 생활: _____ life	suburban 형 교외의 교외 지역: _____ areas
press 동 누르다 버튼을 꾹 누르다: _____ the button hard	suppress 동 진압하다, 억압하다, 억제하다 화를 억누르다: _____ one's anger

Voca Checkup

A 영어는 우리말로, 우리말은 영어로 쓰시오.

1 degrade _____ 6 잠수함; 바다 밑의 _____

2 subway _____ 7 채무자 _____

3 deposit _____ 8 고용인, 종업원 _____

4 deform _____ 9 훈련생 _____

5 subconscious _____ 10 묘사하다, 서술하다 _____

B 빈칸에 알맞은 말을 넣어 어구를 완성하시오.

1 the _____ answers the questions (면접 대상자가 질문에 답을 하다)

2 a good mentor- _____ relationship (좋은 멘토–멘티 관계)

3 _____ the housing market (주택 시장을 침체되게 하다)

4 a _____ street (교외의 거리)

5 _____ freedom (자유를 억압하다)

Writing

예시 문제	자신이 가장 좋아하는 활동을 소개하는 글을 다음 조건에 맞게 써 봅시다.
조건	1. 활동을 언제, 어디서, 왜, 누구와 함께하는지 언급할 것 2. 그 활동을 할 때 어떤 느낌이 드는지 포함할 것 3. 「so ... that ~」, 「so that ~」 구문을 반드시 포함할 것

STEP ① Get Ready

자신이 가장 좋아하는 활동을 아래 표에 간략하게 정리해 봅시다.

1. Activity: _____
e.g. playing soccer

2. with Whom: _____
e.g. with my classmates

3. Where: _____
e.g. on the school playground

4. When: _____
e.g. during lunch breaks

5. Why: _____
e.g. to get exercise

6. Feelings: _____
e.g. joyful and excited

STEP ② Organize

가장 좋아하는 활동을 생각하며 질문에 맞게 내용을 완성해 봅시다.

Questions	Answers
1. **What** is your favorite activity?	→ _____ e.g. My favorite activity is playing soccer.
2. **Who** do you do this activity with?	→ _____ e.g. I play soccer with my classmates.
3. **Where** do you do this activity?	→ _____ e.g. My friends and I play it on the school playground.
4. **When** do you do this activity?	→ _____ e.g. I play soccer during lunch breaks.
5. **Why** do you do this activity?	→ _____ e.g. I play soccer so that I can get exercise.
6. **How** do you feel when you do this activity?	→ _____ e.g. I feel not only joyful but also excited.

STEP 3 Draft

위 내용을 바탕으로 가장 좋아하는 활동을 소개하는 글을 완성해 봅시다.

My Favorite Activity: _____

My favorite activity is _____. I _____ with

_____. I do this activity _____ [place]

_____ [time]. I _____ so that

_____. When I _____, I

feel _____. I _____ that

_____.

	평가 영역	채점 기준	점수
채점 기준 예시 (총 10점)	과제 완성도	조건을 모두 충족시켜 과제를 완성함	4점
		조건의 일부를 충족시켜 과제를 완성함	3점
		과제를 완성하지 못함	2점
	창의성	내용과 구성이 매우 창의적임	3점
		내용과 구성의 일부분이 창의적임	2점
		내용과 구성면에서 창의력이 거의 없음	1점
	정확성	문법과 어휘의 사용에 오류가 없음	3점
		문법과 어휘의 사용에 일부 오류가 있음	2점
		문법과 어휘의 사용에 대부분 오류가 많음	1점

Unit 07 가정법

Grammar 1

① 가정법

② 가정법 과거

Grammar 2

① I wish+가정법 과거

② as if+가정법 과거

Grammar 1

❶ 가정법

조건을 나타내는 if절은 가능성이 있는 현재나 미래의 일을 가정하고 그 결과를 예측하는 것으로 이 때, if절의 동사는 주어의 인칭과 수, 문장의 시제에 따라 형태가 바뀐다. 반면 가정법 과거는 현재 일어날 가능성이 없는 일을 상상하거나 현재 사실에 대해 반대되는 일을 가정할 때 사용된다. 가정법 과거의 if절은 주어의 인칭과 수, 문장의 시제와 관계없이 동사의 과거형으로 가정을 나타내기 때문에 '가정법 과거'라고 부른다.

> **If I see Sam, I will give you a call.** 〈조건을 나타내는 if절〉 만약 내가 Sam을 보면, 너에게 전화를 줄게.
> 가능성 있는 가정   가능성 있는 결과 (→ Sam을 볼 수도 있고, 못 볼 수도 있음)
> **If I saw Sam, I would give you a call.** 〈가정법 과거〉 만약 내가 Sam을 본다면, 너에게 전화를 할 텐데.
> 현재 사실과 반대로 가정   절대 일어날 수 없는 결과 (→ Sam을 절대 볼 수 없음)

Grammar Plus ➕

■ 조건을 나타내는 if절에서는 현재시제가 미래시제를 대신한다.

  If you come late, you will have to sit at the back. 만약 네가 늦게 오면, 너는 뒤에 앉아야 할 것이다.

❷ 가정법 과거

가정법 과거는 「If+주어+동사의 과거형 ~, 주어+조동사의 과거형+동사의 원형 ….」의 형태로 '(만약) ~라면, …할 텐데.'라는 뜻이다. be동사의 경우 주어의 인칭이나 수에 상관없이 **were**를 쓰며, 구어체에서는 **was**를 쓰기도 한다.

> **If I were you, I would buy the house.** 만약 내가 너라면, 나는 그 집을 살 텐데.
> **If she had a car, she could drive to work.** 만약 그녀에게 차가 있다면, 그녀는 직장에 운전해서 갈 수 있을 텐데.
> **If I had one million dollars, I would donate a lot of money to charity.**
> 만약 나에게 백만 달러가 있다면, 나는 자선단체에 많은 돈을 기부할 텐데.

Grammar Plus ➕

■ 가정법 과거는 현재 사실에 반대되는 것을 가정하거나 소망할 때 사용되므로 반대 의미의 직설법 현재시제로 나타낼 수 있다. 이때, 긍정은 부정으로, 부정은 긍정으로 바꿔주어야 한다.

  As I am not you, I won't buy the house. 〈직설법 현재〉 나는 네가 아니기 때문에, 나는 그 집을 사지 않을 것이다.

  As she doesn't have a car, she can't drive to work. 〈직설법 현재〉 그녀에게 차가 없기 때문에, 그녀는 직장에 운전해서 갈 수 없다.

  As I don't have one million dollars, I won't donate a lot of money to charity. 〈직설법 현재〉
  나에게 백만 달러가 없기 때문에, 나는 자선단체에 많은 돈을 기부하지는 않을 것이다.

Grammar Practice 1

A 그림을 보고, 주어진 단어를 활용하여 문장을 완성하시오.

1  **2**  **3**

1 If I were a bird, I _____ to you. (fly)

2 If I were you, I _____ the red car. (buy)

3 If she had time, she _____. (go hiking)

B 괄호 안에서 알맞은 것을 고르시오.

1 If Jack (knows / knew) her number, he would give her a call.

2 If you buy the house, you (can / could) keep a pet.

3 If the weather (will be / were) fine, we could go swimming.

C 우리말과 일치하도록 빈칸에 알맞은 말을 쓰시오.

1 만약 우리가 버스를 타면, 우리는 늦을 것이다.

→ If we _____ the bus, we will be late.

2 만약 네가 해외여행을 갈 수 있다면, 어디에 갈 거니?

→ If you _____ abroad, where would you go?

3 만약 네가 여기 있다면, 아빠가 기뻐하실 텐데.

→ If you were here, Dad _____ happy.

D 두 문장이 같은 뜻이 되도록 빈칸을 완성하시오.

1 As I don't have time, I can't play with you.

= If I _____, I _____ play with you.

2 As he is sick, he can't go on the field trip.

= If he _____, he could go on the field trip.

3 As I don't understand, I can't explain it to you.

= _____, I could explain it to you.

A 가정법 과거의 경우 if절에 동사의 과거형, 주절에 조동사의 과거형을 쓰는 것에 유의한다.

B if절의 동사 형태와 주절의 동사 형태에 유의하여 조건을 나타내는 문장인지 가정법 문장인지 파악한다.
• pet 애완동물

C if절의 동사 형태와 주절의 동사 형태에 유의한다.

D • field trip 현장 학습
• explain 설명하다

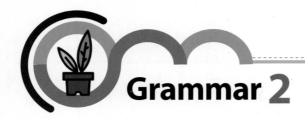

Grammar 2

❶ I wish + 가정법 과거

「I wish + 가정법 과거」는 현재에 이룰 수 없는 소망이나 실현 가능성이 매우 희박한 소망을 나타낼 때 사용하며 '~라면 좋을 텐데'라는 뜻이다. 형태는 「I wish + 주어 + 동사의 과거형 ~.」이며 조동사가 있는 경우 「I wish + 주어 + 조동사의 과거형 + 동사의 원형 ~.」이다.

> I wish I **were** a millionaire. 내가 백만장자라면 좋을 텐데.
> I wish I **had** a new laptop. 내게 새 노트북이 있다면 좋을 텐데.
> I wish we **could** visit Jejudo this summer. 이번 여름에 우리가 제주도를 방문할 수 있다면 좋을 텐데.

Grammar Plus ➕

■ 「I wish + 가정법 과거」는 실제 이루어지기 어려운 소망을 표현하기 때문에 이루어지지 못한 상황에 대한 유감을 「I'm sorry (that) + 주어 + 동사의 현재형 ~.」으로 나타낼 수 있다. 이때, 긍정은 부정으로, 부정은 긍정으로 바꾸어주어야 한다.

I'm sorry (that) I'm not a millionaire. <직설법 현재> 내가 백만장자가 아니라서 유감이다.

I'm sorry (that) I don't have a new laptop. <직설법 현재> 내게 새 노트북이 없어서 유감이다.

I'm sorry (that) we can't visit Jejudo this summer. <직설법 현재> 이번 여름에 우리가 제주도를 방문할 수 없어서 유감이다.

❷ as if + 가정법 과거

「as if + 가정법 과거」는 현재 사실과 반대되거나 사실은 그렇지 않은데 마치 그러한 것 같은 상황을 말할 때 사용되며 '마치 ~인 것처럼'의 의미이다. 형태는 「as if[though] + 주어 + 동사의 과거형 ~.」이다.

> She acts as if she **were** my boss. 그녀는 마치 그녀가 내 상사인 것처럼 행동한다.
> You treat me as if I **were** a child. 너는 내가 마치 어린아이인 것처럼 대한다.
> They play as though it **were** the last day on Earth. 그들은 마치 지구상의 마지막 날인 것처럼 논다.

Grammar Plus ➕

■ 「as if + 가정법 과거」는 실제로는 그렇지 않은 상황을 나타내므로 「In fact, 주어 + 동사의 현재형 ~.」으로 바꿀 수 있다. 이때, as if절이 긍정이면 직설법은 부정으로, as if절이 부정이면 직설법은 긍정으로 나타낸다.

In fact, she is not my boss. <직설법 현재> 사실 그녀는 내 상사가 아니다.

In fact, I am not a child. <직설법 현재> 사실 나는 어린아이가 아니다.

In fact, it's not the last day on Earth. <직설법 현재> 사실 지구상의 마지막 날은 아니다.

■ 「as if + 직설법 현재」는 「as if + 가정법 과거」와 달리 사실인지 아닌지 불확실한 경우, 또는 실제로 일어날 수 있는 상황에 대해 이야기할 때 사용할 수 있다.

She looks as if she is ill. 그녀는 아파 보인다. (→ 실제로 아플 수도 있음)

She looks as if she were ill. 그녀는 마치 아픈 것처럼 보인다. (→ 실제로는 아프지 않음)

Grammar Practice 2

A 괄호 안에서 알맞은 것을 고르시오.

1 I wish she (be / were) my girlfriend.

2 I wish I (could / could have) speak Chinese well.

3 He acts as if he (are / were) my father.

4 She behaves as if she (become / became) a college student.

A

• behave 행동하다

• college 대학(교)

B 우리말과 일치하도록 주어진 단어를 활용하여 문장을 완성하시오.

1 우리가 도시에 산다면 좋을 텐데. (live)

→ I wish we _____ in the city.

2 Lisa는 모델처럼 걷는다. (be)

→ Lisa walks as if she _____ a model.

3 그는 시간이 없는 것처럼 일한다. (have)

→ He works as if he _____ no time.

B

• live 살다

• city 도시

• work 일하다

C 우리말과 일치하도록 빈칸에 알맞은 말을 쓰시오.

1 내가 건강하다면 좋을 텐데.

→ I wish _____ _____ _____.

2 그 그림 속의 개는 마치 실제인 것처럼 보인다.

→ The dog in the painting looks _____ _____ _____ _____

_____.

3 그가 사실을 말한다면 좋을 텐데.

→ _____ _____ _____ _____ the truth.

C

'~라면 좋을 텐데'는 「I wish+가정법 과거」로, '마치 ~인 것처럼'은 「as if+가정법 과거」로 표현한다.

D 자연스러운 문장이 되도록 빈칸에 알맞은 말을 쓰시오.

1 I'm sorry that I'm not a good singer. I wish I _____ _____

_____ _____.

2 I'm sorry that you can't come to the festival. I wish you _____

_____ _____ _____ _____.

3 She acts _____ _____ _____ _____ a queen. In fact, she isn't

a queen.

D

가정법 과거는 현재 사실의 반대이므로, 가정법의 내용을 반대로 뒤집으면 직설법 문장이 된다.

Writing 1

A 우리말과 일치하도록 주어진 단어를 활용하여 문장을 완성하시오.

1 만약 네가 오지 못한다면, 나는 실망할 것이다. (come)

→ If you _____, I'll be disappointed.

2 만약 내일 비가 온다면, 우리는 낚시를 갈 수 없다. (rain)

→ If _____ tomorrow, we can't go fishing.

3 만약 내가 그 직업을 얻는다면, 나는 행복할 텐데. (get)

→ If _____ the job, I would be happy.

4 만약 내게 여분의 돈이 있다면, 나는 너에게 줄 텐데. (have)

→ _____ extra money, I would give it to you.

5 내가 애완동물을 기를 수 있다면 좋을 텐데. (keep)

→ I _____ a pet.

6 그는 마치 아기인 것처럼 잔다. (be)

→ He sleeps _____.

B 우리말과 일치하도록 주어진 단어들을 바르게 배열하여 문장을 완성하시오.

1 왕이 더 오래 살 수 있다면 좋을 텐데. (the king, lived, wish)

→ I _____ longer.

2 그는 마치 우리의 지도자인 것처럼 행동한다. (leader, were, our, he, as if)

→ He behaves _____.

3 만약 Sally에게 시간이 있다면, 그녀는 걸어서 학교에 갈 텐데. (had, Sally, time, if)

→ _____, she would walk to school.

4 그녀는 마치 얼음 위에 있는 것처럼 걷는다. (were, as if, on ice, walks, she)

→ She _____.

5 만약 내가 너라면, 나는 제한속도를 초과하지 않을 텐데. (exceed, wouldn't, the speed limit, I)

→ If I were you, _____.

6 내게 더 강한 의지력이 있다면 좋을 텐데. (stronger, had, I, I, wish)

→ _____ willpower.

Writing 2

정답과 해설 ⊙ 27쪽

A 그림을 보고, 대화를 완성하시오.

1 　2 　3

1 A: What would you do if you had a garden?

B: If I had a garden, _____.

2 A: Where would you go if you had a week for vacation?

B: If I had a week for vacation, _____.

3 A: If you could travel to the past, who would you meet?

B: If I could travel to the past, _____.

B 주어진 단어를 활용하여 영화에 대한 평을 말하는 대화를 완성하시오.

Andy: I wish _____ like Mike in the movie.
(can, dance)

Sarah: Mike dances as _____.
(be, a bird)

Mina: If _____ Mike's friend, I _____
him every day. (can, be, will, dance)

Hello Sarah,

How have you been? I hope you are enjoying your winter vacation. I'm having the most wonderful time here in Finland. I wish you were here, too. Yesterday, I took a sleigh ride to the forest. In some parts of Finland, the reindeer pulls a sleigh, so it feels (Santa, if, I, became, as). At night, we went out to chase the Northern Lights. Thanks to the clear sky, I finally saw them. It was an extraordinary experience. I'm attaching some pictures of the reindeer and the Northern Lights. See you soon.

Yours,
Mina

1 윗글의 내용과 일치하지 <u>않는</u> 것은?

① 미나는 핀란드에서 Sarah에게 이메일을 썼다.
② 미나는 Sarah가 함께 하기를 원한다.
③ 미나는 순록이 끄는 썰매를 탔다.
④ 미나는 실제로 썰매를 탄 산타를 만났다.
⑤ 미나는 맑은 하늘 덕분에 밤에 북극광을 보았다.

2 윗글의 밑줄 친 부분을 바르게 배열하시오.

→ _____

Words & Phrases

vacation 명 휴가
chase 동 쫓다
extraordinary 형 기이한, 놀라운

sleigh 명 썰매
the Northern Lights 북극광
experience 명 경험

reindeer 명 순록
clear 형 맑은
attach 동 첨부하다, 붙이다

Reading 2

In human history, people thought the world was flat. They thought that if you traveled far enough in one direction, you would eventually come to the edge of the world. Then, about two thousand years ago, people started to come up with the theory that the earth is round. This meant that <u>if you traveled far enough in one direction, you would eventually come back to the starting point.</u> However, many people ruled this theory out until Ferdinand Magellan's expedition became the first to travel around the world in the sixteenth century. The expedition first sailed west from Portugal, around South America, and across the Pacific, before they returned around South Africa back to Portugal.

1 윗글을 읽고 답할 수 <u>없는</u> 것은?

① 누가 처음으로 세계 일주를 했는가?

② 언제 Magellan이 탐험대를 이끌었는가?

③ Magellan의 탐험대는 어디서 출발했는가?

④ 누가 처음 지구가 평평하지 않다고 말했는가?

⑤ 언제 사람들은 지구가 둥글다고 생각하기 시작했는가?

2 윗글의 밑줄 친 부분처럼 생각한 이유를 우리말로 설명하시오.

→ _____

Words & Phrases

flat 혱 평평한
edge 몡 끝, 가장자리
rule out 배제하다

direction 몡 방향
come up with (아이디어 등을) 생각해 내다
expedition 몡 탐험대, 탐험

eventually 뷘 결국, 마침내
theory 몡 이론
sail 동 항해하다

Vocabulary

1. '~밖의, ~을 넘어서'를 뜻하는 extra- (변화형 extro-)

ordinary 형 평범한 평범한 하루: an _____ day	extraordinary 형 기이한, 놀라운 기이한 경험: an _____ experience
terrestrial 형 지구의 지구 생명체: _____ life	extraterrestrial 형 외계인의, 지구 밖의 　　　　　　　　명 외계인, 우주인 외계 생명체: _____ life
curricular 형 교육과정의 교과 과목: _____ subjects	extracurricular 형 교과 외의 비교과 활동: _____ activities
sensory 형 감각의 감각 기관: _____ organs	extrasensory 형 초감각적인 초감각적 감지: _____ perception
legal 형 법률과 관련된, 합법적인 법무 비용: _____ costs	extralegal 형 법의 영역 밖의 법의 영역 밖의 요소: _____ factors

2. '~밖으로'를 뜻하는 ex-

expedition 명 탐험대, 탐험 탐험대를 이끌다: lead an _____	exceed 동 초과하다, 넘다 속도제한을 초과하다: _____ the speed limit
exhale 동 내쉬다 숨을 크게 내쉬다: _____ deeply	expose 동 폭로하다, 드러내다 비밀을 폭로하다: _____ the secret
exclude 동 배제하다 그 남자를 배제하다: _____ the man	exit 동 나가다 명 출구 빌딩에서 나가다: _____ the building
extend 동 연장하다 만기일을 연장하다: _____ the due date	export 동 수출하다 옷을 수출하다: _____ clothes
expand 동 확장시키다, 확대되다 방을 확장시키다: _____ the room	expire 동 기한이 만료되다 회원권이 만료될 것이다: The membership will _____.

3. come이 들어간 동사구

come up with: (아이디어 등을) 생각해 내다
We will _____ a way to escape. (우리는 탈출할 방법을 생각해 낼 것이다.)

come across: ~을 우연히 발견하다, ~을 우연히 마주치다
Did she _____ her friend at the library? (그녀는 도서관에서 그녀의 친구와 우연히 마주쳤니?)

come down with: (심각하지 않은 병이) 들다, 걸리다
I hope you don't _____ a flu. (나는 네가 감기에 걸리지 않기를 바란다.)

come forward: (도움을 주거나 증인으로) 나서다
The first witness will _____. (첫 번째 증인이 나설 것이다.)

come apart: 부서지다, 흩어지다
Did the cookies _____ after you took them out from the oven?
(네가 오븐에서 쿠키를 꺼낸 뒤 그것들은 부서졌니?)

Voca Checkup

A 영어는 우리말로, 우리말은 영어로 쓰시오.

1 extracurricular _____

2 exclude _____

3 come down with _____

4 extend _____

5 extrasensory _____

6 초과하다 _____

7 외계인의; 외계인 _____

8 부서지다 _____

9 탐험대, 탐험 _____

10 내쉬다 _____

B 빈칸에 알맞은 말을 넣어 어구를 완성하시오.

1 an _____ coincidence (놀라운 우연)

2 _____ gold (금을 우연히 발견하다)

3 _____ cars (차를 수출하다)

4 _____ through the door (문을 통해 나가다)

5 _____ with information (정보를 주려고 나서다)

정답 **A** 1. 교과 외의 2. 배제하다 3. (심각하지 않은 병이) 들다, 걸리다 4. 연장하다 5. 초감각적인 6. exceed 7. extraterrestrial 8. come apart
9. expedition 10. exhale
B 1. extraordinary 2. come across 3. export 4. exit 5. come forward

Unit 08

관계사

Grammar 1
① 관계부사 when
② 관계부사 where

Grammar 2
① 관계대명사의 계속적 용법
② 관계부사의 계속적 용법

Grammar 1

❶ 관계부사 when

관계부사는 두 문장을 연결하는 접속사와 부사(구)의 역할을 동시에 하는 말로서, 관계부사가 이끄는 관계사절은 선행사를 수식한다. 선행사가 the day, the time처럼 시간을 나타내고, 관계사가 이끄는 수식절에서 시간을 나타내는 부사구가 필요할 때 관계부사 when을 사용한다. 관계부사 when은 in[at, on] which로 바꿔 쓸 수 있다.

> September 29th is the day. I was born on that day.
> → September 29th is the day when I was born. 9월 29일은 내가 태어난 날이다.
>
> → September 29th is the day on which I was born.
>   전치사+관계대명사
> I remember the day when I first met her. 나는 내가 그녀를 처음 만난 그 날을 기억한다.

- 선행사가 the time처럼 특정한 정보를 갖고 있지 않은 경우에는 선행사 생략이 가능하다.

  I'll never forget the time when you were here. 네가 여기 있었던 그 때를 나는 결코 잊지 않을 것이다.

  = I'll never forget when you were here. <선행사 생략> 네가 여기 있었던 때를 나는 결코 잊지 않을 것이다.
             └→ 선행사가 생략되면 관계부사가 이끄는 관계사절은 명사절이 된다.

❷ 관계부사 where

선행사가 the place처럼 장소를 나타내고, 관계사가 이끄는 수식절에서 장소를 나타내는 부사구가 필요할 때 관계부사 where를 사용한다. 관계부사 where는 in[at, on, to] which로 바꿔 쓸 수 있다.

> This is the house. Bob lives in the house.
> → This is the house where Bob lives. 이곳은 Bob이 살고 있는 집이다.
>
> → This is the house in which Bob lives.
>   전치사+관계대명사
> I know a shop where you can buy antiques. 네가 골동품을 살 수 있는 가게를 나는 안다.

- 선행사가 the place처럼 특정한 정보를 갖고 있지 않은 경우에는 선행사 생략이 가능하다.

  Let's go to the place where we can stay. 우리가 머무를 수 있는 장소에 가자.

  = Let's go to where we can stay. <선행사 생략> 우리가 머무를 수 있는 곳에 가자.

Grammar Practice 1

A 괄호 안에서 알맞은 것을 고르시오.

1 Can you tell me the time (when / where) I can call you?

2 This is the bakery (when / where) I work.

3 There were times (when / where) people had no food.

4 Is there a room (when / where) I can sleep?

A

선행사가 시간을 나타낼 때는 관계부사 when, 장소를 나타낼 때는 관계부사 where를 쓴다.

B 밑줄 친 부분을 알맞은 관계부사로 바꾸시오.

1 Is this the laboratory <u>at which</u> you do experiments?

2 Vietnam is the country <u>in which</u> my father works.

3 I remember the time in 2002 <u>in which</u> our soccer team reached the semi-finals.

B

• laboratory 실험실
• experiment 실험; 실험하다
• semi-finals 준결승

C 밑줄 친 부분을 어법에 맞게 고쳐 쓰시오.

1 She told us the name of the hotel <u>where she was staying at the hotel</u>.

→ _____

2 Tomorrow is the day <u>where I leave for France</u>.

→ _____

3 Do you know the school <u>where he teaches in</u>?

→ _____

C

관계부사는 두 문장을 연결하는 접속사와 부사(구)의 역할을 하므로 대신하는 부사(구)는 같이 쓰일 수 없다. 또한 전치사와 관계부사는 함께 쓰일 수 없다.

D 관계부사 **when** 또는 **where**를 사용하여 두 문장을 한 문장으로 완성하시오.

1 I remember the summer. We went on a vacation to Hallasan at that time.

→ I remember the summer _____ .

2 I recalled the day. The Korean team had won the gold medal on that day.

→ I recalled the day _____ .

3 This is the restaurant. We have lunch here every Sunday.

→ This is the restaurant _____ .

D

• summer 여름
• vacation 휴가
• recall 기억해 내다, 상기하다

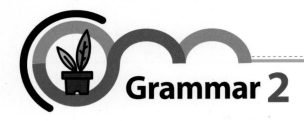

Grammar 2

❶ 관계대명사의 계속적 용법

관계대명사절이 선행사의 의미를 제한하는 것이 아니라 부연 설명을 할 때, 이를 관계대명사의 계속적 용법이라 한다. 계속적 용법은 관계대명사 앞에 콤마(,)를 써서 나타낸다. 계속적 용법의 관계대명사는 「접속사+대명사」로 바꿔 쓸 수 있다. 관계대명사 that은 계속적 용법에서 사용되지 않으며, which는 계속적 용법에서 앞 절 전체를 선행사로 삼을 수 있다.

> I have three sons who are doctors. 〈제한적 용법〉
> 나는 의사인 아들이 세 명 있다. (→ 의사가 아닌 다른 아들도 있을 수 있음)
>
> I have three sons, who are doctors. 〈계속적 용법〉
>   = and they
> 나는 세 명의 아들이 있는데, 그들은 의사이다. (→ 아들이 세 명뿐임)
>
> He bought me a book, that I've already read. (×: that → which)
> 그는 나에게 책을 한 권 사 주었는데, 나는 그것을 이미 읽었다.
>
> The plane was delayed, which made the passengers angry.
> 비행기가 연착되었고, 이것은 승객들을 화나게 만들었다.

Grammar Plus +

■ 사람(이름), 지명 등을 포함한 고유명사가 선행사일 때, 관계대명사는 제한적 용법으로 사용할 수 없고 계속적 용법으로만 쓴다.

My grandmother Mary, who passed away last year, came from Ireland.

나의 할머니 Mary는 작년에 돌아가셨는데, 그녀는 아일랜드 출신이었다. (→ 작년에 돌아가신 Mary 할머니 말고 나에게 다른 Mary 할머니가 있을 수는 없음)

❷ 관계부사의 계속적 용법

관계부사의 계속적 용법은 관계대명사의 계속적 용법과 마찬가지로 선행사에 대한 새로운 정보를 추가하는 것으로, 관계부사 앞에 콤마(,)를 써서 나타낸다. 또한 「접속사+부사」로 바꿔 쓸 수 있다.

> We want to go to the museum, where we can see Picasso's paintings.
>   = and we can see Picasso's paintings there
> 우리는 박물관에 가고 싶은데, 그곳에서 우리는 피카소의 그림들을 볼 수 있다.
>
> I always get up at 6 a.m., when the newspaper is delivered.
>   = and the newspaper is delivered then
> 나는 항상 오전 6시에 일어나는데, 그때 신문이 배달된다.

Grammar Plus +

■ 계속적 용법일 때 관계부사나 선행사는 생략할 수 없다.

She likes the park, where she goes jogging every morning. (○) 그녀는 그 공원을 좋아하는 데, 그곳에서 그녀는 매일 아침 조깅을 한다.

She likes the park, she goes jogging every morning. (×)

Grammar Practice 2

A 괄호 안에서 알맞은 것을 고르시오.

1 She has two cats, (that / which) are white.

2 I miss my cousin, (who / that) lives in Canada.

3 My car, (who / which) I bought last month, broke down.

A
• cousin 사촌
• break down 고장 나다

B 우리말과 일치하도록 관계사를 써서 완성하시오.

1 나는 Texas에 갔는데, 그곳에서 나는 일주일 동안 머물렀다.

→ I went to Texas, _____ I stayed for a week.

2 나는 Mike를 존경하는데, 그는 동물 보호소에서 자원 봉사를 한다.

→ I admire Mike, _____ volunteers at an animal shelter.

3 나는 보통 9월에 등산을 가는데, 그때 날씨가 좋다.

→ I usually go hiking in September, _____ the weather is fine.

B
• admire 존경하다
• animal shelter 동물 보호소
• go hiking 등산을 가다
• weather 날씨

C 그림의 내용과 일치하도록 관계사와 주어진 단어를 활용하여 빈칸에 알맞은 말을 쓰시오.

1  **2**  **3**

1 There is a huge clock in town, _____ twice a day. (ring)

2 I love Tom, _____ for a living. (take)

3 He wants to go to Australia, _____. (can, see)

C
선행사에 따라 알맞은 관계대명사 또는 관계부사를 선택한다.
• huge 거대한
• ring 울리다

D 두 문장이 같은 뜻이 되도록 관계사를 써서 문장을 완성하시오.

1 I like this library, and I always borrow books here.

= I like this library, _____.

2 Some birds migrate south in winter, and food is scarce then.

= Some birds migrate south in winter, _____.

3 I have three sisters, and they are all violinists.

= _____ are all violinists.

D
「접속사＋부사」는 관계부사로 나타낼 수 있으며, 「접속사＋대명사」는 관계대명사로 나타낼 수 있다.
• library 도서관
• borrow 빌리다
• migrate 이동하다
• scarce 부족한

Writing 1

A 우리말과 일치하도록 주어진 단어들을 바르게 배열하여 문장을 완성하시오.

1 사람들에게 전기가 없었던 때가 있었다. (electricity, people, had, when, no)

→ There was a time _____.

2 이곳은 공주가 사는 궁전이다. (princess, lives, the, where)

→ This is the palace _____.

3 이곳이 Ben이 공부하는 방이니? (Ben, studies, room, where)

→ Is this the _____?

4 9월이 네가 작물을 추수하는 달이니? (crops, when, harvest, month, you)

→ Is September the _____?

5 나는 네가 수영을 할 수 있는 동굴을 안다. (a cave, can, you, where, swim)

→ I know _____.

6 John은 종종 그가 그녀와 사랑에 빠졌던 그 순간을 이야기한다.

(fell in, when, love, the moment, he)

→ John often talks about _____ with her.

B 〈보기〉와 같이 주어진 문장을 바꿔 쓸 때 빈칸에 알맞은 말을 쓰시오.

┤ 보기 ├
Mike is a pilot, and he is my role model.
→ Mike, who is my role model, is a pilot.

1 She has three friends, and they all live in Busan.

→ She has three friends, _____ all live in Busan.

2 Let me introduce the movie 'Titanic', and I have seen it three times.

→ Let me introduce the movie 'Titanic', _____ three times.

3 Jake opened a restaurant, and he is a great chef.

→ Jake, _____, opened a restaurant.

4 She likes to visit here at this time of the year, and it snows at the time.

→ She likes to visit here at this time of the year, _____.

5 I went to London, and I stayed there for a year.

→ I went to London, _____.

Writing 2

A 주어진 단어들을 바르게 배열하여 궁전과 방을 소개하는 설명을 완성하시오.

1 King George built the palace in 1800, _____.

(10 years old, his son, became, when)

2 This is the room _____.

(threw, where, parties, the king)

3 A famous artist painted the portrait of the king at the time _____.

(succeeded to, the throne, when, he)

B 그림에 대한 정보와 주어진 단어를 활용하여 문장을 완성하시오. (관계대명사와 관계부사의 계속적 용법을 사용할 것)

Title: *The Thames below Westminster*
Painter: Claude Monet
Time: around 1871
Place: the River Thames

1 This is a painting by Claude Monet, _____.
(French impressionist)

2 Monet painted this painting around _____ to London with his family. (moved)

3 Monet painted this painting at _____ many of his artworks. (produced)

ADDRESS(D)

● Bookmarks

Do you want to experience the beauty of Asia? Then, come and visit one of the most interesting destinations in Asia, Macau. <u>마카오 타워는 당신이 도시의 정말 멋진 경관을 볼 수 있는 장소이다</u>. If you are brave enough, you can walk around the outer edge of Macau Tower. You can see mosaic-paved streets and historical buildings at Senado Square, where you'll also find the ruins of St. Paul's Church. In 1835, there was a fire during a typhoon, which destroyed the church. Other than these spots, there are more must-visit places to see, so why wait?

1 윗글을 읽고 답할 수 <u>없는</u> 것은?

① What can you do at Macau Tower?

② What can you find at Senado Square?

③ Who built St. Paul's Church?

④ What happened in 1835?

⑤ What destroyed St. Paul's Church?

2 윗글의 밑줄 친 우리말 해석에 맞게 주어진 단어를 활용하여 문장을 완성하시오.

→ Macau Tower _____ .

(place, where, get, splendid view, city)

Words & Phrases

beauty 몡 미, 아름다움	destination 몡 목적지, 도착지	brave 혱 용감한
outer 혱 바깥쪽의, 외곽의	edge 몡 가장자리, 끝	mosaic-paved 혱 모자이크로 포장된
historical 혱 역사적인	ruins 몡 (파괴된 건물의) 잔해, 폐허, 유적	typhoon 몡 태풍
destroy 통 파괴하다	spot 몡 장소, 곳, 자리	

Reading 2

정답과 해설 ▶ 32쪽

In Greek mythology, there was once a nymph named Echo, _____ⓐ_____ loved her own voice. Echo spent her time in the forest chatting with a group of nymphs. Echo had one problem: she was too talkative. One day, Hera was looking for her husband, Zeus, in the forest _____ⓑ_____ he usually hung out with beautiful nymphs. Echo took Hera aside, and distracted her with a long and entertaining story until Zeus could escape. When Hera realized what Echo had done, she punished Echo in the most cruel way. She said, "Echo will be able to speak only the last words she hears."

1 윗글의 **Echo**에 관한 내용으로 일치하지 <u>않는</u> 것은?

① 그리스 신화에 등장하는 요정이다.

② 자신의 목소리를 좋아했다.

③ Echo는 다른 요정들과 다르게 수다스럽지 않았다.

④ Zeus를 도와주어 Hera를 화나게 만들었다.

⑤ Hera에게 잔인한 방법으로 벌을 받았다.

2 윗글의 빈칸 ⓐ와 ⓑ에 들어갈 말을 각각 한 단어로 쓰시오.

ⓐ: _____   ⓑ: _____

Words & Phrases

mythology 몡 신화
take A aside A를 한쪽으로 데려가다
escape 통 탈출하다

nymph 몡 (고대 그리스 · 로마 신화의) 요정
distract 통 (주의를) 딴 데로 돌리다
punish 통 벌주다

hang out 많은 시간을 보내다
entertaining 혱 재미있는, 즐겁게 해 주는
cruel 혱 잔인한

Vocabulary

1. '～론, ～설, ～학, ～과학' 등을 뜻하는 -(o)logy

myth 명 신화 유명한 신화: a famous _____	mythology 명 신화(학) 그리스 신화: Greek _____
zoo 명 동물원 동물원에서: at a _____	zoology 명 동물학 동물학 학위: a degree in _____
term 명 용어, 말 법률 용어: a legal _____	terminology 명 전문 용어 의학 전문 용어: medical _____
astro- 어근 별의, 우주의 astronaut 우주 비행사	astrology 명 점성술(학) 중국 점성술: Chinese _____
bio- 어근 생명, 인간의 삶 biography 전기	biology 명 생물학 생물 수업: _____ class

2. 명사와 동사의 형태가 같은 단어

echo 명 메아리, 울림 희미한 메아리: a faint _____	echo 동 (소리가) 울리다, 메아리치다 그녀의 목소리가 울린다.: Her voice _____es.
chat 명 담소, 수다 잡담하다: have a _____	chat 동 수다를 떨다 친구와 수다를 떨다: _____ with friends
experience 명 경험 새로운 경험: a new _____	experience 동 경험하다, 느끼다 고통을 느끼다: _____ fear
spot 명 장소, 곳; 점 유명한 장소: a famous _____	spot 동 (～한 점을) 발견하다 다른 점을 찾다: _____ the difference
voice 명 목소리, 음성 큰 목소리: a loud _____	voice 동 (말로) 나타내다 우려를 나타내다: _____ concerns

3. look이 들어간 동사구

look for: ~을 찾다
Let's _____ the bike. (자전거를 찾아보자.)

look after: ~을 돌보다
Can you _____ our dog? (우리 개를 돌봐줄 수 있니?)

look up to: ~을 존경하다
I _____ my father. (나는 나의 아버지를 존경한다.)

look down on: ~을 낮춰 보다, ~을 얕보다
She shouldn't _____ her friends. (그녀는 그녀의 친구들을 얕봐서는 안 된다.)

look into: ~을 조사하다, ~의 속을 들여다보다
We need to _____ the issue. (우리는 그 쟁점을 들여다봐야 한다.)

Voca Checkup

A 영어는 우리말로, 우리말은 영어로 쓰시오.

1 spot _____
2 biology _____
3 zoology _____
4 terminology _____
5 look up to _____

6 경험; 경험하다 _____
7 ~을 돌보다 _____
8 ~을 조사하다 _____
9 메아리; 메아리치다 _____
10 점성술(학) _____

B 빈칸에 알맞은 말을 넣어 어구를 완성하시오.

1 Don't _____ children. (아이들을 얕보지 마라.)
2 I need to _____ my glasses. (나는 내 안경을 찾을 필요가 있다.)
3 a timid _____ (자신감 없는 목소리)
4 Roman _____ (로마 신화)
5 _____ on the phone (전화로 수다를 떨다)

정답 **A** 1. 장소, 곳, 점; 발견하다 2. 생물학 3. 동물학 4. 전문 용어 5. ~을 존경하다 6. experience 7. look after 8. look into 9. echo 10. astrology
B 1. look down on 2. look for 3. voice 4. mythology 5. chat

Unit

09 수동태

Grammar 1

① 능동태와 수동태
② 다양한 시제의 수동태

Grammar 2

① 목적어가 두 개인 문장의 수동태
② 조동사가 있는 문장의 수동태

Grammar 1

❶ 능동태와 수동태

태는 주어와 동사의 관계를 나타내는 것으로, 능동태는 주어가 동작을 직접 행하는 경우에 사용하며, 수동태는 주어가 동작을 당하는 경우에 사용한다.

➜ 수동태가 자연스러운 경우
① 행위나 사건, 결과에 중점을 둘 때
② 동작의 주체를 모를 때 (이때 「by+행위자」는 생략함)
③ 동작의 주체를 밝힐 필요가 없을 때 (행위자가 막연한 일반인이거나 밝힐 필요가 없을 만큼 분명할 때, 마찬가지로 「by+행위자」는 생략함)

> George bought a new car. 〈능동태〉 George는 새 자동차를 구매했다. (→ 주어(George)가 직접 동작을 함)
> A new car was bought by George. 〈수동태〉 새 자동차는 George에 의해 구매되었다. (→ 주어(A new car)가 동작을 당함)
> The bridge was constructed in 1999. 그 다리는 1999년에 건설되었다. (→ 행위나 결과에 중점)
> My bag was stolen. 내 가방을 도난당했다. (→ 동작의 주체를 모름)
> Both French and English are spoken in Canada. 캐나다에서는 프랑스어와 영어가 모두 사용된다. (→ 행위자가 일반적인 사람)

- 상태를 나타내는 have(소유하다), lack(부족하다), belong(속하다), resemble(닮다) 등의 동사는 수동태로 쓰일 수 없고 능동태로만 쓴다.
 I have a suit. 나는 양복을 가지고 있다. → A suit is had by me. (×)

❷ 다양한 시제의 수동태

수동태의 시제별 형태는 다음과 같다.

시제	형태	예문
현재	am/are/is+과거분사(p.p.)	This hammer is used everywhere. 이 망치는 모든 곳에 쓰인다.
과거	was/were+과거분사(p.p.)	She was bitten by a mosquito. 그녀는 모기에 물렸다.
미래	will be+과거분사(p.p.)	The meeting will be held at 3 p.m. 회의는 오후 3시에 열릴 것이다.
진행형	be동사+being+과거분사(p.p.)	The library is being built. 그 도서관은 지어지고 있는 중이다. Her latest movie was being shown at the theater. 그녀의 최근 영화가 영화관에서 상영되고 있는 중이었다.

- 수동태의 부정문은 현재시제, 과거시제, 진행형일 때는 be동사 뒤에 not을 붙여 만든다. 단, 미래시제의 경우 will 뒤에 not을 붙인다.
 She wasn't(= was not) bitten by a mosquito. 그녀는 모기에 물리지 않았다.
 The meeting won't(= will not) be held at 3 p.m. 회의는 오후 3시에 열리지 않을 것이다.

Grammar Practice 1

A 능동태는 수동태로, 수동태는 능동태로 바꿔 쓰시오.

1 Bob washed the dogs.

→ _____

2 The thief was arrested by the police.

→ _____

3 Over one million people saw the movie.

→ _____

A

• arrest 체포하다
• million 백만

B 괄호 안에서 알맞은 것을 고르시오.

1 Tim (resembles / is resembled by) his father.
2 New buildings (build / are built) every year.
3 This bracelet (belongs / is belonged) to Jane.
4 My car (repaired / was repaired) last week.

B

• resemble 닮다
• bracelet 팔찌
• belong to ~의 소유(것)이다, ~에 속하다
• repair 수리하다

C 우리말과 일치하도록 주어진 단어를 활용하여 문장을 완성하시오.

1 이 책은 전 세계 많은 아이들에 의해 사랑받는다. (love)
→ This book _____ by many children around the world.
2 상자들이 일꾼들에 의해 옮겨지고 있는 중이었다. (move)
→ The boxes were _____ by the workers.
3 이 옷들은 고대 인도인들이 입었었다. (wear)
→ These clothes _____ by ancient Indians.

C

주어의 수와 문장의 시제에 유의한다.

• ancient 고대의

D 주어진 문장을 괄호 안의 지시대로 바꿔 쓰시오.

1 This book is translated into different languages.
(과거시제로) → _____
2 Tickets are sold at the ticket office.
(미래시제로) → _____
3 The work will be finished by noon.
(부정문으로) → _____

D

• translate 번역하다
• ticket office 매표소
• noon 정오

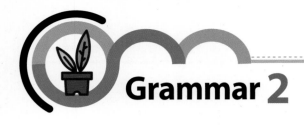

Grammar 2

1 목적어가 두 개인 문장의 수동태

능동태를 수동태로 바꿀 때, 두 개의 목적어를 취하는 **4형식** 문장의 경우, 직접목적어 또는 간접목적어를 주어로 하여 두 가지 형태의 수동태로 만들 수 있다. 직접목적어를 수동태의 주어로 하는 경우, 간접목적어 앞에 전치사 **to**나 **for**가 붙는다.

➜ to를 쓰는 동사: give, show, teach, tell 등
➜ for를 쓰는 동사: buy, cook, find, get, make 등

> **The school gave Jim a prize.** 학교는 Jim에게 상을 주었다.
> → **Jim was given a prize by the school.** 학교로부터 Jim은 상을 받았다.
> → **A prize was given to Jim by the school.** 학교로부터 Jim에게 상이 주어졌다.
>
> **Mr. Ko teaches us English.** 고 선생님은 우리에게 영어를 가르치신다.
> → **We are taught English by Mr. Ko.** 고 선생님에 의해 우리는 영어를 배운다.
> → **English is taught to us by Mr. Ko.** 고 선생님에 의해 영어는 우리에게 가르쳐진다.

2 조동사가 있는 문장의 수동태

조동사가 있는 문장의 경우 수동태로 바꾸면 「주어＋조동사＋be＋과거분사(p.p.) ~ (by＋행위자).」의 형태가 된다.

부정문		주어＋조동사＋not be＋과거분사(p.p.) ~ (by＋행위자).
의문문	의문사가 없는 의문문	조동사＋주어＋be＋과거분사(p.p.) ~ (by＋행위자)?
	의문사가 있는 의문문	의문사＋조동사＋주어＋be＋과거분사(p.p.) ~ (by＋행위자)? ※ 의문사가 주어로 쓰인 경우: 의문사＋조동사＋be＋과거분사(p.p.) ~?

> **Fireflies can be seen at night.** 반딧불이는 밤에 볼 수 있다.
> **The store will not be closed during the Christmas season.** 그 상점은 크리스마스 기간에 문을 닫지 않을 것이다.
> **Will the result be announced at the meeting?** 회의에서 결과가 발표될 건가요?
> **Where will the 2028 Olympics be held?** 어디에서 2028년 올림픽이 개최될 건가요?
> **What can be seen with a telescope?** 망원경으로 무엇을 볼 수 있는가?

Grammar Practice 2

A 괄호 안에서 알맞은 것을 고르시오.

1 These cookies were baked (to / for) me by him.

2 His artwork was given (to / for) her by the government.

3 English was taught (to / for) the students by Sam.

B 밑줄 친 부분으로 시작하는 문장을 완성하시오.

1 I sent my mother <u>a scarf</u>.

→ _____ to my mother by me.

2 My aunt gave <u>me</u> this recipe.

→ _____ by my aunt.

3 The principal gave Alex <u>an award</u>.

→ _____ by the principal.

C 우리말과 일치하도록 빈칸에 알맞은 말을 쓰시오.

1 여기서 그 타워가 보일 수 있다.

→ The tower _____ _____ _____ from here.

2 네 목소리는 들리지 않을 것이다.

→ Your voice will _____ _____ _____.

3 사람들의 관심을 끌기 위해 빨간 색이 사용되어야 한다.

→ The color red _____ _____ _____ to grab people's attention.

D 그림의 내용과 일치하도록 빈칸에 알맞은 말을 쓰시오.

1

Bats can _____ at night. (find)

2

When will the computer _____?
(fix)

3

She was _____ that he used for
10 years. (give)

A

4형식 문장의 직접목적어를 주어로 수동태를 만드는 경우, 간접목적어 앞에 전치사 to나 for가 붙는다.

• government 정부

B

• recipe 조리법
• aunt 이모, 고모
• principal 교장

C

조동사가 있는 문장의 수동태는 「주어＋조동사＋be＋과거분사(p.p.) ~ (by＋행위자).」의 형태이다.

• grab 붙잡다
• attention 주의

D

• bat 박쥐
• fix 고치다

Writing 1

A 우리말과 일치하도록 주어진 단어들을 활용하여 문장을 완성하시오.

1 음식이 곧 제공될 것이다. (will, serve)

→ The food _____ soon.

2 어젯밤에 차를 도둑맞았다. (steal)

→ The car _____ last night.

3 이 강의는 녹화되고 있는 중이다. (being, record)

→ This lecture _____.

4 프로젝트는 곧 마무리되어야 한다. (must, finish)

→ The project _____ soon.

5 그녀는 그에게 몇 가지 질문을 받았다. (ask, some)

→ She _____ by him.

6 나의 할아버지가 나에게 차를 주셨다. (give, by)

→ I was _____.

B 우리말과 일치하도록 주어진 단어들을 바르게 배열하여 문장을 완성하시오.

1 그 울타리는 그들에 의해 칠해질 것이니? (them, painted, by, be)

→ Will the fence _____?

2 사진사에 의해 사진 촬영이 되고 있는 중이었다. (by, taken, being, the photographer, were)

→ The pictures _____.

3 편지 한 통이 나에 의해 그녀에게 쓰여졌다. (written, her, was, to, a letter)

→ _____ by me.

4 경찰들에게 정보가 주어졌다. (to, was, the police, given)

→ The information _____.

5 정장이 그에 의해 수선될 수 있다. (fixed, him, be, by, can)

→ A suit _____.

6 종이비행기가 소년에 의해 소녀를 위해 만들어졌다. (by, for, the boy, was, the girl, made)

→ A paper plane _____.

Writing 2

정답과 해설 ▶ 35쪽

A 자유의 여신상에 대한 내용이다. 주어진 단어를 활용하여 빈칸을 완성하시오.

> W Statue of Liberty ✕
>
> https://en.wikipedia.org/wiki/Statue_of_Liberty
>
> Article | Talk
>
> The Statue of Liberty _____ (give) America in 1886 by France. It _____ (design) by Frederic-Auguste Bartholdi and 300 different types of hammers _____ (use) to create the copper structure. When the French sent the pieces to America, they _____ (store) in 214 *crates. In 1984, the statue _____ (list) as a UNESCO World Heritage Site.
>
> *crate (물품 운송용 대형 나무) 상자

B 그림을 보고, 주어진 단어들을 활용하여 질문의 답을 완성하시오.

1

Q: What will you do with these cherries?

A: They _____ a cake. (will, use, decorate)

2

Q: What can you do with disposable cups?

A: They _____ and turned into art. (can, paint)

3

Q: What can you see in Australia?

A: Kangaroos and koalas _____ in Australia. (can, see)

Reading 1

A dog's behavior can easily be understood if you know the meaning behind it. ⓐ <u>For instance, when you see a dog wag its tail, it doesn't always mean that the dog is happy.</u> ⓑ <u>A dog wags its tail to show that it is insecure or impatient.</u> ⓒ <u>Have you ever scolded a dog for eating food off the table?</u> ⓓ <u>After the dog was scolded, it may look like it feels guilty.</u> ⓔ <u>It's not easy to find food on the table.</u> However, some researchers say dogs don't feel any guilt. They say that it's just the way we want the dog to feel, and not actually how it feels. Thus, you _____.

1 윗글의 밑줄 친 ⓐ~ⓔ 중, 문맥의 흐름상 어색한 것은?

① ⓐ   ② ⓑ   ③ ⓒ

④ ⓓ   ⑤ ⓔ

2 윗글의 빈칸에 들어갈 말을 주어진 단어들을 배열하여 완성하시오.

→ Thus, you _____.

(by, fooled, their, be, eyes, shouldn't, innocent)

Words & Phrases

behavior 몡 행동	meaning 몡 의미, 뜻	for instance 예를 들어
wag 통 (꼬리를) 흔들다	insecure 혱 불안정한	impatient 혱 참을성 없는, 안달하는
scold 통 혼내다	guilty 혱 죄책감을 느끼는; 유죄의	researcher 몡 연구자
guilt 몡 죄책감		

Reading 2

정답과 해설 ▶ 36쪽

Potato chips are loved around the world by everyone, regardless of age. In fact, favorite snacks cannot be discussed without mentioning potato chips. Surprisingly, potato chips were actually invented by accident! In 1853, a customer kept sending back Chef Crum's fried potatoes because they were too thick. Crum got angry, so he came up with an idea to annoy the customer. He sliced the potatoes really thin, fried them for a long time, and heavily salted them. Do you know what happened? The customer loved the dish, and one of our favorite snacks was born!

1 윗글의 제목으로 가장 알맞은 것은?

① Ways to Fry Potatoes
② Favorite Snacks in 1853
③ Chef Crum's Irresistible Dish
④ The Invention of Potato Chips
⑤ Potato Chips as a Healthy Snack

2 윗글의 내용을 요약할 때, 빈칸에 들어갈 단어를 본문에서 찾아 쓰시오.

Potato chips, which are one of our favorite snacks, were accidentally _____ by Chef Crum in 1853. Because of a customer's complaint, Crum intentionally _____, _____ and _____ potatoes differently. However, the customer was satisfied with the result!

Words & Phrases

regardless of ~에 상관없이
mention 통 언급하다
customer 명 손님
irresistible 형 거부할 수 없는

favorite 형 가장 좋아하는
invent 통 발명하다
thick 형 두꺼운
intentionally 부 의도적으로

discuss 통 논하다, 상의하다
by accident 우연히, 실수로
come up with ~을 생각해 내다

Unit 09 수동태 ● 115

Vocabulary

1. 부정을 나타내는 in-

secure 형 안전한 안전한 방법: a _____ way	insecure 형 불안정한 재정적으로 불안정한: financially _____
considerate 형 사려 깊은 사려 깊은 행동: a _____ behavior	inconsiderate 형 사려 깊지 못한 사려 깊지 못한 결정: an _____ decision
flexible 형 잘 구부러지는, 유연한 유연한 몸: a _____ body	inflexible 형 잘 구부러지지 않는 잘 구부러지지 않는 물질: an _____ material
expensive 형 비싼 비싼 옷: _____ clothes	inexpensive 형 저렴한 저렴한 차: an _____ car
correct 형 맞는, 정확한 정답: a _____ answer	incorrect 형 틀린, 부정확한 부정확한 정보: _____ information

2. 부정을 나타내는 im-

patient 형 참을성 있는 참을성 있고 차분한: _____ and calm	impatient 형 참을성 없는 초조해하다: be _____
moral 형 도덕적인 도덕상의 의무: a _____ obligation	immoral 형 부도덕한 부도덕한 행동: an _____ act
possible 형 가능한 발생 가능한 부작용: a _____ side effect	impossible 형 불가능한 불가능한 도전: an _____ challenge
mature 형 성숙한 성숙한 아이: a _____ child	immature 형 성숙하지 않은 유치한 생각: an _____ idea
mortal 형 언젠가는 반드시 죽는 언젠가는 반드시 죽는 존재: a _____ being	immortal 형 불멸의 불멸의 사랑: _____ love

3. 부정을 나타내는 ir-

resistible 형 참을 수 있는 참을 수 있는 유혹: a _____ temptation	irresistible 형 거부할 수 없는 거부할 수 없는 제안: an _____ offer
regular 형 규칙적인 규칙적인 운동: _____ exercises	irregular 형 불규칙적인 불규칙적인 식습관: _____ eating habits
responsible 형 책임감 있는 책임감 있는 리더: a _____ leader	irresponsible 형 책임감 없는, 무책임한 무책임한 행동: an _____ behavior
removable 형 제거할 수 있는 제거할 수 있는 얼룩: a _____ stain	irremovable 형 제거할 수 없는, 움직일 수 없는 움직일 수 없는 바위: an _____ rock
rational 형 이성적인 이성적인 동물: a _____ animal	irrational 형 비이성적인 비이성적인 공포: an _____ fear

Voca Checkup

A 영어는 우리말로, 우리말은 영어로 쓰시오.

1 inconsiderate _____
2 irresistible _____
3 impossible _____
4 incorrect _____
5 irremovable _____

6 비이성적인 _____
7 불규칙적인 _____
8 참을성 없는 _____
9 불멸의 _____
10 불안정한 _____

B 빈칸에 알맞은 말을 넣어 어구를 완성하시오.

1 an _____ knife blade (잘 구부러지지 않는 칼날)
2 an _____ teenager (무책임한 십 대)
3 an _____ behavior (미숙한 행동)
4 _____ jewelry (저렴한 보석)
5 an _____ person (부도덕한 사람)

Writing

> 예시 문제 자신이 짓고 싶은 집을 상상하여 소개하는 글을 다음 조건에 맞게 써 봅시다.
>
> 조건
> 1. 자신이 짓고 싶은 집을 어디에 지을지, 무엇으로 집을 지을지 장소와 재료에 대한 내용을 포함할 것
> 2. 자신이 짓고 싶은 집의 방(들)을 어떻게 꾸밀지에 대한 내용을 포함할 것
> 3. 가정법 문장과 관계부사를 포함한 문장을 각각 1개 이상 사용할 것

STEP 1 Get Ready

자신이 짓고 싶은 **Dream House**에 대해 브레인스토밍을 한 후, 정리해 봅시다.

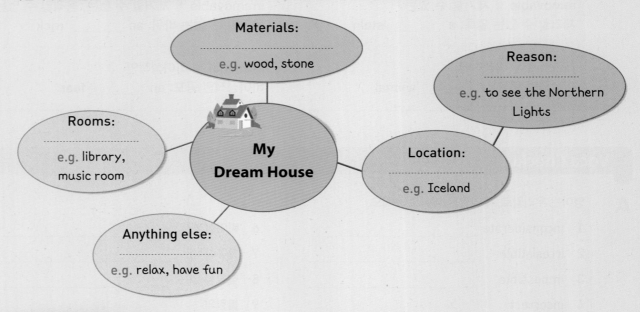

STEP 2 Organize

자신의 **Dream House**에 대해 생각하여 질문에 맞게 추가적인 내용을 완성해 봅시다.

Questions	Answers
1. What kind of rooms would you have? What would you do in those rooms? (at least 2)	→ There would be rooms like a(n) _____ where I would _____, and a(n) _____ where I would _____. e.g. library / read books, music room / play my drums
2. What would you and your family do in your house?	→ We would _____ at my dream house. e.g. relax and have fun

정답과 해설 ⊙ 36쪽

STEP 3 Draft

위 내용을 바탕으로 자신이 짓고 싶은 **Dream House**에 대한 글을 완성해 봅시다.

My Dream House in _____

If I could build my dream house, I would build my house in _____. That's because I _____. My dream house would be built with _____. In my dream house, there would be rooms like a(n) _____ where I would _____, and a(n) _____ where I would _____. My dream house would be a place where _____.

평가 영역		채점 기준	점수
채점 기준 예시 (총 10점)	과제 완성도	조건을 모두 충족시켜 과제를 완성함	4점
		조건의 일부를 충족시켜 과제를 완성함	3점
		과제를 완성하지 못함	2점
	창의성	내용과 구성이 매우 창의적임	3점
		내용과 구성의 일부분이 창의적임	2점
		내용과 구성면에서 창의력이 거의 없음	1점
	정확성	문법과 어휘의 사용에 오류가 없음	3점
		문법과 어휘의 사용에 일부 오류가 있음	2점
		문법과 어휘의 사용에 대부분 오류가 많음	1점

Grammar 1

① 분사의 종류와 역할

② 사역동사/지각동사+목적어+분사

Grammar 2

① 분사구문의 형태

② 분사구문의 다양한 의미

Grammar 1

❶ 분사의 종류와 역할

분사에는 **-ing** 형태의 현재분사와 **-ed** 또는 불규칙한 형태의 과거분사가 있다. 현재분사는 '~하는'의 의미로 진행이나 능동을 나타내고, 과거분사는 '~된, ~(해)진'의 의미로 완료나 수동을 표현한다. 분사는 다음과 같이 여러 가지 역할을 한다.

> That was an **amazing** performance. 〈명사 수식〉 그것은 놀라운 공연이었다.
>
> The girl **dancing on the stage** is my friend. 〈구를 이루어 명사 뒤에서 수식〉 무대에서 춤추는 소녀는 내 친구이다.
>
> This carpet was **made in Iran**. 〈주어 보충 설명〉 이 카펫은 이란에서 만들어졌다.
>
> I found the book **interesting**. 〈목적어 보충 설명〉 나는 그 책이 재미있다는 것을 알았다.

Grammar Plus ✚

■ 관계대명사절에서 주격 관계대명사와 be동사를 묶어서 함께 생략할 수 있다. 이 경우 남은 분사구는 명사(구)를 뒤에서 수식하게 된다.

The man (who is) looking this way is the new teacher. 이쪽을 보는 남자가 새로운 선생님이시다.

→ The man looking this way is the new teacher.

❷ 사역동사/지각동사＋목적어＋분사

⑴ **make, have, get＋목적어＋과거분사**: 사역동사 **make, have**, 준사역동사 **get**의 목적어를 보충 설명하기 위해 과거분사를 목적격 보어로 사용할 수 있다. 이때 목적어와 목적격 보어는 수동의 관계이다.

⑵ **지각동사＋목적어＋현재분사/과거분사**: **see, hear, feel** 등의 지각동사의 목적어를 보충 설명하기 위해 분사를 목적격 보어로 사용할 수 있다. 이때 현재분사는 능동과 진행, 과거분사는 수동의 의미이다.

> This music *makes* me **relaxed**. 이 음악은 내가 편안해 지도록 만든다.
>
> I *saw* kids **jumping** on the bed. 나는 아이들이 침대 위에서 뛰고 있는 것을 보았다.
>
> Brian *heard* his name **called**. Brian은 그의 이름이 불리는 것을 들었다.

Grammar Plus ✚

■ 사역동사/지각동사＋목적어＋동사원형: 목적어와 목적격 보어가 능동의 관계일 때, 사역동사는 목적격 보어로 동사원형을 사용하며, 지각동사 역시 현재분사 이외에도 동사원형을 사용할 수 있다.

His voice *makes* me **concentrate**. 그의 목소리는 내가 집중하도록 만든다.

I *felt* the car **stop**. 나는 차가 멈추는 것을 느꼈다.

■ let＋목적어＋be＋과거분사: 사역동사 중 let은 목적어 다음에 수동의 의미를 나타낼 때 「be＋과거분사」를 사용한다.

Let it done at once. (×) → *Let* it **be done** at once. (○) 즉시 그것을 하도록 해라.

Grammar Practice 1

A 괄호 안에서 알맞은 것을 고르시오.

1 That's a really (surprise / surprising) story.

2 I could see him (playing / played) soccer.

3 The book is (writing / written) in Chinese.

4 A (rolling / rolled) stone gathers no moss.

A

• gather 모이다, 모으다
• moss 이끼

B 분사 또는 분사구에 밑줄을 치고, 명사를 수식하면 **a**, 주어나 목적어를 보충 설명하면 **b**를 괄호 안에 쓰시오.

1 You look very tired. ( )

2 I'd like to buy a hooded jacket. ( )

3 Mr. Jones had my picture taken. ( )

4 The baby left alone started crying. ( )

B

• hooded 모자가 달린

C 그림을 보고, 우리말과 일치하도록 주어진 단어를 활용하여 문장을 완성하시오.

1  **2**  **3**

1 그 영화는 매우 지루했다. (bore)

→ The movie was very _____.

2 냉커피를 드시겠어요? (ice)

→ Would you like _____ coffee?

3 Barbie 인형을 파는 가게에는 많은 사람들이 있었다. (sell)

→ There were so many people at the shop _____ Barbie dolls.

C

현재분사는 '～하는'의 능동의 의미를, 과거분사는 '～된, ～(해)진'과 같은 수동의 의미를 가진다.

D 밑줄 친 부분을 어법상 바르게 고쳐 쓰시오.

1 Mr. Kim had the chair <u>fixing</u>. → _____

2 <u>Run</u> water doesn't flow back. → _____

3 He heard raindrops <u>fallen</u>. → _____

4 The thief <u>catch</u> last month escaped from jail. → _____

D

명사와 그 명사를 수식하거나 보충 설명하는 분사의 관계가 수동인지 능동인지 살펴본다.

• flow back 역류하다
• raindrop 빗방울
• escape 탈출하다, 달아나다
• jail 교도소, 감옥

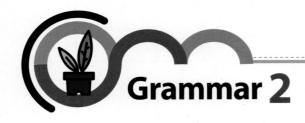

Grammar 2

❶ 분사구문의 형태

- 분사구문이란 분사로 시작하는 부사구로, 부사절과 비슷한 의미를 갖는다. 주절과 부사절의 주어가 같은 경우, 부사절에서 접속사와 주어를 생략하고 동사를 현재분사(-ing)로 변형하여 만든다.
- 분사구문의 being은 생략이 가능하며, 분사구문의 부정 시 분사 앞에 not이나 never를 붙인다. 의미 전달을 정확하게 하기 위해 접속사를 남겨두는 경우도 있다.

> Hearing(= When he heard) my voice, the thief ran away. 내 목소리를 듣고, 도둑이 도망갔다.
>
> (Being) Written(= Because it was written) in Japanese, the book was hard to understand.
> 일본어로 쓰여서, 그 책은 이해하기가 힘들었다.
>
> Not leaving(= If we don't leave) at five, we'll miss the train. 5시에 떠나지 않으면, 우리는 기차를 놓칠 것이다.
>
> Though feeling(= Though she felt) hungry, she didn't eat the pizza. 배가 고팠지만, 그녀는 그 피자를 먹지 않았다.

❷ 분사구문의 다양한 의미

- 분사구문은 시간, 이유, 조건, 양보와 같은 다양한 의미를 가진다.
- 두 가지 상황이 동시에 일어나거나 연속해서 일어날 때, 두 상황 중 하나를 분사구문으로 표현할 수 있다. 이것을 부대상황을 나타내는 분사구문이라고 한다. 부대상황을 나타내는 분사구문은 문장의 중간이나 끝에 위치하기도 하며, 절로 바꿀 때 접속사 as나 and 등을 사용하여 주절과 자연스럽게 연결할 수 있다.

> Finishing(= After she finished) her report, she sent it by email. 〈시간〉
> 보고서를 끝내고 나서, 그녀는 그것을 이메일로 보냈다.
>
> Getting up(= Because I got up) late, I was late for school. 〈이유〉 늦게 일어나서, 나는 학교에 늦었다.
>
> Pressing(= If you press) the button, you will get fresh juice. 〈조건〉
> 버튼을 누르면, 신선한 주스를 얻을 수 있을 것이다.
>
> Taking(= Even though I'm taking) medicine, I'm still coughing. 〈양보〉
> 약을 먹고 있는데도, 나는 여전히 기침을 하고 있다.
>
> Looking into the mirror, she washed her face. 〈동시 동작〉 거울을 보면서, 그녀는 세수를 했다.
>
> = She, looking into the mirror, washed her face.
>
> = As she looked into the mirror, she washed her face.
>
> Mike put his hand in his pocket, taking out some change. 〈연속 동작〉 Mike는 그의 주머니에 손을 넣고 잔돈을 꺼냈다.
>
> = Mike put his hand in his pocket and took out some change.

Grammar Practice 2

A 밑줄 친 부분을 어법상 바르게 고쳐 쓰시오.

1 <u>Gone</u> to bed early, I can't get up early. → _____

2 <u>Knowing not</u> what to say, I hung up the phone. → _____

3 <u>Came</u> home, I always look for my dog Sam. → _____

A
• hang up 전화를 끊다

B 두 문장이 같은 뜻이 되도록 빈칸에 알맞은 말을 쓰시오.

1 Because I felt cold, I put on a jacket.

= _____ cold, I put on a jacket.

2 If you don't understand the directions, please raise your hand.

= _____ the directions, please raise your hand.

3 He read a magazine as he talked on the phone.

= He read a magazine, _____ on the phone.

B
• direction 지시
• talk on the phone 전화로 이야기하다

C 자연스러운 문장이 되도록 연결하시오.

1 He talked ・ ・ a. he left a letter on the table.

2 Leaving his room, ・ ・ b. while chewing his food.

3 Playing under the sun ・ ・ c. she got a tan.
   with her friends,

C
• chew 씹다
• tan 햇볕에 그을음

D 우리말과 일치하도록 주어진 표현들을 바르게 배열하여 문장을 완성하시오.

1 TV를 보고 있는데도 나는 지루했다. (I was, though, watching TV, bored)

→ _____

2 나는 내 개를 산책시키며 공원으로 갔다. (I went, my dog, to the park, walking)

→ _____, _____.

3 아직 부쳐지지 않았으면, 그 소포는 주말까지는 도착하지 않을 것이다.

(by the weekend, not, the package won't arrive, sent yet)

→ _____

D
분사구문은 양보, 동시 동작, 조건 등의 의미를 나타낼 수 있다.

Writing 1

A 우리말과 일치하도록 주어진 단어를 활용하여 문장을 완성하시오.

1 내 삼촌께서 그 깨진 창문을 고치셨다. (break)

→ My uncle fixed the _____ window.

2 어제 심은 그 나무는 괜찮아 보인다. (plant)

→ The tree _____ yesterday looks okay.

3 나는 그 경기가 매우 신난다는 것을 알았다. (excite)

→ I found the game very _____.

4 그의 편지는 나를 혼란스럽게 만들었다. (confuse)

→ His letter made me _____.

5 나는 그가 창문을 닫는 소리를 들었다. (close)

→ I heard him _____ the windows.

6 내 아버지께서는 5시에 도착하는 비행기에 타고 계신다. (arrive)

→ My father is aboard the plane _____ at five.

B 우리말과 일치하도록 주어진 단어들을 바르게 배열하여 문장을 완성하시오.

1 한국에서 구매된 것이 아니면, 여기서는 수리 받기가 어렵다. (in Korea, not, purchased)

→ _____, it's hard to get fixed here.

2 집에 너무 늦게 와서, 나는 남동생의 생일 파티를 놓쳤다. (too late, coming, home)

→ _____, I missed my brother's birthday party.

3 숙제를 마쳤는데도, 그녀는 도서관을 떠나지 않았다. (finishing, though, her homework)

→ _____, she didn't leave the library.

4 그녀는 음악을 들으면서 저녁 식사를 요리한다. (music, to, listening)

→ She cooks dinner, _____.

5 숲에서 길을 잃어서, 그는 119에 전화했다. (the forest, lost, in)

→ _____, he called 119.

6 여섯 살 밖에 되지 않아서, 그녀는 아직도 보호자가 필요하다. (6 years old, only, being)

→ _____, she still needs a guardian.

Writing 2

정답과 해설 ▶ 39쪽

A 그림의 내용과 일치하도록 주어진 단어들을 활용하여 문장을 완성하시오. (단, 동사는 분사 형태로 사용할 것)

1

Mary gets _____.
(depress, in bad weather)

2

The woman feels _____.
(the baby, move)

3

The ghost house made _____.
(Jihun, frighten)

B 그림 설명을 보고, 〈보기〉와 같이 분사구문을 사용하여 문장을 완성하시오.

How to Cut a Mango into Cubes

| 보기 |

Hold the mango steady.

1 Mangoes have a large, hard seed.

2 Gently move your knife along the seed.

3 Don't cut it too deep!

4 Flip the mango inside out.

| 보기 |

Holding the mango steady, slice off the bottom a little bit and stand it on the cutting board.

1 _____, mangoes can't be eaten as a whole.

2 Cut off the flesh, _____.

3 Make a grid on the mango flesh, _____.

4 _____, you'll get cubes of mango.

*flesh 과육 **grid 격자무늬

Reading 1

정답과 해설 ▶ 40쪽

The Arctic fox is a small fox found commonly in the Arctic regions. This fox is brown in the summer and white in the winter. Adult foxes weigh between six and twenty pounds. Its thick fur coat helps keep it warm in the _____(freeze) temperatures and snow. The Arctic fox has great survival skills. It can eat almost anything, including insects, small mammals, birds, ducks, geese, and eggs. Arctic foxes can eat berries and seaweed as well. When food is scarce, Arctic foxes become scavengers.

1 북극 여우에 관한 윗글의 내용과 일치하는 것은?

① 남극이나 북극에서 흔히 발견된다.

② 여름에는 털이 흰색이다.

③ 새끼 여우의 무게가 20파운드 정도이다.

④ 맹추위에 강한 동물이다.

⑤ 육식만 하는 동물이다.

2 윗글의 빈칸에 들어갈 동사 **freeze**의 알맞은 형태를 쓰시오.

→ _____

Words & Phrases

Arctic 형 북극의	region 명 지역	thick 형 빽빽한, 숱이 많은
fur 명 털	temperature 명 기온, 온도	survival 명 생존
almost 부 거의	including 전 ~를 포함하여	mammal 명 포유동물
as well ~도, 또한	scarce 형 부족한, 드문	scavenger 명 죽은 동물을 먹는 동물

My family decided to go camping last weekend. We were very excited and were talking about what to eat while camping. We drove to a grocery store on the way to the campsite. We looked around the grocery store, picking out what we wanted. When we finished shopping and went back to our car, we were really surprised. There was a car parked in front of our car, blocking us from getting out. The driver came out and drove off about 30 minutes later, and we were really annoyed. Getting to the campsite and having an outdoor barbecue, we forgot about our bad feelings. However, I thought if I get a car someday, I will never park my car like that.

1 윗글에서 'I'의 가족의 감정 변화로 가장 알맞은 것은?

① 놀람 → 신남 → 짜증남

② 신남 → 놀람 → 행복함

③ 신남 → 놀람 → 짜증남

④ 피곤함 → 신남 → 놀람

⑤ 당황함 → 짜증남 → 신남

2 윗글의 밑줄 친 부분을 분사구문으로 바꿔 문장을 다시 쓰시오.

→ We were very excited, _____.

Words & Phrases

on the way to ~로 가는 길에	campsite 몡 야영지	pick out 선택하다
park 통 주차하다	block 통 막다, 차단하다	drive off (운전자 · 자동차 등이) 떠나다
annoyed 혱 짜증난	outdoor 혱 야외의	someday 뷔 언젠가

Vocabulary

1. '전부, 완전히'를 뜻하는 al-

most 형 대부분, 대부분의
대개의 경우에는: in _____ instances

almost 부 거의
거의 똑같은: _____ the same

one 명 하나
하나하나씩: _____ by _____

alone 형 혼자인 부 혼자서
혼자 여행하다: travel _____

ways 명 (장)거리, 길
갈림길에 서다: face two _____

always 부 항상
항상 움직이는: _____ on the go

mighty 형 강력한
강풍: a _____ wind

almighty 형 전능한, 엄청난
전능한 통치자: an _____ ruler

arm 명 팔
~의 팔을 잡다: catch ~ by the _____

alarm 명 불안 동 불안하게 만들다
놀라서: in _____

ready 형 준비된
학교 갈 준비가 된: _____ for school

already 부 이미
예고한 대로: as _____ announced

right 형 (상태가) 좋은
몸 상태가 좋다: feel _____

alright 형 괜찮은
이 차는 괜찮다.: This tea is _____.

together 부 함께, 같이
합하다: put _____

altogether 부 완전히, 모두 합쳐, 전체적으로 보아
전체적으로 보아 굉장한 밤이었다.:
_____, it was a great night.

though 접 (비록) ~이긴 하지만
비는 그쳤지만, 바람은 여전히 불고 있다.:
_____ it stopped raining, the wind is still blowing.

although 접 비록 ~이긴 하지만
그 차는 비록 매우 오래되었지만 아직도 잘 달린다.:
_____ it's very old, the car still runs well.

so 부 ~도 또한 (그러하다)
모두가 배가 고팠다. 나도 그랬다.:
Everybody was hungry. _____ was I.

also 부 또한, 게다가, ~도
민수의 아버지는 또한 의사였다.:
Minsu's father was _____ a doctor.

2. '바깥쪽'을 뜻하는 out-

door 명 문 문을 두드리는 소리: a knock on the _____	outdoor 형 옥외[야외]의 야외 활동: _____ activities
side 명 쪽, 옆 두뇌의 왼쪽: the left _____ of the brain	outside 명 겉면, 바깥쪽 형 겉면의, 바깥쪽의 전 ~의 바깥에 부 밖에서 바깥쪽 차선: the _____ lane
look 명 보기 동 바라보다 바라보다: have a _____	outlook 명 전망, 관점 사회관: a social _____
line 명 선 동 ~에 선을 긋다 최전선: the front _____	outline 명 윤곽 동 개요를 보여 주다, 윤곽을 서술하다 선명한 윤곽: a sharp _____
patient 명 환자 암 환자: a cancer _____	outpatient 명 외래 환자 외래 환자 전문 병원: an _____ clinic

Voca Checkup

A 영어는 우리말로, 우리말은 영어로 쓰시오.

1 almost   _____
2 already   _____
3 alright   _____
4 altogether   _____
5 outdoor   _____

6 불안; 불안하게 만들다   _____
7 겉면, 바깥쪽   _____
8 외래 환자   _____
9 항상   _____
10 혼자인; 혼자서   _____

B 빈칸에 알맞은 말을 넣어 어구를 완성하시오.

1 a clear _____ (뚜렷한 윤곽)
2 an _____ on life (인생관)
3 the _____ dollar (만능의 달러, 금전만능)
4 Minho can _____ speak Chinese. (민호는 또한 중국어도 할 수 있다.)
5 _____ it was winter, it wasn't very cold. (겨울이었지만 별로 춥지는 않았다.)

정답   **A**   1. 거의   2. 이미   3. 괜찮은   4. 완전히, 모두 합쳐, 전체적으로 보아   5. 옥외[야외]의   6. alarm   7. outside   8. outpatient   9. always
      10. alone
     B   1. outline   2. outlook   3. almighty   4. also   5. Although[Though]

Unit 11

일치와 수식

Grammar 1

❶ 수 일치
❷ 시제 일치

Grammar 2

❶ 명사를 뒤에서 수식하는 경우
❷ 형용사를 수식하는 to부정사

Grammar 1

① 수 일치

수 일치란 문장의 동사를 주어의 수와 인칭에 따라 바른 형태로 사용하는 것이다.

- 단수 취급하는 주어: –thing, –body, –one 등의 부정대명사, 학문명, 국명, 병명, 간행물명 등의 이름, 시간, 거리, 금액 등 일정한 정도나 양을 나타내는 표현, A and B 형식이 나타내는 단일 개념, 동명사(구), to부정사(구), 명사절
- 부분이나 전체를 나타내는 표현은 뒤에 사용된 명사에 따라 수를 결정한다.

Nothing has changed. 〈부정대명사〉 아무것도 변하지 않았다.

Mathematics is my favorite subject. 〈학문명〉 수학은 내가 좋아하는 과목이다.

Fifty dollars is not enough to buy a cellphone. 〈금액〉 50달러는 휴대전화를 사기에 충분하지 않다.

Toast and jam is my favorite breakfast. 〈A and B 형식이 나타내는 단일 개념〉
잼을 바른 토스트는 내가 좋아하는 아침 식사이다.

Half of *the juice* was spilt on the floor. 〈부분을 나타내는 표현 – 단수 취급〉 주스의 반이 바닥에 쏟아졌다.

Most of *my classmates* agree on my idea. 〈부분을 나타내는 표현 – 복수 취급〉 내 반 친구들 대부분이 내 생각에 동의한다.

- a number of ~: 많은 ~ (복수 취급) / the number of ~: ~의 수 (단수 취급)

A number of students were present at the meeting. 많은 학생들이 그 회의에 참석했다.

The number of students in my class is 26. 내 반의 학생 수는 26명이다.

② 시제 일치

시제 일치란 주절의 동사 시제를 고려하여 종속절의 동사 시제를 적절히 사용하는 것을 말한다. 주절의 시제가 과거인 경우, 종속절의 시제는 주절과 같은 시점이면 과거, 주절보다 앞선 시점이면 과거완료가 온다.

I asked if he was older than me. 나는 그가 나보다 더 나이가 많은지를 물었다. (종속절의 사건이 주절과 같은 시점)

The weather forecast said it would rain all week.
일기예보에서 한 주 내내 비가 올 거라고 했다. (종속절의 사건이 주절과 같은 시점)

The man regretted that he hadn't helped the old lady.
그 남자는 자신이 그 노부인을 돕지 않았던 것을 후회했다. (종속절의 사건이 주절보다 더 이전에 일어난 경우)

Grammar Plus

- 종속절이 불변의 진리나 속담, 현재도 변치 않는 사실이나 습관을 다루고 있는 경우, 주절이 과거시제여도 현재시제를 사용한다.

I *learned* that water boils at 100℃. 나는 물은 섭씨 100도에 끓는다는 것을 배웠다.

- 역사적 사실인 경우, 주절의 시제에 관계없이 항상 과거시제를 사용한다.

Yesterday, Mr. Kim *told* us Korea gained independence from Japan in 1945.
어제, 김 선생님께서 우리에게 한국이 1945년에 일본으로부터 독립했다고 말씀하셨다.

Grammar Practice 1

정답과 해설 ▶ 41쪽

A 괄호 안에서 알맞은 것을 고르시오.

1 *Trends* (are / is) my favorite magazine.

2 Some of the fruits (has / have) gone bad.

3 Three kilometers (are / is) a long distance.

4 Whether to go on a picnic or not (depend / depends) on the weather.

A

주어의 수가 단수인지 복수인지
살핀다.

• go bad 상하다

• distance 거리

• whether ~ or not ~인지 아
  닌지

B 주어진 동사를 알맞은 형태로 바꿔 쓰시오. (단, 모두 현재시제를 사용할 것)

1 Nobody _____ the new girl. (know)

2 To have breakfast _____ concentration. (help)

3 What has a beginning _____ an end. (have)

4 A third of the desserts _____ left in the fridge. (be)

B

부분이나 전체를 나타내는 표현
은 뒤에 사용된 명사를 보고 수
를 결정한다.

• concentration 집중력

• fridge 냉장고

C 밑줄 친 부분을 바르게 고쳐 쓰시오.

1 I knew she won't be late. → _____

2 The doctor told me I have a flu. → _____

3 He asked me what movie I like the most. → _____

C

주절의 시제가 과거이고 종속절
의 시점이 주절과 같음에 유의
한다.

D 우리말과 일치하도록 두 절을 연결하여 문장을 완성하시오.

1 나는 그가 거짓말을 하고 있다고 생각했다.

I thought + [he is telling a lie].

→ _____

2 Jason은 그가 미안하다고 말하지 않았던 것을 후회했다.

Jason regretted + [he didn't say sorry].

→ _____

3 나는 에디슨이 전구를 발명했다고 들었다.

I heard + [Edison invented the light bulb].

→ _____

4 그는 지구가 태양 주위를 돈다는 것을 발견했다.

He found + [the earth moves around the sun].

→ _____

D

주절의 시제에 관계없이 종속절
에서 반드시 현재시제 또는 과
거시제를 사용하는 경우가 있음
에 유의한다.

• light bulb 전구

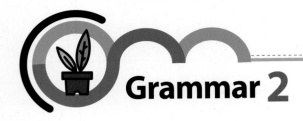

Grammar 2

❶ 명사를 뒤에서 수식하는 경우

명사를 직접 수식하는 형용사(구)는 명사 앞에 위치하는 것이 보통이지만, 아래의 경우는 명사 뒤에 위치한다.

- -thing, -body, -one, -where 등의 부정대명사를 수식할 때
- 전치사구, to부정사(구), 분사구, 관계대명사절 등 수식하는 말이 길 때

> I really want *something* cold. 〈부정대명사 수식〉 나는 차가운 무언가를 정말로 원해.
> I played soccer with *the boys* in my class. 〈전치사구〉 나는 내 반 남자아이들과 축구를 했다.
> Everyone needs *a friend* to talk with. 〈to부정사구〉 모든 사람들은 함께 이야기할 친구가 필요하다.
> *Steak* cooked medium rare is my favorite. 〈분사구〉 약간 덜 익힌 스테이크가 내가 좋아하는 것이다.
> It is good news for *the farmers* who have waited for the rain. 〈관계대명사절〉
> 그것은 비를 기다려 온 농부들에게는 좋은 소식이다.

Grammar Plus +

- 위치에 따라 형용사의 의미가 달라지는 경우도 있다.

  the members present 참석한 회원 / the present members 현 회원

  the authority concerned 관계 당국 / a concerned look 근심스러운 표정

❷ 형용사를 수식하는 to부정사

to부정사는 형용사 뒤에서 형용사를 수식하거나 보충하기도 한다.

> Babies are slow to react. 아기들은 반응이 느리다.
> This question is easy to answer. 이 질문은 답하기가 쉽다.
> He was hesitant to agree with you. 그는 네게 동의하는 것을 망설였다.

Grammar Plus +

- 숙어처럼 사용되는 to부정사 구문

  be able/unable to + 동사원형: ~할 수 있다/없다

  be likely to + 동사원형: ~할 것 같다

  be free to + 동사원형: 마음껏 ~하다

  be willing/happy to + 동사원형: 기꺼이 ~하다

  be ready to + 동사원형: ~할 준비가 되어 있다

Grammar Practice 2

A 밑줄 친 부분이 바르면 ○, 바르지 않으면 ×를 쓰시오.

1 Yejin doesn't like <u>food spicy</u>.   (   )

2 I haven't met <u>anyone perfect</u>.   (   )

3 I made <u>to buy tickets money</u>.   (   )

4 <u>Boys born in 2006</u> can expect to live to 88.   (   )

A
• expect 기대하다, 예상하다

B 괄호 안의 표현이 들어갈 곳을 고르시오.

1 I ① need ② a ③ tool ④. (to fix the door)

2 The ① box ② is ③ Teddy's ④ gift. (on the table)

3 The ① girl ② is ③ my ④ sister. (wearing the blue dress)

4 Mike wants ① to ② meet ③ somebody ④. (good at singing)

B
to부정사구, 전치사구, 분사구는 명사를 뒤에서 수식한다. 부정대명사는 형용사(구)가 뒤에서 수식한다.

C 그림을 보고, 자연스러운 문장이 되도록 연결하시오.

1    2    3

1 Lucy was very   •　　•　a. easy to copy.

2 Brian is able   •　　•　b. to fly an airplane.

3 The old bill was   •　　•　c. quick to raise her hand.

C
• bill 지폐

D 우리말과 일치하도록 주어진 단어들을 바르게 배열하여 문장을 완성하시오.

1 새로운 무언가가 있었니? (there, new, was, anything)

　→ _____

2 이 책은 읽기가 어렵다. (is, to read, this book, difficult)

　→ _____

3 민수는 지난주에 분실된 책을 찾았다. (Minsu, lost last week, the book, found)

　→ _____

D
수식하는 말과 수식을 받는 말이 무엇인지를 고려하여 나열한다.

Writing 1

A 우리말과 일치하도록 주어진 단어들을 활용하여 문장을 완성하시오.

1 나는 추운 어딘가로 가고 싶다. (go, cold)

→ I want to _____ .

2 그 빵의 3분의 1이 남아 있다. (the bread, be)

→ A third of _____ left.

3 누구든지 배우기를 소망하는 사람은 언제나 선생님을 찾아낸다. (find, a teacher)

→ Anybody who wishes to learn always _____ .

4 탁자 위에 커다란 무언가가 있다. (be, big)

→ There _____ on the table.

5 스스로에게 이야기하는 것은 우울증을 이겨내는 데 도움을 준다. (help, beat depression)

→ Talking to yourself _____ .

6 중요한 것은 우리가 여기 함께라는 것이다. (what's, be)

→ _____ we're here together.

B 우리말과 일치하도록 주어진 단어들을 바르게 배열하여 문장을 완성하시오.

1 그들은 허비할 시간이 없었다. (lose, time, no, to)

→ They had _____ .

2 나는 그 가수를 간절히 만나고 싶다. (meet, eager, the singer, to)

→ I am _____ .

3 수지는 경주에서 이길 준비가 되어 있었다. (the race, win, to, ready)

→ Suji was _____ .

4 이것이 지난주에 발매된 그 앨범이다. (the album, last week, released)

→ This is _____ .

5 나는 기꺼이 물을 아낄 것이다. (save, willing, water, to)

→ I am _____ .

6 이 그림은 이해하는 것이 불가능하다. (impossible, understand, to, is)

→ This picture _____ .

Writing 2

A 꾸미는 말(A)과 꾸밈을 받는 말(B)을 바르게 사용하여 〈보기〉와 같이 대화를 완성하시오.

A	hot to drink	born in wealth	caught last night	~~among teenagers~~
B	~~his popularity~~	a boy	the thief	something

| 보기 |

He's very good at singing, rapping and dancing.

I know his popularity among teenagers is increasing.

1
Was he a poor boy?

No. He was _____
_____.

2
Mom, I'm home. It's very cold outside.

Do you want _____
_____?

3
Who's that man?

He is _____
_____.

B 그림을 보고, 〈보기〉와 같이 그림 속 문장의 시제를 바르게 사용하여 문장을 완성하시오.

| 보기 |

It is very hot.

I thought <u>it was very hot</u>.

1
I am leaving at five.

I told Minsu _____.

2
Hangeul was created by King Sejong the Great.

Jaemin learned _____
by King Sejong the Great.

3
Two times two equals four.

Eunho explained to his little sister
_____.

Reading 1

The Kayan women of Myanmar decorate their bodies in a unique way. At the age of 5, they start wearing brass rings around their necks. They wear more rings as they grow older. It stretches their necks longer— sometimes two or three times the normal length. Eventually, they become, so to speak, "giraffe women." For these women, the shiny brass rings are a sign of female elegance and status. Most Kayan women follow this beauty ritual. But today, some of the younger women _____ (be) breaking the tradition and not wearing neck rings.

*Kayan 카얀 족

1) 윗글의 제목으로 가장 알맞은 것은?

① How to Stretch Your Neck
② Ways to Decorate Your Body
③ Kayan Women Maintain Their Tradition
④ A Unique Beauty Ritual of Kayan Women
⑤ Unique Body Decorations Around the World

2) 윗글의 빈칸에 들어갈 **be**동사의 알맞은 형태를 쓰시오.

→ _____

Words & Phrases

decorate 통 장식하다	brass 명 놋쇠 (제품)	normal 형 정상적인, 보통의, 평범한
eventually 부 결국	so to speak 말하자면	female 형 여성의
elegance 명 우아함, 고상함	status 명 지위, 신분	ritual 명 관례, 의식, 의례
tradition 명 전통	maintain 통 유지하다, 지키다	

Reading 2

Clouds are given different names based on their height in the sky. Some clouds are near the ground. Others are almost as high as jet planes fly. Clouds highest in the atmosphere are cirrus. Cirrus clouds typically occur in fair weather, but sometimes seeing them means storms may be coming. The clouds closest to the ground are cumulus and stratus. Cumulus clouds, whose tops are rounded and puffy, develop on clear, sunny days. Stratus clouds have a uniform gray color and can fill the entire sky. They can look like fog that hasn't reached the ground. Light mist or drizzle sometimes falls when stratus clouds are in the sky.

*cirrus 권운 **cumulus 적운 ***stratus 층운

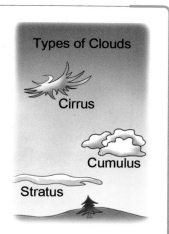

Types of Clouds

Cirrus

Cumulus

Stratus

1 윗글의 내용과 일치하지 <u>않는</u> 것은?

① 구름은 하늘에서의 높이에 근거하여 다른 이름을 가지게 된다.
② 대기 중에서 가장 높이 있는 것은 권운(cirrus)이다.
③ 권운(cirrus)은 맑은 날씨에는 거의 발생하지 않는다.
④ 적운(cumulus)은 맑고 해가 비치는 날에 발달한다.
⑤ 층운(stratus)은 균일한 회색이다.

2 Which type of clouds has rounded and puffy tops?

→ The tops of _____ are rounded and puffy.

Words & Phrases

based on ~에 근거하여
typically 🅟 보통, 일반적으로
puffy 🅗 뭉게뭉게 피어 오른
mist 🅜 엷은 안개

height 🅜 높이
occur 🅥 발생하다
develop 🅥 발달하다
drizzle 🅜 보슬비

atmosphere 🅜 대기
fair 🅗 맑은
uniform 🅗 균일한

Vocabulary

1. '하나, 하나로 된'을 뜻하는 uni-

unique 형 유일무이한, 독특한
유일무이한 지문: a _____ fingerprint

union 명 조합, 협회
노동조합: a labor _____

unicorn 명 유니콘
날개 달린 유니콘: a winged _____

unisex 형 남녀 공용의
남녀가 모두 이용할 수 있는 미용실: a _____ hair salon

unicycle 명 외바퀴 자전거
외발 자전거 타기: riding a _____

unit 명 구성단위, 단원
가족 단위: a family _____

uniform 명 제복, 교복 형 획일적인, 균일한
균일가: a _____ price

united 형 국가들이 연합한, 통합된
미합중국: The _____ States of America

unify 동 통합(통일)하다
나라를 통일하다: _____ the country

universe 명 우주
우주의 기원: the origin of the _____

2. 높이, 길이, 넓이 등을 나타내는 형용사와 명사

high 형 높은
높은 울타리: a _____ fence

height 명 높이, 키
신장과 체중: _____ and weight

deep 형 깊은
깊은 우물: a _____ well

depth 명 깊이
바다의 깊이: the _____ of the sea

long 형 긴
긴 터널: a _____ tunnel

length 명 길이
길이를 재다: measure the _____

strong 형 튼튼한, 강한
튼튼한 근육: _____ muscles

strength 명 힘, 강점
바람의 세기: wind _____

wide 형 넓은
넓은 강: a _____ river

width 명 폭, 너비
어깨 너비: shoulder _____

3. 형용사를 명사로 바꾸는 -ce

different 형 다른 동명이인: _____ people with the same name	difference 명 차이 시차: a time _____
elegant 형 품격 있는, 우아한 우아한 말투: an _____ language	elegance 명 우아, 고상 고상함과 아름다움: _____ and beauty
important 형 중요한 중요한 요인: an _____ factor	importance 명 중요성 가족의 중요성: the _____ of the family
patient 형 인내심 있는 괴로움을 잘 참는: _____ of sufferings	patience 명 인내, 인내심 무한한 인내심: endless _____
violent 형 폭력적인 폭력적인 범죄: a _____ crime	violence 명 폭력 폭력을 예방하다: prevent _____

Voca Checkup

A 영어는 우리말로, 우리말은 영어로 쓰시오.

1 width _____
2 difference _____
3 importance _____
4 patience _____
5 height _____

6 유일무이한, 독특한 _____
7 우아, 고상 _____
8 깊이 _____
9 교복, 획일적인 _____
10 남녀공용의 _____

B 우리말과 일치하도록 빈칸에 알맞은 말을 쓰시오.

1 학생회 → the student _____
2 강점과 약점 → _____ and weakness
3 길이의 단위 → a unit of _____
4 외바퀴 자전거는 오직 하나의 바퀴만을 가진다. → A(n) _____ has only one wheel.
5 학교 폭력은 누군가의 인생을 영원히 바꿀 수 있다. → School _____ can change someone's life forever.

정답 **A** 1. 폭, 너비 2. 차이 3. 중요성 4. 인내(심) 5. 높이, 키 6. unique 7. elegance 8. depth 9. uniform 10. unisex
B 1. union 2. strength 3. length 4. unicycle 5. violence

12 도치와 강조

Grammar 1

① Here+동사+주어

② so+동사+주어

Grammar 2

① 조동사 do를 이용한 강조

② 「It ~ that ...」 강조구문

Grammar 1

① Here＋동사＋주어

「Here＋동사＋주어」 구문은 어떤 사물에 대한 상대방의 관심을 끌기 위해 사용한다. **Here**이 문장의 맨 앞으로 나오면서 주어와 동사의 순서가 서로 뒤바뀐 형태이다. 그러나 주어가 대명사일 때는 주어와 동사의 자리를 바꾸지 않는다.

> **Mr. Kim comes here.** 김 선생님께서 여기 오신다.
> → Here *comes Mr. Kim*. 여기 김 선생님께서 오신다. (Mr. Kim이 문장의 초점)
> → Here *he comes*. 여기 그가 오신다.   ※ Here comes he. (×)

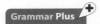
Grammar Plus

■ 위치를 나타내는 부사구가 문장 맨 앞에 나올 때에도 주어와 동사의 순서가 서로 뒤바뀐다. 이렇게 도치된 문장은 기존 문장보다 부사구 또는 주어를 강조하게 된다.

A book remained under the table.
→ *Under the table* remained a book. 탁자 밑에는 책 한 권이 남아 있었다.

② so＋동사＋주어

「so＋동사＋주어」 구문은 앞서 나온 말에 대해 '~도 그렇다'라는 의미이다. 앞선 절의 동사가 '일반동사/조동사/be동사'인 경우에 따라, 이 구문의 동사도 각각 'do동사/조동사/be동사'의 형태가 된다. 앞서 나온 말이 부정문인 경우에는 **so** 대신 **neither**를 쓴다.

> **I *want*** to win and so does everybody else. 나는 이기고 싶고 다른 모두가 그렇다.
> **Tom *can*** join the art club and so can Mary. Tom은 미술부에 가입할 수 있고 Mary도 그렇다.
> **She *wasn't*** sleepy and neither was I. 그녀는 졸리지 않았고 나도 그랬다.
> **He *hasn't*** finished the homework and neither have I. 그는 숙제를 아직 끝내지 못했고 나도 그렇다.

Grammar Plus

■ 「so＋주어＋동사」는 「주어＋동사＋so」의 강조 표현으로 '정말로 그렇다'의 의미이다.

A: John takes a walk every morning. John은 매일 아침 산책을 한다.
B: So he does. 정말로 그렇다. (그는 정말로 매일 아침 산책을 한다.)
(= He takes a walk every morning, indeed.)

Grammar Practice 1

A 괄호 안에서 알맞은 것을 고르시오.

1 Here (is / are) your tea.

2 Here (come / comes) the postman.

3 Jinsu caught a cold. So (did / was) I.

4 Clare sings very well and so (do / does) you.

B 주어진 문장에서 어법상 바르지 <u>않은</u> 부분을 찾아 쓰고, 바르게 고쳐 쓰시오.

1 Here go we! _____ → _____

2 Here the bus comes. _____ → _____

3 Mike is 16 years old and is so Jean. _____ → _____

4 I skipped lunch and so was Dan. _____ → _____

C 그림을 보고, 주어진 단어들을 배열하여 대화를 완성하시오.

1  **2**  **3** (Saturday?)

1 A: _____(my taxi, here, comes) I must go now.

 B: Okay. Bye.

2 A: I root for Kid Heroes. How about you?

 B: _____(I, so, do) Kim Hansung is my favorite hitter.

3 A: Shall we meet on Saturday?

 B: Let's meet some other day. I can't make time on Saturday, and _____. (can, Minho, neither)

D 우리말과 일치하도록 빈칸에 알맞은 말을 쓰시오.

1 언덕 꼭대기에는 나이 많은 나무 한 그루가 서 있었다.

 → On the top of the hill _____.

2 우리 아빠는 잘 생겼다. 나의 오빠도 그렇다.

 → My dad is handsome. _____ older brother.

3 나는 로마에 가 본 적이 없고 Sera도 그렇다.

 → I have never been to Rome and _____ Sera.

A

· postman 우체부

B

주어가 대명사인 경우, Here 다음에 나오더라도 동사와 자리가 바뀌지 않는다.

· skip 거르다

C

· root for 응원하다

· hitter 타자

· some other day 언젠가 다른 날

D

위치를 나타내는 부사구가 문장 맨 앞에 나올 때에도 주어와 동사의 순서가 서로 뒤바뀐다.

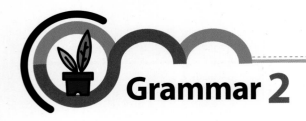

Grammar 2

❶ 조동사 do를 이용한 강조

긍정 평서문의 일반동사 앞에 **do**동사를 써서 문장의 내용을 강조할 수 있다. 이때 **do**는 '정말로'라고 해석한다. 주어의 수와 문장의 시제에 따라 **do, does, did**를 사용하며, 뒤따르는 동사는 자연스럽게 동사원형이 된다.

> I do *want* to eat more, but I'm too full. 나는 정말로 더 먹고 싶지만, 나는 너무 배가 부르다.
>
> Mr. Kim does *drink* 5 cups of coffee every day. 김 선생님께서는 정말로 매일 다섯 잔의 커피를 마신다.
>
> She did *visit* her grandmother at the hospital. 그녀는 정말로 병원에 계신 그녀의 할머니를 방문했다.

Grammar Plus ➕

- 명령문도 동사 앞에 **do**를 넣어 강조할 수 있다. 이때 상대방이 화자의 명령을 따르도록 설득하거나 조르는 뜻이 강조된다. '꼭, 제발' 등으로 해석한다.

  Be quiet. 조용히 해라.

  → Do *be* quiet. 꼭 좀 조용히 해라.

❷ 「It ~ that ...」 강조구문

It is[was] ~ that 사이에 주어, 목적어, 장소나 시간, 이유를 나타내는 표현 등을 넣어 강조할 수 있다.

> I wrote a report at the library yesterday. 나는 어제 도서관에서 보고서를 썼다.
>
> → It was *I* that wrote a report at the library yesterday. 〈주어 I 강조〉
>   어제 도서관에서 보고서를 쓴 것은 나였다.
>
> → It was *a report* that I wrote at the library yesterday. 〈목적어 a report 강조〉
>   어제 도서관에서 내가 쓴 것은 보고서였다.
>
> → It was *at the library* that I wrote a report yesterday. 〈장소 부사구 at the library 강조〉
>   어제 내가 보고서를 쓴 것은 도서관에서였다.
>
> → It was *yesterday* that I wrote a report at the library. 〈시간 부사 yesterday 강조〉
>   도서관에서 내가 보고서를 쓴 것은 어제였다.

Grammar Plus ➕

- **that**은 강조하는 부분이 사람이면 **who**, 시간이면 **when**, 장소이면 **where** 등으로 바꿔 쓸 수 있다.

  It was *in Ulsan* where I was born. 내가 태어난 곳은 울산이었다.

Grammar Practice 2

A 괄호 안에서 알맞은 것을 고르시오.

1 I do (hope / hoped) you will succeed.

2 (Do / Does) help yourself!

3 It (did / was) by train that we traveled to London.

4 It was Jinsu (who / what) told me the truth.

A

일반동사를 강조하는 조동사 do는 주어나 시제에 따라 형태가 변화하며, 뒤에 동사의 원형이 와야 한다.

B 주어진 문장에서 어법상 바르지 <u>않은</u> 부분을 고쳐 쓰시오.

1 You did said so. I heard you clearly.　　　_____ → _____

2 You does look nice today!　　　_____ → _____

3 Louise does looks beautiful in that gown.　　　_____ → _____

4 It was in the classroom who I lost my book.　　　_____ → _____

B

• gown 드레스

C 우리말과 일치하도록 주어진 단어들을 활용하여 문장을 완성하시오.

1 정말로 조심해라. (careful)

　　→ Do _____ .

2 나는 정말로 미안했다. (feel sorry, do)

　　→ I _____ .

3 나의 어머니께서는 생선을 정말로 싫어하신다. (hate fish, do)

　　→ My mother _____ .

C

동사 앞에 조동사 do를 넣어 문장을 강조할 수 있다. 이때 주어의 수와 시제를 고려하여 do 동사를 적절한 형태로 사용해야 한다.

D 「It ~ that ...」 강조구문을 이용하여 밑줄 친 부분을 강조하는 문장을 완성하시오.

1 <u>Subin</u> won the race.

　　→ It was _____ who _____ .

2 We are going to meet <u>this Friday</u>.

　　→ It is _____ when _____ .

3 The party took place <u>at my place</u>.

　　→ It was _____ where _____ .

D

「It ~ that ...」 강조구문에서는 강조하려는 부분을 it is[was]와 that 사이에 넣고, 나머지 부분을 that 뒤에 쓴다.

Writing 1

정답과 해설 ▶ 46쪽

A 우리말과 일치하도록 주어진 단어들을 활용하여 문장을 쓰시오.

1 여기 사진들이 있다. (the pictures)

→ Here _____.

2 여기에 그 새로운 목걸이가 있다. (the new necklace)

→ Here _____.

3 여기 그 영화의 가장 좋은 부분이 나온다. (the best part)

→ Here _____ of the movie.

4 주희는 책을 많이 가지고 있다. 유미도 그렇다. (Yumi)

→ Juhee has a lot of books. So _____.

5 우리 가족 아무도 수영을 못 한다. 나도 못 한다. (I)

→ None of my family members can swim. Neither _____.

6 나는 EB 고등학교에 갈 것이다. 민수도 그렇다. (Minsu)

→ I'll go to EB High School. So _____.

B 우리말과 일치하도록 주어진 단어들을 바르게 배열하여 문장을 완성하시오.

1 나는 정말로 네가 옳다는 것을 믿어. (I, you, are, believe, do, right)

→ _____

2 그는 정말로 우리에게 거짓말을 했다. (a lie, us, he, tell, did)

→ _____

3 Susan은 정말로 아침에 5시에 일어난다. (in the morning, does, Susan, at five, get up)

→ _____

4 그녀가 필요로 했던 것은 새 안경이었다. (that, it was, she needed, new eyeglasses)

→ _____

5 Mike가 집에 돌아온 것은 자정이었다. (Mike came, it was, back home, when, at midnight)

→ _____

6 감기에 걸리는 것을 가장 잘 예방하는 것은 손 씻기이다.

(best prevents, it is, washing hands, that, catching a cold)

→ _____

Writing 2

A 대화의 밑줄 친 부분과 같은 뜻이 되도록 **so** 또는 **neither**로 시작하는 문장을 쓰시오.

1 I will make a card for Mom.

I will make a card for her, too.

→ _____

2 I have been to Canada. How about you and Sarah?

I haven't. Sarah has not been there, either.

→ _____

3 Suho looks nervous.

Everybody else looks nervous, too.

→ _____

B 주어진 문장을 괄호 안의 말을 각각 강조하는 문장으로 다시 쓰시오.

We met Daniel at the bus stop at six.

1 _____ (문장의 내용)

2 _____ (Daniel)

3 _____ (at the bus stop)

4 _____ (at six)

Reading 1

When you get a Venus Flytrap, you probably think that you should just feed it flies. Sure, the Venus Flytrap eats bugs. However, it's a plant, so you should provide its basic requirements to grow, too. In other words, it's water and lots of sunlight that your plant needs before anything else. But, it does slow down its growth if it doesn't eat bugs. So you can either let it catch bugs outside on sunny days, or give it live insects. Don't overfeed your plant, though. One bug per week is more than enough.

*Venus Flytrap 파리지옥

1 윗글의 제목으로 가장 알맞은 것은?

① How to Get Rid of Flies
② What a Venus Flytrap Needs
③ Various Kinds of Bug-Eating Plants
④ Right Places to Grow the Venus Flytrap
⑤ Does the Venus Flytrap Really Catch Flies?

2 윗글의 내용에 맞게 빈칸에 알맞은 말을 두 단어로 쓰시오.

→ All plants need water and sunlight, and _____ the Venus Flytrap.

Words & Phrases

provide 동 제공하다
in other words 다시 말해서
growth 명 성장

basic 형 기본적인
before anything else 다른 무엇보다도
overfeed 동 먹이를 지나치게 주다

requirement 명 필요(한 것)
slow down 늦추다
per 전 ~당

Reading 2

정답과 해설 ▶ 47쪽

There are numerous ecosystems in the world. Native species are animals that originally belong to one particular ecosystem. In an ecosystem, there are just the right number of animals to keep a perfect balance. However, sometimes animals from one ecosystem move in to another ecosystem. They are called invasive species. People may introduce these animals accidentally, or the animals may move to a new region by themselves. <u>Invasive species usually harm their new region.</u> They may kill off native species and upset the balance of the ecosystem. This actually happened when bullfrogs, imported in the 1970s, preyed on native animals in Korea.

*invasive species 침입종

1 윗글의 내용과 일치하는 것은?

① 여러 생태계에 동시에 속한 동물들을 토착종이라고 한다.

② 철마다 다른 생태계로 옮겨 다니는 동물들을 침입종이라고 한다.

③ 사람들은 보통 일부러 침입종을 특정 지역에 데려온다.

④ 침입종은 토착종들을 몰살할 수도 있다.

⑤ 황소개구리는 그들끼리 한국으로 이동해 들어왔다.

2 윗글의 밑줄 친 문장을 **invasive species**를 강조하는 문장으로 다시 쓰시오.

→ It is _____ that _____.

Words & Phrases

numerous 혱 많은

originally 흭 원래, 본래

accidentally 흭 우연하게, 뜻하지 않게

upset 통 잘못되게(틀어지게) 만들다

ecosystem 명 생태계

belong to ~에 속하다

by oneself ~끼리만, 혼자서

import 통 수입하다

native 혱 토착의, 토종의

keep a balance 균형을 유지하다

kill off 몰살하다

prey on 잡아먹다

Vocabulary

1. '더 높이, 위로, 꼭대기로'를 뜻하는 up-

set 图 놓다, (어떤 상태로) 되게 하다
~을 한쪽으로 치워 놓다: _____ ~ aside

upset 톙 속상한, (몸의) 상태가 좋지 않은
图 잘못되게 만들다, 배탈이 나게 하다
배탈: an _____ stomach

coming 圐 시작 톙 다가오는, 다음의
이번 다가오는 토요일: this _____ Saturday

upcoming 톙 다가오는, 곧 있을
곧 있을 선거: the _____ election

date 圐 날짜, 약속, 데이트
날짜를 잡다: fix the _____

update 图 갱신하다, 업데이트하다
소프트웨어를 업데이트하다: _____ software

grade 圐 품질, 등급, 성적, 학년
일등, 최고 등급: top _____

upgrade 图 개선하다, 승급시키다
좌석을 승급시키다: _____ the seat

hold 图 잡고 있다, 유지하다 圐 쥐기
꽉 잡다: _____ tight

uphold 图 유지시키다, 옹호하다
법을 유지시키다: _____ the law

load 图 싣다 圐 짐
수레에 짐을 얹다: _____ a cart

upload 图 업로드하다 圐 업로드
비디오를 업로드하다: _____ the video

right 톙 옳은, 바른
정답: the _____ answer

upright 톙 (자세가) 똑바른, 꼿꼿한
꼿꼿한 자세: an _____ posture

side 圐 쪽, 편
나란히: _____ by _____

upside 圐 윗면, 좋은 면
괜찮은 면과 불리한 면: _____ and downside

stair 圐 (계단의) 한 단
돌계단: a stone _____

upstairs 圐 위층, 2층 톙 위층(2층)의
튀 위층(2층)에서, 위층(2층)으로
위층으로 올라가다: go _____

town 圐 (소)도시, 시내, 번화가
유령 도시(과거 한때는 번창했으나 지금은 텅 빈
소도시): a ghost _____

uptown 튀 시 외곽으로
톙 시 외곽의, 부유층 지역의
부유층 지역 물가: _____ prices

2. '너무 많이'를 뜻하는 over-

feed 동 먹이를 주다 명 먹이 새에게 먹이를 주다: _____ a bird	overfeed 동 먹이를 지나치게 주다 과식하다: _____ oneself
react 동 반응하다, 반응을 보이다 감정적으로 대응하다: _____ emotionally	overreact 동 과잉반응을 보이다 그 사건에 과민반응을 보이다: _____ to the accident
sleep 동 자다 명 잠 숙면하다: _____ soundly	oversleep 동 늦잠을 자다 늦잠의 부작용: the side effect of _____ing
weight 명 무게, 체중 동 무겁게 하다 체중이 늘다: put on _____	overweight 형 과체중의, 중량 초과의 중량 초과 수하물: _____ baggage
work 동 일하다 명 일, 직업 시급제로 일하다: _____ hourly	overwork 동 과로하다 명 과로 과로로 병이 나다: get sick from _____

Voca Checkup

A 영어는 우리말로, 우리말은 영어로 쓰시오.

1 upside _____
2 overweight _____
3 upload _____
4 overfeed _____
5 overreact _____

6 시 외곽으로 _____
7 위층에서 _____
8 다가오는, 곧 있을 _____
9 개선하다 _____
10 속상한; 잘못되게 만들다 _____

B 우리말과 일치하도록 빈칸에 알맞은 말을 쓰시오.

1 의사가 내게 과로하지 말라고 했다. → The doctor told me not to _____.

2 Jasmine은 보통은 늦잠을 자지 않는다. → Jasmine doesn't usually _____.

3 일정을 갱신하자. → Let's _____ the schedule.

4 판사들은 법원의 결정을 옹호할 것이다. → Judges will _____ the decision by the court.

5 Sally는 벽 옆에 똑바로 서 있다.→ Sally stands _____ by the wall.

정답 A 1. 윗면, 좋은 면 2. 과체중의, 중량 초과의 3. 업로드하다; 업로드 4. 먹이를 지나치게 주다 5. 과민반응을 보이다 6. uptown 7. upstairs
8. upcoming 9. upgrade 10. upset
B 1. overwork 2. oversleep 3. update 4. uphold 5. upright

Writing

예시 문제 | 주어진 정보를 읽고, 읽은 내용을 다른 친구에게 전달하고 약속을 정하는 글을 다음 조건에 맞게 써 봅시다.

조건 |
1. 읽은 내용을 3가지 이상 전달할 것
2. 정확한 시제를 사용하여 전달하는 글을 쓸 것
3. 주어와 목적어를 정확히 사용하여 전달하는 글을 쓸 것

STEP ① Get Ready

〈보기〉의 표현을 빈칸에 알맞게 넣어 **Jenny**와 **Gym Boy**의 SNS 대화를 완성해 봅시다.

┤ 보기 ├
from 2 to 9   a discount   a 3-month membership   opening hours

 Gym Boy

> Hello. Can you tell me your 1. _____?

> Hello. This is Gym Boy from Xpert Fitness Center.
> We are open from 6 am to 11 pm on weekdays, and from 10 am to 6 pm on Saturdays. We aren't open on Sundays.

 Gym Boy

> How much is 2. _____?

> Here's the membership cost chart.
>
> | Period | 1 month | 3 months | 6 months | 1 year |
> |---|---|---|---|---|
> | Price(won) | 50,000 | 140,000 | 270,000 | 500,000 |

> Can I get 3. _____ if a friend signs up with me?

 Gym Boy

> I have to ask my boss about a discount. Or you can visit here when he's here.

 Gym Boy

> When is he there?

> He will be here 4. _____. When can you come?

 Gym Boy

> Then I'll be there around 3 today.

> Okay. I'll let him know. See you later.

STEP **2** Organize

STEP1의 SNS 대화를 바탕으로 다음 질문에 답해 봅시다.

Questions	Answers
1. When is the fitness center open?	→ Gym Boy said _____.
2. How much is a 3-month membership?	→ The chart showed _____.
3. What did Jenny ask about a discount?	→ Jenny asked Gym Boy if _____.
4. When will Jenny visit the fitness center?	→ Jenny said _____ around 3 today.

STEP **3** Draft

STEP2의 내용을 바탕으로 **Jenny**가 친구 **Mary**에게 오늘 함께 피트니스 센터를 방문할 약속을 잡기 위해 보내는 메시지를 완성해 봅시다.

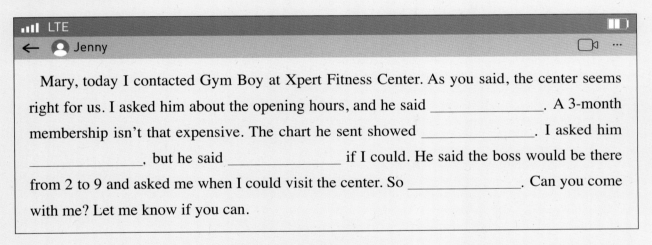

┌───┐
▪▪▪ LTE   ▮▮

← 👤 Jenny   📷 ⋯

Mary, today I contacted Gym Boy at Xpert Fitness Center. As you said, the center seems right for us. I asked him about the opening hours, and he said _____. A 3-month membership isn't that expensive. The chart he sent showed _____. I asked him _____, but he said _____ if I could. He said the boss would be there from 2 to 9 and asked me when I could visit the center. So _____. Can you come with me? Let me know if you can.
└───┘

	평가 영역	채점 기준	점수
채점 기준 예시 (총 10점)	과제 완성도	조건을 모두 충족시켜 과제를 완성함	4점
		조건의 일부를 충족시켜 과제를 완성함	3점
		과제를 완성하지 못함	2점
	창의성	내용과 구성이 매우 창의적임	3점
		내용과 구성의 일부분이 창의적임	2점
		내용과 구성면에서 창의력이 거의 없음	1점
	정확성	문법과 어휘의 사용에 오류가 없음	3점
		문법과 어휘의 사용에 일부 오류가 있음	2점
		문법과 어휘의 사용에 대부분 오류가 많음	1점

Memo

Memo

Memo

EBS 중학

뉴런

| 영어 3 |

Workbook

| 기획 및 개발 |

최서윤 주여정 허진희 김단 김설현 양성심

| 집필 및 검토 |

정운경(신반포중) 김순천(덕수중) 염지선(구현고) 이지애(고양중) 주민혜(선린인터넷고)

| 검토 |

고미라(상경중) 유현주(언남중) 이수열(세종국제고) 우은정(상일여고) 조옥현(모락고) Robin Klinkner(서울과학기술대) Colleen Chapco(홍익대)

교재 정답지, 정오표 서비스 및 내용 문의   EBS 중학사이트 교재학습자료 교재 / 서비스 메뉴

고등 예비 과정

개정 교육과정
새 교과서 반영

중3 겨울방학,
고교 입학 전에 꼭 봐야 하는
EBS 필수 아이템!

-고등학교 새 학년에 배우는 **주요 개념들을 일목요연하게 정리**

-**단기간에 쉽게** 학습할 수 있도록 구성

-학교 시험에 쉽게 적응할 수 있는 필수 유형

-내신 대비 서술형·주관식 문항 강화

국어 / 수학 / 영어 / 사회 / 과학 / 한국사

EBS 중학

뉴런

| 영어 3 |

Workbook

Application 이 책의 효과적인 활용법

1 방송 시청을 생활화

방송 강의의 특성상 시청 시간을 한두 번 놓치면 계속 학습할 의욕을 잃게 되기 마련입니다. 강의를 방송 시간에 시청할 수 없을 경우에는 EBS 홈페이지의 무료 VOD 서비스를 활용하도록 하세요.

2 철저한 예습은 필수

방송 강의는 마법이 아닙니다. 자신의 노력 없이 단순히 강의만 열심히 들으면 실력이 저절로 향상될 것이라고 믿으면 오산! 예습을 통해 학습할 내용과 자신의 약한 부분을 파악하고, 강의를 들을 때 이 부분에 중점을 두어 학습하도록 합니다.

3 적극적이고 능동적으로 강의에 참여

수동적으로 강의를 듣기만 해서는 안 됩니다. 중요한 내용이나 의문 사항을 메모하면서 학습 내용을 이해하고자 적극적으로 강의에 참여하는 자세가 중요합니다.

4 자신의 약점을 파악한 후 선택적으로 집중 복습

자신이 약한 부분과 개념, 문항들을 점검하여 집중 복습함으로써 확실한 자기 지식으로 만드는 과정이 더해진다면, 어느 날 실력이 눈부시게 발전한 자신과 마주하게 될 것입니다.

- EBS 홈페이지(http://mid.ebs.co.kr)로 들어오셔서 회원으로 등록하세요.
- 본 방송교재의 프로그램 내용은 EBS 1인터넷 방송을 통해 동영상(VOD)으로 다시 보실 수 있습니다.

Contents 이 책의 **차례**

Unit	제목	Page
UNIT **01**	비교	4
UNIT **02**	시제	10
UNIT **03**	의문문	16
UNIT **04**	대명사	22
UNIT **05**	접속사(1)	28
UNIT **06**	접속사(2)	34
UNIT **07**	가정법	40
UNIT **08**	관계사	46
UNIT **09**	수동태	52
UNIT **10**	분사	58
UNIT **11**	일치와 수식	64
UNIT **12**	도치와 강조	70

01

Writing Practice

A 우리말과 일치하도록 주어진 단어들을 활용하여 문장을 완성하시오.

1 다이아몬드는 세상에서 가장 단단한 돌이다. (stone)
→ Diamond is _____.

2 우리는 가능한 한 빨리 우리 일을 끝내야 한다. (quickly)
→ We have to finish our work _____.

3 나의 아버지는 소고기보다 돼지고기를 더 좋아하신다. (pork, beef)
→ My father prefers _____.

4 Jonathan은 나보다 더 적은 실수를 했다. (mistakes)
→ Jonathan made _____ I did.

5 우리 반에서 재석이만큼 웃긴 사람은 아무도 없다. (nobody)
→ _____ as Jaeseok in my class.

6 나의 어머니는 나보다 나이가 세 배 더 많으시다. (as)
→ My mother is _____ I am.

7 기린은 어떤 다른 동물보다 더 키가 크다. (other animal)
→ A giraffe is _____.

8 이 노트북은 저 파란 것만큼 비싸지 않다. (so)
→ This laptop is _____ that blue one.

9 물가가 점점 더 올라가고 있다. (go high)
→ Prices are _____.

10 이 순간이 내가 여태까지 겪은 가장 행복한 순간이다. (ever, have)
→ This is _____.

11 너의 나라에서는 야구가 농구보다 더 인기 있니? (popular)
→ Is baseball _____ in your country?

12 빠르면 빠를수록 더 좋다. (soon, good)
→ The _____.

13 누가 파티에 가장 일찍 왔니? (early)
→ _____ to the party?

14 나의 일기는 나에게 가장 소중한 것들 중의 하나이다. (valuable)
→ My diary is _____ to me.

15 남극 대륙에서는 7월이 12월보다 훨씬 더 춥다. (even)
→ In Antarctica, it is _____ than in December.

B 우리말과 일치하도록 주어진 단어들을 바르게 배열하시오.

1 나에게 역사는 과학만큼 어렵지 않다. (as, as, not, science, difficult)
→ History is _____ to me.

2 Joanne은 나보다 두 배 더 많은 음식을 먹었다. (as, as, much, food, twice)
→ Joanne ate _____ I did.

3 임 선생님은 그가 예상한 것보다 더 많은 방문객을 받았다. (he, more, than, visitors, expected)
→ Mr. Lim had _____.

4 시험들은 점점 더 어려워지고 있다. (and, more, more, getting, difficult)
→ The exams are _____.

5 그는 돈을 많이 벌면 벌수록 더 탐욕스러워졌다. (he, the, more, made, money, greedier)
→ The _____ he became.

6 이 직업에서 가장 힘든 것은 스트레스이다. (in, the, job, this, thing, hardest)
→ _____ is stress.

7 'Just U'는 내가 여태까지 들어본 가장 달콤한 노래이다. (the, ever, song, I've, heard, sweetest)
→ *Just U* is _____.

8 그는 가능한 한 빨리 고객들의 질문에 답변하려고 노력한다. (as, as, soon, possible)
→ He tries to answer customer questions _____.

9 그녀는 나보다 옷에 더 적은 돈을 썼다. (on, me, less, than, money, clothes)
→ She spent _____.

10 학생들에게 독서보다 더 중요한 것은 없다. (is, more, nothing, important)
→ To students, _____ than reading.

11 캠프에서 가장 안 좋은 것은 뭐였니? (was, worst, what, the, thing)
→ _____ in the camp?

12 이 1인용 방은 그 2인용 방보다 훨씬 더 쌉니다. (than, much, cheaper)
→ This single room is _____ that double room.

13 세종대왕은 한국에서 가장 위대한 왕 중의 한 명이었다. (of, the, one, kings, greatest)
→ King Sejong was _____ in Korea.

14 나는 조깅하는 것보다 요가 하는 것을 더 좋아한다. (to, yoga, doing, jogging)
→ I prefer _____.

15 불고기는 어떤 다른 음식보다 더 맛있다. (any, more, than, food, other, delicious)
→ *Bulgogi* is _____.

Actual Test

01 빈칸에 공통으로 알맞은 말은?

> • I couldn't figure _____ how to solve this puzzle.
> • Many people are tired of eating _____, so they cook and eat food at home.

① in   ② of   ③ on
④ out   ⑤ about

02 짝지어진 두 단어의 관계가 나머지 넷과 다른 것은?

① huge – large   ② attempt – try
③ quite – pretty   ④ reply – answer
⑤ common – rare

03 빈칸에 알맞은 말을 주어진 철자로 시작하여 쓰시오.

> After I explained the rules to the students, they all said that they understood my e_____.

04 다음 영영 풀이에 해당하는 단어를 주어진 철자로 시작하여 쓰시오.

> It is the extent to which something is filled or covered with people or things.

➡ d_____

05 빈칸에 공통으로 알맞은 말은?

> • The CN Tower in Toronto is one of _____ tallest buildings in the world.
> • _____ earlier you start, _____ earlier you finish.

① as[As]   ② the[The]   ③ that[That]
④ very[Very]   ⑤ how[How]

06 밑줄 친 부분이 어법상 옳은 것은?

① Can I have <u>less towels</u>?
② He spent <u>little money</u> than you.
③ Get ready <u>as quickly as you possible</u>.
④ We need <u>fewer words</u> and more action.
⑤ A mangapple is <u>the famousest fruit in this area</u>.

07 빈칸에 들어갈 수 없는 것은?

> The shoes were _____ more expensive than I expected.

① far   ② very   ③ even
④ a lot   ⑤ much

08 빈칸에 more[More]를 쓸 수 없는 것은?

① The _____ you have, the _____ you want.
② I like oranges _____ than strawberries.
③ _____ and _____ people are visiting here.
④ He is the _____ popular student in his school.
⑤ History is _____ interesting than math to me.

09 두 문장의 뜻이 같도록 할 때 빈칸에 알맞은 말은?

> I like juice more than cola.
> = I _____ juice to cola.

① like   ② love   ③ wish
④ want   ⑤ prefer

10 어법상 <u>틀린</u> 문장은?

① His hand is bigger than mine.

② Eddie sings as best as a singer.

③ Andy runs as fast as his older brother.

④ My sister is smarter than all her class-mates.

⑤ A yoga lesson is more difficult than a tennis lesson.

11 나머지 넷과 의미가 <u>다른</u> 문장은?

① Timmy is the most creative member in the art club.

② No other member in the art club is as creative as Timmy.

③ Timmy is as creative as any other member in the art club.

④ Timmy is more creative than any other member in the art club.

⑤ No other member in the art club is more creative than Timmy.

12 주어진 문장과 의미가 같은 것은?

> Andy didn't dance as well as Nick.

① Andy danced as badly as Nick.

② Nick danced as well as Andy.

③ Andy danced better than Nick.

④ Nick danced better than Andy.

⑤ Nick didn't dance as well as Andy.

13 그림의 내용과 일치하지 <u>않는</u> 문장은?

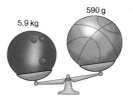

① The bowling ball is lighter than the basketball.

② The basketball is ten times as light as the bowling ball.

③ The basketball is ten times lighter than the bowling ball.

④ The bowling ball is ten times as heavy as the basketball.

⑤ The bowling ball is ten times heavier than the basketball.

14 두 문장의 뜻이 같도록 빈칸에 알맞은 말을 쓰시오.

As we went up higher, we felt colder.

= _____ _____ we went up, _____ _____ we felt.

15 그림 속 인물의 말을 자연스럽게 완성하시오.

This afternoon I went out for a walk. Suddenly, it started to rain hard and I had no umbrella. So I ran home _____ _____ _____ possible.

[16~18] 빈칸에 알맞은 말을 〈보기〉에서 골라 알맞은 형태로 쓰시오.

┤ 보기 ├
| delicious   strong   warm |

16 Mina is quite young, but she is much _____ _____ I.

17 This is one of _____ _____ _____ cakes I've ever tasted.

18 The earth is getting _____ and _____.

19 우리말과 일치하도록 주어진 단어들을 순서대로 배열하여 문장으로 쓰시오.

내 형의 오토바이는 내 자전거의 두 배만큼 더 빠르다.

(is, as, as, fast, twice, my bike, my brother's motorcycle)

➡ _____

20 주어진 표현을 활용하여 우리말을 영작하시오.

군중은 흥분할수록, 더 크게 함성을 질렀다.

(the crowd, get, excited, shout, loud)

➡ _____

[21~22] 다음 글을 읽고, 물음에 답하시오.

What is the biggest animal ever to exist on earth? One of the giant dinosaurs of ancient times? No. ⓐNone of them were as big as a blue whale. A blue whale is as ⓑlong and wide as eight elephants in a row! Then what does this big animal eat? It has a huge body but its throat is really small. It can't swallow anything which is ⓒbig than an apple! In fact, the ⓓbig of all animals eats the smallest thing in the ocean. It eats plankton.

21 윗글의 밑줄 친 ⓐ와 의미가 같도록 문장을 완성하시오.

= _____ was bigger _____.

22 윗글의 밑줄 친 ⓑ, ⓒ, ⓓ의 알맞은 형태로 바르게 짝지어진 것은?

	ⓑ	ⓒ	ⓓ
①	longer and wider	big	big
②	long and wide	bigger	big
③	longer and wider	biggest	big
④	long and wide	bigger	biggest
⑤	longest and widest	big	biggest

[23~24] 다음 글을 읽고, 물음에 답하시오.

With six children and two jobs, my father needed his rest. One evening, one of his old friends dropped in for a visit. ⓐ(later, grew, it, as, and, later), the friend was in no hurry to leave and the conversation droned on. When my father's friend mentioned his new car, ⓑmy father suggested they should go out and look at it. Once outside, my father exclaimed, "What a beautiful car! Why don't you start it up? I'd like to hear its engine." The friend obediently got into the car and started the engine. "Sounds great! Listen, thanks for dropping by," my father said, as he triumphantly closed the car door and then returned to our house for his much needed sleep.

23 윗글의 괄호 ⓐ에 주어진 단어들을 바르게 배열하여 문장을 완성하시오.

➡ _____, the friend was in no hurry to leave and the conversation droned on.

24 윗글의 밑줄 친 ⓑ에 담긴 진짜 의도로 알맞은 것은?

① 자신의 차를 자랑하기 위해
② 새로운 손님을 맞이하기 위해
③ 친구를 그만 돌려보내기 위해
④ 친구의 새 차를 구경하기 위해
⑤ 지겨워진 대화 도중 기분 전환을 위해

서술형 ✏

25 그림과 주어진 단어를 사용하여 문장을 완성하시오.

(1) No runner ran _____.
    (as)
(2) No runner ran _____.
    (than)
(3) Jaewon ran _____.
    (any other runner)

서술형 ✏

26 Adams 가족에 대한 정보를 활용하여 대화를 완성하시오.

	Mr. Adams	Ms. Adams	Christina
age	47	45	15
height	175 cm	159 cm	157 cm
weight	78 kg	57 kg	39 kg

(1) A: Is Ms. Adams two times older than her daughter?
    B: No. She is _____ _____ Christina.
(2) A: Is Christina taller than her mother?
    B: No. She _____ _____ _____ her mother.
(3) A: How much heavier is Mr. Adams than his daughter?
    B: He is _____ _____ _____ Christina.

02 Writing Practice

A 우리말과 일치하도록 주어진 단어들을 활용하여 문장을 완성하시오.

1 어제 아침에 비가 세차게 내렸다. (heavily)
→ Yesterday morning _____.

2 그는 내 전화를 받지 않았다. 그는 잠들었음에 틀림없다. (asleep)
→ He didn't answer my call. He _____.

3 그 남자는 20년 동안 돈을 기부해 왔다. (donate)
→ The man _____ for 20 years.

4 너는 그렇게 나쁜 말을 하지 말았어야 했다. (say)
→ You _____ such a bad word.

5 내가 집에 왔을 때 나의 남동생은 이미 잠자리에 들었다. (already, go)
→ When I came home, my brother _____ to bed.

6 나의 언니는 인터뷰에 늦었을지도 몰라. (may)
→ My sister _____ for the interview.

7 내가 학교에 왔을 때 수업이 막 시작되었다. (just, begin)
→ When I came to school, the class _____.

8 소라는 아직 오지 않았다. 그녀는 버스를 놓쳤음에 틀림없다. (miss)
→ Sora hasn't come yet. She _____ the bus.

9 그때 나는 나의 개가 이미 그 초콜릿을 먹었다는 것을 알았다. (find, eat)
→ Then I _____ out that my dog _____ the chocolate.

10 그녀는 그 영화를 결코 본 적이 없다. (never)
→ She _____ the movie.

11 너는 네 과학 숙제를 먼저 했었어야 했다. (do)
→ You _____ your science homework first.

12 Jessy는 파티를 떠났을 리가 없다. 그녀의 배낭이 여기 소파에 있다. (leave)
→ Jessy _____ the party. Her backpack is here on the sofa.

13 나의 언니는 극장에서 그녀의 예전 남자친구를 만났다고 말했다. (meet)
→ My sister said that she _____ her ex-boyfriend in the theater.

14 너의 어머니는 호주에 가 본 적이 있으시니? (ever been)
→ _____ to Australia?

15 George Washington은 미국의 첫 번째 대통령을 역임했다. (serve)
→ George Washington _____ as the first president of the United States.

우리말과 일치하도록 주어진 단어들을 알맞게 배열하시오.

1 Thomas Edison은 전구를 발명했다. (the, bulb, light, invented)
→ Thomas Edison _____ .

2 너는 설거지를 벌써 끝냈니? (the, already, doing, dishes, finished)
→ Have you _____ ?

3 너는 축제에 왔었어야 했는데. (come, to, have, the, should, festival)
→ You _____ .

4 Luna가 햄버거를 먹었을 리가 없다. 그녀는 채식주의자이다. (have, the, eaten, cannot, hamburger)
→ Luna _____ . She is a vegetarian.

5 나는 지난 일요일 이래로 그와 이야기를 한 적이 없다. (him, have, with, not, talked)
→ I _____ since last Sunday.

6 나는 33년째 이 회사에서 일해 왔다. (this, for, have, worked, company)
→ I _____ for 33 years.

7 너는 피곤해 보인다. 너는 하루 종일 일했음에 틀림없다. (all day, have, must, worked)
→ You look tired. You _____ .

8 그녀는 비행기에 탑승하지 않았을지도 모른다. (not, may, have, boarded)
→ She _____ the airplane.

9 내가 그곳에 도착했을 때, 가게는 이미 문을 닫았다. (had, closed, already)
→ When I got there, the shop _____ .

10 Sam은 정직한 사람이다. 그가 내게 거짓말을 했을 리가 없다. (me, a lie, told, have, cannot)
→ Sam is an honest man. He _____ .

11 John이 깼을 때쯤 그의 형은 닭고기를 모두 먹어 버렸다. (up, had, woke, eaten)
→ By the time John _____ , his brother _____ all the chicken.

12 그 고양이가 바구니에 있는 생선을 가져갔을지도 모른다. (may, the fish, have, taken)
→ The cat _____ in the basket.

13 그는 박물관에서 사진을 찍지 말았어야 했다. (have, pictures, taken, shouldn't)
→ He _____ in the museum.

14 그녀는 그 전날 잃어버렸던 필통을 찾았다. (had, she, her, lost, found, pencil case)
→ She _____ the day before.

15 Hans는 그녀에게 문자 메시지를 보냈어야 했다. (her, have, sent, should, a text message)
→ Hans _____ .

Actual Test

01 영영 풀이가 <u>어색한</u> 것은?

① invite: to ask to come

② apologize: to say sorry

③ prepare: to make ready

④ appreciate: to give thanks to

⑤ complain: to look for merits to praise

02 나머지 넷을 포함할 수 있는 말은?

① patient   ② curious

③ friendly   ④ cowardly

⑤ personality

03 빈칸에 공통으로 알맞은 말을 쓰시오.

> • They _____ for the elderly as volunteer workers.
> • My grandma took _____ of us while my parents were away.
> • The road is very slippery, so walk with _____.

04 짝지은 단어의 관계가 같도록 빈칸에 알맞은 말을 쓰시오.

ease : hardship = presence : _____

[05~06] 빈칸에 들어갈 수 <u>없는</u> 것을 고르시오.

05

> I _____ just now.

① met her   ② moved here

③ read the note   ④ have been sick

⑤ arrived in Jejudo

06

> _____ when I got home.

① It was past 5

② My dog welcomed me

③ My little brother was sleeping

④ Mom has already gone shopping

⑤ Dad had just finished washing his car

07 내용상 빈칸에 알맞은 것은?

> Amy was with me all day long at home yesterday. You _____ her at the party.

① may have seen   ② must have seen

③ should have seen   ④ cannot have seen

⑤ may not have seen

08 빈칸에 들어갈 말이 바르게 짝지어진 것은?

> • After the show _____ⓐ_____, everyone went home.
> • What time _____ⓑ_____ you come back home yesterday?
> • Andy _____ⓒ_____ to Paris several times in the last 10 years.

	ⓐ	ⓑ	ⓒ
①	ended	have	went
②	had ended	have	went
③	ended	did	went
④	has ended	did	has been
⑤	had ended	did	has been

09 빈칸에 공통으로 알맞은 말은?

> Henry knows a lot about the accident. He _____ have seen it himself or somebody _____ have told him about it.

① must   ② should   ③ cannot

④ may not   ⑤ shouldn't

10 대화의 빈칸에 알맞은 말은?

> A: You don't concentrate at all. What's wrong?
> B: Sorry. _____ last night.

① I may have concentrated

② I must have slept enough

③ I cannot have eaten too much

④ I shouldn't have stayed up late

⑤ I should have watched the TV show

11 어법상 옳은 문장은?

① Did it rain heavily last night?

② I didn't eat anything since yesterday.

③ She has passed the test two days ago.

④ Taera has been born in Busan in 2005.

⑤ My family lived in a rural area since last year.

12 어법상 틀린 문장은?

① I realized I had seen him before.

② It has been raining for three days.

③ That was the best view I had ever seen.

④ When we were at the river, it started to snow.

⑤ Ten years ago she moved to Busan and had lived there since then.

13 짝지어진 두 문장의 뜻이 다른 것은?

① It is possible that he helped us.
   → He may have helped us.

② It is likely that she went back alone.
   → She can't have gone back alone.

③ It is certain that she heard the news.
   → She must have heard the news.

④ It's a pity that you missed the scene.
   → You shouldn't have missed the scene.

⑤ I regret that I didn't water the plants.
   → I should have watered the plants.

14 빈칸에 be동사의 알맞은 형태를 넣어 대화를 완성하시오.

> A: Where _____ you this morning?
> B: I _____ at my grandparents since last Monday.

15 두 문장의 뜻이 같도록 조동사를 이용하여 문장을 완성하시오.

> I'm sure he didn't finish this work all by himself.
> = He _____ this work all by himself.

16 주어진 단어들을 이용하여 자연스러운 문장이 되도록 완성하시오.

Your parents _____ when they heard you had won the contest.
(must, happy)

17 두 문장을 한 문장으로 바꿀 때 빈칸에 알맞은 말을 쓰시오.

Jiwon left her house at 8. Yerim rang Jiwon's doorbell at 8:15.

➡ Jiwon _____ her house when Yerim rang Jiwon's doorbell.

18 주어진 단어들을 바르게 배열하여 문장을 완성하시오.

민주는 그 책을 이미 반납했다는 것을 기억해 냈다.
(returned, already, remembered, she, had, the book)

➡ Minju _____.

[19~20] 그림을 보고, 주어진 어구를 사용하여 후회의 말을 완성하시오.

19

I _____.
(should / be careful)

20

I _____.
(shouldn't / run into the road)

[21~22] 다음 글을 읽고, 물음에 답하시오.

Mom and Dad decided to send an old chair to my sister. Dad searched for a box large enough to pack ⓐit in and finally found an empty box from a refrigerator outside of an appliance store. Since the box was too large to fit inside his compact car, the only way he could get it home was to tie ⓑit onto the roof. As he waited at a traffic light, a woman in the car next to him rolled down her window and asked, "ⓒMister, do you know that your refrigerator has fallen out?"

21 윗글의 밑줄 친 ⓐ와 ⓑ가 각각 가리키는 대상을 본문에서 찾아 쓰시오.

ⓐ ➡ _____

ⓑ ➡ _____

22 윗글의 밑줄 친 ⓒ에서 유추할 수 있는 사실을 문장으로 완성하시오.

➡ The woman in the car next to my dad didn't know that the box was _____ when my dad got it.

[23~24] 다음 글을 읽고, 물음에 답하시오.

When the Spanish ⓐarrive in Mexico in the 1500s, the Mayan Indians ⓑlive there for thousands of years. The Maya were an intelligent and culturally rich people with ⓒadvanced technology. They had farms, beautiful palaces, and cities with many buildings. The Mayan people also knew a lot about nature and the world around them. This knowledge helped them live a better life than most people of that time. Knowledge about tools and farming, for instance, made their work easier and more productive.

23 윗글의 밑줄 친 ⓐ와 ⓑ의 알맞은 형태로 바르게 짝지어 진 것은?

	ⓐ	ⓑ
①	arrived	– lived
②	has arrived	– lived
③	arrived	– had lived
④	has arrived	– had lived
⑤	had arrived	– had lived

24 윗글에서 밑줄 친 ⓒ의 예로 언급된 세 가지를 찾아 쓰시오.

(1) _____

(2) _____

(3) _____

25 〔서술형〕 문맥에 맞게 괄호 안의 동사를 과거완료형이나 과거형으로 바꿔 대화를 완성하시오.

A: I _____ (see) John in the park yesterday.

B: How _____ (be) he?

A: Really good. He _____ (say) he _____ (be) ill and _____ (be) in bed for almost three weeks, though.

B: Is he back to school?

A: No, not yet. He'll return on Monday.

26 〔서술형〕 오늘 진하의 모습을 보고, 괄호 안의 표현과 must나 cannot을 사용하여 추측할 수 있는 것을 쓰시오.

(1)  (2)

(3)  (4)

(1) Jinha is running to school. He _____ this morning. (oversleep)

(2) Jinha looks hungry. He _____ today. (have breakfast)

(3) Jinha looks sleepy. He _____ last night. (go to bed late)

(4) Jinha looks upset. He _____ on the quiz. (do well)

03 Writing Practice

A 우리말과 일치하도록 주어진 단어들을 활용하여 문장을 완성하시오.

1 그 셔츠가 얼마인지 제게 말씀해 주시겠어요? (how much)

→ Can you tell me _____ ?

2 네가 이 파스타를 만들지 않았지, 그렇지? (you)

→ You didn't make this pasta, _____ ?

3 저는 당신이 커피를 마시는지 안 마시는지 알고 싶군요. (whether, or)

→ I want to know _____ .

4 냉장고에 우유가 남아 있지 않았지, 그렇지? (there)

→ There wasn't any milk left in the refrigerator, _____ ?

5 저는 경기가 얼마 후에 시작할지 궁금해요. (how soon)

→ I wonder _____ .

6 저 남자는 잘 생겨 보이지, 그렇지 않니? (he)

→ That man looks handsome, _____ ?

7 너는 방과 후에 축구를 하고 싶니 아니면 농구를 하고 싶니? (basketball)

→ Do you want to play _____ after school?

8 너는 그녀가 왜 그렇게 일찍 떠났는지 아니? (so early)

→ Do you know _____ ?

9 저는 가장 가까운 은행이 어디에 있는지 모릅니다. (nearest)

→ I don't know _____ .

10 당신은 Adams 씨 맞죠, 그렇지 않나요? (you)

→ You are Mr. Adams, _____ ?

11 그녀는 나에게 배가 고픈지 물었다. (whether)

→ She asked me _____ .

12 네가 간식을 좀 살 돈이 있는지 내가 물어도 될까? (if)

→ Can I ask you _____ for some snacks?

13 내 어린 남동생에게 로봇과 보드게임 중에 어느 것이 더 좋을까? (a board game)

→ Which is better for my little brother, _____ ?

14 너는 그 컵을 우연히 떨어뜨렸니 아니면 고의로 떨어뜨렸니? (by accident, on purpose)

→ Did you drop the cup _____ ?

15 당신은 아침 식사로 무엇을 드셨는지 제게 말씀해 주시겠어요? (ate)

→ Could you tell me _____ for breakfast?

B 우리말과 일치하도록 주어진 단어들을 알맞게 배열하시오.

1 아름다운 날이지, 그렇지 않니? (a, it, day, isn't, beautiful)
→ It's _____ ?

2 이번 토요일이나 일요일에 쇼핑 갈래? (go, or, this, this, Sunday, shopping, Saturday)
→ Will you _____ ?

3 당신이 액션 영화를 좋아하는지 제가 물어도 될까요? (if, you, you, ask, like)
→ Can I _____ action movies?

4 너는 너의 어머니가 언제 깨시는지 아니? (up, when, your, wakes, mother)
→ Do you know _____ ?

5 나는 네가 무엇에 대해 말하는지 이해하지 못하겠어. (are, you, what, about, talking)
→ I don't understand _____ .

6 너는 기차와 버스 중에 어느 것으로 여행하는 것을 더 좋아하니? (or, by, train, prefer, traveling)
→ Which do you _____ by bus?

7 너는 그가 저녁 식사로 무엇을 주문했다고 생각하니? (do, he, you, what, think, ordered)
→ _____ for dinner?

8 나는 네가 미국에 가 본 적이 있는지 알고 싶어. (if, to, you, been, have)
→ I want to know _____ America.

9 나는 그녀가 카메라를 가져올지 궁금해. (she, will, bring, whether)
→ I wonder _____ her camera.

10 네가 여기에 몇 시에 왔는지 내게 말해 줘. (you, here, time, came, what)
→ Tell me _____ .

11 나는 공항에 도착하는 데 얼마나 걸렸는지 궁금하다. (it, how, long, took)
→ I wonder _____ to get to the airport.

12 나는 저것이 누구의 배낭인지 궁금하다. (is, that, whose, backpack)
→ I wonder _____ .

13 너는 뱀을 본 적이 없지, 그렇지? (a, you, have, seen, snake)
→ You haven't _____ ?

14 Henry는 중국어를 할 수 있지, 그렇지 않니? (he, can, can't, speak, Chinese)
→ Henry _____ ?

15 나는 누가 컴퓨터를 발명했는지 모른다. (the, who, invented, computer)
→ I don't know _____ .

Actual Test

01 짝지어진 두 단어의 관계가 〈보기〉와 다른 것은?

┌─┤ 보기 ├─────────────────┐
│ distance – distant │
└─────────────────────────┘

① luck – lucky
② choice – choose
③ success – successful
④ mystery – mysterious
⑤ interaction – interactive

02 빈칸에 공통으로 알맞은 말은?

┌─────────────────────────────┐
│ • The truck hit a tree _____. │
│ • An elephant has a long _____. │
│ • Dad is looking in the _____ of his car. │
└─────────────────────────────┘

① trunk   ② pupil
③ stem   ④ shape
⑤ factor

03 밑줄 친 부분과 바꿔 쓸 수 있는 말은?

┌─────────────────────────────┐
│ Your advice is critical to my decision. │
└─────────────────────────────┘

① factor   ② infinite
③ containing   ④ opportunity
⑤ very important

04 빈칸에 알맞은 말을 쓰시오.

┌─────────────────────────────┐
│ One pound is roughly _____ to 450 g. │
└─────────────────────────────┘

05 밑줄 친 부분이 어법상 틀린 것은?

① This tree isn't dead, is it?
② Eddie can swim, can't Eddie?
③ You were sleeping, weren't you?
④ Your mom hasn't been here, has she?
⑤ Saemi and her brother will help each other, won't they?

06 어법상 빈칸에 들어갈 부가의문문으로 알맞은 것은?

┌─────────────────────────────┐
│ You and your brother went to the same middle school, _____? │
└─────────────────────────────┘

① did you   ② did they
③ didn't you   ④ didn't they
⑤ weren't you

07 우리말을 영작할 때 빈칸에 알맞은 말은?

┌─────────────────────────────┐
│ 우리는 비가 곧 그칠지 아닐지 궁금하다. │
│ ➡ We wonder _____ or not it will stop raining soon. │
└─────────────────────────────┘

① if   ② that   ③ how
④ when   ⑤ whether

08 빈칸에 들어갈 수 없는 것은?

┌─────────────────────────────┐
│ _____, didn't he? │
└─────────────────────────────┘

① Mr. Jones helped you
② Eric didn't do his best
③ Your brother went out
④ Grandpa picked you up
⑤ Your father taught you how to swim

09 어법상 옳은 문장은?

① Is this your cap or her?

② Do you walk to school or by bus?

③ Did you stay at home or went out?

④ Would you like some cake or ice cream?

⑤ Which do you prefer, basketball and soccer?

10 어법상 틀린 문장은?

① Do you think what he is doing?

② Do you know who that person is?

③ I wonder how long he waited here.

④ I don't know if he will come or not.

⑤ Can you tell me what brought you here?

11 대화의 빈칸에 들어갈 수 없는 것은?

A: Which do you prefer, summer or winter?
B: _____ I enjoy winter sports.

① Winter.

② I love winter.

③ I like winter better.

④ Yes, I prefer winter.

⑤ I prefer winter to summer.

12 대화의 빈칸에 알맞은 말은?

A: Kelly didn't come to school today, did she?
B: _____ She was sick in bed all day long.

① Yes, she did.　② Yes, she was.

③ No, she didn't.　④ No, she wasn't.

⑤ No, she doesn't.

13 그림의 내용과 일치하지 <u>않는</u> 것은?

① The boy is looking for his phone.

② The boy wonders where his phone is.

③ The boy finds out where his phone is.

④ The boy wants to know where his phone is.

⑤ The boy doesn't remember where he put his phone.

14 어법상 빈칸에 공통으로 알맞은 말을 쓰시오.

• Which dress looks better on me, the blue one _____ the white one?

• Tell me whether he will get here soon _____ not.

15 대화의 빈칸에 알맞은 부가의문을 쓰시오.

A: There are 26 students in your class,
_____?

B: Yes, there are.

16 우리말과 일치하도록 문장을 완성하시오.

넌 거짓말을 하지 않았어, 그렇지?

➡ You _____ a lie, _____?

17 다음을 보다 공손한 표현으로 바꿔 쓴 문장을 완성하시오.

Is he really responsible?

➡ May I ask _____?

18 주어진 단어들을 이용하여 영작하시오.

당신은 점심으로 밥과 국수 중 어느 것을 원하나요? (which, rice, noodles)

➡ _____

[19~20] 밑줄 친 부분이 직접의문문인 경우 간접의문문으로, 간접의문문인 경우 직접의문문으로 바꾸어 문장을 완성하시오.

19 He says, "Are they staying in Seoul?"
➡ He asks _____.

20 She asks me how my vacation was.
➡ She says to me, "_____"

[21~22] 다음 글을 읽고, 물음에 답하시오.

Unfortunately, for some people, *acne is *hereditary. If you are one of them, you can't help breaking out though you try hard to keep your skin clean. Ask your mom and dad ⓐif they had problems with acne when they were growing up. ⓑIf so, your best option is probably to see a dermatologist, a doctor who specializes in treating skin troubles. They offer treatments to help prevent and clear up acne. So if you have bad acne, it's a good idea to go visit a dermatologist. They also help you find the method that will work best for you. They might have some insight on other things you should try first, too.

*acne 여드름

*hereditary 유전적인

21 윗글의 밑줄 친 ⓐ를 직접의문문으로 바르게 바꾼 것은?

① If you had problems with acne when you were growing up?
② Do you have problems with acne when you are growing up?
③ Do they have problems with acne when they are growing up?
④ Did you have problems with acne when you were growing up?
⑤ Did they have problems with acne when they were growing up?

22 윗글의 밑줄 친 ⓑ가 의미하는 바를 풀어서 쓰시오.

➡ If _____.

[23~24] 다음 글을 읽고, 물음에 답하시오.

> When our homeroom teacher received a cactus, I asked him if his wife had sent it. He said yes and explained that they had had a big argument and she probably sent him the plant as an apology. He asked me to read the card to him. The message, in big red letters, read: SIT ON IT.

23 윗글의 밑줄 친 부분을 다음과 같이 바꿔 쓸 때, 빈칸에 알맞은 말을 쓰시오.

➡ I said to him, "_____"

24 Why do you think the teacher's wife sent the plant to her husband?

① To apologize
② To express her anger
③ To express her regret
④ To accept his apology
⑤ To make peace with him

서술형 ✏

25 문맥에 맞게 대화를 완성하시오.

A: What a mess! There is a lot of work to do, (1) _____?

B: Yes, there is. I will do the dishes. You clean up the floor.

A: Okay. You know where the trash bags are, (2) _____?

B: Yes. They're in the closet. Mom will be happy when she comes back, (3) _____?

A: I hope so. Let's hurry up.

서술형 ✏

26 대화의 내용과 일치하도록 문장을 완성하시오.

(1)

Hello, Sanghyo. Where are you?

Hi, Jiwon. I'm at the library.

➡ Jiwon wants to know _____.

(2)

What are you doing there?

I'm looking for a book for my history report.

➡ Jiwon wonders _____.

(3)

Have you finished your report?

No, I haven't started it.

➡ Sanghyo doesn't know _____.

(4)

Can I join you?

Sure. Call me again when you get here.

➡ Jiwon asks Sanghyo _____.

04 Writing Practice

A 우리말과 일치하도록 주어진 단어들을 활용하여 문장을 완성하시오.

1 내 용돈의 전부가 사라지고 없다. (all, allowance)

→ _____ has disappeared.

2 모든 학생들은 졸업할 때, 졸업장을 받는다. (all, receive)

→ _____ a graduation diploma when they graduate.

3 교실에 있는 모든 학생이 똑같아 보였다. (every)

→ _____ looked the same.

4 그 학생들마다 각각 다른 색깔의 셔츠를 입고 있었다. (each, students)

→ _____ was wearing a different colored shirt.

5 몇몇 학생은 이미 가고 없었다. 그래서 나는 나머지 학생들을 학교로 안전하게 데려다 주었다. (take, the others)

→ Some students had already gone. So _____ to school safely.

6 너는 다른 사람들을 좀 더 신경 써야 한다. (care about, others)

→ You should _____ .

7 그 호텔에서는 어떤 방도 이용할 수 없었다. (none, available)

→ _____ at the hotel.

8 나머지 사람들에게 이것을 말해 주세요. (the others)

→ Please _____ .

9 나는 이 스타일이 마음에 들지 않아요. 나에게 다른 것을 보여 주겠어요? (another)

→ I don't like this style. Can you _____ ?

10 모든 학생들은 각각 그들만의 학습 스타일을 가지고 있다. (every)

→ _____ their own learning styles.

11 내 동생이 샌드위치를 먹고 있는데 그것은 매우 맛있어 보인다. (look, delicious)

→ My brother is eating a sandwich and _____ .

12 강의 양쪽에 가로등이 있었다. (each, side)

→ On _____ there was a lamp post.

13 나는 세 마리의 개를 가지고 있다. 하나는 검정색이고 다른 하나는 흰색이고, 나머지 하나는 갈색이다.

(another, the other)

→ I have three dogs. One is black, _____ .

14 우리는 6명의 아이들이 있다. 그들 중 세 명은 아들이고, 나머지는 딸이다. (the others)

→ We have six children. Three of them are sons, and _____ .

15 너희들 각각은 다른 벽을 칠해야 한다. (each, need)

→ _____ a different wall.

B 우리말과 일치하도록 주어진 단어들을 바르게 배열하시오.

1 나는 이 책을 중고 서점에 팔고 새것을 살 거야. (one, a, new, buy)

→ I'm going to sell this book at a secondhand bookstore and _____.

2 이 여행 가방은 너무 작아서 나는 더 큰 것을 원한다. (want, one, a, bigger, I)

→ This suitcase is too small, so _____.

3 엄마는 격월로 미용실에 가서 머리를 하신다. (has, done, her hair, month, other, every)

→ Mom goes to the beauty salon and _____.

4 학교 종은 매 45분마다 울린다. (rings, 45 minutes, every)

→ The school bell _____.

5 우리 부모님은 각각 아침 일찍 일하러 가신다. (goes, my parents, of, to work, each)

→ _____ early in the morning.

6 그 건물의 거의 모든 방은 에어컨을 가지고 있다. (every, has, room, almost, in the building)

→ _____ an air conditioner.

7 모든 목재는 공기 중의 습기를 흡수하는 경향이 있다. (absorb, tends to, wood, all)

→ _____ moisture from the air.

8 내 아이들 중 곱슬머리인 아이가 없다. (none, my children, of)

→ _____ have curly hair.

9 나는 책을 두 권 샀다. 하나는 '해리 포터'고 다른 하나는 '무기여 잘 있거라'이다.

(the other, *Harry Potter*, one, is, and, is, *Farewell to Arms*)

→ I bought two books. _____

10 식당에는 17명의 사람들이 있었다. 5명은 교사였고, 나머지는 학생이었다. (and, students, the others, were)

→ There were 17 people in the cafeteria. Five were teachers, _____.

11 그들에게는 세 명의 자녀가 있다. 그들 중 두 명은 고등학생이고, 나머지 한 아이는 너와 동갑이다.

(the same, the other child, age, you are, as, is)

→ They have three children. Two of them are high school students and _____.

12 네가 초대했던 모든 사람들이 너의 생일 파티에 올 거야. (all, come, will, you, invited, the people)

→ _____ to your birthday party.

13 내 여동생은 쌍둥이를 낳았다. 한 명은 여자아이이고, 다른 한 명은 남자아이이다.

(a girl, a boy, one is, the other is, and)

→ My sister gave birth to twins. _____

14 내 친척들 중 몇몇은 커피를 좋아하고, 다른 사람들은 홍차를 좋아한다. (others, black tea, like, and)

→ Some of my relatives like coffee, _____.

15 부모님은 우리에게 매주 토요일 용돈을 주셨다. 우리는 각자 같은 금액을 받았다.

(received, each of us, the same amount)

→ My parents gave us some pocket money every Saturday. _____

Actual Test

01 빈칸에 알맞은 말은?

> If you _____ something, you make it more attractive by adding things to it.

① pursue   ② increase
③ decorate   ④ decrease
⑤ showcase

02 밑줄 친 부분과 바꿔 쓸 수 있는 말은?

> I decided to read all of Jane Austen's novels <u>one by one</u> during this vacation.

① on and on   ② all at once
③ all together   ④ at the moment
⑤ one after another

03 〈보기〉의 단어들을 모두 포함하는 말을 2단어로 쓰시오.

> ┤ 보기 ├
> flute   guitar   violin   drum

➡ _____

04 빈칸에 공통으로 알맞은 말을 쓰시오.

> • Squares, circles and triangles are types of _____s.
> • The gift box was in the _____ of a heart.

05 어법상 빈칸에 알맞은 말은?

> Some went on foot, but _____ went by bus.

① all   ② none   ③ others
④ another   ⑤ the other

06 대화의 빈칸에 알맞은 말은?

> A: Have you read this novel?
> B: Yes, I have read _____.

① it   ② too   ③ this
④ one   ⑤ them

07 빈칸에 들어갈 말이 바르게 짝지어진 것은?

> • _____ⓐ boy likes her.
> • We _____ⓑ know him.
> • _____ⓒ has his own faults.

	ⓐ	ⓑ	ⓒ
①	Every	all	Each
②	Every	each	All
③	Each	all	Every
④	All	every	Each
⑤	All	each	Every

08 밑줄 친 부분이 어법상 틀린 것은?

① Every group <u>does</u> their best.
② All <u>are</u> waiting for the show.
③ Each of the teams <u>practice</u> hard.
④ Each person <u>brings</u> their tumbler.
⑤ All of the information <u>was</u> helpful.

09 어법상 틀린 문장은?

① It snowed over all of roofs.

② I will read all of the stories.

③ All of her sisters are beautiful.

④ All the children are having fun.

⑤ He watered all of the plants in the garden.

10 어법상 옳은 문장은?

① Every takes a seat.

② All of the two are gentle.

③ Each passenger wears its seat belt.

④ He goes to the gym every third days.

⑤ She visits her grandparents every two weeks.

11 밑줄 친 one의 쓰임이 나머지 넷과 다른 것은?

① We will arrive by one.

② He stayed one more week.

③ They have just one daughter.

④ There was one big pond in the park.

⑤ Instead of this red cap, I will buy that blue one.

12 빈칸에 all[All]이 들어갈 수 없는 것은?

① It rained _____ night.

② _____ of us are tired.

③ _____ of you is special.

④ _____ of the books were boring.

⑤ Did you finish _____ your work?

13 빈칸에 알맞은 대명사가 나머지 넷과 다른 것은?

① _____ must do one's duty.

② I lost my umbrella, so I will buy _____.

③ Because she wanted ice, I got _____ for her.

④ Of the two books, _____ is mine, and the other is my sister's.

⑤ We've missed the bus, and we're waiting for the next _____.

14 밑줄 친 부분을 대명사로 바꿔 쓰시오.

I bought a cake, and I gave the cake to Mom.

➡ _____

15 두 문장의 뜻이 같도록 빈칸에 알맞은 말을 쓰시오.

None of the members are absent.

= _____ are present.

16 빈칸에 공통으로 알맞은 대명사를 쓰시오.

• I will stay here _____ week.

• To know is one thing, and to teach is _____.

• If I am a fool, you are _____.

17 대화의 빈칸에 알맞은 대명사를 쓰시오.

A: Do you have a bike?
B: Yes, I have _____. I ride _____ every weekend.

18 빈칸에 알맞은 대명사를 쓰시오.

Ms. Kelly lives with three cats in her house. _____ is white, _____ is black, and _____ is brown.

19 우리말과 일치하도록 빈칸에 알맞은 말을 쓰시오.

그녀는 두 명의 삼촌이 있다. 한 분은 교사이고, 다른 한 분은 의사이다.

➡ She has two uncles. _____ is a teacher, and _____ is a doctor.

20 주어진 단어들을 활용하여 우리말을 영작하시오.

모든 주자가 경주를 포기한 것은 아니었다.

➡ _____

(every runner, give up, run the race)

[21~22] 다음 글을 읽고, 물음에 답하시오.

Lunch-time crowds watched a well-dressed young man walk to a mail box. His one hand is clutching a bundle of letters and _____ is holding his lunch — a box of fried chicken. While the man's forehead was wrinkled in concentration, he carefully mailed his meal. Then as the *chute slammed shut, he stared in horror at the letters which were still clutched in the other hand.

*chute 활송 장치(물건들을 미끄러뜨리듯 이동시키는 장치)

21 윗글의 빈칸에 알맞은 말을 쓰시오.

➡ _____

22 Why was the young man filled with horror?

➡ He realized that he mailed _____ instead of _____.

[23~24] 다음 글을 읽고, 물음에 답하시오.

Seals are water mammals that also like land. ___ⓐ___ seals stay in the sea for weeks or months at a time. Their fins and flippers make them very good swimmers and divers. They can stay underwater for 30 minutes. They can even sleep in the water. But ___ⓑ___ seals need to go on land at times. They pick spots on land away from people and ___ⓒ___ animals. Seals can live in both cold and moderate temperatures. They have fur and a thick layer of fat to keep them warm. Interestingly, they have a harder time staying cool than warm.

23 윗글의 빈칸 ⓐ, ⓑ, ⓒ에 들어갈 말이 바르게 짝지어진 것은?

	ⓐ		ⓑ		ⓒ
①	All	–	some	–	all
②	Some	–	all	–	other
③	The other	–	other	–	some
④	Other	–	another	–	the other
⑤	Another	–	the other	–	another

24 윗글의 내용과 일치하는 것은?

① Seals spend most of their time on land.
② Seals can swim well because of their fat.
③ Seals like to be near people.
④ Seals' fur and fat keep them warm.
⑤ Seals can easily stay cool in hot temperatures.

서술형 **25** 〈보기〉의 대명사를 사용하여 대화를 완성하시오.

┤ 보기 ├
it	one	another
some	others	the others

A: May I help you?
B: Yes. I'd like to buy a T-shirt for my son. Can you show me _____?
A: Sure. How about these colorful T-shirts?
B: I don't think he'd like one this colorful. Can you show me _____?
A: Yes. How about these lettered T-shirts? Each one has unique lettering on _____.
B: I like that black _____. I'll take _____.

서술형 **26** 그림의 내용을 묘사한 문장을 완성하시오.

(1) During the lunch break, all the students spend their time doing something. _____ stay _____, and the others are out of the classroom.
(2) All of the students inside are enjoying themselves. _____ talking with friends, and _____ studying.
(3) Three students are dancing. _____ is Yumi, _____ is Jaeyeon, and _____ is Hyesu.

접속사 (1)

Writing Practice

A 우리말과 일치하도록 〈보기〉의 접속사와 주어진 표현을 활용하여 문장을 완성하시오.

┤ 보기 ├

both ~ and	not only ~ but also	as well as
either ~ or	neither ~ nor	not ~ but

1 그는 중국 아니면 한국 둘 중 한 나라에서 왔다. (come from)

→ He _____.

2 우리는 낚시를 가는 것이 아니라 롤러스케이트를 타러 간다. (go fishing)

→ We are _____ rollerskating.

3 그는 체육관이 아니라 공원에 간다. (gym, park)

→ He _____.

4 내 친구들도 나의 코치도 내 생각에 동의하지 않는다. (agree with)

→ _____ my idea.

5 Tom은 수영하고 싶지도 않고, 줄넘기를 하고 싶지도 않다. (swim, jump rope)

→ Tom would like to _____.

6 너는 오렌지 주스와 망고 주스 중 하나를 마실 수 있다. (drink, mango)

→ You can _____.

7 당신은 박물관에 가는 것과 에펠탑에 오르는 것 둘 다 할 수 있다. (climb up)

→ _____ the Eiffel Tower.

8 Tom과 나는 둘 다 같은 도시에서 태어났다. (be born)

→ _____ in the same city.

9 Jamie도 Scott도 저녁으로 스테이크를 먹고 싶지 않다. (would like to)

→ _____ steak for dinner.

10 Jennie와 그의 오빠 둘 다 산책을 나가지 않을 것이다. (go out)

→ _____ for a walk.

11 이 식당에서 너는 스파게티와 햄버거를 둘 다 먹을 수 있다. (spaghetti, a hamburger)

→ At this restaurant, _____.

12 그 학급 친구들뿐만 아니라 그들의 선생님도 기쁘고 신이 났다. (classmates)

→ _____ their teacher was happy and excited.

13 나의 부모님뿐만 아니라 내 조부모님께서도 나의 대학 졸업식에 오셨다. (come to)

→ My grandparents _____ my university graduation ceremony.

14 건강한 식습관은 어린이들에게 뿐만 아니라 어른들에게도 중요하다. (important)

→ A healthy eating habit _____ but for adults.

15 나는 책뿐만 아니라 나의 경험으로부터 인생에 관해 많은 것을 배웠다. (experience)

→ I learned a lot about life from _____ books.

B 우리말과 일치하도록 주어진 단어들을 바르게 배열하시오.

1 나는 집에 있지 않고 도서관에 있었다. (at, not, home, but)
→ I was _____ in the library.

2 그 영화는 ABC 영화관이나 스타 영화관 둘 중 한 곳에서 상영 중이다.
(at ABC Theater, or, at Star Theater, either)
→ The movie is playing _____ .

3 남자들과 여자들 모두 자녀 양육을 분담해야 한다. (men, both, should, and, women, share)
→ _____ child care duties.

4 폭설에 갇힌 사람들은 마실 물도, 먹을 음식도 없었다. (neither, nor, food, to drink, water, to eat)
→ People trapped in the heavy snow had _____ .

5 음악에 관한한, 나는 재즈도 로큰롤도 좋아하지 않는다. (I, neither, nor, rock and roll, jazz, like)
→ When it comes to music, _____ .

6 이번 주말에 나의 엄마와 아빠 두 분 다 조부모님을 방문하실 것이다. (mom, dad, will visit, both, and, my)
→ _____ my grandparents this weekend.

7 내 친구들이든 나든 어느 한 편이 너를 데리러 갈게. (I, am, or, my friends, either)
→ _____ going to pick you up.

8 우리는 패스트푸드점에 가거나 집에서 피자를 주문할 수 있다.
(we, a, fast-food, go to, restaurant, either, can)
→ _____ or order a pizza at home.

9 그 소리는 차고나 뒤뜰 중 한 곳에서 들려왔다. (the garage, the backyard, or, either, from)
→ The sound came _____ .

10 그 허리케인은 경제적으로 뿐만 아니라 정서적으로도 우리 마을을 강타했다.
(as well as, economically, emotionally)
→ The hurricane hit our town _____ .

11 Jamie와 Catherine 둘 다 나와의 대화를 중단했다. (Jamie, have stopped, Catherine, both, and)
→ _____ talking to me.

12 우리는 길을 잃었을 뿐만 아니라 가스도 다 떨어졌다. (we, got lost, not, only, also, but)
→ _____ ran out of gas.

13 내 어린 남동생은 똑똑할 뿐만 아니라 재능도 있다. (talented, smart, also, is, not only, but)
→ My little brother _____ .

14 그 영화는 훌륭한 배우들도 없고, 좋은 이야기도 없다. (a good story, nor, neither, good actors)
→ The movie has _____ .

15 내가 원하는 것은 돈이 아니라 시간이다. (but, is, money, time, not)
→ What I want _____ .

Actual Test

01 짝지어진 두 단어의 관계가 나머지 넷과 <u>다른</u> 것은?

① gain — get
② male — female
③ create — make
④ rumor — gossip
⑤ purchase — buy

02 빈칸에 공통으로 알맞은 말은?

> • This movie is based _____ facts.
> • What's _____ the menu tonight?

① in
② at
③ to
④ on
⑤ for

03 빈칸에 공통으로 알맞은 말을 쓰시오.

> • She _____s Ron these days.
> • Dad asked out Mom on a _____.
> • He will pick up his _____ at her house.

04 다음 영영 풀이에 해당하는 말을 쓰시오.

> someone who is famous, especially in areas of entertainment such as films, music, writing, or sports

➡ c_____

05 어법상 빈칸에 알맞은 말이 바르게 짝지어진 것은?

> He _____ Chinese _____ English.

① not speaks — but
② either speaks — and
③ speaks both — or
④ speaks both — and
⑤ speaks neither — or

06 두 문장의 뜻이 같도록 빈칸에 들어갈 말이 바르게 짝지어진 것은?

> Bill is good at dancing, but not at singing.
> = Bill is good _____ at singing _____ at dancing.

① not — but
② either — or
③ both — and
④ neither — nor
⑤ not only — but

07 빈칸에 들어갈 말이 나머지 넷과 <u>다른</u> 것은?

① Semi enjoys _____ eating but cooking.
② I bought _____ only chocolate but gum.
③ _____ I but you are in charge of the project.
④ _____ only Koreans but also Europeans enjoy *gimchi*.
⑤ The doctor told him neither to smoke _____ to drink.

08 대화의 빈칸에 알맞은 말은?

> A: Oh, we need someone to help us.
> B: I sent a message to both Andy and Tina.
> A: Are they coming?
> B: I'm not sure. Wait! I've got a message. It must be from _____.

① not Andy but Tina
② either Andy or Tina
③ both Andy and Tina
④ neither Andy nor Tina
⑤ not only Andy but Tina

09 어법상 옳은 문장은?

① I so well as she am a student.
② Mr. Jin is a doctor as well as smart.
③ I enjoy not only swimming but also skiing.
④ He is not only a statesman and a scholar.
⑤ Wood is not recyclable but also reusable.

10 밑줄 친 부분이 어법상 틀린 것은?

① You as well as Peter were sleeping.
② Both you and Peter has to help me.
③ Not only you but Peter is having fun.
④ Either you or Peter has to stay at home.
⑤ Neither you nor Peter comes home early.

11 어법상 틀린 문장은?

① The judge is fair as well as honest.
② I don't like this color but that one.
③ I didn't bring neither a pen nor a pencil.
④ He is sick not only physically but also mentally.
⑤ We will have either a sandwich or a hot dog for lunch.

12 두 문장을 한 문장으로 바르게 바꿔 쓴 것은?

> You are not afraid of insects. I am not afraid of insects, either.

① Neither you nor I am afraid of insects.
② Not you but I am not afraid of insects.
③ Either you or I am not afraid of insects.
④ Both you and I are not afraid of insects.
⑤ Not only you but also I am afraid of insects.

13 그림의 내용과 일치하지 <u>않는</u> 문장은?

① Both Ron and Bob enjoy bike riding.
② Either Ron or Bob enjoys bike riding.
③ Ron as well as Bob enjoys bike riding.
④ Not only Ron but also Bob enjoys bike riding.
⑤ Ron enjoys bike riding and Bob also enjoys bike riding.

[14~15] 두 문장의 뜻이 같도록 빈칸에 알맞은 말을 쓰시오.

14 He as well as you sings well.
= Not only _____ but also _____ _____ well.

15 Both Nick and Ted can't come to help us.
= _____ Nick _____ Ted can come to help us.

16 대화의 빈칸에 알맞은 말을 쓰시오.

A: Is Jongho your brother?
B: No, he is not my brother _____ my cousin.

Actual Test

17 우리말과 일치하도록 문장을 완성하시오.

그는 의사일 뿐만 아니라 작가이기도 하다.

➡ He is _____ _____ a doctor _____
also a writer.

18 두 문장을 한 문장으로 고쳐 쓸 때 빈칸에 알맞은 말을 쓰시오.

He doesn't have food. He doesn't have money, either.

➡ He has _____.

[19~20] 그림을 보고, 문장을 완성하시오.

19

The weather was terrible! It was _____
windy _____ cold.

20

I am looking for my phone. It is _____ on
the desk _____ in the drawer.

[21~22] 다음 글을 읽고, 물음에 답하시오.

The subway in Seoul is the best way to get around Seoul. Even when you want to visit some interesting places outside of Seoul, the subway is very convenient. For example, you can enjoy a hot spring bath if you take line No. 4 and get off at Singil Oncheon Station. And if you get off at Ungilsan Station, you can enjoy a nice hike up a mountain. In addition, if you want to travel outside of Korea, you can take the subway to 공항 이나 항구 둘 중 한 곳. Using the subway is not only easy but also very cheap. Try it someday!

21 윗글의 밑줄 친 우리말을 영어로 바르게 쓴 것은?

① not an airport but a port
② either an airport or a port
③ both an airport and a port
④ an airport as well as a port
⑤ neither an airport nor a port

22 윗글의 내용과 일치하도록 문장을 완성하시오.

➡ You can take the subway not only to
_____ _____ Seoul but also to
_____ _____ _____ _____
_____ _____ Seoul.

[23~24] 다음 글을 읽고, 물음에 답하시오.

As plumbers, both Dewey and his coworker feel irritated by what happened at the construction site for a medical building they're working on. Cement was poured over their plumbing, before they could check the pipe connections for leaks. Sure enough, there is a leak − but where?

Just then a doctor drops by to see how things are going and learns of their frustrating situation. He puts his stethoscope's earpieces in his ears and gets down on his hands and knees. He crawls along the floor and soon locates the leak. Only <u>minor surgery</u> is needed.

23 윗글의 밑줄 친 부분이 의미하는 바를 우리말로 쓰시오.

➡ _____

24 윗글의 내용과 일치하지 <u>않는</u> 것은?

① Both Dewey and his coworker are plumbers.

② Neither Dewey nor his coworker checked their plumbing before the cement was poured.

③ Neither Dewey nor his coworker locates the leak.

④ Dewey gets unexpected help not from his coworker but from a doctor.

⑤ Dewey has to either tear down the building or break up the cement floor.

25 서술형 🖋 그림을 보고, 주어진 표현을 활용하여 대화를 완성하시오.

Andy   Timmy

(1) A: Does either Andy or Timmy have curly hair?

    B: Actually _____ curly hair.
                    (both, and)

(2) A: Does either Andy or Timmy wear glasses?

    B: No. _____ glasses.
                (neither, nor)

(3) A: Is Andy holding a dog?

    B: No. _____ is holding a dog.
                (not, but)

26 서술형 🖋 Joe와 Cindy의 주말 계획을 보고, 〈보기〉의 표현을 이용하여 문장을 완성하시오.

	Joe	Cindy
(1) do homework	✓	✓
hang out with friends		(2) not decided yet
go shopping with Mom	✓	
(3) do volunteer work		✓

┤ 보기 ├
both ~ and   either ~ or   not ~ but

(1) _____ will do homework.

(2) Cindy will _____.

(3) _____ will do volunteer work.

Writing Practice

A 두 문장의 뜻이 같도록 빈칸에 알맞은 말을 쓰시오.

1 Study hard, and you will succeed.

= _____, you will succeed.

2 If you don't work out regularly, you will gain weight.

= _____ you will gain weight.

3 Unless it rains tomorrow, we'll play soccer outside.

= If _____, we'll play soccer outside.

4 Take a rest, or you will be exhausted.

= If _____, you will be exhausted.

5 Help her, or she will not finish her housework.

= If _____, she will not finish her housework.

6 I hurried in order to get on the shuttle bus.

= I hurried _____ get on the shuttle bus.

7 The sky is clear enough for us to see Jupiter.

= The sky is _____ Jupiter.

8 We think he broke the window, but we don't have any evidence.

= We think he broke the window. _____

9 I grew up in the countryside, while my husband grew up in the city.

= I grew up in the countryside. _____

10 The book was very funny. So I checked it out from the library.

= The book was _____ from the library.

11 Though we had little chance of winning, we didn't give up.

= We had little chance of winning. _____

12 Instead of answering my questions, she turned away and left.

= She didn't answer my questions. _____

13 Exercise can help you sleep well as well as make you healthy.

= Exercise can make you healthy. _____

14 As a result of a serious injury, the boy couldn't win the race.

= The boy got seriously injured. _____

15 She decided to stay home in order to watch her favorite show on TV.

= She decided to stay home so that _____.

B 우리말과 일치하도록 주어진 단어들을 바르게 배열하시오.

1 마지막 기차를 잡도록 너는 서둘러야 한다. (the last train, in order to, catch)
→ You need to hurry up _____.

2 너무 더워서 밖에 있을 수 없다. (outside, to be, too, hot)
→ It's _____.

3 좀 더 먹어라, 그렇지 않으면 너는 밤에 배가 고플 것이다. (or, more, eat)
→ _____ you will feel hungry in the evening.

4 지금 일하기 시작해라, 그러면 너는 오늘 밤 그 일을 끝낼 것이다. (working, start, and, now)
→ _____ you will finish the work tonight.

5 히터를 켜라, 그렇지 않으면 감기에 걸리게 될 것이다. (catch, a cold, or, will, you)
→ Turn on the heater, _____.

6 나는 스페인어를 배울 수 있도록 스페인에 갈 것이다. (so that, Spanish, learn, can, I)
→ I will go to Spain _____.

7 팝콘을 좀 살 수 있도록 일찍 극장에 가자. (popcorn, buy, some, so that, can, we)
→ Let's go to the theater early _____.

8 나는 저녁이 7시까지 준비되도록 하기 위해 요리를 시작할 것이다.
(dinner, will, so that, be ready, by seven o'clock)
→ I'm starting to cook _____.

9 비가 집에 들어오지 않도록 나는 창문을 닫았다. (so that, come into, the rain, the house, won't)
→ I closed the windows _____.

10 그 영화는 너무 감동적이어서 나는 그것을 여러 번 봤다. (it, watched, I, touching, so, that)
→ The movie was _____ several times.

11 민지와 쌍둥이 자매는 너무 닮아서 나는 둘을 서로 분간할 수 없다.
(that, alike, can't, one, tell, so, I, from, the other)
→ Minji and her twin sister are _____.

12 나는 너무 피곤해서 평소보다 일찍 잠을 자고 싶다. (so, tired, want to, that, go to bed, I)
→ I am _____ earlier than usual.

13 그는 이가 너무 아파서 아무것도 먹을 수 없다. (he, so badly, can't, eat anything, that)
→ His tooth aches _____.

14 그 다이아몬드 반지가 매우 놀라워서 그녀는 눈을 뗄 수가 없었다. (so, that, she, amazing, couldn't)
→ The diamond ring was _____ take her eyes off of it.

15 하와이의 해변이 너무 아름다워서 우리는 그곳에서 살고 싶다. (that, so beautiful, want to, we, live there)
→ The beaches in Hawaii are _____.

Actual Test

01 짝지어진 두 단어의 관계가 나머지 넷과 다른 것은?

① offer – give   ② waste – save

③ attract – pull   ④ competent – skillful

⑤ artificial – man-made

02 빈칸에 알맞은 말은?

> Chansu has high _____. He is very smart and bright.

① salary   ② chance

③ decision   ④ attention

⑤ intelligence

03 빈칸에 알맞은 말을 주어진 철자로 시작하여 쓰시오.

> The king and queen sat on the throne with d_____. They were calm, controlled, and admirable.

04 다음 영영 풀이에 해당하는 단어를 쓰시오.

> to imitate a person or animal, usually in an amusing or entertaining way

➡ m_____

05 어법상 빈칸에 알맞은 말은?

> Get up right now, _____ you'll be late for school.

① or   ② for   ③ nor

④ but   ⑤ and

06 두 문장의 뜻이 같도록 빈칸에 알맞은 말은?

> If you hurry up, you'll be on time.
> = Hurry up, _____ you'll be on time.

① or   ② so   ③ but

④ and   ⑤ because

07 우리말을 영어로 바르게 옮긴 것은?

> 지나는 너무 지쳐서 움직일 수 없었다.

① Jina was tired enough to move.

② Jina was too tired not to move.

③ Jina was so tired that she could move.

④ Jina was so tired that she couldn't move.

⑤ Jina was tired so that she couldn't move.

08 빈칸에 들어갈 말이 바르게 짝지어진 것은?

> A: I want to lose some weight.
> B: _____ regularly, _____ you will lose weight.

① Exercise – or   ② Exercise – and

③ To exercise – but   ④ If you exercise – or

⑤ If you exercise – and

09 빈칸에 공통으로 알맞은 말은?

> • The problem was so difficult _____ I couldn't solve it.
> • I practiced it many times so _____ I could be good at it.

① as   ② to   ③ for

④ and   ⑤ that

10 빈칸에 들어갈 말이 바르게 짝지어진 것은?

> • He went to bed very late. _____, he got up early in the morning.
> • She keeps drinking cola. _____, she always eats sweet snacks.

① However − Instead
② Therefore − Besides
③ Therefore − Instead
④ Nevertheless − Besides
⑤ Nevertheless − However

11 두 문장의 뜻이 같도록 바르게 바꿔 쓴 것은?

① Don't move, or you'll fall.
　→ If you don't move, you will fall.
② If you hurry up, you'll catch the train.
　→ Hurry up, or you'll catch the train.
③ Put on your coat, or you will feel cold.
　→ If you put on your coat, you will feel cold.
④ Turn left, and you will find the bus stop.
　→ If you turn left, you will find the bus stop.
⑤ If you take out the trash, I'll give you a dollar.
　→ Take out the trash, or I'll give you a dollar.

12 밑줄 친 부분이 내용상 어색한 것은?

① I tried again and again. However, I failed.
② He is smart. Moreover, he always does his best.
③ Ron didn't go to college. Instead, he started his own business.
④ I like sweets. For instance, I love chocolate, cookies, and so on.
⑤ This museum doesn't allow people to bring in snacks. Therefore, they brought cookies.

13 그림의 내용을 바르게 묘사한 것은?

① Though it rains hard, I will play outside.
② It rains so hard that I can't play outside.
③ It rains hard so that I can't play outside.
④ It rains very hard, but I will play outside.
⑤ It rains hard. However, I will play outside.

14 어법상 빈칸에 공통으로 알맞은 말을 쓰시오.

> • Turn down the TV _____ that I can sleep.
> • The fog was _____ thick that we couldn't see well.

15 빈칸에 알맞은 접속부사를 쓰시오.

Too much caffeine prevents you from sleeping. _____, drink less coffee.

16 주어진 두 문장을 한 문장으로 고쳐 쓸 때, 빈칸에 알맞은 말을 쓰시오.

This movie was very touching. I couldn't help weeping.

➡ This movie was so _____ couldn't help weeping.

[17~18] 두 문장의 뜻이 같도록 빈칸에 알맞은 말을 쓰시오.

17 Take the subway, or you will be late.

= If _____, you will be late.

18 This bag is cheaper. However, it looks better.

= _____, it looks better.

19 우리말과 일치하도록 괄호 안의 단어들을 순서대로 배열하시오.

나는 우유가 상하지 않도록 냉장고에 둔다.
(the refrigerator, go bad, keep, so, in, I, it, that, won't, the milk)

➡ _____

20 그림을 보고, 질문에 대한 답을 완성하시오.

Q: Why did Seho get up so early?
A: He got up early _____ could see the sunrise.

[21~22] 다음 글을 읽고, 물음에 답하시오.

Annie took her one-month-old son to her parents' house for a visit. During the first night back in her childhood bedroom, she heard her father get up and start down the hall. Then she listened to her mother say to him, "It's cold. Make sure ⓐthe baby is covered." ⓑShe pretended to be asleep so that she could observe the new grandfather in action. Soon she learned that she would always be Daddy's little girl. When he came in the room, he didn't go near the baby's bed. But he pulled the covers and made sure she was comfortably covered in bed before he walked back down the hall slowly.

21 윗글의 Annie와 Annie의 아버지는 밑줄 친 ⓐ를 누구라고 생각했는지 각각 쓰시오.

(1) Annie: _____
(2) Annie's father: _____

22 윗글의 밑줄 친 ⓑ와 의미가 같은 것은?

① She pretended to be asleep in order to observe the new grandfather in action.
② She pretended to be asleep and she could observe the new grandfather in action.
③ She pretended to be so asleep that she could observe the new grandfather in action.
④ She pretended to be asleep but she couldn't observe the new grandfather in action.
⑤ She could observe the new grandfather in action because she pretended to be asleep.

[23~24] 다음 글을 읽고, 물음에 답하시오.

What eating utensils do Korean, Chinese, and Japanese people use when they eat? Chopsticks. Though people in these three countries all use chopsticks, the materials and shapes of them are different from one another. First, Korean chopsticks are made of metal. ___ⓐ___, most Chinese and Japanese chopsticks are wood. As for the length of chopsticks, Chinese ones are the longest among the three. Chinese people share food from one big bowl on the table. ___ⓑ___, their chopsticks need to be long. ___ⓒ___, Japanese chopsticks are the shortest because Japanese people usually don't share food. If you have a chance to visit these countries, look for these characteristics of chopsticks.

23 윗글의 빈칸 ⓐ, ⓑ, ⓒ에 알맞은 말이 바르게 짝지어진 것은?

	ⓐ	ⓑ	ⓒ
①	Therefore	So	Instead
②	In spite of that	Instead	So
③	Moreover	As a result	However
④	However	Therefore	On the contrary
⑤	As a result	On the contrary	Moreover

24 윗글의 주제로 알맞은 것은?

① 젓가락 사용법
② 젓가락의 다양한 재료
③ 한중일 젓가락의 특징
④ 한중일 식기의 차이점
⑤ 한중일 음식 문화의 전통

25 서술형 그림을 보고 and 또는 or를 사용하여 각 인물의 말을 한 문장으로 바꿔 쓰시오.

[3] Bring me that bottle! I'll open it for you.
[4] Change your clothes! You'll catch a cold.
[1] Be careful! You'll get wet.
[2] Give me the food! I'll serve it.

(1) Be careful, _____.
(2) Give me the food, _____.
(3) Bring me that bottle, _____.
(4) Change your clothes, _____.

26 서술형 Kelly에 대한 문장들을 읽고, 〈보기〉의 표현을 사용하여 두 문장을 한 문장으로 고쳐 쓰시오.

┤ 보기 ├
so ~ that   so that

(1) Kelly likes K-pop very much. She listens to K-pop every day.
　➡ _____

(2) Kelly plans to visit Korea. She wants to go to K-pop concerts.
　➡ _____

(3) Kelly studies Korean. She wants to sing K-pop songs.
　➡ _____

(4) Kelly has studied Korean very hard. She speaks Korean well now.
　➡ _____

07 Writing Practice

A 우리말과 일치하도록 주어진 단어들을 활용하여 문장을 완성하시오.

1 만약 Tim에게 시간이 있다면, 그는 우리를 방문할 텐데. (visit)
→ If Tim had time, _____.

2 만약 그녀가 너의 지저분한 방을 본다면, 그녀는 기쁘지 않을 거야. (messy)
→ _____, she wouldn't be happy.

3 만약 그가 일찍 온다면, 우리는 그를 박물관에 데려갈 텐데. (take)
→ If he came early, _____ the museum.

4 내 방이 있다면 좋을 텐데. (have, own)
→ I wish _____.

5 그는 마치 대통령인 것처럼 행동한다. (be)
→ He acts _____.

6 만약 네가 유명인을 만난다면 무엇을 할 거니? (meet)
→ What _____ a celebrity?

7 달에 여행을 갈 수 있다면 좋을 텐데. (travel)
→ I wish _____.

8 그는 마치 그녀를 아는 것처럼 나에게 말한다. (know)
→ He talks to me _____.

9 내가 만약 동물원을 소유한다면, 나는 매일 동물들에게 먹이를 줄 텐데. (own)
→ _____, I would feed the animals every day.

10 그는 마치 자기가 카우보이인 것처럼 옷을 입는다. (cowboy)
→ He dresses up _____.

11 Jack이 우리 팀에 있다면, 우리는 경기에서 이길 텐데. (win, match)
→ If Jack were on our team, _____.

12 오후에 날씨가 좋아진다면 좋을 텐데. (will, improve)
→ I wish _____ in the afternoon.

13 그들은 마치 식사에 만족하지 않는 것처럼 보인다. (be, satisfied)
→ They look _____ the meal.

14 만약 천사가 있다면, 그것은 당신일 텐데. (there, be)
→ _____, it would be you.

15 만약 사람들이 근거리에서 해를 쳐다본다면, 그들은 눈이 멀 텐데. (stare at)
→ _____ at close range, they would go blind.

B 우리말과 일치하도록 주어진 단어들을 바르게 배열하여 문장을 완성하시오.

1 프랑스어를 말할 수 있다면 좋을 텐데. (French, speak, I, could)

→ I wish _____ .

2 그녀가 여기에 더 오래 머문다면 좋을 텐데. (here, would, I, she, stay, wish)

→ _____ longer.

3 만약 날씨가 좋다면, 나는 나갈 수 있을 텐데. (the weather, fine, were, if)

→ _____ , I could go out.

4 너는 마치 유령을 본 것처럼 창백하다. (saw, you, a ghost, as if)

→ You are pale _____ .

5 네가 나와 등산을 간다면 좋을 텐데. (hiking, me, would, you, with, go)

→ I wish _____ .

6 그녀는 마치 나를 기억하는 것처럼 말한다. (me, remembered, as if, she)

→ She talks _____ .

7 만약 네가 그 영화를 본다면, 너도 무서울 텐데. (the movie, you, if, saw)

→ _____ , you would also be scared.

8 만약 Jack이 우리 선생님이라면, 우리는 많이 배울 텐데. (teacher, Jack, our, were, if)

→ _____ , we would learn a lot.

9 내가 역까지 가는 길을 안다면 좋을 텐데. (the way, knew, the station, to, I)

→ I wish _____ .

10 내가 마치 용의자인 것처럼 대하지 마라. (were, as if, a suspect, me, I, treat)

→ Don't _____ .

11 그는 마치 감기에 걸린 것처럼 보인다. (caught, as if, he, a cold)

→ He looks _____ .

12 만약 내가 네것보다 더 큰 방을 가지고 있다면, 나는 책을 더 살 텐데. (a bigger, yours, had, if, room, I, than)

→ _____ , I would buy more books.

13 만약 네가 나의 집에 오기로 결정한다면, 내가 너를 위해 저녁을 준비할 텐데. (my place, you, come to, if, decided to)

→ _____ , I would prepare dinner for you.

14 만약 내 키가 더 크다면, 나는 농구팀에 들어갈 텐데. (taller, would, if, I, I, join, were)

→ _____ the basketball team.

15 만약 내가 작곡가라면, 나는 너를 위해 곡을 쓸 텐데. (write, would, for you, songs, I)

→ If I were a composer, _____ .

01 빈칸에 알맞은 것은?

> During the _____, universities, colleges, and schools are officially closed.

① sleigh   ② theory

③ vacation   ④ direction

⑤ expedition

02 밑줄 친 부분과 바꿔 쓸 수 있는 것은?

> She <u>thought of</u> a new idea for approaching the problem.

① put on   ② gave up

③ came to   ④ looked up to

⑤ came up with

03 단어의 영영풀이가 <u>어색한</u> 것은?

① sail: go by sea

② chase: run after

③ eventually: in the end

④ clear: dark and cloudy

⑤ extraordinary: extremely good or special

04 빈칸에 공통으로 들어갈 말을 주어진 철자로 시작하여 쓰시오.

> Visitors can _____ what various jobs are like at this job fair. This _____ will help them to choose their future job.

➡ e_____

05 빈칸에 들어갈 말이 순서대로 짝지어진 것은?

> • If she _____ some time, she will go on a trip.
> • If she _____ some time, she would go on a trip.

① has − had   ② have − have

③ will have − had   ④ has − would have

⑤ will have − would have

06 빈칸에 어법상 알맞은 것은?

> I wish I _____ a doctor now.

① be   ② am   ③ were

④ has been   ⑤ had been

07 빈칸에 were를 쓸 수 <u>없는</u> 것은?

① I wish I _____ taller.

② I'm sure you _____ sick yesterday.

③ If you _____ busy, I'll call you later.

④ What would you do if you _____ in my shoes?

⑤ Semi memorizes things as if she _____ a computer.

08 빈칸에 들어갈 수 <u>없는</u> 것은?

> If I were you, I _____.

① won't skip breakfast

② would keep my word

③ might take a trip there

④ couldn't finish the race

⑤ could be helpful to them

09 대화의 빈칸에 알맞지 <u>않은</u> 것은?

> A: If you could have one wish, what would it be?
>
> B: _____

① I wish I could fly.

② My wish would be to be a scientist.

③ It would be great to have a time machine.

④ It was to have a magic lamp with a genie inside.

⑤ It would be to have more time to study and play.

10 어법상 <u>틀린</u> 문장은?

① If it were fine today, I would go hiking.

② If he comes in time, we will go with him.

③ If it rains tomorrow, I will not wash the car.

④ If I don't listen to him, what would happen?

⑤ If you were hungry now, you could eat the whole pizza.

11 각 문장에 포함된 의미가 <u>잘못된</u> 것은?

① I wish I knew the truth.
   (Actually, I don't know the truth.)

② I wish I had no test tomorrow.
   (Actually, I have a test tomorrow.)

③ If I had a car, I could drive all day.
   (Actually, I have a car.)

④ She acts as if she were my teacher.
   (Actually, she is not my teacher.)

⑤ Andy talks as if he were not interested.
   (Actually, he is interested.)

12 주어진 문장과 의미가 같은 것은?

> If he asked me, I would help him.

① He asks me, so I help him.

② As I helped him, he asked me.

③ He asked me, so I helped him.

④ Though he didn't ask me, I helped him.

⑤ I don't help him because he doesn't ask me.

13 주어진 우리말을 영작한 것으로 바르지 <u>않은</u> 것은?

> Sam이 게으르기 때문에 나는 그를 신뢰하지 않는다.

① Sam is lazy, so I don't trust him.

② As Sam is lazy, I don't trust him.

③ Sam would be lazy if I trusted him.

④ I don't trust Sam because he is lazy.

⑤ If Sam were not lazy, I would trust him.

14 빈칸에 알맞은 말을 문맥에 맞게 쓰시오.

> She talks as if she _____ everything but she doesn't know anything.

15 글에서 어법상 <u>틀린</u> 부분을 찾아 바르게 고쳐 문장을 다시 쓰시오.

> My computer is very old and slow. I want to buy a new one, but I don't have enough money. I wish I have enough money right now.

➡ _____

[16~17] 주어진 문장을 괄호 안의 지시대로 바꿔 쓰시오.

16

> If I knew, I would tell you. (직설법으로)

➡ _____

17

> She cares for me like her own son.
> (밑줄 친 부분을 as if를 포함하는 절로)

➡ _____

[18~19] 그림을 보고, 각 사람에게 해줄 충고의 말을 완성하시오.

18

You are wasting water.
If I were you, _____
_____.

19

You are wasting energy.
If I were you, _____
_____.

20 그림을 보고, 소년의 소망을 문장으로 완성하시오.

I wish I could _____.

[21~22] 다음 글을 읽고, 물음에 답하시오.

One winter my dad needed firewood. He found a dead tree and sawed it down. In the spring, to his dismay, new shoots sprouted around the trunk. He said, "I was sure it was dead. In the wintertime it was so cold that the tree's twigs snapped as if there <u>be</u> no life left in the old tree." He looked at me and said, "Bob, don't forget this important lesson. Never cut a tree down in the wintertime. Never make a negative decision in the low time. Never make your most important decisions when you are in your worst mood. Wait. Be patient. The storm will pass. The spring will come."

21 윗글의 밑줄 친 부분을 어법상 바른 형태로 쓰시오.

➡ _____

22 윗글의 요지로 알맞은 것은?

① 겨울철에는 장작을 만들면 안 된다.
② 장작을 만들 최적의 시기는 봄이다.
③ 날씨를 고려하여 결정을 내려야 한다.
④ 힘든 시기에는 중요한 결정은 미루어야 한다.
⑤ 최악의 시기에는 신속하게 결정을 해야 한다.

[23~24] 다음 글을 읽고, 물음에 답하시오.

What would happen if you ⓐdrilled a tunnel through the center of the moon and ⓑjump into it? If you jumped into the tunnel, you ⓒwould accelerate toward the center at a very high speed because of gravity. Then you would go through the center and ⓓstart slowing down. Then, when you ⓔreached the end of the tunnel on the other side of the moon, you would stop, and then you would go back down the tunnel in the other direction. You would go back and forth like this forever.

23 윗글의 밑줄 친 ⓐ~ⓔ 중 어법상 틀린 것은?

① ⓐ   ② ⓑ   ③ ⓒ   ④ ⓓ   ⑤ ⓔ

24 윗글에서 가정하는 모든 상황의 원인을 본문에서 찾아 쓰시오.

➡ _____

25 그림을 보고, 각 사람의 소망으로 알맞은 것을 〈보기〉에서 골라 문장을 완성하시오.

┌─── 보기 ───────────────────┐
　　be slimmer　　　be as young as them
　　have a dog　　　drink some cold water
└────────────────────────────┘

(1) I wish _____.
(2) I wish _____.
(3) I wish _____.
(4) I wish _____.

26 현주네 가족들의 모습을 보고, 주어진 문장을 참고하여 상황에 맞는 문장을 쓰시오.

(1) Hyunju wants to hang out with her friends but she has homework to do.
　➡ If Hyunju _____,
　she would hang out with her friends.
(2) Mom wants to go to the movies but she is too tired.
　➡ If Mom _____,
　she would go to the movies.
(3) Dad wants to buy a new car but he doesn't have enough money.
　➡ If Dad _____,
　he would buy a new car.
(4) Hyunju's brother wants to play outside but it's raining hard.
　➡ If it _____,
　Hyunju's brother would play outside.

08 Writing Practice

A 관계사를 사용하여 두 문장을 한 문장으로 만드시오. (단, 「전치사＋관계대명사」 형태는 사용하지 마시오.)

1 I know this place. Emily got married here.

→ I know this place, _____ .

2 He visited the village. He had lived there for 10 years.

→ He visited the village _____ .

3 This is the park. I walk my dogs in this park.

→ This is the park _____ .

4 I know Mr. Kim. And he works in this building.

→ I know Mr. Kim, _____ .

5 This is the station. I take the train to work every day here.

→ This is the station _____ .

6 Call me after 9 p.m. And I will come back home then.

→ Call me after 9 p.m., _____ .

7 We camped at the campground. And we went there last year.

→ We camped at the campground _____ .

8 I know a shop. You can buy used items at the shop.

→ I know a shop _____ .

9 Some students don't have breakfast. And that is not good for health.

→ Some students don't have breakfast, _____ .

10 I remembered Tom. And he had helped me before.

→ I remembered Tom, _____ .

11 The house is now a museum. Mozart lived and grew up in that house.

→ The house _____ is now a museum.

12 We had a party on December 15th. The winter break began on that day.

→ We had a party on December 15th, _____ .

13 It rained hard on the day. We traveled to Jejudo on that day.

→ It rained hard on the day _____ .

14 Jane met an old friend of hers. But he didn't recognize her.

→ Jane met an old friend of hers, _____ .

15 I traveled to Dubai this summer. And I saw Burj Khalifa, the world's tallest building, there.

→ I traveled to Dubai this summer, _____ .

우리말과 일치하도록 주어진 단어들을 바르게 배열하여 문장을 완성하시오.

1 나는 축제가 열릴 장소를 찾을 수 없다. (will, place, the festival, where, take)

→ I can't find the place _____.

2 〈데미안〉은 헤르만 헤세가 썼는데, 그것은 고전소설이다. (wrote, Hermann Hesse, which)

→ *Demian*, _____, is a classic novel.

3 파블로 피카소는 훌륭한 화가였는데, 그는 오늘날 매우 유명하다. (a brilliant, was, artist, who)

→ Pablo Picasso, _____, is very famous today.

4 나의 남동생은 캐나다에 사는데, 그는 기술자이다. (Canada, who, in, lives)

→ My brother, _____, is an engineer.

5 1월의 그날에 그녀가 런던에 도착했는데, 그날은 안개가 끼었다. (in London, she, when, arrived)

→ That January day, _____, was foggy.

6 Katie는 대학교에서 가르치는데, 그녀는 유명한 작가이다. (in, college, teaches, who)

→ Katie, _____, is a famous author.

7 나는 마티스의 그림 중 하나를 처음으로 본 날을 기억한다.

(one of, Matisse's, the first, paintings, I, time, saw, for, when)

→ I remember the day _____.

8 미나는 나와 같이 미술 수업을 들었는데, 그녀는 우리 동아리에 가입할 것이다. (an art, with me, who, class, took)

→ Mina, _____, will join our club.

9 암스테르담은 나의 가족과 여행하고 싶은 도시이다. (travel with, want, my family, where, to, I)

→ Amsterdam is the city _____.

10 내가 가장 좋아하는 계절은 가을인데, 그때 모든 나뭇잎의 색이 바뀐다. (color, the leaves, change, all, when)

→ My favorite season is fall, _____.

11 7월과 8월은 사람들이 주로 휴가를 가는 달이다. (usually, vacations, people, take, when)

→ July and August are the months _____.

12 내일은 내가 나의 운전면허증을 갖는 날이다. (my, get, driver's license, when, will, I)

→ Tomorrow is the day _____.

13 공원 안에 있는 건물은 미술관인데, 그곳에서 너는 위대한 그림들을 감상할 수 있다.

(can, you, great paintings, appreciate, where)

→ The building inside the park is an art gallery, _____.

14 일주일 중 가장 행복한 날은 금요일인데, 그날 나는 영화를 보러 갈 수 있다. (can, the movies, I, go to, when)

→ The happiest day of the week is Friday, _____.

15 나는 2012년의 겨울을 기억하는데, 그때 나는 고등학교를 졸업했다. (from, graduated, I, high school, when)

→ I remember the winter of 2012, _____.

01 빈칸에 알맞은 것은?

> He is courageous and _____. He does not show fear in difficult or dangerous situations.

① cruel   ② timid   ③ brave
④ splendid   ⑤ entertaining

02 짝지어진 두 단어의 관계가 〈보기〉와 같은 것은?

> ┤ 보기 ├
>
> beauty – beautiful

① ruin – ruins
② inner – outer
③ history – historical
④ punish – punishment
⑤ destroy – destructive

03 빈칸에 공통으로 알맞은 말을 쓰시오.

> • Let's _____ your pictures on this wall.
> • I sometimes _____ out with my friends after school.

04 다음 영영풀이에 해당하는 단어를 쓰시오.

> a group of myths, especially all the myths from a particular country, religion, or culture

➡ _____

05 빈칸에 공통으로 알맞은 것은?

> • The London Eye, _____ more than three million people visit every year, is a big Ferris wheel.
> • He postponed his departure, _____ was what I wanted.

① it   ② that   ③ who
④ what   ⑤ which

06 밑줄 친 부분이 어법상 틀린 것은?

① The book, that I am reading, is Nick's.
② The movie, which stars Lina, is a comedy.
③ The taxi, which we were riding in, suddenly stopped.
④ Mr. Anderson, who is 95, is still strong and healthy.
⑤ Mr. Jin, whom you met in front of the door, is my math teacher.

07 주어진 우리말을 영작한 것으로 바르지 않은 것은?

> Eric은 홍콩에 갔고, 그곳에서 일주일간 머물렀다.

① Eric went to Hong Kong where he stayed for a week.
② Eric went to Hong Kong, where he stayed for a week.
③ Eric went to Hong Kong, which he stayed in for a week.
④ Eric went to Hong Kong, and he stayed there for a week.
⑤ Eric went to Hong Kong, in which he stayed for a week.

08 밑줄 친 when의 쓰임이 〈보기〉와 같은 것은?

┤ 보기 ├
7 a.m. is the time when our train starts.

① I don't know when his birthday is.
② I'll call you back when I get home.
③ When does your school vacation start?
④ What do you want to be when you grow up?
⑤ Winter is the season when we have lots of snow.

09 밑줄 친 부분을 생략할 수 없는 것은?

① I can't forget the day when I won the race.
② The actress whom I like so much is in a new play.
③ I am looking for a shop where I can buy an umbrella.
④ This library is the place where I used to check out books.
⑤ Do you remember the day when we went camping together?

10 밑줄 친 부분을 괄호 안의 표현으로 바꿔 쓸 수 없는 것은?

① 9 a.m. is the time when we will start. (→ at which)
② The day when we left Busan was rainy. (→ on which)
③ This is the town where many apple trees grow. (→ in which)
④ The river where you want to swim is very deep. (→ to which)
⑤ This is the market where my mother buys food. (→ at which)

11 빈칸에 들어갈 말이 나머지와 다른 것은?

① I visited the town _____ I grew up.
② This is the park _____ I used to walk.
③ Which is the hotel _____ we will stay at?
④ The restaurant _____ we had dinner yesterday has nice dishes.
⑤ He lived in Vancouver, _____ he wrote about pop music for a magazine.

12 어법상 틀린 것은?

① I arrived home at 5, when it started to rain.
② This is the house, which I lived in my youth.
③ I like J's Dining, which I went to last weekend.
④ Picasso, who was born in Spain, worked in France.
⑤ He went back to the bus stop, where he couldn't find his missing bag.

13 주어진 문장과 의미가 같은 것은?

I've never been to Incheon, and my grandmother was born there.

① I've never been to Incheon my grandmother was born in.
② I've never been to Incheon in which my grandmother was born.
③ I've never been to Incheon where my grandmother was born.
④ I've never been to Incheon, where my grandmother was born.
⑤ I've never been to Incheon which my grandmother was born in.

14 두 문장의 뜻이 같도록 빈칸에 알맞은 말을 쓰시오.

> Do you remember that day on which we first met?
>
> = Do you remember that day _____ we first met?

15 밑줄 친 부분에 생략된 말을 보충하여 의미가 명확하도록 문장을 다시 쓰시오.

> Leave the book <u>where</u> it is.

➡ _____

[16~17] 밑줄 친 관계대명사를 접속사와 대명사로 바꿔 문장을 다시 쓰시오.

16
> The man, <u>who</u> was very tired, finished the race.

➡ _____

17
> He buys a lot of books, <u>which</u> he doesn't read.

➡ _____

[18~20] 두 문장을 who, which, where를 이용하여 한 문장으로 연결하시오.

18
> Mary lived in Lyme Regis.
> It is on the south coast.

➡ _____

19
> Lyme Regis is famous for its fossils.
> Mary lived there all her life.

➡ _____

20
> Mary's father collected fossils and sold them.
> He was a carpenter.

➡ _____

[21~22] 다음 글을 읽고, 물음에 답하시오.

> As a teenage boy, ⓐI was chosen to accompany my mother, who was a young-looking 53-year-old at the time, on a long bus trip to visit relatives. As we boarded our bus to go back home, the handsome bus driver stood outside the bus and took our tickets. "Help your sister with her bag," he suggested. As I turned to correct him, my mother nudged me and said sweetly, ⓑ"Never mind, Brother. You heard what the man said."

21 윗글의 밑줄 친 ⓐ와 같은 뜻이 되도록 빈칸에 알맞은 말을 쓰시오.

> = I was chosen to accompany my mother on a long bus trip to visit relatives, _____ _____ was a young-looking 53-year-old at the time.

22 윗글의 밑줄 친 ⓑ가 의미하는 것은?

① 시간 낭비 말고 버스에 타라.
② 화내지 말고 기사와 대화를 해라.
③ 내 걱정 말고 기사에게 친절하게 대해라.
④ 어색해 하지 말고 엄마를 누나처럼 편히 대해라.
⑤ 기사의 말을 정정할 생각 말고 내 가방을 드는 거나 도와라.

[23~24] 다음 글을 읽고, 물음에 답하시오.

ⓐIf you wanted to solve a crime such as a robbery or a murder, how would you start? What types of evidence would you look for? Crime experts all have a basic principle, or belief. A criminal always brings something to the scene of a crime and always leaves something there. As a result, crime experts always begin their criminal investigation with a careful examination of the place ___ⓑ___ the crime occurred.

23 윗글의 내용을 참고하여 ⓐ의 질문에 대한 응답을 쓰시오.

➡ We would _____ _____ _____

_____ _____ _____ first.

24 윗글의 빈칸 ⓑ에 알맞은 것은?

① and   ② that   ③ what

④ which   ⑤ where

25 〔서술형〕 강원도의 관광지 홍보물을 보고, 〈보기〉와 같이 문장을 완성하시오.

┤ 보기 ├

Samcheok:
visit huge caves
Samcheok is a place *where you can visit huge caves.*

(1)

Jeongseon:
ride a rail bike

Jeongseon is a place
_____.

(2)

Sokcho:
see an amazing sunrise at Seoraksan

Sokcho is a place
_____.

(3)

Gangneung:
enjoy sea fishing

Gangneung is a place
_____.

26 〔서술형〕 유리에 대한 정보와 〈보기〉의 말을 활용하여 글을 완성하시오.

• Yuri is my cousin.
• She is the same age as me.
• She lives in San Jose, California.
• It rarely snows in San Jose.
• She will visit me this winter.
• We will go ice skating and skiing together this winter.

┤ 보기 ├

who   when   where

Yuri, (1) _____, is my cousin. She lives in San Jose, California, (2) _____. She will visit me this winter, (3) _____.

Writing Practice

수동태

 A 능동태 문장의 밑줄 친 표현을 주어로 하는 수동태 문장을 완성하시오.

1 He wrote an award-winning novel.
→ An award-winning novel _____ .

2 My mom was making a cake.
→ A cake _____ .

3 Timothy designed the dress.
→ The dress _____ .

4 My brother was washing Dad's car.
→ Dad's car _____ .

5 Jenny offered me a ride.
→ _____ by Jenny.

6 The waiter is serving the food.
→ The food _____ .

7 She can teach him English.
→ _____ to him by her.

8 I fed my dogs and cats.
→ My dogs and cats _____ .

9 My parents bought me these shoes.
→ These shoes _____ .

10 Sarah gave me the scarf.
→ The scarf _____ .

11 The explosion killed many innocent people.
→ Many innocent people _____ .

12 A machine can wrap the products.
→ The products _____ .

13 My classmates are preparing a party.
→ A party _____ .

14 I will build a school in ten years.
→ _____ by me in ten years.

15 The composer is writing a new song.
→ A new song _____ .

B 우리말과 일치하도록 주어진 단어들을 바르게 배열하여 문장을 완성하시오.

1 나는 회장으로 선출되었다. (elected, president, was)
→ I _____ .

2 우리는 저녁 식사 파티에 초대되었다. (the dinner, invited, party, were, to)
→ We _____ .

3 그 영화는 Bob에 의해 감독될 것이다. (will, by Bob, directed, be)
→ The movie _____ .

4 자전거는 밖에 두어야 한다. (left, outside, be, must)
→ Bicycles _____ .

5 한밤중에 큰 소리가 들렸다. (heard, a, was, noise, loud)
→ _____ in the middle of the night.

6 이 책은 나의 어린 여동생을 위해 샀다. (for, bought, my, was, little sister)
→ This book _____ .

7 그 건물은 200년 전에 지어졌다. (200 years, built, ago, was)
→ The building _____ .

8 이 꽃들은 정원에 심어질 수 있다. (the garden, be planted, in, can)
→ These flowers _____ .

9 나는 모르는 사람에게서 편지를 받았다. (a letter, I, given, by, was)
→ _____ an unknown person.

10 내 생각들은 회의에서 발표될 것이다. (at, presented, will, the meeting, be)
→ My ideas _____ .

11 우리 음악 선생님에 의해 새로운 노래가 우리에게 가르쳐졌다. (by, taught, our music teacher, to us, was)
→ A new song _____ .

12 미래에는 집들이 로봇에 의해 청소될 것이다. (robots, in, by, the future, be cleaned, will)
→ Houses _____ .

13 나는 그 경찰관에게 속도위반 딱지를 받았다. (given, ticket, I, a speeding, was)
→ _____ by the police officer.

14 2022년에 세계에서 가장 긴 다리가 지어질 것이다. (bridge, in, be built, the longest, the world, will)
→ _____ in 2022.

15 지난밤에 콘서트가 비 때문에 취소되었다. (called off, night, the concert, last, was)
→ _____ because of the rain.

01 빈칸에 공통으로 알맞은 것은?

> • All flights were cancelled because _____ bad weather.
> • We will depart tomorrow regardless _____ the weather.

① in   ② of   ③ to
④ on   ⑤ from

02 짝지어진 두 단어의 관계가 나머지와 다른 것은?

① thick – thin
② innocent – guilty
③ annoy – comfort
④ secure – insecure
⑤ hidden – covered

03 빈칸에 알맞은 말을 쓰시오.

> I neither expected nor planned to meet him, but we met by _____ at the airport.

04 다음 영영풀이에 해당하는 단어를 쓰시오.

> It is simple food that can be cooked and eaten quickly between meals.

 _____

05 빈칸에 알맞은 것은?

> That paper rose _____ by Annie.

① made   ② makes
③ is making   ④ has made
⑤ was made

06 빈칸에 알맞지 않은 것은?

> These cookies were _____ for me by my grandmother.

① sent   ② made   ③ baked
④ bought   ⑤ ordered

07 빈칸에 들어갈 말이 순서대로 짝지어진 것은?

> • Please _____ me to the park.
> • I _____ the picture in Jejudo last summer.
> • Shoes should _____ off before entering the room.

① take – took – be taken
② be taken – took – take
③ be taken – was taking – take
④ takes – was taken – be taking
⑤ take – was being taken – be taking

08 주어진 문장을 수동태로 바르게 바꾼 것은?

> We will not open the store next week.

① The store does not open next week.
② The store will be not opened next week.
③ The store will not be opened next week.
④ We are not opened the store next week.
⑤ We will not be opened the store next week.

09 능동태를 수동태로 바꾼 문장이 바르지 <u>않은</u> 것은?

① He did me a favor.
　→ A favor was done for me by him.
② He showed me an old album.
　→ I was shown an old album by him.
③ Tom gave John a book.
　→ A book was given to John by Tom.
④ His father bought him a bike.
　→ A bike was bought him by his father.
⑤ She specially cut a piece of cake for him.
　→ A piece of cake was specially cut for him by her.

10 두 문장의 뜻이 같을 때 빈칸에 각각 알맞은 것은?

> By whom should these rules be followed?
> = _____ should _____ these rules?

① Who, follow
② Who, follows
③ Whom, follow
④ By whom, follow
⑤ By whom, be followed

11 어법상 옳은 문장은?

① He can be not trusted.
② Will his illness cure completely?
③ This book should be read with care.
④ The report must be finish by tomorrow.
⑤ By whom your situation can be understood?

12 수동태로 바꿔 쓸 수 있는 문장은?

① He lacks confidence.
② We had a nice dinner.
③ They have a nice house.
④ This dress becomes her.
⑤ This coat does not fit you.

13 밑줄 친 부분을 생략할 수 <u>없는</u> 것은?

① Andy was invited to the party <u>by Suji</u>.
② Oranges are sold at that store <u>by them</u>.
③ Fireflies can be seen <u>by people</u> at night.
④ He was born <u>by a woman</u> in hot summer.
⑤ What is this flower called in English <u>by people</u>?

14 어법상 틀린 부분을 고쳐 문장을 다시 쓰시오.

> Where will the 2028 Olympics hold?

➡ _____

15 주어진 우리말과 일치하도록 문장을 완성하시오.

> 우리 교실은 우리가 청소해야 한다.

➡ Our classroom _____.

16 그림을 보고, 대화의 빈칸을 완성하시오.

> A: Who fed the stray cat?
> B: It _____ Jenna.

17 두 문장의 뜻이 같도록 빈칸에 알맞은 말을 쓰시오.

> At that time, they sold cheese by the kilogram.
> = At that time, cheese _____ by _____.

18 주어진 문장과 뜻이 같도록 제시된 주어로 시작하여 문장을 다시 쓰시오.

> He gave me those flowers.

> = (1) I _____.
> = (2) Those flowers _____.

[19~20] 능동태 문장은 수동태로, 수동태 문장은 능동태로 바꿔 쓰시오.

19
> Tom is not looking for the missing pen.

➡ _____

20
> What can be used by them to carry the heavy boxes?

➡ _____

[21~22] 다음 글을 읽고, 물음에 답하시오.

> My little sister Clare was only 3 and a half when our hometown ⓐhit a tornado. After the storm had passed, our whole family watched the TV news. It was showing the tremendous destruction that had occurred. Clare's eyes were as big as saucers as she quietly watched scenes of uprooted trees, smashed windows and missing roofs. Finally she turned to me and asked, "ⓑA tomato did all that?"

21 윗글의 밑줄 친 ⓐ를 어법상 바른 형태로 쓰시오.

➡ _____

22 윗글의 밑줄 친 ⓑ에서 유추할 수 있는 것은?

① A tomato caused a tremendous disaster.
② Clare confused a tornado and a tomato.
③ Clare's hometown grew a lot of tomatoes.
④ A tomato could be a good food during a tornado.
⑤ Clare was surprised that a tomato is very dangerous.

[23~24] 다음 글을 읽고, 물음에 답하시오.

What is a good job? Because people usually want to earn a lot of money, they say a good job is a job with a high salary. However, a high salary doesn't guarantee that 당신이 그 직업에 만족할 것이다. Some research about job satisfaction has been done. Doctors, who usually get a high salary, were ranked almost the lowest in terms of job satisfaction. However, photographers and writers were ranked the highest. Therefore, when you consider what a good job is, you shouldn't just think about how much it pays.

23 윗글의 밑줄 친 우리말을 괄호 안의 말을 활용하여 영작하시오. (satisfy)

➡ _____

24 윗글의 요지로 알맞은 것은?

① There are not any good jobs.
② A good job is a highly paid job.
③ A high salary gives low job satisfaction.
④ Job satisfaction is important in choosing a job.
⑤ When you choose a job, disregard its salary.

25 서술형 그림을 보고, 괄호 안의 말을 활용하여 표지판의 내용을 나타내는 문장을 완성하시오.

(1) Cell phones _____.
(turn off)

(2) Pictures _____.
(take)

(3) Motorcycles _____.
(ride)

26 서술형 민수와 친구들의 어린이 병원 봉사활동 계획표를 보고, 글을 완성하시오.

Who	What
Minsu	(1) to take out the trash
Jaemin	(2) to arrange the toys and books
Sumi	(3) to read books to the children
Yurim	(4) to play the piano for the children

This Friday, Minsu and his friends will go to a children's hospital to do some volunteer work. They make a list of the tasks that need to get done. Then everyone chooses a task. Who will the tasks get done by?

(1) _____ by Minsu.
(2) _____ by Jaemin.
(3) _____ by Sumi.
(4) _____ by Yurim.

10 Writing Practice

A 우리말과 일치하도록 주어진 단어들을 바르게 배열하여 문장을 완성하시오.

1 그 감동적인 뉴스는 우리를 행복하게 만들었다. (news, touching, us, made)
→ The _____ happy.

2 나는 그 잊혀진 약속을 지키고 싶다. (keep, promise, forgotten, the)
→ I want to _____ .

3 우리는 그 유기견을 입양할 수 있다. (adopt, dog, the, abandoned)
→ We can _____ .

4 그 기차에 붙어 있는 식당차가 있었다. (attached, train, the, to)
→ There was a dining car _____ .

5 그 책장 앞에 서서, Tom은 책 한 권을 집었다. (bookshelf, standing, the, in front of)
→ _____ , Tom took a book.

6 신선한 재료들로 요리되어서, 이 수프는 절대로 실패하지 않을 것이다. (fresh, cooked, ingredients, with)
→ _____ , this soup will never fail.

7 매우 피곤함에도 불구하고, 그녀는 자신의 숙제를 마쳤다. (very, though, tired)
→ _____ , she finished her homework.

8 셋보다 많은 아이들을 기르면, 당신은 많은 돈을 식품에 사용할 수밖에 없다. (more, raising, children, three, than)
→ _____ , you can't but spend a lot of money on food.

9 다른 나라에서 여행할 때는, 당신의 여권을 가지고 다녀야 한다. (in, traveling, countries, other)
→ _____ , you have to carry your passport with you.

10 그 사과를 응시하고서, Robin은 그것에 화살을 겨누었다. (the, staring, apple, at)
→ _____ , Robin aimed his arrow at it.

11 물을 너무 많이 마셔서, 나는 화장실에 자꾸 가야 했다. (drinking, too, water, much)
→ _____ , I had to go to the bathroom again and again.

12 엄마께서는 우리가 수영장에서 노는 것을 지켜보셨다. (us, mom, playing, watched)
→ _____ in the pool.

13 지훈이는 그 그림이 보기에 즐겁다는 것을 알게 되었다. (pleasing, painting, the, found)
→ Jihun _____ to the eye.

14 당신은 중국어로 의사소통을 할 수 있습니까? (make, understood, yourself)
→ Can you _____ in Chinese?

15 우리는 그 영화배우가 이 티셔츠를 입고 있는 것을 보았다. (the, star, saw, wearing, movie)
→ We _____ this T-shirt.

B 우리말과 일치하도록 주어진 단어들을 활용하여 문장을 완성하시오. (단, 분사가 반드시 포함되도록 할 것)

1 무대 위에 올라갔을 때, 나는 내 대사를 잊어버렸다. (get, stage)
→ _____, I forgot my lines.

2 부유함에도 불구하고, 이 박사님은 매우 검소하셨다. (though, rich)
→ _____, Dr. Lee was very thrifty.

3 너의 음식을 씹으면서 말하지 마라. (chew, food)
→ Don't speak while _____.

4 5시에 시작해서, 영화는 7시 정도에 끝날 것이다. (begin, five)
→ _____, the movie will end at around 7.

5 안경을 쓴 저 남자가 우리의 새 선생님이시다. (wear, eyeglasses)
→ _____ is our new teacher.

6 Brown 부인은 그녀의 아들이 걱정스러웠다. (worried, son)
→ Mrs. Brown was _____.

7 모든 것이 눈으로 덮여 있었다. (cover, snow)
→ Everything _____.

8 나는 어제 머리를 잘랐다. (had, cut)
→ I _____ yesterday.

9 Adam은 어젯밤에 어떤 개가 짖는 것을 들었다. (hear, bark)
→ Adam _____ last night.

10 Jake는 문에 손가락이 끼었다. (get, catch)
→ Jake _____ in the door.

11 Sally는 어떤 손이 그녀의 어깨를 만지는 것을 느꼈다. (feel, touch)
→ Sally _____ her shoulder.

12 전화를 받지 않으면, 그는 집에 없는 것이다. (answer, phone call)
→ _____, he is not at home.

13 그 사람의 눈을 바라보면서 고맙다고 말해라. (look into, eyes)
→ Say thank you, _____.

14 나는 누군가가 문을 열어주기를 기다리면서 벨을 울렸다. (wait for, open)
→ I rang the bell, _____.

15 모든 것이 전과 같다는 것을 알게 되자, Harry는 진정이 되었다. (find, the same, as before)
→ _____, Harry calmed down.

Actual Test

01 짝지어진 두 단어가 반의어 관계가 <u>아닌</u> 것은?

① Arctic − Antarctic
② outdoor − indoor
③ including − except
④ commonly − scarcely
⑤ annoyed − embarrassed

02 나머지를 모두 포함할 수 있는 것은?

① a fox
② a dog
③ a whale
④ a mouse
⑤ a mammal

03 빈칸에 공통으로 들어갈 알맞은 말을 쓰시오.

- We put out the fire before we left the camping _____.
- This is a _____ for the new school.
- I posted my pictures on the Internet Web _____.

04 다음 영영풀이에 해당하는 단어를 주어진 철자로 시작하여 쓰시오.

someone who continues to live after a disaster, accident, or illness in spite of coming close to death

➡ s_____

05 밑줄 친 부분의 쓰임이 나머지와 <u>다른</u> 것은?

① Is he still <u>sleeping</u>?
② She is smiling at her <u>sleeping</u> baby.
③ The only thing you need is a <u>sleeping</u> bag.
④ The boy <u>sleeping</u> on the sofa is my younger brother.
⑤ Two mice are watching a cat <u>sleeping</u> in front of the door.

06 빈칸에 들어갈 play의 형태로 알맞은 것은?

I have never heard the piano _____.

① play
② plays
③ played
④ playing
⑤ having played

07 밑줄 친 부분이 어법상 옳은 것은?

① The house <u>painting</u> in blue is Anne's.
② These are the photos <u>taking</u> in Busan.
③ We found a <u>broken</u> car beside the road.
④ A bird <u>sung</u> a song is sitting by the window.
⑤ Those poems <u>writing</u> 200 years ago are still popular.

08 빈칸에 알맞지 <u>않은</u> 것은?

We were _____.

① not watching TV
② pleased with our success
③ disappointing at the movie
④ shocking to the whole audience
⑤ very confused about our feelings

09 어법상 틀린 문장은?

① He said so, not looking at me.

② Seen by the policeman, he ran away.

③ Living next door, he often visits me.

④ We held a big party, winning the game.

⑤ Taking too much, a good medicine may do you harm.

10 주어진 문장을 어법상 옳게 바꿔 쓴 것은?

> Though he was very tired, he continued his work.

① He very tired, he continued his work.

② He being very tired, he continued his work.

③ Though very tired, he continued his work.

④ Though he very tired, he continued his work.

⑤ Though he being very tired, he continued his work.

11 그림의 내용을 바르게 묘사한 문장을 모두 고르면?

> On Sundays, my father _____.

① has my car washing

② has me wash his car

③ has me his car washed

④ has his car get washed by me

⑤ has his car get washing by me

[12~13] 두 문장의 뜻이 같도록 빈칸에 알맞은 접속사를 고르시오.

12

> Turning left, you can see the bus stop.
> = _____ you turn left, you can see the bus stop.

① If   ② While   ③ Before

④ Though   ⑤ Because

13

> Leaving early, we could catch the bus.
> = _____ we left early, we could catch the bus.

① After   ② When   ③ Since

④ Unless   ⑤ Although

[14~15] 괄호 안의 동사를 알맞은 형태로 써서 문장을 완성하시오.

14

> (frighten)
> The scene was so _____ that everybody felt _____ by it.

15

> (satisfy)
> We were _____ with the restaurant's service. It was really _____.

16 어법상 틀린 부분을 고쳐 쓰시오.

> Suji said "Good bye," waved her hand.

_____ ➡ _____

[17~18] 두 문장의 뜻이 같도록 괄호 안의 동사를 알맞은 형태로 써서 문장을 완성하시오.

17
> (use)
> My friend had me _____ his pen.
> = My friend had his pen _____ by me.

18
> (catch)
> I saw a snake _____ a frog.
> = I saw a frog _____ by a snake.

19 밑줄 친 부사절을 분사구문으로 바꿔 쓰시오.

> As she didn't know what to do, Amy asked me for some advice.
>
> ➡ _____,
>   Amy asked me for some advice.

20 밑줄 친 분사구문을 부사절로 바꿔 쓰시오.

> Sitting here in the sun, I still feel cold.
> ➡ _____,
>   I still feel cold.

[21~22] 다음 글을 읽고, 물음에 답하시오.

> For thousands of years, people have built their homes to protect themselves from the weather. That's why a home in the hot, dry desert looks very different from a home in the cold Arctic. Many Inuit ⓐlive in cold northern Canada build homes ⓑcall igloos. The walls and dome-shaped roofs are made of thick blocks of snow. They keep people inside safe from the wind and cold. In contrast, tropical houses in Indonesia have high, sloping roofs to protect people from the sun. The roofs also allow heavy rain to drain away.

21 윗글의 밑줄 친 ⓐ와 ⓑ의 형태로 알맞은 것은?

	ⓐ	ⓑ
①	living	called
②	live	calling
③	lived	call
④	live	called
⑤	living	calling

22 윗글의 내용에 맞게 빈칸에 알맞은 말을 써서 글의 요지를 완성하시오.

> Homes have had different shapes and materials according to _____.

[23~24] 다음 글을 읽고, 물음에 답하시오.

During the winter of Paul's freshman year at the University of Texas at Austin, there was a big snowfall. Since Paul and his friends were from Houston, snow was a novelty to them. They were delighted to take part in snowball fights, sledding on cafeteria trays and building snowmen. On the way back to the dorm, Paul noticed a small snowman along the road and decided to practice a football tackle on it. His friends all watched him throwing himself at the snowman. It didn't move. Helping Paul up and brushing off the snow, his friends found that Paul had tackled a fire hydrant.

*fire hydrant 소화전

23 윗글의 밑줄 친 분사구문을 부사절로 바꿔 쓰시오.

➡ _____

24 윗글의 내용과 일치하지 <u>않는</u> 것은?

① Paul은 대학 신입생이었다.
② Paul의 고향에서는 눈이 흔하지 않았다.
③ Paul과 친구들은 맘껏 눈 놀이를 즐겼다.
④ Paul은 기숙사에서 생활했다.
⑤ Paul은 소화전을 뽑을 만큼 풋볼 기술이 뛰어났다.

서술형
25 그림을 보고, 〈보기〉를 참고하여 Kamila의 요청에 대한 문장을 완성하시오.

┤ 보기 ├
Kamila says, "Shampoo and dry my hair, please."
→ Kamila has *her hair shampooed and dried.*

(1) Kamila says, "Wave my hair, please."
  ➡ Kamila has _____.
(2) Kamila says, "Polish my nails, please."
  ➡ Kamila has _____.
(3) Kamila says, "Give me makeup, please."
  ➡ Kamila has _____.

서술형
26 그림의 상황에 맞게 주어진 표현을 활용하여 분사구문을 사용한 문장을 쓰시오.

(1)   (2)   (3)

go jogging /   play the piano /   dance / watch
listen to music   sing songs   music videos

Josh loves music. It's a huge part of his life. (1) _____
(2) _____
(3) _____

Writing Practice

 A 우리말과 일치하도록 주어진 단어들을 활용하여 문장을 완성하시오.

1 무언가가 잘못된 것 같다. (seem, to)

→ _____ wrong.

2 네덜란드는 유럽의 작지만 아름다운 나라이다. (the Netherlands, be)

→ _____ a small but beautiful country in Europe.

3 나는 잃을 것이 없다. (nothing, lose)

→ I _____ .

4 나는 물을 끓일 주전자를 샀다. (kettle, boil)

→ I bought a _____ in.

5 나는 강가의 집에 살고 싶다. (house, river)

→ I want to live in a _____ .

6 이것은 그 가수가 썼던 모자이다. (cap, wear)

→ This is the _____ .

7 물처럼 움직이는 액체 자석이 가장 흥미로웠다. (magnet, move)

→ The liquid _____ was the most interesting.

8 곧 비가 내릴 것 같다. (likely, rain)

→ It is _____ soon.

9 이 고기는 씹기에 질기다. (tough, chew)

→ This meat _____ .

10 Kate는 그녀가 그 대회에 참가할 수 있는지를 물었다. (ask, can)

→ Kate _____ enter the contest.

11 나는 한국전쟁이 1950년에 발발했다고 읽었다. (read, the Korean War, break out)

→ I _____ in 1950.

12 나의 엄마는 뜻이 있는 곳에 길이 있다고 말씀하셨다. (say, where, be)

→ My mom _____ a will, there is a way.

13 그 시간표는 그 비행기가 8시에 도착한다는 것을 보여 주었다. (show, arrive)

→ The timetable _____ at 8.

14 모든 선생님들이 그가 좋은 의사가 될 것으로 기대했다. (expect, will)

→ Every teacher _____ become a good doctor.

15 한 일본 역사학자는 독도가 한국 영토임을 인정했다. (admit, Dokdo, be)

→ A Japanese history scholar _____ a Korean territory.

우리말과 일치하도록 주어진 단어들을 바르게 배열하여 문장을 완성하시오.

1 제가 당신을 위해 할 수 있는 어떤 것이 있을까요? (anything, can, I, do)
→ Is there _____ for you?

2 우리는 정말로 강한 누군가가 필요하다. (really, someone, strong, need)
→ We _____ .

3 7일이면 일주일이 된다. (one, days, makes, seven)
→ _____ week.

4 셀카를 찍는 것은 내가 좋아하는 취미이다. (my, taking, is, selfies)
→ _____ favorite hobby.

5 규칙적으로 운동을 하는 것은 당신을 더욱 더 건강해지게 한다. (you, gets, healthier, even)
→ To work out regularly _____ .

6 많은 수의 사람들이 줄을 서서 기다리고 있었다. (number, a, were, people, of)
→ _____ waiting in line.

7 나는 내가 제주도에 산다고 썼다. (that, lived, wrote, I)
→ I _____ in Jejudo.

8 나는 그가 정직하다고 생각했다. (honest, was, he, thought)
→ I _____ .

9 수미는 내가 매우 아팠었다는 것을 알고 있었다. (been, knew, I, had)
→ Sumi _____ very sick.

10 나의 팀 동료들은 경주할 준비가 되어 있었다. (race, to, were, ready)
→ My teammates _____ .

11 우리는 인터넷에 연결할 수 없다. (unable, connect, to, are)
→ We _____ to the Internet.

12 Megan은 결정을 내리는 것을 망설였다. (hesitant, make, was, to)
→ Megan _____ a decision.

13 약속은 천천히, 하지만 실행은 빠르게 하라. (slow, be, promise, to)
→ _____ , but quick to perform.

14 Steve는 저녁으로 먹을 것을 마음껏 고를 수 있었다. (choose, to, free, was)
→ Steve _____ what to eat for dinner.

15 나는 윤지를 위한 환송회에 참석하게 되어 기쁘다. (to, happy, am, attend)
→ I _____ the farewell party for Yunji.

Actual Test

01 빈칸에 알맞은 것은?

> They are of a(n) _____ size. They are all one-sized.

① fair ② puffy ③ typical
④ normal ⑤ uniform

02 밑줄 친 부분과 바꿔 쓸 수 있는 것은?

> She tries to <u>keep</u> her elegance and status.

① mist ② occur ③ stretch
④ decorate ⑤ maintain

03 빈칸에 알맞은 말을 주어진 철자로 시작하여 쓰시오.

> We eat *tteokguk*, rice-cake soup, on New Year's Day. It's an old Korean t_____.

04 다음 영영풀이에 해당하는 말을 주어진 철자로 시작하여 쓰시오.

> It is a religious service or other ceremony which involves a series of actions performed in a fixed order.

➡ r_____

05 빈칸에 알맞지 <u>않은</u> 것은?

> I am looking for _____ beautiful.

① someone ② sometime
③ something ④ somebody
⑤ somewhere

[06~07] 빈칸에 알맞은 동사의 형태를 고르시오.

06

> I learned that water _____ at 0°C.

① froze ② freeze
③ freezes ④ has frozen
⑤ would freeze

07

> I promised I _____ late again.

① am not ② was not
③ will not be ④ would not be
⑤ have never been

08 빈칸에 is가 들어갈 수 <u>없는</u> 것은?

① Ten years _____ a long time to wait.
② A number of cars _____ parked here.
③ Jam and bread _____ his usual breakfast.
④ Half of the floor _____ covered with carpet.
⑤ The percentage of cars parked here _____ increasing every year.

09 밑줄 친 부분이 어법상 <u>틀린</u> 것은?

① You are eating cookies I <u>made</u>.

② I thought I <u>am doing</u> very well.

③ I'm sure you <u>were</u> sick yesterday.

④ Do you believe we <u>will win</u> the game?

⑤ I missed the bus because I <u>got</u> up late.

10 어법상 옳은 문장은?

① New someone will join us.

② Let's go cold somewhere.

③ Kind somebody helps them.

④ There is nothing special here.

⑤ Strange something happened last night.

11 어법상 <u>틀린</u> 문장은?

① She needs somebody help her.

② I know the girl you met in the park.

③ She didn't know the man who called her name.

④ I played basketball with friends of my brother.

⑤ Who is that woman talking to our math teacher?

12 짝지어진 두 문장의 뜻이 서로 <u>다른</u> 것은?

① Babies are slow to react.

= Babies react slowly.

② John is hard to convince.

= It is hard to convince John.

③ He is likely to come.

= It is likely that he will come.

④ I was glad to hear the news.

= I was glad, so I heard the news.

⑤ This question is easy to answer.

= It is easy to answer this question.

13 밑줄 친 부분의 쓰임이 〈보기〉와 같은 것은?

┤ 보기 ├
You are free <u>to go</u> out any time.

① He is willing <u>to help</u> us.

② Let's stop <u>to have</u> a rest.

③ His dream is <u>to be</u> a pilot.

④ I have no reason <u>to refuse</u> it.

⑤ I don't want <u>to stay</u> here any more.

14 괄호 안의 동사를 써서 현재시제로 문장을 완성하시오.

What she says always _____ (make) me happy.

15 두 문장의 뜻이 같도록 빈칸에 알맞은 말을 쓰시오.

He said, "I don't know where my car is."

= He said that he _____ where his car _____.

16 어법상 <u>틀린</u> 부분을 고쳐 문장을 다시 쓰시오.

The Netherlands are located in northwest Europe.

➡ _____

17 자연스러운 대화가 되도록 괄호 안의 말을 바르게 배열하시오.

> A: Would you like a drink?
> B: Yes. _____
> (I, to, cold, want, drink, something)

18 주어진 문장과 같은 의미가 되도록 괄호 안의 말을 바르게 배열하시오.

> You can't find anyone who is more confused.

(you, find, more, can't, anyone, confused)

➡ _____

[19~20] 그림을 보고, 질문에 대한 답을 완성하시오.

19

> Q: Why do they look upset?
> A: They are disappointed to _____.

20

> Q: What's wrong?
> A: The drums are hard to _____.

[21~22] 다음 글을 읽고, 물음에 답하시오.

> ⓐWe cannot live without green plants. Green plants give us food. They make food using water, air, and sunlight and store it in their leaves, roots, stems, fruits, and seeds. We eat this food. Plants produce oxygen when they make food. This is the second reason why we can't live without green plants. ⓑ(is, us, to, for, oxygen, breathe, necessary).

21 윗글의 밑줄 친 ⓐ의 이유로 본문에서 언급한 두 가지를 찾아 우리말로 쓰시오.

➡ (1) _____

_____

➡ (2) _____

_____

22 윗글의 괄호 ⓑ의 단어들을 바르게 배열하여 글의 마지막 문장을 쓰시오.

➡ _____

_____

[23~24] 다음 글을 읽고, 물음에 답하시오.

For our last class before summer vacation, our math teacher brought in slides that ⓐ<u>show</u> particularly interesting occurrences in the sky. "The last slide I will show you is unique," he said in conclusion. "It is ⓑ<u>the most beautiful picture I have</u>. It's a picture of a heavenly phenomenon that I have spent months waiting for." We were eager to see a picture of a group of stars he ⓒ<u>show</u> us. Instead, it was a photo of his baby daughter.

23 윗글의 밑줄 친 ⓐ와 ⓒ의 형태로 알맞은 것은?

	ⓐ		ⓒ
①	show	–	show
②	show	–	shows
③	showed	–	showed
④	showed	–	will show
⑤	showed	–	would show

24 윗글의 밑줄 친 ⓑ에 담겨 있던 것은?

① a baby girl

② a beautiful sky

③ a group of stars

④ a mathematical phenomenon

⑤ an interesting occurrence in the sky

25 서술형 ✏ 그림을 보고, 괄호 안의 말을 활용하여 엄마가 당부하는 말을 완성하시오.

(1) Life jackets are _____.
        (free, use)

(2) A slippery surface is _____.
        (dangerous, run on)

(3) Lifeguards are _____.
        (ready, help)

(4) The water is _____.
        (not good, drink)

26 서술형 ✏ 글의 내용과 일치하도록 각 문장을 완성하시오.

Saemi, a new student, introduced herself. "I was born in Busan. Since then I have lived there. My hobby is drawing. I'll be a fashion designer in the future."

(1) Saemi said _____ in Busan.

(2) She said since then _____.

(3) She said _____ drawing.

(4) She said _____ a fashion designer in the future.

12 Writing Practice

A 우리말과 일치하도록 주어진 단어들을 바르게 배열하여 문장을 완성하시오.

1 여기 우리가 주문한 피자가 온다. (pizza, we, the, ordered, comes)
→ Here _____ .

2 준비됐든 안 됐든 내가 찾으러 간다! (I, ready, not, here, or)
→ _____, _____ come!

3 저기 소방차가 간다. (fire, a, goes, engine)
→ There _____ .

4 그의 목숨을 구했던 것은 Ariel이었다. (that, Ariel, was, it)
→ _____ had saved his life.

5 그 가게가 닫는 것은 오후 10시이다. (10 p.m., is, it, that, at)
→ _____ the shop closes.

6 나는 정말로 네가 나를 놀렸다고 믿는다. (do, I, you, believe)
→ _____ pulled my leg.

7 Michael은 정말로 지난달에 대구로 이사 갔다. (move, Michael, to, did)
→ _____ Daegu last month.

8 그 옷은 내게 정말로 엄청난 돈이 들게 했다. (did, dress, cost, me, the)
→ _____ an arm and a leg.

9 기차가 8시에 도착할 거라는 것을 꼭 기억해라. (remember, train, that, do, the)
→ _____ will arrive at 8.

10 이 식물이 필요로 하는 것은 물 한 바가지이다. (a, it, water, of, bucket, is)
→ _____ that this plant needs.

11 유나는 나의 가장 좋은 친구였고 너도 그래. (you, so, have, and)
→ Yuna has been my best friend _____ .

12 태민이의 고양이는 고양이 먹이를 먹지 않고 내 고양이도 그렇다. (cat, my, neither, does)
→ Taemin's cat doesn't eat cat food and _____ .

13 사과나무는 많이 자라지 않았고 체리 나무도 그렇다. (the, has, cherry, neither, tree)
→ The apple tree hasn't grown much and _____ .

14 나의 할아버지께서는 일본어를 잘 하시고 나의 할머니께서도 그렇다. (can, grandmother, my, so)
→ My grandfather can speak Japanese well and _____ .

15 액션 영화는 내가 좋아하는 것이 아니고 공포 영화도 그렇다. (movies, are, neither, horror)
→ Action movies are not my favorite and _____ .

B 우리말과 일치하도록 주어진 단어들을 활용하여 문장을 완성하시오.

1 얼음물은 정말로 열을 진정시킨다. (do, ease)
→ _____ the heat.

2 이 약은 정말로 내 감기를 치유했다. (medicine, do, cure)
→ _____ my cold.

3 여기 암을 이겨내기 위한 새로운 방법이 있다. (here, be)
→ _____ to fight cancer.

4 우리의 대화를 듣고 있는 나의 어머니가 계셨다. (there, be)
→ _____ listening to our conversation.

5 언덕들 위로 떠오르는 태양이 나타났다. (appear, rising)
→ Over the hill _____ .

6 나무 위에는 새 두 마리가 나란히 앉았다. (sit, side by side)
→ On the tree _____ .

7 아무도 그렇다고 말하지 않을 거고 나도 그럴 거야. (neither, I)
→ Nobody will say yes _____ .

8 이 시계들은 신상들이고 저 옷들도 그렇다. (so, be)
→ These watches are new arrivals _____ clothes.

9 내가 늦은 것은 교통 체증 때문이었다. (it, because of)
→ _____ that I was late.

10 나는 정말로 오늘 점심으로 햄버거 세 개를 먹었다. (do, hamburger)
→ _____ for lunch today.

11 그 요리사는 정말로 피자를 요리하는 법을 안다. (cook, do)
→ _____ how to cook a pizza.

12 내가 너의 엄마를 처음으로 만난 곳은 그 도서관이었다. (where, meet)
→ It was at the library _____ for the first time.

13 그 사고에서 우리를 구해준 것은 안전벨트였다. (that, save)
→ It was the safety belts _____ in the accident.

14 Mary와 Jack이 결혼하기로 결정한 것은 2009년이었다. (in 2009, when)
→ It was _____ decided to get married.

15 나는 정말로 그 경기를 즐겼고 내 팀의 다른 선수들도 그랬다. (so, player)
→ I really enjoyed the game and _____ on my team.

Actual Test

01 밑줄 친 부분과 바꿔 쓸 수 <u>없는</u> 것은?

> There are <u>a large number of</u> people at the beach.

① many   ② a few
③ lots of   ④ a lot of
⑤ numerous

02 짝지어진 두 단어의 관계가 나머지와 <u>다른</u> 것은?

① love − lovely
② basic − basically
③ original − originally
④ particular − particularly
⑤ accidental − accidentally

03 빈칸에 알맞은 말을 쓰시오.

> Don't _____ your pets. If you give them too much food, they could become overweight.

04 두 문장의 뜻이 같도록 빈칸에 알맞은 말을 쓰시오.

> Mr. Robinson is the owner of this house.
> = This house _____ s to Mr. Robinson.

05 빈칸에 들어갈 동사의 형태로 알맞은 것은?

> I didn't call him, but I _____ him a text message.

① do sent   ② do send
③ did sent   ④ did send
⑤ was sent

06 빈칸에 공통으로 알맞은 것은?

> • He _____ hope they will meet again.
> • I enjoy spicy food and so _____ Andy.

① is   ② do   ③ did
④ was   ⑤ does

07 빈칸에 들어갈 말이 순서대로 짝지어진 것은?

> • _____ was at the shop that I got these shoes.
> • She was hungry and _____ was I.
> • Anna hasn't arrived yet and _____ have her parents.

① That − so − as
② It − so − neither
③ This − neither − so
④ That − too − either
⑤ It − either − neither

08 밑줄 친 부분이 어법상 옳은 것은?

① <u>Do be</u> quiet.
② Here <u>the news is</u>.
③ On the hill <u>a castle stood</u>.
④ He is not tired and <u>so am I</u>.
⑤ It is <u>yesterday that</u> I watched the scene.

72 ● EBS 중학 뉴런 영어 3 ⊙ Workbook

[09~10] 어법상 <u>틀린</u> 문장을 고르시오.

09
① Here comes he.
② Here comes the bus.
③ Here is your change.
④ In the box is an apple.
⑤ On the table was a note.

10
① Bob knows him, and so do I.
② Jina won't come, and so will I.
③ Sechan can help you, and so can I.
④ I passed the test, and so did Yunju.
⑤ My parents are terrible at singing, and so am I.

[11~12] 밑줄 친 부분의 쓰임이 나머지와 <u>다른</u> 것을 고르시오.

11
① I <u>do</u> love you.
② He <u>does</u> need our help.
③ She <u>did</u> try to do her best.
④ He knew about me well and so <u>did</u> I.
⑤ You didn't expect me to go, but I <u>did</u> go.

12
① It was I <u>that</u> called you.
② It is John <u>that</u> I trust most.
③ It was in Boston <u>that</u> I met her.
④ It was to me <u>that</u> he gave the book.
⑤ It is true <u>that</u> she was sick yesterday.

13 대화의 응답으로 가장 알맞은 것은?

> A: Why didn't you tell him the truth?
> B: _____

① Yes, I will.
② No, I didn't.
③ I did tell him.
④ I told him nothing.
⑤ I didn't tell him the truth.

14 괄호 안의 동사를 어법상 바른 형태로 쓰시오.

> He doesn't get much exercise now, but he _____ (do) play basketball quite a bit when he was younger.

15 그림을 보고, 괄호 안의 말을 바르게 배열하여 문장을 완성하시오.

➡ _____ a glass of water.
(table, is, the, on)

16 주어진 문장을 주어진 말로 시작하여 다시 쓰시오.

> Your bag is here.
> ➡ Here _____.

17 주어진 문장의 일부분을 강조하여 우리말과 일치하는 문장을 쓰시오.

> I learned how to ride a bike from my grandfather.

내가 자전거 타기를 배운 것은 바로 나의 할아버지로 부터였다.

➡ _____

18 대화의 밑줄 친 부분과 같은 의미가 되도록 주어진 말로 시작하는 문장을 완성하시오.

> A: I don't get up early on weekends.
> B: Me, either.
> (= Neither _____.)

19 밑줄 친 부분을 강조하여 문장을 다시 쓰시오.

> What made him change his mind?

➡ _____

20 어법상 바르지 않은 부분을 고쳐 쓰시오.

> Sean has never been to Hawaii and so haven't I.

_____ ➡ _____

[21~22] 다음 글을 읽고, 물음에 답하시오.

> Jaeyoung and his best friend, Minwu, went to Andong for a vacation. They expected they would have a fun trip, but it didn't turn out that way. Multiple times, Jaeyoung wanted to do something, and Minwu wanted to do something else. Jaeyoung tried to do what Minwu wanted once, and ⓐso did Minwu. However, ⓑthey both felt unsatisfied when the trip was over. Next time, they should talk about what each of them wants to do before they travel together.

21 윗글의 밑줄 친 ⓐ가 의미하는 바를 풀어 쓴 문장을 완성하시오.

> = Minwu _____.

22 윗글의 밑줄 친 ⓑ의 원인으로 본문에 언급된 것은?

① 여행 기간이 너무 길어서
② 여행 중에 둘이 크게 다투어서
③ 여행 일정이 너무 고생스러워서
④ 여행지 음식이 입맛에 맞지 않아서
⑤ 여행 중에 서로 원하는 것이 달라서

[23~24] 다음 글을 읽고, 물음에 답하시오.

Trying to get her teenage son to clean his room was a monumental struggle for Monica. Finally she threatened him, "If you don't have that room cleaned by Monday, I'll clean it for you!" Monday morning came, and it was still a disaster. As he left for school, she reminded him of her threat. As it happened, however, she was so busy that she never touched the room. When he came home, he walked straight by her without saying a word. ___ⓐ___ was a few moments later ___ⓑ___ he came back into the kitchen, put his arm around her shoulders and said, "Thanks, Mom, you cleaned my room just the way I like it."

23 윗글의 빈칸 ⓐ와 ⓑ에 알맞은 말을 쓰시오.

ⓐ _____

ⓑ _____

24 Why did Monica's son thank her?

① She didn't clean his room.

② She let him clean his room.

③ She helped him clean his room.

④ She cleaned his room completely.

⑤ She was always busy doing housework.

25 〔서술형 ✏〕 그림의 내용에 맞게 〈보기〉의 말을 활용하여 대화를 완성하시오.

| 보기 |
| so |
| neither |

A: I'm so tired.

B: (1) _____ I.

A: I can't walk any more.

B: (2) _____ I.

A: I want to take a rest.

B: (3) _____ I.

26 〔서술형 ✏〕 Sam의 지난 주말 일과를 보고, 질문에 대한 답을 완성하시오.

Saturday	Sunday
• took a tennis lesson • had dinner with my grandparents	• did science homework at home • watched a movie with Tony

(1) Q: When did Sam take a tennis lesson?

A: It _____ that _____.

(2) Q: With whom did Sam have dinner on Saturday?

A: It _____ that _____.

(3) Q: Where did Sam do his science homework?

A: It _____ that _____.

(4) Q: Who watched a movie with Sam?

A: It _____ that _____.

Memo

Memo

Memo

Memo

Memo

EBS 중학

뉴런

| 영어 3 |

정답과 해설

정답과 해설

Main Book

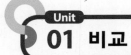

Unit 01 비교

Grammar Practice 1
본문 ● 9쪽

A
1 colder 2 fast 3 well 4 so

B
1 less 2 better 3 earlier 4 heavier

C
1 easy as
2 much[even / still / far / a lot] more expensive
3 to swimming 4 three times as old

D
1 more difficult than 2 older, the wiser
3 fewer, than 4 as, he could

해석

A
1 점점 더 추워지고 있다.
2 그녀는 가능한 한 빨리 뛰려고 노력했다.
3 너는 Mei만큼 중국어를 잘할 수 있구나.
4 그는 그의 누나[여동생]만큼 인기 있지는 않다.

B
1 그는 어제보다 오늘 더 적은 돈을 썼다.
2 너는 나보다 춤을 더 잘 출 수 있니?
3 그는 더 일찍 일어날수록 더 상쾌해지는 것을 느낀다.
4 그 배낭은 그 여행 가방보다 훨씬 더 무겁다.

C
1 영어는 수학만큼 쉽다.
2 나의 컴퓨터는 너의 것보다 훨씬 더 비싸다.
3 그는 수영하는 것보다 등산하는 것을 더 좋아한다.
4 나의 아버지는 나보다 나이가 세 배 더 많으시다.

D
1 과학 시험은 영어 시험만큼 어렵지 않다.
  =영어 시험은 과학 시험보다 더 어렵다.
2 우리는 나이가 들어감에 따라 더 현명해진다.
  =우리는 나이가 들면 들수록 더 현명해진다.
3 Jessy는 Alisa보다 더 많은 개를 가지고 있다.
  =Alisa는 Jessy보다 더 적은 개를 가지고 있다.
4 Nick은 가능한 한 일찍 일어나려고 노력했다.
  =Nick은 그가 할 수 있는 한 일찍 일어나려고 노력했다.

해설

A
1 「비교급+and+비교급」은 '점점 더 ~한'이라는 뜻이다.
2 「as+원급+as possible」은 '가능한 한 ~한/하게'라는 뜻이다.
3 「as+원급+as」 구문으로 동사구 speak Chinese를 수식하는 부사가 와야 하므로 부사 well이 적절하다.
4 「not so+원급+as」는 '…만큼 ~하지 않은/않게'라는 뜻이다.

B
1 little의 비교급은 less로, less ~ than은 '…보다 더 적은 ~'이라는 뜻이다.
2 well의 비교급은 better이다.
3 「the+비교급 ~, the+비교급 …」 구문으로 early의 비교급은 earlier이다.
4 than 앞에는 heavy의 비교급 heavier를 쓴다.

C
1 as ~ as 구문에서는 형용사나 부사의 원급을 쓴다.
2 very는 원급을 강조하고 much, even, still, far, a lot 등은 비교급을 강조한다.
3 prefer A to B는 'B보다 A를 더 좋아하다'라는 뜻이다.
4 배수의 표현은 「배수+as+원급+as」의 어순으로 나타낸다.

D
1 「A is not as+원급+as B」 구문은 「B is+비교급+than A」 구문으로 바꿔 쓸 수 있다.
2 as는 '~함에 따라'라는 뜻의 접속사로 비교급 표현이 있는 경우 「the+비교급 ~, the+비교급 …」으로 바꿔 쓸 수 있다.
3 개수가 더 많은 것은 more이고 더 적은 것은 fewer이다.
4 「as+원급+as possible」은 「as+원급+as one can」으로 바꿔 쓸 수 있다. 이때 one은 주어의 대명사 형태인 he로 쓰고 can은 과거시제인 could를 쓴다.

Grammar Practice 2
본문 ● 11쪽

A
1 tallest 2 movies 3 than 4 heavier

B
1 most delicious 2 hottest 3 best

C
1 worst 2 larger 3 as useful

D
1 teeth than the snail
2 more difficult than any other subject(s) to me
3 painter is as famous as Vincent van Gogh

해석

A

1 버즈 칼리파는 세계에서 가장 높은 건물이다.

2 'Timer'는 내가 지금까지 본 가장 무서운 영화 중의 하나이다.

3 나일강은 세계에서 어떤 다른 강보다 더 길다.

4 이 동물원의 어떤 동물도 저 코끼리보다 더 무겁지 않다.

B

1 이것은 이 음식점에서 가장 맛있는 음식 중 하나이다.

2 어제는 연중 가장 더운 날이었다.

3 나는 Mr. K가 그의 그룹에서 가장 훌륭한 가수라고 생각한다.

C

1 너의 인생에서 최악의 순간은 언제였니?

2 러시아는 세계에서 어떤 다른 나라보다 더 크다.

3 조 주방장의 요리 수업만큼 유용한 수업은 없다.

D

1 달팽이는 모든 동물들 중에서 가장 이가 많다.
= 달팽이보다 더 많은 이를 가진 동물은 없다.

2 수학은 나에게 가장 어려운 과목이다.
= 수학은 어떤 다른 과목보다 나에게 더 어렵다.

3 Vincent van Gogh보다 더 유명한 화가는 없다.
= Vincent van Gogh만큼 유명한 화가는 없다.

해설

A

1 가장 정도가 큰 최상급을 쓰는 구문으로 tall의 최상급은 tallest 이다.

2 「one of＋복수명사」 형태이므로 최상급 scariest 뒤에 복수명사 movies가 온다.

3 longer는 비교급으로 뒤에는 than이 온다.

4 부정주어를 쓰고 「비교급＋than」을 써서 최상급의 의미를 나타낼 수 있다.

B

1 delicious의 최상급은 most delicious이다.

2 hot의 최상급은 t를 한 번 더 써서 hottest로 쓴다.

3 good의 최상급은 best이다.

C

1 bad의 최상급으로 '가장 나쁜'이라는 뜻을 갖는 것은 worst이다.

2 than 앞에는 비교급이 와야 하므로 large의 비교급 larger를 쓴다.

3 부정주어로 시작하는 구문으로 「as＋원급＋as」를 써서 최상급의 의미를 나타낸다.

D

1 부정주어 No animal로 시작하는 구문으로 비교급(more ~ than)을 써서 최상급의 의미를 나타낸다.

2 「비교급＋than any (other)＋명사」를 써서 최상급의 의미를 나타낼 수 있다.

3 부정주어로 시작하여 최상급의 의미를 나타내는 문장은 「비교급 ＋than」 또는 「as＋원급＋as」로 나타낼 수 있다.

Writing 1

본문 ● 12쪽

A

1 as old as **2** the highest score

3 No (other) student in his class is more diligent

4 not as interesting as *Planet One*

5 you love, the more you will be loved

6 doing outdoor activities to staying at home

B

1 much longer than mine

2 no city is more crowded than

3 one of the fastest animals

4 twice as expensive as

5 to exercise as often as possible

6 more thrilling than any other sport

해석

A

1 나의 강아지는 5개월이다. 나의 금붕어도 5개월이다.
→ 나의 강아지와 금붕어는 나이가 같다.

2 Jane은 수학 시험에서 100점을 받았다. 소라는 90점을 받았고, 하나는 65점을 받았다.
→ Jane은 셋 중 수학 시험에서 가장 높은 점수를 받았다.

3 Kevin은 그의 반에서 가장 부지런한 학생이다.
→ 그의 반에서 Kevin보다 더 부지런한 학생은 없다.

4 '행성 2'는 '행성 1'보다 덜 재미있다.
→ '행성 2'는 '행성 1'만큼 재미있지 않다.

5 네가 더 많이 사랑함에 따라, 너는 더 많이 사랑 받을 것이다.
→ 네가 더 많이 사랑하면 할수록, 너는 더 많이 사랑 받을 것이다.

6 나는 집에 머무는 것보다 야외 활동을 하는 것을 더 좋아한다.

해설

A

1 as old as는 나이가 같은 것을 나타낸다.

2 셋 중에서 가장 높은 점수를 받은 것을 최상급으로 나타낸다.

3 최상급의 의미를 부정주어(no (other) student)로 시작하고 비교급(more diligent than)을 써서 표현할 수 있다.

4 정도가 동등하지 않는 것을 표현할 때 not as ~ as로 나타낸다.

5 「the＋비교급 ~, the＋비교급 …」은 '~하면 할수록 더 …하다'라는 뜻이다.

6 like *A* more than *B*는 prefer *A* to *B*와 의미가 같다.

B

1 비교급을 강조하는 much를 먼저 쓰고 비교급 표현 longer than을 덧붙인다. than 뒤에 비교 대상을 쓴다.

2 부정주어 no city를 쓰고 동사를 쓴 뒤에 비교급 표현을 쓴다.

3 「one of＋복수명사」의 구조로 명사 앞에 최상급 표현을 쓴다.

4 배수의 표현은 「as＋형용사/부사＋as＋비교 대상」의 어순으로 쓴다.

5 try 뒤에 to부정사가 오면 '~하려고 노력하다'라는 뜻이다. as ~ as possible 표현을 이용하여 as often as possible로 나타낸다.

6 최상급의 의미를 나타내는 표현으로 「비교급＋than any other ＋명사」의 어순으로 쓴다.

Writing 2

본문 ● 13쪽

A

1 cheapest　**2** the oldest
3 heavy as the Giant Wheel Elite　**4** expensive than
5 lighter than[more expensive than / as light as / as expensive as]

B

1 tall as　**2** the biggest[largest]
3 more difficult[harder] than
4 more, than[as many, as]

해석

A

1 Giant Wheel Elite는 세 대의 자전거 중에서 가장 싸다.

2 Pro Ruz C는 세 대의 자전거 중에서 가장 구형이다.

3 Pro Ruz C는 Giant Wheel Elite와 무게가 같다.

4 Carbon M5는 Giant Wheel Elite보다 더 가볍고 더 비싸다.

5 Carbon M5보다 더 가벼운(비싼) 자전거는 없다. / Carbon M5만큼 가벼운(비싼) 자전거는 없다

B

1 Jessy는 Micky와 키가 같다.

2 Hans는 셋 중에서 가장 큰 배낭을 가지고 있다.

3 퍼즐 A는 퍼즐 B보다 더 어려워 보인다.

4 Jacky가 가진 것보다 더 많은 막대 사탕을 가지고 있는 학생은 없다. / Jacky가 가진 것만큼 많은 막대 사탕을 가지고 있는 학생은 없다.

해설

A

1 Giant Wheel Elite를 다른 자전거와 비교할 때 최상급을 쓸 수 있는 것은 가격이 가장 싸다는 것이다.

2 Pro Ruz C를 최상급으로 쓸 수 있는 부분은 제조 연도가 가장 오래된 것이라는 점이다.

---

3 Pro Ruz C가 Giant Wheel Elite와 동등한 것은 무게가 같다는 것이다.

4 Carbon M5를 Giant Wheel Elite와 비교할 때 다른 것은 Carbon M5의 무게가 더 가볍고 가격이 더 비싼 것이다.

5 Carbon M5를 최상급의 의미로 쓸 수 있는 것은 무게가 가장 가벼운 것과 가격이 가장 비싸다는 것이다.

B

1 Jessy와 Micky는 키가 같다.

2 Hans는 가장 큰 배낭을 가지고 있다.

3 퍼즐 A는 별 4개의 난이도를 가지고 있지만 퍼즐 B는 별 1개의 난이도이다.

4 부정주어로 시작하여 최상급의 의미를 나타낼 때에는 「비교급 ＋than」이나 「as＋원급＋as」를 쓴다.

Reading 1

본문 ● 14쪽

1 ③　**2** He painted a can of Campbell's soup.

해석

Andy Warhol은 20세기의 가장 중요한 예술가 중의 한 명이었다. 그의 초창기에 Warhol은 그 당시의 더 잘 알려진 예술가들만큼 유명해질 방법을 찾으려고 애썼다. 한 화랑 주인이 Warhol에게 Campbell's 사의 수프 깡통을 그려 줄 것을 제안했다. 그는 그렇게 했다. 하지만 그림을 그리는 지침으로서 실제 수프 깡통을 사용하는 대신에, Warhol은 잡지에 실린 이미지를 이용해서 엄청나게 큰 수프 깡통을 그렸다. 일단 그것이 화랑에 걸리자, 그 그림은 매우 달랐기 때문에 많은 사람들의 관심을 끌었다. Warhol은 평범한 제품을 택해서 그것을 예술로 바꿔 놓았다.

해설

1 Warhol은 Campbell's 사의 수프 깡통을 실제보다 훨씬 더 큰 이미지로 그렸다.

2 동사 did가 가리키는 것은 앞 문장의 내용으로 화랑의 주인이 제안한 내용이다.

구문

• An art gallery owner **suggested** that Warhol **paint** a can of Campbell's soup.
제안을 나타내는 suggest가 이끄는 종속절인 that절의 동사는 조동사 should를 생략하여 동사원형을 쓸 수 있다.

• **Once** it was hung in an art gallery, the painting interested many people because it was so different.
once는 접속사로 '~하자마자'로 해석한다.

Reading 2

1 (1) 딸이 단어 density(밀도)의 뜻을 알고 싶어 한다고 생각함. (2) 노래의 일부분 ~ Dance. said he가 연음되어 나온 것을 듣고 그 뜻을 알고 싶어 함. **2** ⑤

해석

나의 딸은 매우 조그마했을 때, 매우 뛰어난 언어 기능을 갖고 있었다. 나는 딸이 "아빠, 'density(밀도)'가 뭐예요?"라고 물었을 때 전혀 놀라지 않았다. 딸은 아주 정확하게 그것을 발음하지는 않았지만, 나는 그녀의 작은 목소리로 어른이 쓰는 이 단어를 시도해 보는 소리를 듣는 것을 좋아했다.

그것은 정말로 도전적인 단어였다. 나는 그렇게 어린아이에게 이 어려운 개념을 어떻게 설명할지 알아내려고 애썼다. 나는 장난감 블록으로 그 단어를 설명하는 시도를 해보았다. 그녀는 더 쉬운 단어들을 설명하는 것보다 훨씬 더 긴 설명 내내 매우 신중하게 들었다. 마지막으로 나는 "이제 density(밀도)가 무엇인지 알겠어?"라고 물었다. 그녀는 "그런 것 같지 않아요."라고 대답했다. 나는 딸이 왜 density(밀도)에 대해 알고 싶어 하는지 물었다. "저," 그녀는 천천히 대답했다. "저는 그저 우리가 *I am the Lord of the Dance, said he.*('나는 춤의 왕이야'라고 그는 말했다.)라고 노래 부를 때 그것이 무슨 뜻인지 궁금했어요."

해설

1 글쓴이는 딸의 발음을 듣고 density의 뜻을 묻는다고 생각했지만 딸은 노래 가사가 연음되어 나오는 부분 Dance, said he의 의미를 물어본 것이다.

2 ⓐ~ⓓ는 단어 density를 가리키지만, ⓔ는 density에 대한 글쓴이의 설명이다.

구문

- I tried to figure out **how to explain** this difficult concept to such a young child.
  「의문사 how+to부정사」는 '~하는 방법'이라는 뜻이다.

- She listened very carefully through the explanation **which** was **much longer than** explaining easier words.
  관계대명사 which 구문은 선행사 the explanation을 수식한다. 비교급 구문 longer than은 the explanation과 explaining easier words를 비교하고 있다. much는 비교급 longer를 강조한다.

Unit

02 시제

Grammar Practice 1

A
1 traveled   **2** has not   **3** have you been
4 had

B
1 finished   **2** had just gone   **3** have lived
4 had already read

C
1 saw   **2** seen   **3** had seen   **4** saw

D
1 have lost   **2** have visited   **3** had left

해석

A
1 나는 지난달에 경주로 여행 갔다.
2 그녀는 아직 그녀의 일을 하지 못했다.
3 내가 너를 마지막 본 이후로 너는 어디에 있었니?
4 내가 집에 왔을 때 나의 형〔오빠/남동생〕은 이미 케이크를 모두 먹었다.

B
1 지나는 방금 전 피자를 만드는 것을 끝냈다.
2 내가 일어났을 때 나의 어머니는 막 출근하셨다.
3 나는 태어났을 때부터 나의 조부모님과 함께 살아왔다.
4 내가 그 소설을 처음 읽었을 때 나의 아버지는 그걸 이미 세 번 읽으셨다.

C
1 지난 토요일에 나의 가족은 설악산을 등반해서 아래의 멋진 경치를 보았다.
2 나는 "그렇게 아름다운 광경은 본 적이 없어요."라고 말했다.
3 나의 아빠는 정상에서 경치를 두 번 본 적이 있다고 말씀하셨다.
4 바로 그때 나는 가장 큰 바위 근처에서 나의 옛 친구를 우연히 보았다.

D
1 나는 나의 휴대 전화를 잃어버려서 지금 나는 그것이 없다.
  =나는 휴대 전화를 분실했다.
2 나는 7살과 12살 때 제주도를 방문했다.
  =나는 제주도를 두 번 방문한 적이 있다.
3 비행기는 정각에 출발했고 나는 공항에 늦게 도착했다.
  =내가 공항에 도착했을 때 비행기는 떠나 버렸다.

개념책

A

1 last month는 분명한 과거를 나타내므로 과거시제를 쓴다.

2 yet은 '아직'이라는 뜻으로 과거에 시작한 일이 현재 완료되지 않은 상태를 나타내므로 현재완료시제와 함께 쓰인다.

3 since는 '~이래로'라는 뜻으로 과거의 어느 시점 이후로 계속된 일을 나타내므로 현재완료시제와 함께 쓰인다.

4 내가 집에 오기 전에 이미 케이크를 먹었으므로 과거완료시제를 쓴다.

B

1 just now는 과거시제에 쓴다.

2 내가 깨기 바로 전에 엄마가 출근하셨으므로 내가 깬 과거보다 더 과거인 과거완료를 쓴다.

3 since는 현재완료시제와 함께 쓰인다.

4 내가 소설책을 읽은 것은 과거이므로 그 이전에 아빠가 책을 읽은 것은 과거완료로 나타낸다.

C

1 last Saturday는 과거시제에 쓴다.

2 경험을 나타내는 현재완료는 have 뒤에 과거분사형을 쓴다.

3 아빠가 경치를 두 번 본 것은 말씀하신 것보다 더 이전에 일어난 일로 대과거인 「had+과거분사」를 쓴다.

4 then은 과거의 어느 시점을 나타내므로 과거시제로 쓴다.

D

1 과거에 휴대 전화를 잃어버려서 지금은 없다는 내용이므로 현재완료시제를 써서 그 결과를 나타낼 수 있다.

2 제주에 두 번 간 경험을 말하므로 현재완료시제로 쓴다.

3 공항에 도착한 것보다 비행기가 출발한 것이 먼저이므로 과거완료시제를 쓴다.

Grammar Practice 2

본문 ● 23쪽

A
1 should 2 shouldn't 3 cannot

B
1 cannot 2 must 3 should

C
1 must 2 shouldn't 3 have seen

D
1 must have
2 should have practiced
3 shouldn't have made

A

1 A: 난 추워.
B: 넌 따뜻한 스웨터를 입었어야지.

2 A: 난 배가 아파.
B: 넌 피자를 너무 많이 먹지 말았어야 했는데.

3 A: 나는 Steve가 마지막 과자를 먹었다고 생각해.
B: 그가 마지막 과자를 먹었을 리가 없어. 그는 여기에 있지도 않았어.

B

1 John은 시험공부를 열심히 하지 않았다. 그가 그것에서 좋은 성적을 받았을 리가 없다.

2 Rosy는 자전거를 타다가 발목을 다쳤다. 그녀는 자전거에서 떨어졌음에 틀림없다.

3 오, 이런! 내 컴퓨터가 고장 났어. 나는 내 파일들을 백업했어야 했는데.

C

1 그녀는 유명한 요리사가 되었다. 그녀는 열심히 요리 연습을 했음에 틀림없다.

2 나는 감기에 걸렸어. 나는 빗속에서 농구를 하지 말았어야 했어.

3 네가 오늘 아침에 Joe를 봤다고? 말도 안 돼, 너는 그를 봤을 리가 없어. 그는 어제 싱가포르에 갔거든.

D

1 난 어젯밤에 비가 왔다고 확신해.
=어젯밤에 비가 온 것이 틀림없어.

2 나는 춤을 더 많이 연습하지 않은 것을 후회해.
=나는 춤 연습을 더 많이 했었어야 했는데.

3 그녀가 발표 도중에 실수를 한 것이 유감이다.
=그녀는 발표 도중에 실수를 하지 말았어야 했어.

A

1 「should have+과거분사(p.p.)」는 '~했어야 했는데'라는 뜻으로 과거에 하지 않은 일에 대한 유감을 나타낸다.

2 「shouldn't have+과거분사(p.p.)」는 '~하지 말았어야 했는데'라는 뜻으로 과거에 한 일에 대한 유감을 나타낸다.

3 「cannot have+과거분사(p.p.)」는 '~했을 리가 없다'라는 뜻으로 과거의 일에 대한 강한 부정의 추측을 나타낸다.

B

1 성적이 안 좋으므로 과거의 일에 대한 강한 부정의 추측을 나타내는 「cannot have+과거분사(p.p.)」를 쓴다.

2 자전거를 타다가 발목을 다친 것과 자전거에서 떨어진 것은 밀접한 연관이 있으므로 「must have+과거분사(p.p.)」를 써서 과거의 일에 대한 강한 확신을 나타낸다.

3 컴퓨터가 고장 난 뒤에 자신의 파일을 백업하지 않은 것을 후회하고 있으므로 과거에 하지 않은 일을 후회하는 표현인 「should have + 과거분사(p.p.)」를 쓴다.

C
1 유명한 요리사가 되려면 연습을 많이 해야 하므로 「must have + 과거분사(p.p.)」를 쓴다.

2 감기에 걸려서 빗속에서 농구를 한 것을 후회하고 있으므로 「shouldn't have + 과거분사(p.p.)」를 쓴다.

3. 아침에 Joe를 봤다는 상대방에게 Joe가 싱가포르에 갔다는 것을 알려 주고 있으므로 과거의 일에 대한 강한 부정의 추측을 나타내는 「cannot have + 과거분사(p.p.)」를 쓴다.

D
1 과거의 일에 대한 강한 확신은 「must have + 과거분사(p.p.)」로 나타낸다.

2 과거에 하지 않은 일에 대한 후회는 「should have + 과거분사(p.p.)」로 나타낸다.

3 과거에 한 일에 대한 유감은 「shouldn't have + 과거분사(p.p.)」로 나타낸다.

Writing 1
본문 ● 24쪽

A
1 has rained[has been raining] for three days
2 have you stayed here
3 started (to play) music just now
4 shouldn't have told him
5 must have been interested in
6 had already gone out

B
1 cannot have left
2 should have been more careful
3 the new bike his mother had bought
4 must have skipped breakfast
5 has played tennis for fifty years
6 repaired the computer three hours ago

해석

B
1 나는 도서관에 가지 않았다. 나는 거기에 내 우산을 두었을 리가 없다.
2 그는 다리가 부러졌다. 그는 더 주의를 했었어야 했다.
3 Henry는 그의 어머니가 그에게 사 준 새 자전거를 잃어버렸다.
4 수민이는 매우 배가 고파 보였다. 그녀는 아침을 거른 것이 틀림없다.
5 그의 할아버지는 50년째 테니스를 치셨다.
6 Mike는 세 시간 전에 그 컴퓨터를 수리했다.

해설

A
1 3일 전부터 지금까지 비가 오는 것은 현재완료로 나타낸다.
2 how long은 '얼마나 오랫동안'이라는 뜻으로 현재완료와 쓰인다.
3 just now는 과거시제에 쓰인다.
4 거짓말을 한 것에 대한 후회를 나타내므로 「shouldn't have + 과거분사(p.p.)」로 표현한다.
5 '~이었음에 틀림없다'는 「must have + 과거분사(p.p.)」로 나타낸다.
6 내가 전화를 건 것보다 어머니가 외출한 것이 먼저 일어난 일이므로 과거완료로 쓴다.

B
1 과거의 일에 대한 강한 부정의 추측은 「cannot have + 과거분사(p.p.)」를 쓴다.
2 과거에 하지 않은 일에 대한 유감을 나타내므로 「should have + 과거분사(p.p.)」를 쓴다.
3 잃어버린 것은 과거시제로 쓰고 어머니가 사 준 것은 먼저 일어난 일이므로 과거완료로 쓴다.
4 배고파 보였으므로 아침을 먹지 않은 것으로 확신하는 것이 자연스럽다. 따라서 「must have + 과거분사(p.p.)」를 쓴다.
5 for fifty years라는 기간과 함께 쓸 수 있는 시제는 현재완료이다.
6 three hours ago라는 분명한 과거를 나타내는 부사구가 있으므로 과거시제를 쓴다.

Writing 2
본문 ● 25쪽

A
1 got   **2** have raised   **3** got, had, died

B
1 cannot have cleaned   **2** should have watered
3 must have practiced   **4** shouldn't have eaten

해석

A
1 기자: 당신은 어느 개를 맨 먼저 키우셨나요?
Petlove 씨: 저는 처음에 뭉치를 키웠어요.
2 기자: 당신은 얼마나 오랫동안 그를 키우셨죠?
Petlove 씨: 약 7년입니다. 저는 그가 태어났을 때부터 그를 길렀어요.
3 기자: 어느 개가 가장 어린가요?
Petlove 씨: 해치입니다. 저는 지난여름에 그를 갖게 되었어요. 제가 그를 발견했을 때 그의 어미는 이미 죽었어요.

B
1 민지는 방을 청소했을 리가 없다. 그것은 여전히 어지럽혀져 있다.

2 민지는 식물에 물을 줬어야 했다. 그것은 죽었다.

3 민지는 기타 치는 것을 연습했음에 틀림없다.

4 민지는 캔디를 먹지 말았어야 했다. 그녀는 치과에 가야 한다.

해설

A

1 처음 기른 강아지를 묻는 질문이므로 과거시제로 대답한다.

2 how long, since 등과 같이 기간을 묻는 말에는 현재완료를 쓴다.

3 last summer는 과거시제에 쓴다. 과거의 기준이 되는 시점 이전에 완료된 일을 나타내는 것은 과거완료로 쓴다.

B

1 청소를 하지 않았을 거라는 과거의 일에 대한 강한 부정의 추측은 「cannot have + 과거분사(p.p.)」를 쓴다.

2 식물에 물을 주지 않은 것에 대한 유감을 나타내므로 「should have + 과거분사(p.p.)」를 쓴다.

3 과거의 일에 대한 강한 확신은 「must have + 과거분사(p.p.)」로 표현한다.

4 캔디를 먹은 것에 대한 유감을 나타내므로 「shouldn't have + 과거분사(p.p.)」로 표현한다.

Reading 1

본문 • 26쪽

1 ⑤ **2** I walk her and clean up after her.

해석

양 선생님께,

애완동물 보호소에서 모든 일이 순조롭기를 바랍니다. Lucky와 저는 아주 잘 지냅니다. 그녀가 처음 저의 집에 왔을 때, 그녀는 아무것도 먹으려 하지 않고 그저 잠만 잤습니다. 그녀는 슬프고 지쳐 있었음에 틀림없습니다. 하지만 그녀는 많이 변했습니다. 그녀는 어디에나 저를 따라다니고 모든 것에 호기심을 보입니다. 저도 많이 변했습니다. 저는 애완동물을 어떻게 돌보는 것인지 알게 되었습니다. 저는 그녀를 산책시키고 용변을 치웁니다. 이것들은 제가 맡은 유용한 책임입니다. 그리고 그녀는 제 사랑에 보답을 합니다. 그녀는 저의 가장 좋은 친구입니다. 지금껏 최고의 친구를 제게 주신 것에 대해 감사드립니다!

대단히 감사드리며,
시원 드림

1
① 칭찬하기 위해 ② 불평하기 위해 ③ 소개하기 위해 ④ 사과하기 위해 ⑤ 감사를 표하기 위해

해설

1 강아지를 입양시켜 준 애완동물 보호소에 감사의 뜻을 전하는 편지글이다.

2 지시대명사 These가 가리키는 것은 바로 앞 문장의 내용이다.

구문

- She **must have been** sad and tired.
  「must have + 과거분사(p.p.)」는 과거의 일에 대한 강한 확신을 나타내는 표현으로 Lucky의 상태에 대해 확신을 하고 있다.
- I **have learned how to take** care of a pet.
  have learned은 현재완료시제로 결과적으로 '~하게 되었다'라는 뜻이다. 「how + to부정사」는 '~하는 방법'이라는 뜻이다.

Reading 2

본문 • 27쪽

1 ② **2** thank you

해석

나는 영어에서 가장 중요한 표현 중의 한 가지는 '감사합니다'라고 생각한다. 그것을 말하는 것은 다른 사람들을 편안하게 해 준다. 하지만 그것을 쓰지 않는 것은 온갖 종류의 부정적인 감정을 일으킬 수 있다. 한 가지 예를 들고자 한다. 지난달에 나의 아들은 몇몇 친구들과 밤샘 파티를 했다. 나는 저녁 식사로 중국 음식을 주문했다. 나는 아들의 친구들을 위해 청소를 하고 침구를 준비해 주었다. 아침에는 나는 그 무리를 위해 프렌치토스트를 만들어 대접했다. 그의 친구들이 한 명씩 떠날 때, 그 아이들 중 어느 누구도 감사하다고 말하지 않았다. 나의 아들은 아마도 그들이 감사하다고 하기에 너무 쑥스러웠을 거라고 말했지만 나는 기분이 상했다.

해설

1 감사하다는 말을 하지 않을 때 부정적인 감정이 들게 할 수 있다는 말 다음에 예를 들겠다고 하고 이어서 지난달에 있었던 일을 이야기하는 것이 자연스럽다.

2 문두에서 영어에서 가장 중요한 말 중의 하나가 '감사합니다'라고 했으므로 글쓴이의 기분을 상하게 만든 것은 아이들이 감사하다는 말을 하지 않은 것이다.

구문

- **Saying it** puts other people at ease.
  Saying it은 문장의 주어로 it은 "thank you"를 가리킨다.
- My son said they were probably **too** shy **to** say thank you, but I felt offended.
  「too ~ to …」 구문은 '너무 ~해서 …하지 못하다' 또는 '…하기에는 너무 ~하다'라는 뜻으로 너무 부끄러워서 감사하다는 말을 하지 못한 것을 나타낸다.

Unit

03 의문문

Grammar Practice 1

본문 • 33쪽

A
1 isn't 2 does 3 he 4 or

B
1 didn't they 2 has she 3 heavier 4 or

C
1 do you 2 doesn't she 3 can't she 4 have you

D
1 coffee[tea] or tea[coffee] 2 by subway[bus] or by bus[subway] 3 in the pool[sea] or in the sea[pool]

해석

A
1 그 게임은 정말 신나지, 그렇지 않니?
2 그는 당근을 먹지 않지, 그렇지?
3 Sam은 그의 자전거를 잃어버렸지, 그렇지 않니?
4 코끼리와 고래 중에 어느 것이 더 크니?

B
1 John과 Peter는 어제 싸웠지, 그렇지 않니?
2 Pat은 멕시코에 가 본 적이 없지, 그렇지?
3 판다와 고릴라 중에 어느 것이 더 무겁니?
4 네 커피에 설탕을 넣을까 아니면 넣지 말까?

C
1 너는 고기를 좋아하지 않지, 그렇지?
2 너의 엄마는 노래를 잘하시지, 그렇지 않니?
3 수진이는 중국어를 할 수 있지, 그렇지 않니?
4 너는 그것을 끝내지 못했지, 그렇지?

D
1 A: 너는 커피(차)와 차(커피) 중에 어느 것이 더 좋아?
  B: 나는 차보다 커피가 더 좋아.
2 A: 너는 지하철(버스)로 등교하니 아니면 버스(지하철)로 등교하니?
  B: 지하철로. 그것이 버스로 가는 것보다 더 빨라.
3 A: 너는 수영장(바다)에서 수영할래 아니면 바다(수영장)에서 수영할래?
  B: 나는 수영장에서 수영하고 싶어. 바다에서 수영하는 것은 무서워.

해설

A
1 동사는 is이고 주어는 The game이므로 isn't it을 붙인다.

2 동사는 doesn't eat이므로 부가의문문은 does를 붙인다.
3 부가의문문은 주어의 대명사 형태를 쓴다.
4 선택의문문은 A or B의 형태로 쓴다.

B
1 fought는 fight의 과거형으로 부가의문문은 didn't를 쓴다. 주어는 John and Peter 두 사람이므로 대명사 they를 덧붙인다.
2 동사는 has never been이므로 부가의문문은 has를 쓰고 주어 she를 덧붙인다.
3 둘 중에 하나를 선택하는 선택의문문에서는 비교급 heavier를 쓴다.
4 선택을 나타내는 것이므로 with sugar or without sugar를 줄여서 with or without sugar로 나타낸다.

C
1 동사 don't like에 대한 부가의문문은 do를 붙이고 주어는 you를 덧붙인다.
2 동사 sings에 대한 부가의문문은 doesn't를 붙이고 주어는 your mom이므로 she를 덧붙인다.
3 동사는 can speak이므로 부가의문문은 can't를 붙이고 주어는 수진이를 가리키는 she를 덧붙인다.
4 동사는 haven't finished이므로 부가의문문은 have를 붙이고 주어는 you를 덧붙인다.

D
1 선택의문문이므로 A or B로 쓴다.
2 지하철과 버스의 교통수단을 선택의문문으로 나타낼 때는 by subway or by bus 또는 by bus or by subway로 나타낸다.
3 선택을 이루고 있는 구는 in the pool과 in the sea이고 이 부사구를 or로 이어 준다.

Grammar Practice 2

본문 • 35쪽

A
1 it is 2 she cried 3 Do you know what 4 whether

B
1 how much these shoes are 2 Where do you think
3 whether she will help me
4 how often he goes hiking

C
1 what your favorite color is[what is your favorite color]
2 what his brother does
3 if[whether] Amy likes playing board games (or not) / whether or not Amy likes playing board games

D
1 time you get up 2 you were late (or not)
3 how tall you are

A

1 몇 시인지 말씀해 주시겠어요?

2 나는 그녀가 왜 울었는지 모른다.

3 너는 그가 체육관에서 무엇을 하고 있는지 아니?

4 나는 그가 파티에 올지 안 올지 궁금하다.

B

1 나는 이 신발이 얼마인지 몰라.

2 너는 그가 안경을 어디에 두었다고 생각하니?

3 나는 그녀가 나를 도와줄지 모르겠어.

4 너는 그가 얼마나 자주 도보 여행을 가는지 아니?

C

1 네가 가장 좋아하는 색은 무엇이니?

　→ 나는 네가 가장 좋아하는 색이 무엇인지 알고 싶어. / 나는 무엇이 네가 가장 좋아하는 색인지 알고 싶어.

2 그의 형[남동생]은 무슨 일을 하니?

　→ 그의 형[남동생]이 무슨 일을 하는지 내게 말해 줘.

3 Amy는 보드게임 하는 것을 좋아하니?

　→ 나는 Amy가 보드게임 하는 것을 좋아하는지 (아닌지) 궁금해.

D

1 A: 나는 네가 몇 시에 일어나는지 궁금해.
　B: 나는 7시에 일어나.

2 A: 너는 오늘 아침에 늦었니? 네가 늦었는지 나에게 알려 줘.
　B: 아니, 나는 늦지 않았어.

3 A: 내가 너에게 키가 얼마인지 물어도 될까?
　B: 물론이지. 나는 165센티미터야.

A

1 간접의문문에서는 의문사 what time 뒤에 주어 it을 쓰고 동사 is를 쓴다.

2 간접의문문이므로 의문사 why 뒤에 주어 she를 쓰고 동사 cried를 쓴다.

3 Do you know 뒤에 의문사 what과 「주어+동사」를 써서 간접의문문을 만든다.

4 의문사가 없는 의문문은 간접의문문에서 if나 whether를 접속사로 쓰지만 바로 뒤에 or not을 동반하는 것은 whether이다.

B

1 I'm not sure의 목적절이므로 의문사 how much 뒤에 주어 these shoes를 먼저 쓰고 동사 are를 쓴다.

2 do you think 뒤에 의문사절을 쓸 때에는 의문사를 문두에 쓴다. 즉, 「의문사+do you think+주어+동사」의 어순으로 쓴다.

3 whether 뒤에 주어 she를 쓰고 동사 will help를 쓴다.

4 간접의문문에서 의문사는 how often으로 how와 often을 붙여서 쓴 다음에 주어 he를 쓰고, 동사 goes를 쓴다.

C

1 know의 목적어로 쓰인 간접의문문은 「의문사+주어+동사」의 어순으로 쓴다. what이 보어이고 your favorite color가 주어라고 볼 수도 있고, what이 주어이고 your favorite color가 보어라고 할 수도 있다.

2 의문사 what 뒤에 주어 his brother를 쓰고 동사 does를 쓴다.

3 의문사가 없는 의문문이므로 if나 whether를 접속사로 넣고 주어와 동사를 이어서 쓴다. or not은 문장 뒤에 덧붙일 수 있고 whether 바로 뒤에 or not을 덧붙일 수도 있다.

D

1 일어난 시간을 대답하고 있으므로 의문사는 what time이고 주어 you, 동사 get up을 순서대로 쓴다.

2 아침에 지각했는지 여부를 묻는 말로 접속사 if 뒤에 주어 you를 쓰고 동사 were 이하를 덧붙인다.

3 키를 알려 주고 있으므로 키를 묻는 의문사 how tall을 쓰고 주어 you, 동사 are를 덧붙인다.

Writing 1

본문 ● 36쪽

A

1 didn't you

2 a cat[cats] or a dog[dogs]

3 how he made[cooked]

4 where we will meet[see]

5 what your favorite TV program[show] is[what is your favorite TV program[show]]

6 if[whether] my puppy is sick (or not)[whether or not my puppy is sick]

B

1 There was, wasn't there

2 Joanne didn't come, did she

3 more expensive, the white shirt or the blue shirt

4 if you will buy it or not

5 how long it took to get

6 Whether we will win this game or not 또는 Whether or not we will win this game

A

1 과거시제이므로 didn't를 붙이고 주어 you를 덧붙인다.

2 선택의문문은 A or B의 형태로 쓴다. 종족을 대표하는 말은 부정관사 a/an을 붙이거나 복수형으로 나타낸다.

3 wonder의 목적절은 의문사 how를 쓰고 주어 he, 동사 made[cooked]를 순서대로 쓴다.

4 '어디에서'를 나타내는 의문사 where를 쓰고 주어는 we를 쓴다. 동사는 미래를 나타내므로 will meet[see]으로 쓴다.

5 의문사 what을 쓰고 주어 your favorite TV program[show]을 쓰고 동사 is를 쓴다. 의문사 what이 주어로 가능하므로 바로 뒤에 동사 is를 쓰고 보어 your favorite TV program[show]를 써도 된다.

6 '~인지 아닌지'는 의문사가 없으므로 if나 whether를 쓰고 주어, 동사를 덧붙인다.

B

1 「There was ~」 구문의 부가의문문은 「wasn't there?」이다.

2 과거의 일에 대한 부가의문문으로 문장이 부정문이면 긍정의 부가의문문을 덧붙인다.

3 둘 중에 한 가지를 고르는 선택의문문으로 「Which is + 비교급, A or B?」 형태로 물을 수 있다.

4 '~인지 아닌지'를 묻는 if절에서 주어, 동사를 순서대로 쓰고 문장 끝에 or not을 덧붙인다.

5 의문사 how long을 쓰고 주어 it, 동사 took를 순서대로 쓴다.

6 whether절에서 or not은 whether 바로 뒤에 오거나 절의 맨 뒤에 온다.

Writing 2

본문 • 37쪽

A
1 don't you
2 dessert[drinks], drinks[dessert]
3 For here, to go

B
1 what time you get up
2 whether[if] you write songs in the morning or at night
3 if[whether] you got good grades in middle school (or not) [whether or not you got good grades in middle school]
4 how many followers you have
5 what your favorite food is[what is your favorite food]

해석

A
1 A: 안녕하세요. 주문하시겠어요?
B: 네. 피시 샌드위치 한 개와 치즈버거 한 개 주세요. 그리고 어니언링이 있죠, 그렇지 않나요?
A: 네, 있습니다.
B: 그럼 어니언링도 좀 주문할게요.

2 A: 디저트(음료수)나 음료수(디저트)를 드시겠어요?
B: 콜라 두 개 주세요.

3 A: 여기서 드실 건가요 아니면 가져가실 건가요?
B: 여기에서 먹을 거예요.

B
혜미: 당신은 몇 시에 일어나나요?
소라: 당신은 곡을 아침에 쓰세요 아니면 밤에 쓰세요?
준희: 당신은 중학교 때 성적이 좋았어요?
규림: 당신은 팔로워가 얼마나 많으신가요?
예솔: 당신이 가장 좋아하는 음식은 무엇인가요?

1 혜미: 저는 당신이 몇 시에 일어나는지 알고 싶어요.
2 소라: 저는 당신이 곡을 아침에 쓰는지 밤에 쓰는지 궁금해요.
3 준희: 당신은 중학교 때 성적이 좋았는지 제게 말씀해 주실 수 있으신가요?
4 규림: 제가 당신에게 팔로워가 얼마나 많은지 물어도 될까요?
5 예솔: 가장 좋아하는 음식이 무엇인지 제게 말해 주세요.

해설

A
1 And you have ~는 일반동사 현재형이 사용된 긍정문이므로 부가의문문은 don't you?로 쓴다.
2 둘 중에 하나를 고르는 A or B 유형의 선택의문문이다.
3 or를 이용하여 선택을 묻는 의문문을 쓴다.

B
1 의문사 what time 뒤에 주어 you, 동사 get up을 순서대로 쓴다.
2 의문사가 없으므로 if나 whether를 쓰고 주어, 동사를 순서대로 쓴다.
3 의문사가 없는 의문문으로 if나 whether를 쓰고 주어, 동사를 순서대로 쓴다. 문장 끝에 or not을 덧붙일 수 있다.
4 how many followers가 의문사이고 주어는 you, 동사는 have이다.
5 의문사 what을 쓰고 주어, 동사를 쓴다. what이 주어로 쓰인 것으로 해석할 수 있으므로 what 다음에 동사 is를 쓰고 보어 your favorite food를 쓰는 것도 가능하다.

Reading 1

본문 • 38쪽

1 ④　**2** ⓐ why they think so

해석

(C) 지구는 3차원의 원 같은 모양이다. 나무 몸통 조각은 많은 원 모양의 고리를 보여 주며 인간의 눈은 원 모양의 눈동자를 담고 있

다. 그런 예들처럼, 우리는 자연 세계 어디에서나 원을 발견할 수 있다. 하지만 사람들은 원들이 신비롭다고 생각한다.

(A) 그들이 왜 그렇게 생각하는지 아는가? 이것은 그것들을 측정할 방법이 없기 때문이다. 여러분이 원 둘레를 재서 그것을 원의 지름으로 나눈다면, 항상 파이가 나오게 될 것이다.

(B) 파이는 약 3.14와 같지만 끝없이 길다. 컴퓨터의 도움으로 수학자들은 파이를 계산해 낼 수 있었지만 그들은 그 수의 끝을 볼 수는 없었다.

해설

1 원의 신비에 대해 도입을 하고 원에서 파이가 어떻게 나오는지 소개를 한 다음에 그 수가 끝이 없는 수라는 것을 알려 주는 순서가 자연스럽다.

2 ⓐ Do you know의 목적절인 의문사절은 의문사 why 뒤에 주어를 먼저 쓰고 동사를 쓴다.

구문

• **This** is because there is no way **to measure** them.
This는 앞 문장의 내용 '사람들이 원이 신비하다고 생각하는 것'을 가리킨다. to measure는 앞의 명사구 no way를 수식하는 형용사적 용법의 to부정사이다.

• With the help of computers, mathematicians **have been** able to calculate Pi but they haven't **been able to** see the ending of the number.
수학자들이 과거부터 현재까지 계속해 온 일을 현재완료로 표현했다. be able to ~는 '~할 수 있다'라는 뜻이다.

는 것을 그냥 똑같이 맞출 것인가? 갖는 사람들이 가장 성공적인 사람들인 것처럼 보일 수도 있다. 하지만 한 연구는 가장 성공적인 사람들은 주는 사람들이었다는 것을 보여 주었다.

2
질문: 성공하기 위해 무엇이 필수적인 요소인가?
대답: 동기, 능력[재능], 기회[운]와 (다른 사람들과의) 상호 작용이 필수적인 요소이다.

해설

1 글의 마지막 부분에서 한 연구가 보여 준 결과를 소개하고 있다.

2 글쓴이는 성공하는 사람들의 공통점 3가지와 4번째 요소로 (다른 사람들과의) 상호 작용의 중요성을 말하고 있다.

구문

• This is critical but often neglected: every time we interact with another person at work, we have a choice **to make**.
to make는 앞의 명사 a choice를 수식하는 형용사적 용법의 to부정사이다.

• Are we going to give more, take more, or just **match what** we give **with what** we take?
두 개의 what은 '~하는 것'이라는 뜻을 갖는 관계대명사이다. match A with B는 'A를 B와 맞추다'라는 뜻의 어구이다.

Reading 2
본문 ● 39쪽

1 ④   2 ability[talent], opportunity[luck], interaction (with other people)

해석

상당히 성공한 사람들은 세 가지를 공통으로 갖고 있다. 그것은 동기, 능력, 그리고 기회이다. 이것은 우리가 성공하기를 원한다면 동기, 재능, 그리고 운의 조합이 필요하다는 것을 뜻한다. 하지만 아주 중요한 요소가 한 가지 더 있다. 네 번째 요소는 다른 사람들과의 상호 작용이다. 이것은 대단히 중요하지만 종종 등한시된다. 우리가 또 다른 사람과 직장에서 교류할 때마다 우리는 선택을 해야 한다. 우리가 더 줄 것인가, 더 가질 것인가, 아니면 우리가 주는 것과 갖

Writing
본문 ● 42~43쪽

예시 답안

STEP 1 Get Ready

• 의류 & 신발(clothing & shoes): running shoes, T-shirt, dress, pants, sandals, …
• 음식(food): hamburgers, pizza, *bibimbap*, …
• 책 & 문구류(books & stationery): comic book, magazine, ruler, pencil, …
• 전자제품(electronics): refrigerator, microwave, washing machine, …
• 스포츠 용품(sporting goods): inline skates, skis, …

FLYING SHOES

One and Only Item for Running
The Best Choice for Your Exercise

What is special?
Our running shoes are ...
1. the lightest in the world
2. as comfortable as socks
3. cheaper than pizza

$19.99

Wear Them and Fly Up to the Sky!

해석

STEP **3** Draft

하늘을 나는 신발

달리기를 위한 유일한 품목
당신의 운동을 위한 최고의 선택

무엇이 특별할까?
우리 운동화는 ...
1. 세상에서 가장 가벼워요.
2. 양말처럼 편안해요.
3. 피자보다 더 싸요.

그것을 신고 하늘로 날아오르세요!

해설

STEP **3** Draft

- The Best Choice for Your Exercise는 good의 최상급 best
를 써서 상품에 대한 광고 효과를 크게 한다.
- the lightest in the world는 '세상에서 가장 가벼운 것'이라는 뜻
으로 최상급을 쓰고 있다.
- as comfortable as socks는 '양말처럼 편안한'이라는 뜻으로
「as + 원급 + as」 구문을 쓰고 있다.
- cheaper than pizza는 '피자보다 더 싼'이라는 뜻으로 비교급을
쓰고 있다.

Unit
04 대명사

Grammar Practice 1

본문 ● 47쪽

A
1 were 2 Everyone 3 Each
B
1 ⓑ 2 ⓐ
C
1 are 2 is 3 has
D
1 Every book in the book list must be read
2 All of the students were
3 Each of them has their

해석

A
1 그들 모두는 고등학생들이었다.
2 추수감사절 식사 모임에 우리와 함께하는데 모든 사람을 환영한다.
3 각 학급은 스포츠 경기에서 최선을 다한다.

B
1 학생 여러분, 좋은 아침이에요.
2 안녕, Susan. 안녕, Daniel. 안녕, Susie ...
ⓐ 선생님은 각각의 학생에게 '좋은 아침'이라고 말씀하셨다.
ⓑ 선생님은 학생들 전체에게 '좋은 아침'이라고 말씀하셨다.

C
1 그들은 누구도 그렇게 귀엽지가 않다.
2 그 우유가 전부 탁자 위로 쏟아져 있다.
3 각각의 학생은 다른 학습 스타일을 가지고 있다.

해설

A
1 「all of + 복수명사 + 복수동사」 형태로, '그들 중 모두'라는 뜻이므
로 동사는 복수 형태인 were가 알맞다.
2 동사가 is로 단수 주어가 와야 하므로 Everyone이 알맞다.
3 「each + 단수명사 + 단수동사」 형태로 쓴다.

B
1 all of the students는 학생들 모두를 전체(total)로 보고, 선생님
이 학생 모두에게 인사를 한꺼번에 한 상황에서 쓰였다.
2 each student는 학생 개개인을 강조하여 말할 때 쓰며, 그림은
한 명 한 명에게 개별로 인사를 건넨 상황이다.

C

1 all을 부정할 때는 none을 사용한다. 「none of+복수명사+복수동사」 형태를 취한다.

2 「all of the+셀 수 없는 명사」 다음에는 단수동사가 온다.

3 「each+단수명사+단수동사」의 형태이므로 단수동사인 has가 와야 한다.

D

1 각각의 도서 한 권 한 권을 의미하는 동시에 전체를 나타내므로 every book이라고 표현한다.

2 「all of+복수명사+복수동사」의 형태이다.

3 every와 each가 사람을 가리킬 때, 대명사로는 he[his / him]로 쓴다. 그러나 구어체에서는 they[their / them]가 흔히 쓰인다는 것을 기억한다.

Grammar Practice 2

본문 • 49쪽

A
1 others 2 another 3 the other

B
1 one → it
2 another → the other 3 other → the other

C
1 one 2 It 3 the others

D
1 One, the other 2 One, another, the other

해석

A

1 김 선생님은 다른 사람들에게 항상 친절하시다.

2 나는 이미 이 영화를 봤어. 다른 영화를 보자.

3 그녀는 딸이 세 명 있다. 한 명은 스페인에 살고, 다른 한 명은 스웨덴에 살고, 나머지 한 명은 한국에 산다.

B

1 이 사과는 깨끗해 보인다. 누가 그것을 씻었니?

2 나는 두 명의 여자 형제가 있다. 한 명은 10살이고, 나머지 한 명은 17살이다.

3 세 명의 여인들이 다가오고 있었다. 한 명은 검은 머리, 다른 한 명은 갈색 머리, 나머지 한 명은 금발 머리였다.

C

1 제 우산을 가져오지 않았어요. 제가 우산 하나를 빌려도 될까요?

2 A: 너의 배낭은 어디 있니?
　　B: 그것은 바로 저기 있어요.

---

3 우리는 모두 축구와 배구 중 하나를 선택해야 했다. 어떤 이들은 축구를 하고 싶어 했고, 나머지 다른 이들은 배구를 하고 싶어 했다.

D

1 나는 너를 위해 두 권의 책을 추천한다. 한 권은 전기, 다른 한 권은 소설이다.

2 이 식당에는 세 종류의 피자가 있다. 하나는 치즈 피자, 또 다른 하나는 페퍼로니 피자, 그리고 나머지 하나는 야채 피자이다.

해설

A

1 불특정한 다른 사람들을 가리키므로 others를 쓴다.

2 또 다른 하나를 가리키는 말이므로 another를 쓴다.

3 셋일 때 하나는 one, 또 다른 하나는 another, 나머지 하나는 the other를 쓴다.

B

1 앞에 나온 사과를 가리켜 '그것'이라는 의미로 사용하였으므로 대명사 it을 써야 한다.

2 두 명 중 한 사람은 one, 다른 한 사람은 the other로 표현한다.

3 세 명 중 한 사람은 one, 또 다른 한 사람은 another, 나머지 한 사람은 the other를 쓴다.

C

1 같은 종류의 대상 하나를 언급할 때 쓰는 말은 부정대명사 one이다.

2 앞에서 your backpack으로 언급한 바로 그 대상을 가리킬 때는 '그것'이라는 뜻의 it을 쓴다.

3 '어떤 사람[것]들은 ~, 나머지 다른 사람[것]들은 …'을 표현할 때 some, the others를 쓴다.

D

1 둘 중 하나는 one, 다른 하나는 the other로 표현한다.

2 셋 중 하나는 one, 또 다른 하나는 another, 나머지 하나는 the other로 표현한다.

Writing 1

본문 • 50쪽

A
1 each of us a small gift 2 All of the fish in the fishbowl
3 It is worth millions of　4 Every song of the band
5 It was a battle
6 another is a mango, and the others are oranges

B
1 to bake another (one) 2 offer guided tours every hour
3 All of my classmates
4 begins with each individual family
5 others don't agree with

해설

A

1 「each + of + 복수명사」 구문을 이용한다.

2 all of the fish는 복수명사구이므로 복수 취급한다.

3 앞에 나온 명사구 this painting을 가리키므로 대명사 it을 쓴다.

4 「every + 단수명사 + 단수동사」 구문을 이용한다.

5 앞에 나온 영화의 한 장면을 가리키므로 대명사 it을 쓴다.

6 여럿일 때 하나는 one, 다른 하나는 another, 나머지 다른 것들은 the others를 쓴다.

B

1 또 다른 하나의 케이크를 가리키므로 another를 쓴다.

2 매 시간이므로 every hour라고 표현한다.

3 학급 친구들 모두를 지칭하므로 「all of one's + 복수명사」 구문을 사용한다.

4 한 집단의 구성원이나 사물 하나하나를 개별적으로 가리키므로 each를 쓴다.

5 불특정한 다른 사람들을 가리키므로 others를 쓴다.

Writing 2

본문 ● 51쪽

A

1 One, another is jumping rope, the others are playing badminton

2 Some, going down the slide, the others, playing on the swings

3 another is *What Men Live By*[*The Great Stone Face*], the other is *The Great Stone Face*[*What Men Live By*]

B

1 Each jar[one] contained[had]

2 Another bear ate[had]

3 The other bear

해석

A

1 몇몇 학생들이 운동장에서 운동을 하고 있다. 한 명은 농구를 하고 있고, 다른 한 명은 줄넘기를 하고 있고, 나머지 모든 학생들은 배드민턴을 치고 있다.

2 다섯 명의 어린아이들이 놀고 있다. 몇몇 아이들은 미끄럼틀을 타고 있고, 나머지 다른 아이들은 그네를 타고 있다.

3 나는 매우 좋아하는 소설 세 권을 갖고 있다. 한 권은 '제인 에어,' 다른 한 권은 '사람은 무엇으로 사는가,' 나머지 한 권은 '큰 바위 얼굴'이다.

B

남동생과 나는 지난여름 방학에 동물원에 갔다. 동물원에서 우리는 세 마리의 곰을 보았다. 그들은 세 개의 항아리에 담긴 꿀을 먹고 있었다. 각각의 항아리는 600그램의 꿀이 들어 있었다. 곰 한 마리가 그의 항아리에 담긴 꿀의 절반을 먹었다. 또 다른 곰은 그의 항아리로부터 꿀을 1/4만 먹었다. 나머지 한 마리 곰은 그의 항아리에서 3/4의 꿀을 먹었다. 곰들은 꿀을 얼마나 먹었는가?

(1) 먹은 꿀의 양: $600 \times \frac{1}{2} + 600 \times \frac{1}{4} + 600 \times \frac{3}{4} = 900\,(\text{g})$

(2) 남은 꿀의 양: $600 \times 3 - \left(600 \times \frac{1}{2} + 600 \times \frac{1}{4} + 600 \times \frac{3}{4}\right) = 900\,(\text{g})$

해설

A

1 셋 이상에서 하나는 one, 또 다른 하나는 another, 나머지 다른 사람들은 the others로 쓴다.

2 '어떤 사람[것]들은 ~, 또 다른 사람[것]들은 …'을 나타낼 때는 some, the others를 쓴다.

3 '(셋 중) 하나, 또 다른 하나, 나머지 하나'를 가리킬 때 one, another, the other를 쓴다.

B

1 '각각의 단지가 담고 있었다'라는 뜻으로 쓰였으므로 each jar[one] 다음에 contained[had]라고 쓴다.

2 곰 세 마리 중 하나가 이미 언급되고 '또 다른 한 마리'라는 뜻으로 쓰였으므로 another bear가 와야 자연스럽다.

3 세 마리 중 나머지 한 마리만 남았으므로 the other bear라고 표현한다.

Reading 1

본문 ● 52쪽

1 ⑤   2 to all of us, each of us

해석

우리 반은 스승의 날을 맞아 우리 담임선생님이신 김 선생님을 위해 깜짝 파티를 준비했다. 몇 명의 학생들은 벽에 풍선들을 달았다. 그리고 다른 몇몇은 감사 메시지로 칠판을 장식했다. 우리는 칠판에 큰 하트 모양으로 메시지를 썼다. 그러고 나서, 우리는 김 선생님을 교실로 불렀고, 우리 학급 비디오를 그녀에게 보여 드렸다. 비디오를 보고 나서, 두 명의 학급 친구들이 교실로 들어왔다. 그들은 커다란 초콜릿 케이크를 가져왔다. 초콜릿 케이크 위에는 초 세 개가 있었다. 하나는 빨간색, 또 다른 하나는 파란색, 그리고 나머지 하나는 노란색이었다. 김 선생님은 매우 기쁜 표정을 지으며 "사랑스러운 나의 학생 여러분, 모두에게 감사합니다."라고 말씀하셨다. 그러고 나서 그녀는 우리를 한 명씩 안아 주셨다.

개념책

2

김 선생님은 "고마워요."라고 우리 모두에게 말씀하셨다. 그리고 나서 그녀는 우리 각각을 안아 주셨다.

해설

1 ⑤ 교실에 하트 모양 촛불 장식을 한 것이 아니라, 칠판에 하트 모양으로 감사 메시지를 써 넣은 것이다.
2 첫 번째는 선생님이 모두에게 한꺼번에 고맙다는 인사를 했으므로 to all of us가 알맞다. 두 번째 문장에서는 한 사람 한 사람 개별로 안아 준 것이므로 each of us가 적절하다.

구문

· **One** was red, **another** was blue, and **the other** was yellow.
셋 중에 하나는 one, 또 다른 하나는 another, 나머지 하나는 the other로 표현한다.
· Then **she gave us a hug** one by one.
4형식 문장으로 「주어＋동사(수여동사)＋간접목적어＋직접목적어」 형태를 가진다. 여기서는 수여동사 give가 왔고 '~에게(간접목적어) …을(직접목적어) 주다'라는 뜻이다. give ~ a hug는 '~을 껴안다, 포옹하다'라는 뜻이다.

Reading 2

본문 ● 53쪽

1 ① **2** (1) 정신적, 육체적인 건강 유지 (2) 창의력 증진, 스트레스 감소 (3) 새로운 친구를 사귀고 우정을 쌓는 데 도움

해석

취미는 십 대들이 정신적으로나 육체적으로 건강하게 지낼 수 있도록 도와준다. 또 다른 이점은 그것들이 창의력을 높이고 스트레스를 줄여 준다는 것이다. 또한, 취미를 공유하는 것은 그들이 새로운 친구를 사귀고 우정을 쌓도록 도와준다.
악기를 연주하는 것은 십 대들 사이에서 인기 있는 취미이다. 몇몇은 여가 시간에 악기 연주를 한다. 다른 사람들은 학교 밴드와 합창단에서 그들의 음악 재능을 보여 준다. 또한 춤추기는 십 대들 사이에서 인기 있는 또 다른 취미이다. 그들 중 많은 이들이 학교 댄스 클럽에 가입하여 발레부터 현대 무용, K-pop 댄스에 이르기까지 다른 종류의 춤을 배운다. 이웃에 사는 다른 사람들을 돕는 자원봉사를 취미로 선택하는 십 대들도 있다. 그들은 노숙자 보호소에서 식사를 제공하거나 지역 정화 활동을 도울 수도 있다. 그리고 다른 십 대들은 그림 그리기나 채색과 같은 예술 활동을 하며 시간 보내기를 선호한다. 당신이 관심을 갖는 취미는 무엇인가?

해설

1 '어떤 사람〔것〕들은 ~, 또 다른 사람〔것〕들은 …'이라는 의미를 나타낼 때는 some, others를 쓴다. 한편 '다른'이라는 뜻의 형용사로 other를 써서 '다른 십 대들'을 가리켜 other teenagers로 표현할 수도 있다.
2 글의 도입 부분에서 취미를 갖는 것의 장점에 대해 설명하고 있다.

구문

· Hobbies **help** teenagers **to keep** mentally and physically healthy.
「help＋목적어＋to부정사」 구문으로 '~가 …하도록 돕다'라는 뜻이다. 목적격 보어 자리에 to부정사 대신 동사원형이 올 수 있다.
· **Some** just play an instrument in their free time. **Others** show their musical talents in school bands and choirs.
'어떤 사람들은,' '또 다른 사람들은'을 나타낼 때 some, others를 쓴다. 여기서 others는 불특정한 다른 사람들을 가리킨다.

Unit 05 접속사 (1)

Grammar Practice 1

본문 ● 59쪽

A
1 but   2 Both   3 as well as

B
1 Both   2 as well as   3 not only, but also

C
1 ⓑ   2 ⓐ   3 ⓒ

D
1 Both, and   2 as well as

해석

A
1 이 잡지는 재미있을 뿐만 아니라 유용하기도 하다.
2 Susan과 Sam은 둘 다 같은 취미를 가지고 있다.
3 나의 조부님은 돼지뿐만 아니라 거위도 기르신다.

B
1 David와 Hans 둘 다 서울에 같은 날 도착했다.
2 그 책은 포르투갈어뿐만 아니라 스페인어로도 출판되었다.
3 나는 편안하면서도 장식 효과가 있는 소파가 필요하다.

C
1 이것은 내가 하고자 하는 것이 아니라, 내가 해야만 하는 것이다.
2 우리 팀은 줄다리기뿐 아니라, 피구 시합에서도 이겼다.
3 그 미술관에는 작가, 예술가, 록스타뿐만 아니라 유명한 정치인들의 초상화도 전시되어 있다.

해설

A
1 not only A but also B는 'A뿐만 아니라 B도'라는 의미이다.
2 '둘 다'라는 뜻은 both를 쓰며 복수주어이므로 복수동사를 쓴다.
3 B as well as A는 'A뿐만 아니라 B도'라는 의미이다.

B
1 David와 Hans '둘 다'를 가리키므로 both A and B 구문을 사용한다.
2 '포르투갈어뿐 아니라 스페인어로도'의 의미로 두 언어 사이에 들어갈 어구는 as well as가 적절하다.
3 '편안하면서도 장식 효과가 있는'이라는 의미이므로 not only A but also B 구문을 쓴다.

C
1 not A but B는 'A가 아니라 B'라는 의미이다.
2 not only A but also B는 'A뿐만 아니라 B도'라는 의미이다.
3 B as well as A는 'A뿐만 아니라 B도'라는 의미이다.

D
1 고양이와 개 모두를 가리키므로 both A and B를 사용한다.
2 '새 음악 앨범(A)뿐 아니라 신상품 티셔츠(B)도'라는 의미를 나타내므로 B as well as A 구문을 사용한다.

Grammar Practice 2

본문 ● 61쪽

A
1 Neither   2 nor   3 Either

B
1 am   2 are

C
1 either   2 or   3 nor

D
1 either here or next to the main gate
2 new hair style is neither long nor short

해석

A
1 나의 아버지와 어머니 두 분 다 초밥을 좋아하지 않으신다.
2 내 친구들도 코치도 모두 내 생각에 동의하지 않는다.
3 Mike와 Rachel 둘 중 하나가 치즈 케이크 마지막 조각을 먹었다.

B
1 그녀와 나 둘 중 한 명이 그 프로젝트를 담당하게 된다.
2 그 경찰관들도 형사들도 범인에 대한 어떤 정보도 내놓지 않을 것이다.

C
1 너는 차고나 뒷마당에서 나를 찾을 수 있다.
2 날씨가 덥거나 습할 때, 당신은 쉽게 피곤해질 수 있다.
3 나의 새집은 크지도 작지도 않다.

해설

A
1, 2 'A도 아니고 B도 아닌'이라는 뜻을 가진 상관접속사 구문은 neither A nor B이다.
3 'A와 B 둘 중 하나'라는 뜻을 가진 상관접속사 구문은 either A or B이다.

개념책

B

1, 2 either *A* or *B*, neither *A* nor *B* 구문이 주어로 올 경우 동사의 수는 A와 B 중 동사 가까이에 있는 B에 일치시킨다.

C

1, 2 'A 또는 B 중 하나'라는 의미이므로 either *A* or *B* 구문을 사용한다.

3 'A도 B도 아닌'이라는 의미이므로 neither *A* nor *B* 구문을 사용한다.

D

1 either *A* or *B*는 'A 혹은 B 둘 중 하나'라는 의미이다.

2 neither *A* nor *B*는 'A도 B도 아닌'이라는 의미이다.

Writing 1

본문 • 62쪽

A

1 not only singing but also dancing
2 Neither you nor Becky
3 are not funny but serious
4 not only an artist but also a celebrity
5 either bus number 721 or bus number 35
6 nutritious as well as delicious

B

1 not only funny but also very kind
2 Neither Rachel nor her husband mentioned anything
3 can either go by KTX or rent a car
4 is fluent not only in Spanish but also in French
5 but that the food was terrible
6 mental health as well as physical health

해설

A

1 not only *A* but also *B*는 'A뿐만 아니라 B도'라는 의미이다.
2 neither *A* nor *B*는 'A도 B도 아닌'이라는 의미이다.
3 not *A* but *B*는 'A가 아니라 B'라는 의미이다.
4 not only *A* but also *B*는 'A뿐만 아니라 B도'라는 의미이다.
5 either *A* or *B*는 'A 또는 B 둘 중 하나'라는 의미이다.
6 *B* as well as *A*는 'A뿐만 아니라 B도'라는 의미이다.

B

1 not only *A* but also *B*는 'A뿐만 아니라 B도'라는 의미이다.
2 neither *A* nor *B*는 'A도 B도 아닌'이라는 의미이다.
3 either *A* or *B*는 'A 또는 B 둘 중 하나'라는 의미이다.
4 not only *A* but also *B*는 'A뿐만 아니라 B도'라는 의미이다.
5 not *A* but *B*는 'A가 아니라 B'라는 의미이다.
6 *B* as well as *A*는 'A뿐만 아니라 B도'라는 의미이다.

Writing 2

본문 • 63쪽

A

1 both chocolate and vanilla
2 neither a macaron nor an apple pie
3 not only a cheesecake but also a glass of orange juice

B

1 neither tax nor tip
2 either $5.68 or $5.11
3 both tax and tip
4 either cash or credit card

해석

A

질문: 어떤 아이스크림 맛을 선택할 거니?
응답: 라즈베리 아니면 딸기 중 하나를 먹고 싶어.

1 질문: 어떤 아이스크림 맛을 고를 거니?
응답: 초콜릿과 바닐라 둘 다 선택할 거야.
2 질문: 너의 엄마는 마카롱과 애플파이 중 어느 것을 원하시니?
응답: 그녀는 마카롱도 애플파이도 원하지 않으셔.
3 질문: 너의 아빠는 디저트로 뭘 드실 거니?
응답: 그는 치즈케이크뿐만 아니라 오렌지주스도 드실 거야.

B

1 보통 메뉴 가격은 세금도 팁도 포함하지 않는다.
2 영수증에 따르면, 팁은 5.68달러 혹은 5.11달러 중 하나가 될 수 있다.
3 식당에서 당신은 세금과 팁을 모두 내야 한다.
4 팁은 현금이나 신용카드 둘 중 하나로 낼 수 있다.

해설

A

1 both *A* and *B*는 'A와 B 둘 다'라는 의미이다.
2 neither *A* nor *B*는 'A도 B도 아닌'이라는 의미이다.
3 not only *A* but also *B*는 'A뿐만 아니라 B도'라는 의미이다.

B

1 세금도 팁도 포함하지 않으니 'A도 B도 아닌'이라는 뜻의 neither *A* nor *B* 구문을 사용한다.
2 팁은 퍼센트에 따라 5.68달러 혹은 5.11달러 둘 중 하나로 낼 수 있다.
3 세금과 팁을 모두 내야 하므로 both *A* and *B*를 사용한다.
4 현금 혹은 카드 둘 중 하나로 비용을 지불할 수 있으므로 either *A* or *B*를 사용한다.

1 ④ **2** it's not free but stolen

해석

어떤 유명 인사의 데이트 사진들을 보면 여러분은 어떤 기분이 드는가? 여러분은 단순히 그 유명 인사가 누구와 데이트를 하고 있는지에 관심이 생기거나, 사생활이 없다는 것에 대해 그 유명 인사에 안쓰러움을 느끼거나 둘 중 하나일 것이다. 그러나 어떤 사람들은 한 걸음 더 나아가서 그 사진에 근거한 소문들을 만들어 낸다. 몇몇은 심지어 그나 그녀의 데이트 상대를 지독히 괴롭히기도 한다. 당신이 어떻게 반응하든지, 한 가지는 확실하다. 그 사람은 그의 사생활에 대한 접근권을 팔지 않았다는 것이다. 게다가, 우리는 그것을 구매한 적이 없다. 여러분은 그 소식이 모두에게 무료라고 생각할 수도 있지만, 사실은 그것은 공짜가 아니라 훔친 것이다. 그러므로 우리는 소문을 소비하는 것을 멈추고 유명 인사들을 내버려 두어야 한다.

1
① 소문을 내지 말자.
② 자신의 일에나 신경 써라.
③ 당신의 관계를 존중하라.
④ 유명인의 사생활을 침해하지 마라.
⑤ 사람들 뒤에서 말하지 마라.

해설

1 본문은 '유명인들의 사생활을 존중하자.'는 내용의 요지를 전달하고 있으므로 정답으로 ④가 적절하다.

2 not *A* but *B*는 'A가 아니라 B'라는 뜻의 상관접속사이다. 이를 이용하여 '공짜가 아니라 훔친 것이다'라는 구문을 영작할 수 있다.

구문

- You might **either** simply feel interested in who the celebrity is dating, **or** feel sorry for the celebrity for not having a private life.
  either *A* or *B*는 'A 혹은 B 둘 중 하나'라는 뜻의 상관접속사이다. A와 B 부분에 동일한 구조의 어구가 와야 한다.
- **No matter how** you react, one thing is sure: that person didn't sell access to his or her private life.
  no matter는 '~와 관계없이'라는 뜻으로「no matter+의문사(what, how, where, who)」구문으로 쓰인다. 여기서 no matter how는 '아무리 ~하더라도, 어떻게 ~하더라도'라는 뜻이다.

---

1 ④ **2** Women use talk not only to express feelings but also to reach agreement.[Women use talk to reach agreement as well as to express feelings.]

해석

Susie와 그녀의 남편 Ben은 공원을 걷고 있었다. 얼마 후, 그녀는 Ben에게 "저 음식 가판대에 들러 간식을 먹을래요?"라고 물었다. Ben이 "아니, 아직 배가 고프지 않아요."라고 대답했다. 갑자기 Susie가 조용해졌다. Ben은 이유를 몰랐다. 그는 그녀가 자신이 배가 고픈지 묻고 있다고 생각했다. 하지만 Susie는 그에게 그녀가 간식을 먹으러 잠깐 들르고 싶다고 말하고 있었다. 이처럼 남녀 사이에 오해가 있다. 상담가들은 남성과 여성이 다른 대화 규칙을 가지고 성장하기 때문에 의사소통이 잘못되는 일이 발생한다고 말한다. 여성들은 대화를 감정을 표현하는 데뿐만 아니라 합의에 이르는 데에도 사용한다. 그러나 남성들은 대화를 정보를 교환하는 것뿐만 아니라 존경을 얻기 위해 종종 사용한다. 그러므로 대화 방식의 차이는 남녀 사이의 상호 작용에서 매우 큰 의미를 가진다.

1
① 남자들은 동의를 얻기 위해 대화를 사용한다.
② 여자는 감정을 감추도록 양육된다.
③ 남녀 모두 관계를 형성하기 위해 대화를 사용한다.
④ 남자와 여자는 서로 다른 대화 규칙을 배우며 자란다.
⑤ 남녀 간에 오해는 없다.

해설

1 남성과 여성은 서로 다른 대화 규칙을 가지고 자라기 때문에 서로 오해가 생긴다는 내용이 제시되어 있다.

2 'A뿐만 아니라 B도'라는 의미를 나타내는 상관접속사 not only *A* but also *B* 또는 *B* as well as *A*를 사용하여 영작한다.

구문

- He thought she was asking **if** he was hungry.
  if는 명사절을 이끄는 접속사로 뒤에 주어와 동사가 오며, '~인지 아닌지'라는 뜻이다.
- However, men often use talk to gain respect **as well as** exchange information.
  B as well as *A*는 'A뿐만 아니라 B도'라는 뜻이다. 뒤에 오는 말부터 해석하는 데 유의한다.

06 접속사 (2)

Grammar Practice 1

본문 • 71쪽

A

1 that   2 enough   3 too

B

1 so as to be on time for the plane
2 so slow that he never gets to

C

1 ⓑ   2 ⓒ   3 ⓐ

D

1 so that he can get an A⁺ on his English test
3 so that we could go to the museum early

해석

A

1 그 식당은 너무 인기가 있어서 주말에 자리를 얻기가 어렵다.
2 그 사건은 내가 풀 수 있을 정도로 충분히 쉬웠다.
3 그 문제들은 너무 복잡해서 대답할 수 없었다.

C

1 사진사는 그가 단체 사진을 찍을 수 있도록 사람들에게 자세를 취할 것을 요청했다.
2 그 경기장은 약 2만5천 명의 사람들을 수용할 수 있을 만큼 충분히 크다.
3 이 차는 너무 뜨거워서 지금 마실 수 없다.

D

1 Greg는 열심히 공부한다. 그는 그의 영어 시험에서 A⁺를 받기를 소망한다.
→ Greg는 그의 영어 시험에서 A⁺를 받을 수 있도록 열심히 공부한다.
2 우리 가족은 아주 빨리 아침 식사를 했다. 우리는 일찍 박물관에 가기 원했다.
→ 우리 가족은 일찍 박물관에 갈 수 있도록 아주 빨리 아침 식사를 했다.

해설

A

1 '매우 …해서 ~하다'라는 의미를 나타낼 때는 「so+형용사+that+주어+동사」 구문을 사용한다.
2 「형용사+enough+to부정사」 구문으로 여기서는 의미상 주어 for me가 삽입되어 있다.

3 '너무 …해서 ~할 수 없다'라는 의미는 「too ... to ~」 구문을 이용하여 나타낸다.

B

1 '~할 수 있도록'이라는 의미로 「so as+to부정사」 구문을 사용한다.
2 '매우 …해서 ~하다'라는 의미로 「so+형용사+that+주어+동사」 구문을 사용한다.

C

1 「so that+주어+동사」는 '~할 수 있도록, ~하기 위하여'라는 의미이다.
2 「형용사+enough+to부정사」는 '~할 수 있도록 충분히 …한'이라는 의미이다.
3 「too+형용사+to부정사」는 '너무 …해서 ~할 수 없다'라는 의미이다.

D

1, 2 '~할 수 있도록'이라는 의미로 목적을 나타내므로 「so that+주어+동사」 구문을 사용한다.

Grammar Practice 2

본문 • 73쪽

A

1 or   2 and   3 Unless

B

1 For example   2 however   3 As a result

C

1 ⓒ   2 ⓐ   3 ⓑ

D

1 If you   2 Unless you[If you don't]

해석

A

1 충분히 잠을 자라, 그렇지 않으면 너는 곧 피곤해질 것이다.
2 음식에서 설탕의 양을 줄여라, 그러면 너는 더 건강해질 것이다.
3 비옷을 입지 않으면, 너는 완전히 젖게 될 것이다.

B

1 인공 지능은 우리 삶의 모든 측면에 사용된다. 예를 들면, 정원에 물 주기, 애완동물 먹이 주기, 혹은 수술하기를 위해 그것이 사용된다.
2 파도타기는 오래전에 하와이에서 시작되었다. 그러나 요즘에는 전 세계적으로 사람들이 그것을 즐긴다.
3 내 남동생[형/오빠]은 밤에 열심히 공부를 한다. 결과적으로 그의 성적이 향상되고 있다.

C

1 잠을 잘 때 창문을 닫아라, 그렇지 않으면 너는 감기에 걸릴 수도 있다.

2 서둘러라, 그러면 너는 제시간에 도착할 것이다.

3 이 버튼을 눌러라, 그러면 기계가 작동할 것이다.

D

1 매일 스트레칭 운동을 해라, 그러면 너는 더 유연해질 것이다.
= 매일 스트레칭 운동을 하면, 너는 더 유연해질 것이다.

2 조용한 곳에서 공부해라, 그렇지 않으면 너는 주의가 산만해질 것이다.
= 조용한 곳에서 공부하지 않으면, 너는 주의가 산만해질 것이다.

해설

A

1 「명령문, or ~.」는 '···해라, 그렇지 않으면 ~.'이라는 의미이다.

2 「명령문, and ~.」는 '···해라, 그러면 ~.'이라는 의미이다.

3 「unless + 주어 + 동사」는 '~하지 않으면'이라는 의미로 if ~ not 으로 바꿔 쓸 수 있다.

B

1 인공 지능이 하는 역할의 예를 들고 있으므로 for example이 어울린다.

2 빈칸 뒤에 앞과 반대되는 내용이 오므로 however가 어울린다.

3 열심히 한 결과로 성적이 향상되므로 결과를 나타내는 as a result가 와야 한다.

C

1 「명령문, or ~.」 구문은 '···해라, 그렇지 않으면 ~.'이라는 의미이다.

2, 3 「명령문, and ~.」 구문은 '···해라, 그러면 ~.'이라는 의미이다.

D

1 「명령문, and ~.」(···해라, 그러면 ~.)는 「If you ···, you ~.」(만일 ···하면, 너는 ~)구문으로 바꿔 표현할 수 있다.

2 「명령문, or ~.」(···해라, 그렇지 않으면 ~.) 구문은 「If you ... not, you ~.」(만일 ···하지 않으면, 너는 ~.)로 바꿔 표현할 수 있다.

Writing 1
본문 ● 74쪽

A

1 or you will[you'll] get a speeding ticket
2 However, I will[I'll] keep
3 and you will[you'll] feel refreshed
4 Therefore, we have to meet
5 so fast that I cannot[can't] understand him
6 so that you can keep the kitchen clean

B

1 However, February has 29 days
2 Therefore, he has a lot of
3 and you will have time for breakfast
4 or you'll disturb other people
5 so disappointed that I didn't say a word
6 so that I can send you the package

해설

A

1 「명령문, or ~.」는 '···해라, 그렇지 않으면 ~.'이라는 의미이다.

2 앞뒤 말이 상반되는 내용이므로 However로 연결한다.

3 '···해라, 그러면 ~.'이라는 의미이므로 「명령문, and ~.」 구문으로 완성한다.

4 의논할 것이 많아 더 만나야 한다는 내용이므로 therefore로 연결한다.

5 '너무 ···해서 ~하다'라는 의미이므로 「so + 형용사/부사 + that + 주어 + 동사」 구문을 사용한다.

6 '~할 수 있도록'이라는 의미로 목적을 나타내므로 「so that + 주어 + 동사」 구문을 사용한다.

B

1 앞뒤 말이 역접 관계이므로 however를 쓴다.

2 뒤에 오는 말이 앞의 내용에 대하여 결과의 의미를 나타내므로 therefore를 쓴다.

3 '···해라, 그러면 ~.'이라는 의미이므로 「명령문, and ~.」 구문을 쓴다.

4 '···해라, 그렇지 않으면 ~.'이라는 의미이므로 「명령문, or ~.」 구문을 쓴다.

5 '매우 ···해서 ~하다'라는 의미로 「so ... that ~」 구문을 사용한다.

6 '~할 수 있도록, ~하기 위하여'라는 의미이므로 「so that ~」 구문을 사용한다.

Writing 2
본문 ● 75쪽

A

1 sick that she couldn't[didn't] go
2 that I can enter
3 shy that he can't speak

B

1 and you will[you'll] feel better
2 and you will[you'll] pass the exam
3 or you will[you'll] get a painful sunburn
4 or you will[you'll] be covered in mosquito bites

A

1 수진이는 너무 아파서 학교에 갈 수 없었다(가지 못했다).

2 김 선생님, 제가 교실에 들어갈 수 있게 자물쇠의 비밀번호를 알려 주세요.

3 제 아들은 너무 수줍어서 낯선 사람들을 만날 때 말을 하지 못한답니다.

B

1 나는 열이 나.

2 시험일이 다가와!

3 햇빛이 너무 강해.

4 모기가 너무 많아.

1 약을 좀 먹어라, 그러면 너는 기분이 좋아질 것이다.

2 열심히 공부해라, 그러면 시험에 합격할 것이다.

3 자외선 차단제를 좀 발라라, 그렇지 않으면 너는 햇볕에 심하게 타게 될 것이다.

4 모기 스프레이를 가지고 와라, 그렇지 않으면 너는 모기 물린 자국으로 덮힐 것이다.

A

1, 3 원인과 결과를 나타내므로 '매우 …해서 ~하다'라는 의미를 나타내는 「so + 형용사/부사 + that + 주어 + 동사」 구문을 사용한다.

2 '~할 수 있도록, ~하기 위하여'라는 의미는 「so that + 주어 + 동사」 구문을 사용한다.

B

1, 2 「명령문, and ~.」(…해라, 그러면 ~.) 구문을 사용한다.

3, 4 「명령문, or ~.」(…해라, 그렇지 않으면 ~.) 구문을 사용한다.

Reading 1

본문 ● 76쪽

1 ② **2** so much that it threatens human intelligence

인공 지능은 너무나 많이 발전해서 그것은 인간의 지능을 위협한다. 1997년에 큰 체스 경기가 있었다. 그 당시에 많은 사람들은 인간이 인공 지능보다 더 똑똑하다고 확신했다. 체스 세계 챔피언과 IBM의 컴퓨터인 딥블루가 체스를 두었다. 결과는 어땠을까? 딥블루가 이겼다. 그것은 많은 관심을 받았고 그 당시 모든 주요 대중 매체에 올랐다. 2016년에 바둑 챔피언인 이세돌이 구글 딥마인드의 알파고를 상대로 패배했을 때도 같은 일이 일어났다. 어떤 사람들은 인공 지능이 인간의 잠재의식적인 결정을 모방한다고 믿는다. 다른 사람들은 인공 지능이 너무 똑똑해져서 가까운 미래에 그것이 인간을 지배하는 것이 아닌지 걱정하고 있다. 그들은 인공 지능이 인간의 가치와 인간의 존엄성을 떨어뜨릴 가능성이 있다고 말한다.

1 체스 세계 챔피언과 인공 지능 딥블루의 체스 경기 후에 둘 사이의 경기 결과가 오는 것이 자연스럽다.

2 「so ... that ~」 구문은 '매우 …해서 ~하다'라는 뜻으로 원인과 결과를 나타내며, 여기서는 인공 지능이 너무나 많이 발전해서(원인) 인간의 지능을 위협한다는(결과) 내용이 와야 자연스럽다.

- At that time, many people **were sure that** humans were **smarter than** AI.

  be sure that ~은 '~라고 확신하다'라는 뜻이다. that 이후에는 주어와 동사가 따라 온다. smarter than은 '~보다 더 똑똑한'이라는 뜻의 비교급 표현이다.

- The same thing happened **when** Lee Sedol, a baduk champion, lost against AlphaGo of Google DeepMind in 2016.

  접속사 when은 '~할 때'라는 뜻으로 뒤에 「주어 + 동사」를 이끈다.

Reading 2

본문 ● 77쪽

1 ② **2** develop[have] the skills to find the right person for the job

당신이 한 회사의 사장이고, 당신을 위해 일할 누군가가 필요하다고 상상해 보라. 당신은 분명히 정말로 재능 있는 근로자를 원할 것이다. 하지만 당신은 어떻게 그런 종류의 사람을 찾을 수 있는가? 많은 사람들은 높은 급여를 제공하면, 쉽게 유능한 근로자들을 구할 거라고 생각한다. 하지만 그것이 항상 맞는 것은 아니다. 아마도 더 훌륭한 면접 대상자를 만날 확률은 높아질 것이다. 그러나 높은 급여가 좋은 일꾼을 보장해 주지는 않는다. 모든 사람들이 높은 급여를 원하기 때문에, 높은 급여를 제공하는 것은 모든 종류의 사람들을 끌어들인다. 만약 당신이 유능한 근로자를 알아볼 수가 없어서 잘못된 사람을 고른다면, 당신은 당신의 결정을 후회하게 될 것이다. 그러므로 당신은 능력 있는 근로자가 누구인지를 알아볼 수 있는 기술을 계발할 필요가 있다.

2

질문: 이 글에 따르면, 사장으로서 당신은 좋은 근로자를 고용하기 위해 어떤 기술을 계발해야 하는가?

대답: 우리는 그 일에 알맞은 사람을 찾는 기술을 계발해야 한다.

해설

1 연결어(구) 앞뒤에 서로 대조적인 내용의 문장이 오면 however를 쓴다. therefore 다음에는 앞 이야기의 결과가 이어진다. (A) 의 앞뒤에 높은 급여를 제공하면 능력 있는 사람들을 만날 확률이 높아지나 반드시 좋은 근로자들을 만나는 것을 보장해 주지는 않는다는 서로 대조되는 내용이 오므로 However가 알맞다. 한편, (B)에는 앞에서 나온 말에 이어 직업에 알맞은 사람을 알아보는 기술을 계발해야 한다고 말하고 있으므로 '그래서, 그러므로'라는 의미를 가지는 Therefore가 오는 것이 문맥상 자연스럽다.

2 사장으로서 능력 있는 일꾼, 즉 일에 적합한 사람을 알아보는 것이 중요하다고 강조하고 있다.

구문

· Imagine you are the CEO of a company, and you need someone **to work for you**.

to work for you는 someone을 꾸며 주는 형용사적 용법의 to부정사구로 '당신을 위해 일할 누군가'라고 해석한다.

· Therefore, you need to develop the skills to be able to recognize **who a skilled worker is**.

who a skilled worker is는 recognize의 목적어로 쓰인 간접의문문으로, 간접의문문의 어순은 「의문사＋주어＋동사」이다.

본문 ● 80~81쪽

Writing

예시 답안

STEP 3 Draft

> My Favorite Activity: Playing Soccer
> My favorite activity is playing soccer. I play soccer with my classmates. I do this activity on the school playground during lunch breaks. I play soccer so that I can get exercise. When I play soccer, I feel not only joyful but also excited. I run so fast and hard that my shirt gets all wet from sweating so much.

해석

STEP 1 Get Ready

1. 활동: 축구하기
2. 누구와 함께: 나의 학급 친구들과 함께
3. 어디서: 학교 운동장에서
4. 언제: 점심시간 동안
5. 왜: 운동하기 위해
6. 느낌: 즐겁고 신이 남

STEP 2 Organize

1 질문: 가장 좋아하는 활동은 무엇인가?
  답변: 내가 가장 좋아하는 활동은 축구하기이다.
2 질문: 이 활동을 누구와 함께하는가?
  답변: 나는 나의 학급 친구들과 축구를 한다.
3 질문: 이 활동을 어디서 하는가?
  답변: 내 친구들과 나는 그것을(축구를) 학교 운동장에서 한다.
4 질문: 이 활동을 언제 하는가?
  답변: 나는 점심시간에 축구를 한다.
5 질문: 왜 이 활동을 하는가?
  답변: 나는 운동을 하려고 축구를 한다.
6 질문: 당신이 이 활동을 할 때 어떤 기분이 드는가?
  답변: 나는 즐거울 뿐만 아니라 신나기도 하다.

STEP 3 Draft

> 내가 가장 좋아하는 활동: 축구하기
> 내가 가장 좋아하는 활동은 축구를 하는 것이다. 나는 반 친구들과 축구를 한다. 나는 점심시간에 학교 운동장에서 이 활동을 한다. 나는 운동을 하기 위해 축구를 한다. 나는 축구를 할 때 즐거울 뿐만 아니라 신이 나기도 한다. 나는 아주 빨리 그리고 열심히 달려서 땀을 많이 흘려 셔츠가 흠뻑 젖는다.

해설

STEP 3 Draft

Draft의 마지막 문장에 학습자가 자유롭게 「so ... that ~」 구문을 활용하여 문장을 쓰게 되어 있다. 여기서는 자신이 좋아하는 활동과 관련해 다양한 내용이 올 수 있는데 Draft의 예시 문장을 살펴보면, I run **so** fast and hard **that** my shirt gets all wet from sweating so much.로 '나는 아주 빨리 그리고 열심히 달려서 땀을 많이 흘려 셔츠가 흠뻑 젖는다.'라는 문장으로 원인과 결과 관계가 드러나 있다.

Unit 07 가정법

Grammar Practice 1

본문 • 85쪽

A
1 would[could] fly   2 would[could] buy
3 would[could] go hiking

B
1 knew   2 can   3 were

C
1 take   2 could travel[go]   3 would be

D
1 had time, could   2 were[was] not sick / weren't
[wasn't] sick   3 If I understood

해석

A
1 만약 내가 새라면, 나는 너에게 날아갈[날아갈 수 있을] 텐데.
2 만약 내가 너라면, 나는 빨간색 차를 살[살 수 있을] 텐데.
3 만약 그녀에게 시간이 있다면, 그녀는 등산을 갈[갈 수 있을] 텐데.

B
1 만약 Jack이 그녀의 번호를 안다면, 그는 그녀에게 전화를 할 텐데.
2 만약 네가 그 집을 산다면, 너는 애완동물을 기를 수 있다.
3 만약 날씨가 좋다면, 우리는 수영을 갈 수 있을 텐데.

D
1 내가 시간이 없기 때문에, 나는 너와 놀 수 없다.
  =만약 내게 시간이 있다면, 나는 너와 놀 수 있을 텐데.
2 그가 아프기 때문에, 그는 현장 학습을 갈 수 없다.
  =만약 그가 아프지 않다면, 그는 현장 학습을 갈 수 있을 텐데.
3 나는 이해를 못해서, 나는 그것을 너에게 설명할 수 없다.
  =만약 내가 이해를 한다면, 나는 그것을 너에게 설명할 수 있을 텐데.

해설

A
1 첫 번째 그림은 새가 된다면 날아가겠다[날아갈 수 있다]고 가정하고 있으므로, 조동사의 과거형을 사용하여 가정법 문장을 완성한다.
2 두 번째 그림은 내가 너라면 빨간색 차를 사겠다[살 수 있다]고 가정하고 있으므로, 조동사의 과거형을 사용하여 가정법 문장을 완성한다.
3 세 번째 그림은 등산을 가는 모습을 상상하는 그림으로 시간이 있다면 등산을 가겠다[갈 수 있다]고 가정하는 문장이다. '등산을 가다'라는 표현은 go hiking이다.

B
1 주절에서 조동사의 과거형을 사용하고 있는 것으로 보아, Jack이 그녀의 번호를 안다고 가정하는 가정법 과거 문장이다. 따라서, 동사의 과거형 knew가 적합하다.
2 집을 살 수도 있고 안 살 수도 있는 가능성이 있을 때 산다는 조건을 나타내는 문장이므로, 주절에서 조동사의 현재형이 쓰여야 한다.
3 날씨가 좋다면 수영을 갈 수 있다고 가정하는 가정법 과거 문장으로, be동사의 경우 주어의 인칭이나 수에 상관없이 were를 쓴다.

C
1 버스를 타면 늦을 수도 있는 가능성을 나타내는 문장이다. 조건을 나타내는 if절에서는 현재시제가 미래시제를 대신하므로, take가 빈칸에 적절하다.
2 해외여행을 갈 수 없지만, 갈 수 있다는 것을 가정하는 가정법 과거 문장이다.
3 네가 여기 없지만 있다고 가정하는 가정법 과거 문장으로, 주절에 조동사의 과거형이 쓰여야 한다.

D
1~3 가정법 과거는 반대 의미의 직설법 현재로 나타낼 수 있다. 따라서 직설법 현재를 가정법 과거로 바꿀 때 긍정은 부정으로, 부정은 긍정으로 바꿔야 한다.

Grammar Practice 2

본문 • 87쪽

A
1 were   2 could   3 were   4 became

B
1 lived   2 were[was]   3 had

C
1 I were[was] healthy   2 as if[though] it were[was]
real   3 I wish he told

D
1 were[was] a good singer   2 could come to the
festival   3 as if[though] she were[was]

해석

A
1 그녀가 나의 여자 친구라면 좋을 텐데.
2 내가 중국어로 잘 말할 수 있다면 좋을 텐데.
3 그는 마치 나의 아버지라도 되는 것처럼 행동한다.
4 그녀는 마치 대학생이라도 된 것처럼 행동한다.

D
1 내가 좋은 가수가 아니라서 유감이다. 내가 좋은 가수라면 좋을 텐데.
2 네가 축제에 올 수 없어서 유감이다. 네가 축제에 올 수 있다면 좋을 텐데.

3 그녀는 마치 여왕이라도 되는 것처럼 행동한다. 사실 그녀는 여왕이 아니다.

해설

A

1 「I wish+가정법 과거」는 「I wish+주어+동사의 과거형 ~.」의 형태로, be동사의 경우 주어의 인칭이나 수에 상관없이 were를 쓴다.

2 「I wish+가정법 과거」 문장으로 조동사가 있는 경우 「I wish+주어+조동사의 과거형+동사의 원형 ~.」의 형태이므로, could가 적절하다.

3 「as if+가정법 과거」는 「as if+주어+동사의 과거형 ~」의 형태로, be동사의 경우 주어의 인칭이나 수에 상관없이 were를 쓴다.

4 마치 대학생이 된 것처럼 이라고 가정하는 「as if+가정법 과거」 문장으로 become의 과거형 became이 적절하다.

B

1 「I wish+가정법 과거」 문장으로 live의 과거형이 빈칸에 적절하다.

2 「as if+가정법 과거」에서 be동사의 경우 주어의 인칭이나 수에 상관없이 were를 쓴다. 단, 구어체에서는 was를 쓰기도 한다.

3 「as if+가정법 과거」 문장으로 have의 과거형이 빈칸에 적절하다.

C

1 「I wish+가정법 과거」를 사용하여 현재에 건강하지 못한 상황에서 건강해지길 바라는 소망을 나타낼 수 있다.

2 주어진 문장은 개가 실제가 아니나 마치 실제인 것처럼 보이는 상황이다. 이처럼 현재 사실과 반대되거나 사실은 그렇지 않은데 마치 그러한 것 같은 상황을 표현할 때 「as if[though]+주어+동사의 과거형 ~」의 형태를 사용한다.

3 「I wish+가정법 과거」를 사용하여 그가 사실을 말하기를 바라는 소망을 나타낼 수 있다. tell the truth는 '사실을 말하다'라는 의미의 표현이다.

D

1~2 직설법 「I'm sorry (that)+주어+동사의 현재형 ~.」은 「I wish+가정법 과거」로 나타낼 수 있다. 이때, 긍정은 부정으로, 부정은 긍정으로 바꿔야 한다.

3 그녀는 사실은 여왕이 아닌데, 마치 그러한 것처럼 행동하는 상황이므로 「as if[though]+주어+동사의 과거형 ~」의 형태를 사용하여 문장을 완성한다.

Writing 1

본문 • 88쪽

A

1 can't come **2** it rains **3** I got **4** If I had
5 wish I could keep **6** as if[though] he were[was] a baby

B

1 wish the king lived
2 as if he were our leader
3 If Sally had time
4 walks as if she were on ice
5 I wouldn't exceed the speed limit
6 I wish I had stronger

해설

A

1~2 일어날 가능성이 있는 조건을 나타내는 if절에서는 현재시제가 미래시제를 대신한다.

3 직업을 갖지 못하고 있는 현재 사실과 반대되는 상황을 가정하고 있으므로, 가정법 과거 「If+주어+동사의 과거형 ~, 주어+조동사의 과거형+동사의 원형 ….」의 형태를 사용하여 문장을 완성한다.

4 가정법 과거 문장으로 have의 과거형이 if절에 쓰인다.

5 현재 애완동물을 기를 수 없으나 애완동물을 기르고 싶은 소망을 「I wish+주어+조동사의 과거형+동사의 원형 ~.」으로 표현한다.

6 아기는 아니지만 마치 아기인 것처럼 자므로 「as if[though]+주어+동사의 과거형 ~」을 사용하여 문장을 완성한다.

B

1 왕이 더 오래 살지 못하는 상황에서 오래 살기를 바라는 소망을 나타낼 때 「I wish+주어+동사의 과거형 ~.」을 사용한다.

2 「as if+가정법 과거」는 '마치 ~인 것처럼'의 의미로 「as if+주어+동사의 과거형 ~」의 형태이다.

3 가정법 과거의 if절은 「if+주어+동사의 과거형 ~」의 형태이다.

4 얼음 위에 있지 않지만 마치 얼음 위에 있는 것처럼 걷고 있는 상황이므로 「as if+주어+동사의 과거형 ~」의 순서로 문장을 배열한다.

5 exceed the speed limit은 '제한속도를 초과하다'라는 의미이다.

6 '강한 의지력'은 strong willpower이다.

Writing 2

본문 • 89쪽

A

1 I would keep a dog 또는 I would play with my dog
2 I would go to New York
3 I would meet King Sejong

B

1 I could dance **2** if[though] he were[was] a bird
3 I could be, would dance with

A

1 A: 만약 네게 정원이 있다면, 너는 무엇을 할 거니?
　B: 만약 내게 정원이 있다면, 나는 개를 기를 텐데(나의 개와 놀 텐데).
2 A: 만약 네게 일주일의 휴가가 있다면, 너는 어디에 갈 거니?
　B: 만약 내게 일주일의 휴가가 있다면, 나는 뉴욕에 갈 텐데.
3 A: 만약 네가 과거로 여행을 갈 수 있다면, 너는 누구를 만날 거니?
　B: 만약 내가 과거로 여행을 갈 수 있다면, 나는 세종대왕을 만날 텐데.

B

Andy: 내가 영화 속 Mike처럼 춤을 출 수 있다면 좋을 텐데.
Sarah: Mike는 마치 새인 것처럼 춤을 춰.
미나:　만약 내가 Mike의 친구가 될 수 있다면, 나는 매일 그와 춤을 출 텐데.

A

현재 사실에 반대되는 상황을 가정하고 있는 질문들에 가정법 과거를 사용하여 답한다. 이때, 동사의 형태에 유의한다.

1 첫 번째 그림은 남자가 개와 정원에 있는 모습으로, 정원이 있다면 무엇을 할 것인지 묻는 질문에 개를 기르다, 개와 놀다 등의 내용으로 답변을 완성한다.
2 두 번째 그림은 소녀가 뉴욕을 구경하는 모습으로, 휴가를 가게 된다면 어디로 갈 것인지 묻는 질문에 뉴욕에 갈 것으로 답변을 완성한다.
3 세 번째 그림은 소년이 세종대왕을 만나는 모습으로, 과거로 여행 가서 누구를 만날 것인지 묻는 질문에 세종대왕을 만날 것이라고 답변을 완성한다.

B

- Andy – 영화 속 Mike처럼 춤을 출 수 있기를 소망하고 있다. 따라서 실제 이루어지기 어려운 소망을 「I wish + 주어 + 동사의 과거형 ~.」을 사용하여 나타낸다.
- Sarah – Mike는 새가 아니지만, 마치 새처럼 춤을 춘다고 말하고 있으므로, 「as if[though] + 주어 + 동사의 과거형 ~」을 사용하여 나타낸다.
- Mina – '~와 춤을 추다'는 dance with ~로 나타낸다.

Reading 1

본문 • 90쪽

1 ④　**2** as if I became Santa

Sarah야 안녕,
어떻게 지냈어? 네가 너의 겨울 방학을 즐기고 있기를 소망해. 나는 여기 핀란드에서 최고로 멋진 시간을 보내고 있어. 너도 여기에 있다면 좋을 텐데. 어제 나는 숲으로 썰매를 타러 갔어. 핀란드의 몇몇 지역에서는 순록이 썰매를 끌어서 마치 내가 산타가 된 것처럼 느껴져. 밤에 우리는 북극광을 쫓기 위해 나갔어. 맑은 하늘 덕분에, 나는 마침내 그것을 보았어. 그것은 기이한 경험이었어. 나는 순록과 북극광 사진 몇 장을 첨부할게. 곧 보자.
미나로부터

1 미나는 실제로 썰매를 탄 산타를 만난 것이 아니라, 순록이 끄는 썰매를 타니 마치 산타가 된 것 같다고 말하였으므로, ④는 글의 내용과 일치하지 않는다.
2 밑줄 친 부분은 순록이 끄는 썰매는 마치 산타가 된 것처럼 느끼게 해준다는 문장으로, 마치 그러한 것 같은 상황을 설명할 때 사용되는 「as if + 가정법 과거」의 형태인 「as if + 주어 + 동사의 과거형 ~」의 순서로 단어를 배열하여 문장을 완성한다.

- **I wish you were** here, too.
　「I wish + 가정법 과거」 문장으로 현재에 이룰 수 없는 소망이나 실현 가능성이 매우 희박한 소망을 나타낼 때 사용한다. 가정법 과거에서 be동사의 경우 주어의 인칭이나 수에 상관없이 were를 쓴다.
- In some parts of Finland, the reindeer pulls a sleigh, so it feels **as if I became** Santa.
　「as if + 가정법 과거」 문장으로 실제로는 그렇지 않지만 마치 그러한 것 같은 상황을 설명할 때 사용한다.

Reading 2

본문 • 91쪽

1 ④　**2** 지구가 둥글다고 생각했기 때문에

인간의 역사에서 사람들은 세상이 평평하다고 생각했다. 그들은 만약 당신이 한 방향으로 충분히 멀리 여행을 한다면, 당신은 결국 세상의 끝에 올 것이라고 생각했다. 그런데 약 이천 년 전에 사람들은 지구가 둥글다는 이론을 생각해 내기 시작했다. 이것은 만약 당신이 한 방향으로 충분히 멀리 여행을 한다면, 당신은 결국 시작점에 돌아

오게 될 것이라는 것을 의미했다. 그러나 많은 사람들은 Ferdinand Magellan의 탐험대가 16세기에 처음으로 세계 일주를 하기 전까지 이 이론을 배제하였다. 그 탐험대는 남아프리카를 돌아 다시 포르투갈에 돌아오기 전까지 포르투갈에서 서쪽으로 처음 항해했고, 남미를 돌아 태평양을 가로질렀다.

해설

1 처음으로 세계 일주를 한 사람은 Ferdinand Magellan의 탐험대이며, 탐험대는 16세기에 처음으로 세계 일주를 하였다. Magellan의 탐험대는 포르투갈에서 처음 탐험을 시작했고, 지금으로부터 약 이천 년 전에 사람들은 지구가 둥글다고 생각하기 시작했다. 그러나 지구가 평평하지 않다고 처음으로 말한 사람에 대한 언급은 없으므로 답은 ④이다.

2 한쪽 방향으로 계속 가다가 처음 시작점에 다시 돌아오게 되는 이유는 지구가 둥글기 때문에 가능한 일이다.

구문

· They thought that **if you traveled far enough in one direction, you would eventually come to the edge of the world**.
한쪽 방향으로 여행을 한다면 어떻게 될지 가정하고 있으므로, 가정법 과거를 써서 나타내고 있다. 가정법 과거의 형태는 「If＋주어＋동사의 과거형 ～, 주어＋조동사의 과거형＋동사의 원형 ….」이다.

· Then, about two thousand years ago, people **started to come up with** the theory that the earth is round.
동사 start는 to부정사 또는 동명사 모두를 목적어로 취하며 이와 같은 동사로 continue, begin, like 등이 있다.

Grammar Practice 1

본문 ● 97쪽

A
1 when 2 where 3 when 4 where

B
1 where 2 where 3 when

C
1 where[at which] she was staying
2 when[on which] I leave for France
3 where[in which] he teaches

D
1 when we went on a vacation to Hallasan
2 when the Korean team had won the gold medal
3 where we have lunch every Sunday

해석

A
1 너에게 전화할 수 있는 시간을 나에게 말해줄 수 있니?
2 이곳은 내가 일하는 빵집이다.
3 사람들에게 음식이 없던 때가 있었다.
4 내가 잘 수 있는 방이 있니?

B
1 이곳이 네가 실험하는 실험실이니?
2 베트남은 내 아버지가 일하시는 나라이다.
3 나는 우리 축구팀이 준결승에 올라갔던 2002년의 그 시간을 기억한다.

C
1 그녀는 그녀가 머무는 호텔의 이름을 우리에게 말해주었다.
2 내일은 내가 프랑스로 떠나는 날이다.
3 너는 그가 가르치고 있는 학교를 아니?

D
1 나는 그 여름을 기억한다. 우리는 그때 한라산으로 휴가를 갔다.
  → 나는 우리가 한라산으로 휴가를 갔던 그 여름을 기억한다.
2 나는 그 날을 기억해 냈다. 한국 팀은 그 날 금메달을 땄다.
  → 나는 한국 팀이 금메달을 땄던 그 날을 기억해 냈다.
3 이곳은 식당이다. 우리는 여기서 매주 일요일마다 점심을 먹는다.
  → 이곳은 우리가 매주 일요일마다 점심을 먹는 식당이다.

A

1 선행사가 the time으로 시간을 나타내므로 관계부사 when이 적절하다.

2 선행사가 the bakery로 장소를 나타내므로 관계부사 where가 적절하다.

3 선행사가 times로 시간을 나타내므로 관계부사 when이 적절하다.

4 선행사가 a room으로 장소를 나타내므로 관계부사 where가 적절하다.

B

1 「전치사＋관계대명사」는 관계부사로 바꿀 수 있는데, 선행사가 the laboratory로 장소를 나타내므로 관계부사 where로 바꿔야 한다.

2 선행사가 the country로 in which는 장소를 나타내는 관계부사 where로 바꿔 쓸 수 있다.

3 선행사가 the time in 2002로 in which는 시간을 나타내는 관계부사 when으로 바꿔 쓸 수 있다.

C

1 관계부사는 두 문장을 연결하는 접속사와 부사(구)의 역할을 하므로 대신하는 부사구 at the hotel을 중복적으로 쓰면 안 된다.

2 선행사가 the day로 시간을 나타내므로 관계부사 where가 아니라 when이 쓰여야 한다.

3 관계부사는 「전치사＋관계대명사」로 바꿔 쓸 수 있는데, 관계대명사가 아닌 관계부사 where가 쓰인 경우 in은 생략되어야 한다.

D

1 선행사 the summer는 시간을 나타내므로 관계부사 when을 사용하여 두 문장을 한 문장으로 만든다. 이때, 중복되는 부사구(at that time)는 생략한다.

2 선행사 the day는 시간을 나타내므로 관계부사 when을 사용하여 두 문장을 한 문장으로 만든다.

3 선행사 the restaurant는 장소를 나타내므로 관계부사 where를 사용하여 두 문장을 한 문장으로 만든다.

Grammar Practice 2

본문 ● 99쪽

A

1 which **2** who **3** which

B

1 where **2** who **3** when

C

1 which rings **2** who takes pictures[photographs]
3 where[in which] he can see kangaroos

D

1 where I always borrow books
2 when food is scarce
3 I have three sisters, who

해석

A

1 그녀는 두 마리의 고양이가 있는데, 그것들은 하얀색이다.

2 나는 나의 사촌이 그리운데, 그(녀)는 캐나다에 산다.

3 내 차는 지난달에 산 것인데, 그것이 고장났다.

C

1 마을에 거대한 시계가 있는데, 그것은 하루에 두 번 울린다.

2 나는 Tom을 사랑하는데, 그는 생계 수단으로 사진을 찍는다.

3 그는 호주에 가고 싶은데, 거기서 그는 캥거루를 볼 수 있다.

D

1 나는 이 도서관을 좋아하고, 나는 항상 여기서 책을 빌린다.
   ＝나는 이 도서관을 좋아하는데, 그곳에서 나는 항상 책을 빌린다.

2 어떤 새들은 겨울에 남쪽으로 이동하고, 그때 음식이 부족하다.
   ＝어떤 새들은 겨울에 남쪽으로 이동하는데, 그때 음식이 부족하다.

3 나는 세 명의 여자형제가 있고, 그들은 모두 바이올린 연주자이다.
   ＝나는 세 명의 여자형제가 있는데, 그들은 모두 바이올린 연주자이다.

해설

A

1 관계대명사의 계속적 용법으로, that은 계속적 용법에 쓰이지 않으므로 which가 되어야 한다.

2 관계대명사의 계속적 용법으로, 선행사가 my cousin이므로 who가 적절하다.

3 선행사가 My car이므로 who가 아니라 which가 되어야 한다.

B

1 관계부사의 계속적 용법으로 선행사가 장소를 나타내기 때문에 관계부사 where가 적절하다.

2 사람(이름)이 선행사일 때, 관계대명사는 제한적 용법으로 사용할 수 없고 계속적 용법으로만 쓴다. 선행사가 Mike이므로 who가 적절하다.

3 선행사가 September로, 시간을 나타내는 관계부사 when이 적절하다.

C

1 첫 번째 그림은 시계가 울리는 모습으로, 선행사가 a huge clock이고 관계대명사의 계속적 용법에서 that이 사용되지 않으므로 which가 쓰여야 한다.

2 두 번째 그림은 사진을 찍는 모습이므로, '사진을 찍다'의 표현인 take pictures[photographs]를 활용하여 문장을 완성한다.

3 세 번째 그림은 캥거루를 보는 모습으로, 호주에 가면 캥거루를

볼 수 있다는 것을 알 수 있다. 선행사가 Australia이므로 장소를 나타내는 관계부사 where를 사용하여 문장을 완성한다. 관계부사 where는 「전치사+관계대명사」로 바꿔 쓸 수 있다.

D

1 관계부사의 계속적 용법은 관계대명사의 계속적 용법과 마찬가지로 선행사에 새로운 정보를 덧붙이는 것이다. 내가 좋아하는 이 도서관이라는 장소에 대한 추가적인 정보를 콤마 뒤에 관계부사 where를 사용하여 나타낼 수 있다.

2 겨울에 대한 추가적인 정보를 콤마 뒤에 관계부사 when을 써서 나타낸다.

3 세 명의 여자형제에 대한 추가적인 정보를 관계대명사의 계속적 용법으로 나타낼 수 있다. 「접속사+대명사」인 and they를 대신하여 콤마 뒤에 관계대명사 who를 써서 문장을 완성한다.

Writing 1

본문 ● 100쪽

A

1 when people had no electricity
2 where the princess lives
3 room where Ben studies
4 month when you harvest crops
5 a cave where you can swim
6 the moment when he fell in love

B

1 who **2** which I have seen **3** who is a great chef
4 when it snows **5** where I stayed for a year

해석

B

〈보기〉 Mike는 비행사이고, 그는 나의 롤모델이다.
→ Mike는 나의 롤모델인데, 그는 비행사이다.

1 그녀는 세 명의 친구들이 있고, 그들은 모두 부산에 산다.
→ 그녀는 세 명의 친구들이 있는데, 그들은 모두 부산에 산다.

2 내가 영화 '타이타닉'을 소개할게, 그리고 나는 그것을 세 번 봤어.
→ 내가 영화 '타이타닉'을 소개할 것인데, 그것을 나는 세 번 봤어.

3 Jake는 식당을 열었고, 그는 훌륭한 요리사이다.
→ Jake는 훌륭한 요리사인데, 그는 식당을 열었다.

4 그녀는 일 년 중 이 시기에 여기를 방문하는 것을 좋아하고, 이때 눈이 온다.
→ 그녀는 일 년 중 이 시기에 여기를 방문하는 것을 좋아하는데, 이때 눈이 온다.

5 나는 런던에 갔고, 거기에 일 년 동안 머물렀다.
→ 나는 런던에 갔는데, 그곳에서 일 년 동안 머물렀다.

해설

A

1 선행사가 a time으로, 관계부사 when으로 시작하는 수식절로 문장을 완성한다.

2 선행사가 the palace로, 관계부사 where로 시작하는 수식절로 문장을 완성한다.

3 관계부사절이 수식하는 선행사가 먼저 나와야 하므로, the room 다음에 where가 이끄는 수식절이 온다.

4 harvest crops는 '작물을 추수하다'라는 의미이다. 선행사 the month 다음에 관계부사 when이 이끄는 수식절이 온다.

5 선행사 a cave 다음에 관계부사 where가 이끄는 수식절이 온다.

6 선행사 the moment 다음에 관계부사 when이 이끄는 수식절이 온다. fall in love with는 '~와 사랑에 빠지다'라는 의미의 표현이다.

B

1 「접속사+대명사」는 관계대명사로 나타낼 수 있는데, 선행사 three friends에 대한 추가적인 정보를 and they 대신에 관계대명사 who로 시작하는 계속적 용법의 관계대명사절로 완성한다.

2 소개하고자 하는 영화에 대한 추가적인 정보를 관계대명사절로 나타낼 수 있다. 관계대명사의 계속적 용법에서 that은 쓰일 수 없으므로 관계대명사 which를 쓴다.

3 Jake에 대한 추가적인 정보가 필요하므로, and he 대신에 관계대명사 who로 시작하는 계속적 용법의 관계대명사절을 완성한다.

4 선행사 this time of the year에 대한 추가적인 정보를 관계부사 when으로 시작하는 계속적 용법의 관계부사절을 사용하여 나타낸다.

5 선행사 London에 대한 추가적인 정보가 필요한데, London이 장소이므로 관계부사 where를 사용한다.

Writing 2

본문 ● 101쪽

A

1 when his son became 10 years old
2 where the king threw parties
3 when he succeeded to the throne

B

1 who was a French impressionist
2 1871, when he moved
3 the River Thames, where he produced

A

1 George 왕은 1800년에 그 궁전을 지었는데, 그때 그의 아들은 10살이 되었다.

2 이곳은 왕이 파티를 열었던 방이다.

3 유명한 화가는 왕이 왕위를 계승하였을 때에 그의 초상화를 그렸다.

B

1 이것은 Claude Monet가 그린 그림이고, 그는 프랑스 인상파 화가였다.

2 Monet는 이 작품을 1871년 즈음에 그렸는데, 그때에 그는 그의 가족과 함께 런던으로 이사했다.

3 Monet는 이 그림을 템스 강에서 그렸는데, 거기서 그는 많은 작품들을 그려냈다.

해설

A

1 선행사가 1800년으로 시간을 나타내는 관계부사 when이 이끄는 관계부사절로 문장을 완성한다.

2 선행사가 the room으로 장소를 나타내는 관계부사 where가 이끄는 관계부사절로 문장을 완성한다. throw a party는 '파티를 열다'라는 의미의 표현이다.

3 succeed to the throne은 '왕위를 계승하다'라는 의미의 표현이다.

B

1 관계대명사의 계속적 용법을 사용하여 Claude Monet에 대한 추가적인 내용을 문장으로 완성한다.

2 주어진 정보에 의하면 Monet는 이 그림을 1871년 즈음에 완성하였고, 그때에 Monet가 런던에 이사했으므로 그때에 대한 추가적인 정보를 관계부사의 계속적 용법을 사용하여 나타낸다.

3 Monet는 이 그림을 템스 강에서 그렸고, 그 장소는 그가 많은 작품들을 탄생시킨 곳이다. 따라서 이 추가적인 정보를 관계부사의 계속적 용법을 사용하여 문장을 완성한다.

Reading 1 본문 ● 102쪽

1 ③ **2** is a place where you can get a splendid view of the city

해석

당신은 아시아의 미를 경험하고 싶은가? 그러면 아시아에서 가장 흥미로운 목적지들 중 하나인 마카오를 방문하러 오라. 마카오 타워는 당신이 도시의 정말 멋진 경관을 볼 수 있는 장소이다. 만약 당신이 충분히 용감하다면, 당신은 마카오 타워 바깥쪽의 가장자리를 따라 걸어 다닐 수 있다. 당신은 세나도 광장에서 모자이크로 포장된 도로와 역사적인 건물들을 볼 수 있는데, 그곳에서 당신은 또한 성 바울 교회의 잔해도 발견하게 될 것이다. 1835년에 태풍 동안 화재가 있었는데, 그것은 교회를 파괴했다. 이러한 장소들 외에도 볼 만한 반드시 방문해야 할 장소들이 더 많이 있는데, 왜 기다리는가?

1

① 마카오 타워에서 무엇을 할 수 있는가?

② 세나도 광장에서 무엇을 발견할 수 있는가?

③ 누가 성 바울 교회를 지었는가?

④ 1835년에 무슨 일이 있었는가?

⑤ 무엇이 성 바울 교회를 파괴했는가?

해설

1 마카오 타워에서는 도시의 멋진 경관을 볼 수 있으며, 타워 바깥쪽의 가장자리를 걸어 다닐 수 있다. 세나도 광장에 가면 모자이크로 포장된 도로와 역사적 건물들을 발견할 수 있다. 1835년에 화재가 있었는데, 그로 인해 성 바울 교회가 파괴되었다. 그러나 성 바울 교회를 누가 지었는지는 언급되어 있지 않으므로 ③은 답할 수 없다.

2 마카오 타워가 도시 경관을 볼 수 있는 장소이므로, 관계부사 where가 이끄는 수식절로 문장을 완성하다.

구문

• Macau Tower is a place **where you can get a splendid view of the city**.

관계부사 where가 이끄는 관계사절이 선행사 a place를 수식해주는 역할을 하고 있다. 이때, 관계부사 where는 at which로 바꿔 쓸 수 있다.

• You can see mosaic-paved streets and historical buildings at Senado Square, **where you'll also find the ruins of St. Paul's Church**.

관계부사의 계속적 용법을 사용한 문장으로 where가 이끄는 관계사절이 Senado Square에 대해 추가적인 설명을 하고 있다. 관계부사의 계속적 용법의 경우 관계부사 앞에 콤마를 써서 나타낸다.

Reading 2 본문 ● 103쪽

1 ③ **2** ⓐ: who ⓑ: where

그리스 신화에 예전에 Echo라고 불리는 요정이 살았는데, 그녀는 그녀 자신의 목소리를 사랑했다. Echo는 요정들의 무리와 수다를 떨면서 숲에서 그녀의 시간을 보냈다. Echo는 하나의 문제가 있었다. 그녀는 너무 수다스러웠다. 어느 날 Hera는 그녀의 남편 Zeus가 아름다운 요정들과 주로 시간을 보내는 숲속에서 그를 찾고 있었다. Echo는 Hera를 한쪽으로 데려가서 Zeus가 도망갈 수 있을 때까지 길고 재미있는 이야기로 그녀의 주의를 딴 데로 돌렸다. Hera는 Echo가 한 것을 깨달았을 때, 가장 잔인한 방법으로 Echo를 처벌했다. 그녀는 "Echo는 자신이 듣는 마지막 단어들만 말할 수 있게 될 것이다."라고 말했다.

해설

1 Echo가 가진 문제는 수다스러운 것으로 ③의 수다스럽지 않다는 내용은 일치하지 않는다.
2 ⓐ: 관계대명사의 계속적 용법으로 선행사가 a nymph named Echo이므로, 관계대명사 who가 빈칸에 적절하다.
 ⓑ: 관계부사의 제한적 용법으로 선행사가 the forest이므로, 관계부사 where가 빈칸에 적절하다.

구문

• In Greek mythology, there was once a nymph named Echo, **who loved her own voice**.
 관계대명사의 계속적 용법으로 선행사 a nymph named Echo에 대해 부연 설명을 하고 있다. 관계대명사의 계속적 용법은 주로 사람의 이름, 지명 등을 포함한 고유명사가 선행사일 때 사용된다.
• One day, Hera was looking for her husband, Zeus, in the forest **where he usually hung out with beautiful nymphs**.
 선행사가 the forest로 장소를 나타내어 이를 수식하는 수식절에서 장소를 나타내는 관계부사 where가 사용되었다. 선행사가 특정한 장소를 나타내므로 생략할 수 없다.

Unit 09 수동태

Grammar Practice 1

본문 ● 109쪽

A
1 The dogs were washed by Bob.
2 The police arrested the thief.
3 The movie was seen by over one million people.

B
1 resembles 2 are built 3 belongs
4 was repaired

C
1 is loved 2 being moved 3 were worn

D
1 This book was translated into different languages.
2 Tickets will be sold at the ticket office.
3 The work will not[won't] be finished by noon.

해석

A
1 Bob은 개들을 씻겼다.
2 그 도둑은 경찰에 의해 체포되었다.
3 백만이 넘는 사람들이 그 영화를 보았다.

B
1 Tim은 그의 아버지를 닮았다.
2 새로운 건물들이 매년 지어진다.
3 이 팔찌는 Jane의 것이다.
4 나의 차는 지난주에 수리되었다.

D
1 이 책은 다른 언어들로 번역되어 있다.
2 표들은 매표소에서 팔린다.
3 그 일은 정오까지 끝내질 것이다.

해설

A
1 주어진 문장은 능동태 문장으로, 수동태 문장으로 전환 시 주어가 The dogs로 복수이며 시제가 과거이므로, be동사 were를 사용하여 바꿔준다.
2 주어진 문장은 수동태 문장으로 과거시제이다. 따라서 능동태로 고칠 때 시제에 유의한다.
3 주어진 문장은 능동태 문장으로 수동태 문장으로 전환 시 주어가 The movie로 단수이며 시제가 과거이므로, be동사 was를 사용

하여 바꿔준다.

B

1 resemble(닮다)은 수동태로 쓸 수 없다.

2 주어가 New buildings로 누군가에 의해 지어지는 것이기 때문에 are built가 적절하다.

3 belong(속하다)은 수동태로 쓸 수 없다.

4 주어가 My car로 누군가에 의해 고쳐지는 것이기 때문에 was repaired가 적절하다.

C

1 주어인 This book은 현재 많은 아이들에 의해 사랑을 받고 있으므로 현재시제의 수동태를 사용한다.

2 과거의 어느 시점에서 상자들이 옮겨지고 있었던 상황으로 「be동사의 과거형＋being＋p.p.」 형태를 사용한다.

3 wear의 과거분사형은 worn이다.

D

1 과거시제 수동태의 형태는 「was/were＋p.p.」이다. 주어인 This book이 단수이므로 was를 써서 바꿔준다.

2 미래시제 수동태의 형태는 「will＋be＋p.p.」이다.

3 미래시제의 부정문은 will 뒤에 not을 붙인다.

Grammar Practice 2

본문 ● 111쪽

A
1 for **2** to **3** to

B
1 A scarf was sent **2** I was given this recipe
3 An award was given to Alex

C
1 can be seen **2** not be heard
3 should[must] be used

D
1 be found **2** be fixed **3** given the car

해석

A

1 이 쿠키들은 나를 위해 그에 의해 구워졌다.

2 그의 미술 작품은 정부에 의해 그녀에게 주어졌다.

3 Sam에 의해 학생들에게 영어가 가르쳐졌다.

B

1 나는 나의 어머니에게 스카프를 보냈다.

2 나의 이모는 나에게 이 조리법을 주었다.

3 그 교장은 Alex에게 상을 주었다.

D

1 박쥐들은 밤에 발견될 수 있다.

2 언제 컴퓨터가 고쳐질 것인가?

3 그녀는 그가 10년을 사용했던 차를 받았다.

해설

A

1 4형식 문장의 직접목적어를 주어로 하는 수동태의 경우, 간접목적어 앞에 전치사 to나 for가 붙는다. 동사 bake의 경우 전치사 for와 함께 쓰인다.

2~3 4형식 문장의 동사 give나 teach의 경우, 수동태 문장에서 간접목적어 앞에 to를 붙인다.

B

1 주어진 문장은 과거시제이므로 「was/were＋p.p.」 형태를 사용하여 수동태로 전환시켜 준다.

2 4형식 문장의 간접목적어 me를 수동태 문장의 주어로 할 때, 직접목적어 앞에 전치사는 필요하지 않다. 단, 목적격 me가 주격으로 바뀜에 유의한다.

3 4형식 문장의 직접목적어 an award를 수동태 문장의 주어로 할 때, 간접목적어 앞에 전치사가 필요하다.

C

조동사가 있는 수동태는 「주어＋조동사＋be＋p.p. ~ (by＋행위자).」의 형태로, 문맥에 따라 적절한 조동사를 쓴다.

1 '~할 수 있다'라는 의미를 가진 조동사는 can이다.

2 조동사가 있는 수동태 부정문의 경우, 조동사 뒤에 not을 붙인다.

3 '~해야 한다'의 의미를 가지는 조동사는 should 또는 must이다.

D

1 밤에 박쥐가 누군가에게 발견될 수 있는 상황으로 「조동사＋be＋p.p.」의 형태를 사용한다.

2 컴퓨터가 언제 고쳐질지 묻는 의문문으로 「의문사＋조동사＋주어＋be＋p.p. ~ (by＋행위자)?」의 형태로 문장을 완성한다.

3 give의 과거분사형은 given이다.

Writing 1

본문 ● 112쪽

A
1 will be served **2** was stolen
3 is being recorded **4** must be finished
5 was asked some questions
6 given a car by my grandfather

B
1 be painted by them
2 were being taken by the photographer
3 A letter was written to her

4 was given to the police
5 can be fixed by him
6 was made for the girl by the boy

해설

A

1 「조동사+be+p.p.」의 형태를 사용하여 문장을 완성한다.

2 시간의 부사구 last night를 통해 과거의 어느 시점에 일어난 일임을 알 수 있으므로, 과거시제의 수동태 문장으로 완성한다.

3 현재 녹화가 진행되고 있는 상황으로 「be동사의 현재형+being+p.p.」 형태를 사용한다.

4 「조동사+be+p.p.」의 형태를 사용하여 문장을 완성한다.

5 He asked her some questions.의 간접목적어 her를 주어로 하여 수동태 문장으로 전환된 형태이다. 단, 목적격 her가 주격으로 바뀜에 유의한다.

6 My grandfather gave me a car.의 간접목적어 me를 주어로 하여 수동태 문장으로 전환된 형태이다. 단, 목적격 me가 주격으로 바뀜에 유의한다.

B

1 조동사가 있는 수동태 문장의 의문문으로 「조동사+주어+be+p.p. ~ (by+행위자)?」의 형태이다.

2 과거의 어느 시점에 사진을 찍고 있는 상황으로, 「be동사의 과거형+being+p.p.」의 형태를 사용한다.

3 4형식 문장의 직접목적어 a letter를 주어로 하여 수동태 문장으로 전환된 형태이다. 직접목적어가 주어로 쓰이는 경우, 간접목적어 앞에 전치사 to나 for가 붙는다. 동사 write의 경우 to와 함께 쓰이므로 her 앞에 to를 쓴다.

4 동작의 주체를 모르는 경우로 문장에서 「by+행위자」는 생략되어 있다.

5 「조동사+be+p.p.」의 형태를 사용하여 문장을 완성한다.

6 4형식 문장의 직접목적어 a paper plane을 주어로 하여 수동태 문장으로 전환된 형태이다. 이때, 동사 make는 간접목적어 앞에 전치사 for를 쓴다.

Writing 2

본문 • 113쪽

A

was given to, was designed, were used, were stored, was listed

B

1 will be used to decorate[for decorating]
2 can be painted
3 can be seen

해석

A

자유의 여신상은 1886년에 프랑스가 미국에 주었다. 그것은 Frederic-Auguste Bartholdi에 의해 디자인되었고, 300개의 다른 종류의 망치가 그 동으로 된 구조물을 만들기 위해 사용되었다. 프랑스인들이 미국에 그 (동상 제작에 필요한) 조각들을 보냈을 때, 그것들은 214개의 상자에 보관되었다. 1984년에 그 동상은 유네스코의 세계문화유산으로 등재되었다.

B

1 질문: 이 체리들로 너는 무엇을 할 거니?
응답: 그것들은 케이크를 장식하는 데 사용될 거야.

2 질문: 일회용 컵을 가지고 너는 무엇을 할 수 있니?
응답: 그것들은 색이 칠해지고 예술품으로 바뀔 수 있어.

3 질문: 너는 호주에서 무엇을 볼 수 있니?
응답: 호주에서는 캥거루와 코알라를 볼 수 있어.

해설

A

자유의 여신상이 만들어지고 미국에 전달되었던 과거 시점의 내용이므로, 과거시제의 수동태 형태 「was/were+p.p.」를 사용하여 문장을 완성한다. 주어가 단수인 경우는 was, 복수인 경우는 were를 쓴다. 단, 동사 give가 들어가는 첫 번째 문장의 경우 직접목적어가 주어로 쓰인 4형식 문장의 수동태로 간접목적어 앞에 to를 쓴다.

B

1 조동사 will이 포함된 수동태 문장이다. 체리는 케이크를 장식하기 위하여 사용될 것이므로, to부정사의 부사적 용법(목적)을 사용하여 문장을 완성한다. 또는 '~을 위해'라는 의미의 for와 동명사를 사용하여 문장을 완성한다.

2~3 조동사 can이 포함된 수동태 문장으로 「can+be+p.p.」의 형태를 사용하여 문장을 완성한다.

Reading 1

본문 • 114쪽

1 ⑤ **2** shouldn't be fooled by their innocent eyes

해석

만약 당신이 그것의(개의 행동) 뒤에 있는 의미를 안다면 개의 행동은 쉽게 이해되어질 수 있다. 예를 들어, 당신이 개가 자신의 꼬리를 흔드는 것을 볼 때, 그 개가 행복하다는 것을 항상 의미하는 것은 아니다. 개는 불안정하거나 안달 난 것을 보여 주기 위해 자신의 꼬리를 흔든다. 당신은 식탁에 있던 음식을 먹은 것 때문에 개를 혼내 본 적이 있는가? 그 개가 혼난 이후에, 그것은 가책을 느끼는 것처럼 보일 수 있다. (식탁 위 음식을 찾는 것은 쉽지 않다.) 그러나 몇몇 연구자들은 개들은 그 어떤 죄책감도 느끼지 않는다고 말한다. 그것은 개가 그렇게 느끼길 우리가 원하는 방식일 뿐, 실제로 그것이 그렇게 느끼는 것은 아니라고 그들은 말한다. 그러므로 당신은 그들의 순진한 눈에 속아서는 안 된다.

해설

1 ⓓ에서는 개가 식탁에 있던 음식을 먹은 후 가책을 느끼는 것처럼 보인다는 내용이, ⓔ 이후에는 연구자들에 의해 사실 개들은 죄책감을 느끼지 못한다는 내용이 언급되어 있다. 그러므로 ⓔ에서 식탁 위 음식을 찾는 것이 어렵다는 내용은 흐름상 관계없다.

2 개들은 가책을 느끼는 것 같지만 사실은 죄책감이 없다는 앞의 내용을 바탕으로, 그들의 순진한 눈에 속아서는 안 된다는 내용이 빈칸에 적절하다. 내용에 맞게 「주어＋조동사＋be＋p.p. ~ by＋행위자.」의 순서로 문장을 완성한다.

구문

- A dog's behaviors **can** easily **be understood** if you know the meaning behind it.
  조동사 can이 포함된 수동태 문장으로 조동사 다음에는 항상 be동사의 원형이 쓰인다.
- After the dog **was scolded**, it may look like it feels guilty.
  과거시제의 수동태 문장으로 동작의 주체보다는 행위나 사건에 중점을 둘 때 일반적으로 「by＋행위자」는 생략된다.

Reading 2

본문 ● 115쪽

1 ④   2 invented[born], sliced, fried, salted

해석

감자칩은 나이에 상관없이 세계적으로 모든 사람에게 사랑받는다. 사실 감자칩을 언급하지 않고 가장 좋아하는 간식이 논의될 수 없다. 놀랍게도 감자칩은 실제로 우연히 발명되었다! 1853년에 한 손님은 감자가 너무 두꺼워서 요리사 Crum의 튀긴 감자를 계속 돌려보냈다. Crum은 화가 났고, 그래서 그는 그 손님을 괴롭힐 아이디어를 생각해 냈다. 그는 감자를 정말 얇게 썰고, 그것들을 오랜 시간 동안 튀기고, 소금을 심하게 쳤다. 무슨 일이 일어났는지 아는가? 그 손님은 그 요리를 매우 좋아했고, 우리가 가장 좋아하는 간식 중 하나가 탄생한 것이다!

1
① 감자를 튀기는 방법
② 1853년에 가장 좋아하는 간식

③ 요리사 Crum의 거부할 수 없는 요리
④ 감자칩의 발명
⑤ 건강한 간식으로서의 감자칩

2
감자칩은 우리가 가장 좋아하는 간식 중 하나인데, 그것은 1853년에 요리사 Crum에 의해 우연히 발명되었다(탄생되었다). 한 손님의 불평 때문에 Crum은 의도적으로 감자를 다르게 썰기, 튀기고, 그리고 소금을 뿌렸다. 그러나 그 손님은 결과에 만족했다!

해설

1 본문은 감자칩이 우연히 발명된 것으로, 그 배경에 대해 이야기하고 있다. 따라서 가장 알맞은 제목으로는 ④ '감자칩의 발명'이다.

2 감자칩은 요리사 Crum에 의해 우연히 발명(탄생)되었으므로, 첫 번째 빈칸에는 동사의 과거분사형이 적절하다. 손님의 불평에 Crum이 어떻게 감자를 요리했는지 이어지는 빈칸에 알맞은 동사들을 찾아 쓴다.

구문

- In fact, favorite snacks **cannot be discussed** without mentioning potato chips.
  조동사가 포함된 수동태 문장으로 부정문의 경우 조동사 뒤에 not을 붙인다.
- Surprisingly, potato chips **were** actually **invented** by accident!
  감자칩이 우연히 발명되었다는 내용으로, 그 사건에 중점을 두었기 때문에 수동태 문장으로 표현하는 것이 자연스럽다.

Writing

본문 ● 118~119쪽

예시 답안

STEP **1** Get Ready

Location: Iceland, Jejudo, ….
Reason: to see the Northern Lights, to swim, …
Materials: wood, stone, mud, ….
Rooms: library, music room, game room, …
Anything else: relax, have fun, play games, …

STEP **2** Organize

1 There would be rooms like a <u>library</u> where I would <u>read books</u>, and a <u>music room</u> where I would <u>play my drums</u>.
2 We would <u>relax and have fun</u> at my dream house.

STEP 3 Draft

My Dream House in Iceland

If I could build my dream house, I would build my house in Iceland. That's because I would like to see the Northern Lights. My dream house would be built with wood. In my dream house, there would be rooms like a library where I would read books, and a music room where I would play my drums. My dream house would be a place where my family and I would relax and have fun.

해석

STEP 1 Get Ready

장소: 아이슬란드 / 이유: 북극광을 보기 위해 / 재료: 나무, 돌 /
방들: 도서관, 음악 방 / 그밖에 다른 것: 휴식을 취하다, 재미있게 놀다

STEP 2 Organize

질문: 당신은 어떤 종류의 방을 가지고 있는가? 그 방들에서 당신은 무엇을 할 것인가?
응답: 내가 책을 읽는 서재와 나의 드럼을 치는 음악 방 같은 방들이 있을 것이다.
질문: 당신과 당신의 가족은 당신의 집에서 무엇을 할 것인가?
응답: 우리는 내 꿈의 집에서 휴식을 취하고, 재미있게 놀 것이다.

STEP 3 Draft

아이슬란드의 내 꿈의 집

만약 내가 내 꿈의 집을 지을 수 있다면, 나는 내 집을 아이슬란드에 지을 것이다. 왜냐하면 나는 북극광을 보고 싶기 때문이다. 내 꿈의 집은 나무로 만들어질 것이다. 내 꿈의 집에는 내가 책을 읽는 서재와 나의 드럼을 치는 음악 방 같은 방들이 있을 것이다. 내 꿈의 집은 나의 가족과 내가 휴식을 취하고 재미있게 놀 장소가 될 것이다.

해설

STEP 1 Get Ready

내 꿈의 집을 지을 재료, 그 집이 위치할 곳과 이유, 그리고 어떠한 방들이 있을지 등에 대해 브레인스토밍을 한 내용을 정리한다.

STEP 2 Organize

내 꿈의 집에 어떤 종류의 방들이 있는지, 나와 나의 가족이 그 꿈의 집에서 무엇을 할 것인지 묻는 질문에 맞게 추가적인 내용을 완성한다.

STEP 3 Draft

꿈의 집을 갖게 된다는 상상을 통해 자신이 상상한 꿈의 집에 대해 가정법 과거 문장을 사용하여 설명한다. 또한 선행사가 장소를 나타낼 때, 관계부사 where를 사용하여 수식절을 완성한다.

Unit 10 분사

Grammar Practice 1

본문 ● 123쪽

A
1 surprising   2 playing   3 written   4 rolling

B
1 tired, b   2 hooded, a   3 taken, b
4 left alone, a

C
1 boring   2 iced   3 selling

D
1 fixed   2 Running   3 falling[fall]   4 caught

해석

A
1 그것은 정말로 놀라운 이야기이다.
2 나는 그가 축구를 하고 있는 것을 볼 수 있었다.
3 그 책은 중국어로 쓰였다.
4 구르는 돌에는 이끼가 끼지 않는다.

B
1 너는 매우 피곤해 보인다.
2 나는 모자가 달린 재킷을 사고 싶다.
3 Jones 씨는 내 사진을 찍어 주셨다.
4 그 혼자 남겨진 아기는 울기 시작했다.

D
1 김 선생님께서 그 의자를 고쳐 주셨다.
2 흐르는 물은 역류하지 않는다.
3 그는 빗방울이 떨어지는 것을 들었다.
4 지난달에 잡힌 그 도둑은 교도소에서 탈출했다.

해설

A
1 명사를 수식하기 위해서 동사원형을 분사 형태로 변형해야 한다.
2 지각동사 구문에서 목적격 보어와 목적어의 관계가 능동인 경우, 목적격 보어로 현재분사를 사용해야 한다.
3 분사가 주격 보어로 사용된 경우, 주어와의 관계가 수동이면 과거분사를 사용해야 한다.
4 꾸밈을 받는 stone과 꾸며주는 분사와의 관계가 진행이나 능동이면 현재분사, 완료나 수동의 의미이면 과거분사를 사용한다. 빈칸에 들어갈 말이 '구르는'의 의미가 되므로, 능동을 나타내기 위해 현재분사를 사용한다.

B

1 분사는 현재분사와 과거분사가 있으므로, 이 문장에서는 과거분사 tired를 찾을 수 있다. tired는 주격 보어로 사용되어 주어를 보충 설명하고 있다.

2 과거분사 hooded는 뒤따르는 jacket을 수식하여 '모자가 달린 재킷'이라는 표현을 만들고 있다.

3 이 문장의 과거분사 taken은 목적격 보어로 사용되어 목적어인 my picture에 대해 설명하고 있다.

4 이 문장에서는 분사구 left alone이 '혼자 남겨진'이라는 의미로 앞선 명사를 꾸며주고 있다. 이 문장의 crying은 현재분사가 아니라 started의 목적어로 사용된 '울기'라는 의미의 동명사이다.

C

1 주어를 설명하며, 주어와의 관계가 능동이므로 현재분사인 boring을 사용한다.

2 '얼음처럼 차게 된, 얼음이 넣어진' 커피이므로 수동의 의미로 과거분사 iced를 넣는다.

3 인형을 '파는' 가게이므로 '팔다'라는 의미의 sell을 현재분사 selling으로 바꿔 표현한다.

D

1 목적어인 의자와의 관계를 살펴본다. 의자가 '고치는' 것이 아니라 '고쳐지는' 것이므로, 수동의 의미를 나타내기 위해 과거분사 fixed를 사용해야 한다.

2 물이 누군가에 의해 흐르게 되는 것이 아니라 물이 자연적으로 흐르는 것이므로, 능동의 의미로 현재분사 running을 사용한다.

3 목적어인 빗방울이 누군가에 의해 떨어뜨려지는 것이 아니라 자연적으로 떨어지는 것이므로 현재분사 falling을 사용하여 능동의 의미를 표현해야 한다. 지각동사 구문에서는 능동의 표현으로 현재분사 외에 동사원형도 사용할 수 있으므로, fall도 사용이 가능하다.

4 지난달에 '잡힌' 도둑이므로 수동의 의미를 나타내기 위해 과거분사 caught로 바꾸는 것이 적절하다.

Grammar Practice 2

본문 ● 125쪽

A
1 Going 2 Not knowing 3 Coming

B
1 Feeling 2 Not understanding 3 talking

C
1 b 2 a 3 c

D
1 Though watching TV, I was bored.
2 I went to the park, walking my dog
3 Not sent yet, the package won't arrive by the weekend.

A

1 일찍 잠자리에 드는데도, 나는 일찍 일어날 수가 없다.

2 뭐라고 말할지를 몰라서, 나는 전화를 끊었다.

3 집에 왔을 때, 나는 항상 나의 개 Sam을 찾는다.

B

1 내가 춥게 느꼈기 때문에, 나는 재킷을 입었다.
  = 춥게 느껴서, 나는 재킷을 입었다.

2 만약 여러분이 지시사항을 이해하지 못하면, 손을 들어 주십시오.
  = 지시사항을 이해하지 못하면, 손을 들어 주십시오.

3 그가 전화로 이야기를 하면서, 그는 잡지를 읽었다.
  = 그는 전화로 이야기를 하면서 잡지를 읽었다.

C

1 그는 그의 음식을 씹는 동안에 이야기를 했다.

2 자신의 방을 떠나면서 그는 탁자 위에 편지를 남겼다.

3 그녀의 친구들과 태양 아래에서 놀아서, 그녀는 햇볕에 탔다.

A

1 분사구문에서 생략된 주어는 주절의 주어와 같으므로 주어는 I이다. 나는 잠을 자러 '가는' 것이므로 능동의 의미를 사용하는 것이 알맞다. 따라서 Gone을 Going으로 고쳐야 바른 문장이 된다.

2 분사구문의 부정은 분사 앞에 not이나 never를 붙여서 만든다.

3 내가 '오는' 것이므로 현재분사인 Coming을 사용하는 것이 알맞다.

B

1 부사절과 주절의 주어가 같은 경우, 분사구문은 부사절에서 접속사와 주어를 생략하고 동사를 현재분사로 변형하여 만든다. 따라서 Because와 I를 생략하고 남은 동사 felt를 feeling으로 바꿔 빈칸에 넣어야 한다.

2 접속사 If와 주어 you를 생략하고, 동사 understand를 현재분사인 understanding으로 변형한다. 또한 부정의 의미를 표현하기 위해 분사 앞에 not을 붙여 준다.

3 접속사 as와 주어 he를 생략하고 동사 talked를 현재분사 talking으로 변형한다.

C

1 1에는 접속사가 없으므로 b의 분사구문과 연결하는 것이 가장 적절하다.

2 분사구문이므로 어울리는 주절을 찾아 연결해야 한다. his room이 사용되어 있으므로 he가 있는 a와 연결하는 것이 가장 자연스럽다.

3 her friends에서 she를 주어로 하는 c와 연결이 가장 자연스러움을 알 수 있다.

D

1 'TV를 보고 있는데도'라는 의미의 분사구문 다음에 주절을 연결한다. 분사구문에서도 문장의 의미를 보다 정확히 하기 위해 접속

사를 붙일 수 있다. 따라서 Though로 시작하는 분사구문을 사용한다.

2 '나는 공원으로 갔다'라는 주절 다음에 '내 개를 산책시키며'라는 분사구문을 연결한다.

3 '아직 부쳐지지 않았으면'이라는 분사구문을 먼저 만든다. 부정어는 분사 바로 앞에 붙음에 유의한다. 이후 주절을 연결한다.

5 이유를 나타내는 분사구문으로, Being lost에서 Being이 생략되어 Lost로 시작한다.

6 이유를 나타내는 분사구문이다. 분사 being이 맨 처음에 사용되어야 한다. guardian은 '보호자'의 의미이다.

Writing 1

본문 • 126쪽

A

1 broken **2** planted **3** exciting **4** confused
5 closing[close] **6** arriving

B

1 Not purchased in Korea **2** Coming home too late
3 Though finishing her homework **4** listening to music
5 Lost in the forest **6** Being only 6 years old

Writing 2

본문 • 127쪽

A

1 depressed in bad weather **2** the baby moving
3 Jihun frightened

B

1 Having a large, hard seed
2 gently moving your knife along the seed
3 not cutting it too deep
4 Flipping the mango inside out

해설

A

1 수동의 의미를 나타내기 위해서 break를 과거분사 broken으로 바꾼다. 이때 broken은 뒤따르는 명사 window를 꾸며주고 있다.

2 어제 '심겨진' 나무이므로 수동의 의미를 나타내기 위해 과거분사 planted를 사용한다. planted yesterday가 분사구로서 tree를 뒤에서 수식하고 있다.

3 빈칸에는 목적어 the game을 보충 설명하는 목적격 보어가 들어간다. 목적어와의 관계가 능동이므로 현재분사 exciting이 적절하다.

4 내가 혼란스럽게 된 상황이므로, 목적어 me와 수동의 관계를 가지는 목적격 보어로 confused가 들어가야 한다.

5 그가 창문을 닫는 것이므로 목적어 him과 능동의 관계를 가지는 목적격 보어가 필요하다. 지각동사가 문장의 동사로 사용되고 있으므로, 목적격 보어로 현재분사 closing과 동사원형 close을 사용할 수 있다.

6 arrive를 '도착하는'의 의미를 가지는 현재분사 arriving으로 바꾼다. arriving at five가 the plane을 뒤에서 꾸며주고 있다.

B

1 Being이 생략된 분사구문이므로 문장의 처음에 purchased가 필요하다. 여기서는 부정의 의미를 더해 주어야 하므로 분사 앞에 not을 써야 한다.

2 분사구문이므로 분사로 시작하고 나머지 부분을 의미상 자연스럽게 나열한다.

3 일반적인 분사구문은 분사로 시작하지만, 의미를 명확히 하기 위해 접속사를 분사 앞에 사용할 수 있다.

4 동시 동작을 나타내는 분사구문으로, 주절 다음에 사용되었다.

해석

A

1 Mary는 날씨가 나쁠 때 우울해진다.

2 그 여자는 아기가 움직이고 있는 것을 느낀다.

3 귀신의 집은 지훈이가 겁먹게 했다.

B

망고를 네모난 조각으로 자르는 법
〈보기〉 망고를 흔들림 없게 잡아라.

1 망고는 단단하고 큰 씨를 가지고 있다.

2 씨를 따라서 당신의 칼을 부드럽게 움직여라.

3 너무 깊이 자르지 마라!

4 망고를 안팎으로 뒤집어라.

〈보기〉 망고를 흔들림 없게 잡고, 맨 아래를 약간 잘라 내고 그것을 도마 위에 세워라.

1 단단하고 큰 씨를 가지고 있어서, 망고는 통째로 먹을 수가 없다.

2 당신의 칼을 씨를 따라 부드럽게 움직이면서 과육을 잘라 내라.

3 너무 깊이 자르지 않으면서, 그 망고 과육에 격자무늬를 만들어라.

4 망고를 안팎으로 뒤집으면, 당신은 네모난 망고의 조각들을 얻게 될 것이다.

해설

A

1 주어인 Mary가 나쁜 날씨 때문에 우울하게 된 상황이므로 과거분사인 depressed를 사용한다.

2 지각동사 구문으로, 목적어와 목적격 보어 사이에 능동의 관계가 있으면 목적격 보어로 현재분사 또는 동사원형을 사용한다.

3 사역동사 구문으로, 목적어와 목적격 보어 사이에 수동의 관계가 있으면 목적격 보어로 과거분사를 사용한다.

B

1 이유를 나타내는 분사구문으로 바꿔 사용한다. 두 문장의 주어가 같으므로 Mangoes를 생략하고 동사를 현재분사로 바꾼다.

2 명령문에는 접속사와 주어가 없으므로, 동사를 현재분사로 바꿔 간단히 분사구문을 만들 수 있다. 명령문의 동사를 현재분사로 바꿔, 주어진 명령문을 동시 동작을 나타내는 분사구문으로 바꾼다.

3 주어진 명령문의 동사를 현재분사로 변형하여 분사구문으로 바꾼 후, 부정의 의미를 나타내기 위해 분사 앞에 not을 붙인다.

4 명령문의 동사를 현재분사로 바꿔, 주어진 명령문을 조건을 나타내는 분사구문으로 바꾼다.

Reading 1

본문 • 128쪽

1 ④　**2** freezing

해석

북극 여우는 흔히 북극 지역에서 발견되는 작은 여우이다. 이 여우는 여름에는 갈색이고 겨울에는 흰색이다. 다 자란 여우들은 무게가 6에서 20파운드 사이이다. 그것의 빽빽한 털외투는 영하의 기온과 눈 속에서도 그것이 체온을 따뜻하게 유지할 수 있도록 돕는다. 북극 여우는 대단한 생존 기술을 가지고 있다. 그것은 곤충, 작은 포유동물, 새, 오리, 거위, 그리고 알을 포함하여 거의 어떤 것이든 먹을 수 있다. 북극 여우들은 나무딸기류의 열매나 해초도 먹을 수 있다. 먹이가 희귀해지면, 북극 여우들은 죽은 동물을 먹는 동물이 된다.

해설

1 ① 북극 여우는 북극 지역에서 발견된다고 했다.
　② 북극 여우의 털은 여름에는 갈색, 겨울에는 흰색이라고 했다.
　③ 다 자란 여우들의 무게가 6에서 20파운드 사이라고 했다.
　⑤ 나무딸기류의 열매나 해초도 먹는다고 했다.

2 빈칸의 단어는 temperatures와 함께 '얼어붙게 만드는(영하의) 기온'이라는 의미가 되는 것이 자연스럽다. 따라서 능동의 의미를 가지는 현재분사 freezing을 사용하는 것이 알맞다.

구문

· The Arctic fox is a small fox **found commonly in the Arctic regions**.
found commonly in the Arctic regions라는 분사구가 a small fox를 뒤에서 꾸며주고 있다.

· Its thick fur coat **helps keep it warm** in the freezing temperatures and snow.

keep it warm은 '그것을 따뜻하게 유지하다'라는 의미이다. keep it warm은 한꺼번에 help의 목적어로 사용되고 있으므로 helps keep it warm은 '그것을 따뜻하게 유지하는 것을 돕는다'라는 의미가 된다. 이때 keep은 to부정사의 앞 to가 생략된 것으로, 형태가 동사원형과 같아서 원형부정사라고 한다.

Reading 2

본문 • 129쪽

1 ③　**2** talking about what to eat while camping

해석

내 가족은 지난 주말에 캠핑을 가기로 결정했다. 우리는 매우 신이 나 있었고 캠핑하는 동안 무엇을 먹을지에 관해 이야기하고 있었다. 우리는 야영지로 가는 길에 식료품점으로 차를 달렸다. 우리는 우리가 원하는 것을 선택하면서 식료품점을 돌아보았다. 우리가 쇼핑을 마치고 우리 차로 돌아왔을 때, 우리는 정말로 놀랐다. 우리 차 앞에 주차되어 우리가 나가는 것을 막고 있는 차가 있었다. 운전자는 대략 30분 후에 나와서 떠났고 우리는 정말로 짜증이 나 있었다. 야영지에 도착해서 야외 바비큐 파티를 열면서, 우리는 우리의 나쁜 기분에 관해 잊었다. 하지만, 만약 내가 언젠가 차를 가지게 된다면, 나는 절대로 내 차를 그렇게 주차하지 않을 것이라고 생각했다.

2
우리는 캠핑하는 동안 무엇을 먹을지에 관해 이야기하며 매우 신이 나 있었다.

해설

1 감정을 나타내는 표현들이 excited → surprised → annoyed 순으로 나열되어 있으므로, 감정의 변화로는 ③이 가장 적절하다.

2 분사구문은 접속사와 주어를 생략하고 동사를 현재분사로 바꿔 만든다. 이때 being은 특별한 의미가 없는 경우 일반적으로 생략한다.

구문

· We looked around the grocery store, **picking out what we wanted**.
picking ~은 동시 동작을 나타내는 분사구문으로, '~하면서'로 해석한다.

· There was a car **parked in front of our car, blocking us from getting out**.
parked ~ out까지의 분사구가 앞의 a car를 수식하고 있다. 자동차는 주차를 하는 것이 아니라 주차되는 것이기 때문에 수동의 의미를 나타내기 위해 과거분사 parked가 사용되었다. 또한 막는 것은 능동의 의미로 표현되므로 현재분사 blocking이 사용되었다.

 11 일치와 수식

 Grammar Practice 1

본문 ● 135쪽

A
1 is 2 have 3 is 4 depends

B
1 knows 2 helps 3 has 4 are

C
1 wouldn't 2 had 3 liked

D
1 I thought (that) he was telling a lie.
2 Jason regretted (that) he had not[hadn't] said sorry.
3 I heard (that) Edison invented the light bulb.
4 He found (that) the earth moves around the sun.

해석

A
1 *Trends*는 내가 좋아하는 잡지이다.
2 과일류 중 몇몇은 상해 버렸다.
3 3킬로미터는 먼 거리이다.
4 소풍을 갈지 말지는 날씨에 달려 있다.

B
1 아무도 새로운 소녀를 알지 못한다.
2 아침을 먹는 것은 집중력에 도움이 된다.
3 시작이 있는 것은 끝이 있다.
4 후식의 삼분의 일이 냉장고에 남겨져 있다.

C
1 나는 그녀가 늦지 않을 것을 알았다.
2 의사는 내가 독감에 걸렸다고 내게 말했다.
3 그는 내가 어떤 영화를 가장 좋아하는지를 내게 물었다.

해설

A
1 잡지 이름은 단수로 취급한다.
2 some of ~는 부분을 나타내는 표현이므로 뒤에 오는 명사가 수를 결정한다. some of 다음에 나오는 fruits는 복수 형태이므로 주어를 복수 취급한다.
3 거리를 나타내는 말은 복수 형태이더라도 단수 취급한다.
4 문장의 주어는 '소풍을 갈지 말지'라는 명사절이며, 명사절은 단수 취급한다.

B
1 -body 형태의 부정대명사는 단수 취급한다.
2 이 문장에서 동사 help의 주어는 to부정사구이며, to부정사구는 단수 취급한다.
3 주어인 '시작이 있는 것'은 명사절이므로 단수로 취급해야 한다.
4 분수를 나타내는 표현은 뒤따르는 명사가 수를 결정한다. desserts는 복수이므로 a third of the desserts는 복수 취급한다.

C
1~3 주절의 시제가 과거이고 종속절과 주절의 사건이 같은 시점에 일어났을 때, 종속절의 시제는 주절과 같이 과거가 된다.

D
1 주절의 동사인 thought가 과거형이므로 종속절의 현재진행형을 과거진행형으로 바꾼다.
2 Jason이 후회한 것도 과거의 일이지만, 그가 미안하다고 말하지 않은 것은 더 과거의 일이므로 종속절의 동사를 과거완료 형태로 사용해야 한다.
3 과거에 일어난 역사적 사실의 경우, 주절의 시제와 관계없이 항상 과거시제를 사용한다.
4 절대적인 진리를 나타내는 문장은 주절의 시제가 무엇이든 현재형으로 쓴다.

 Grammar Practice 2

본문 ● 137쪽

A
1 × 2 ○ 3 × 4 ○

B
1 ④ 2 ② 3 ② 4 ④

C
1 c 2 b 3 a

D
1 Was there anything new?
2 This book is difficult to read.
3 Minsu found the book lost last week.

해석

A
1 예진이는 매운 음식을 좋아하지 않는다.
2 나는 완벽한 어떤 사람도 만나본 적이 없다.
3 나는 입장권을 살 돈을 벌었다.
4 2006년에 태어난 소년들은 88세까지 살 것을 기대할 수 있다.

B
1 나는 문을 고칠 도구가 필요하다.

2 탁자 위의 그 상자는 Teddy의 선물이다.

3 파란 드레스를 입고 있는 그 소녀는 내 자매이다.

4 Mike는 노래를 잘 하는 누군가를 만나고 싶어 한다.

C

1 Lucy는 매우 재빠르게 그녀의 손을 들었다.

2 Brian은 비행기를 조종할 수 있다.

3 그 오래된 지폐는 복제하기가 쉬웠다.

해설

A

1 일반적으로 형용사는 명사 앞에 위치하여 명사를 수식한다.

2 -one과 같은 부정대명사는 형용사가 뒤에서 수식한다.

3 to부정사구는 명사 뒤에 위치하여 앞의 명사를 수식한다.

4 분사구는 명사를 뒤에서 수식한다.

B

1 to부정사구는 명사를 뒤에서 수식하므로, 명사인 tool 뒤에 들어가야 한다.

2 전치사구는 명사를 뒤에서 꾸미므로 box 다음에 들어가는 것이 적절하다.

3 분사구는 명사 다음에 위치하므로 girl 다음에 사용하는 것이 자연스럽다.

4 -body와 같은 부정대명사는 뒤에서 꾸며주므로 good at singing은 somebody 뒤에 들어간다.

C

1 주어인 Lucy와 뒤따르는 her hand가 자연스럽게 연결되므로 c가 적절하다.

2 「be able to + 동사원형」의 형태가 되도록 b와 연결해야 한다.

3 a의 「형용사 + to부정사」 형태와 자연스럽게 연결된다.

D

1 의문문이므로 be동사로 시작하며, 부정대명사는 뒤에서 수식해야 한다.

2 「형용사 + to부정사」 형태를 적절히 사용한다.

3 lost last week이 분사구로서 명사를 뒤에서 수식한다.

Writing 1

본문 • 138쪽

A

1 go somewhere cold

2 the bread is

3 finds a teacher

4 is something big

5 helps (to) beat depression

6 What's important is (that)

B

1 no time to lose

2 eager to meet the singer

3 ready to win the race

4 the album released last week

5 willing to save water

6 is impossible to understand

해설

A

1 '추운'이라는 의미의 cold로 '어딘가'라는 의미의 부정대명사 somewhere을 뒤에서 수식해서 somewhere cold로 쓴다.

2 '그 빵의 3분의 1'은 a third of the bread로 표현한다. 부분이나 전체를 나타내는 표현은 뒤에 사용된 명사에 따라 수를 결정하므로, 단수인 the bread를 고려하여 be동사를 is로 사용해야 한다.

3 주어가 anybody이므로 단수 취급해야 하며, 문장이 현재시제이므로 find를 finds로 사용한다.

4 There로 시작되는 문장은 be동사 다음에 나오는 부분을 주어로 본다. 주어가 '커다란 무언가'인 something big이므로 이에 따라 동사도 is가 되어야 한다.

5 동명사구는 단수 취급하므로 help를 helps로 바꿔 쓴다. help는 목적어로 to부정사뿐만 아니라 원형부정사도 사용할 수 있다.

6 '중요한 것'은 what's important로 쓴다. 명사절은 단수 취급하므로 동사는 is가 된다.

B

1 '허비할'이 to lose라는 to부정사로 표현되므로 명사를 뒤에서 수식한다.

2 '간절히 ~하다'는 「be eager to + 동사원형」으로 표현한다.

3 '~할 준비가 되어 있다'는 「be ready to + 동사원형」으로 나타낸다.

4 분사구는 명사를 뒤에서 수식하므로 명사를 먼저 쓰고 그 뒤에 분사구를 써야 한다.

5 '기꺼이 ~하다'는 「be willing to + 동사원형」이다.

6 to부정사로 형용사 impossible을 수식해서 표현한다.

Writing 2

본문 • 139쪽

A

1 a boy born in wealth

2 something hot to drink

3 the thief caught last night

B

1 I was leaving at five

2 Hangeul was created

3 two times two equals four

해석

A

〈보기〉 소년: 그는 노래, 랩, 그리고 춤추기를 아주 잘 해.

소녀: 나는 십 대들 사이에서 그의 인기가 올라가고 있다는 것을 알아.

1 소녀: 그는 가난한 소년이었어?
　　소년: 아니. 그는 부유한 집에 태어난 소년이었어.

2 소년: 엄마, 저 집에 왔어요. 밖이 엄청 추워요.
　　여자: 마실 따뜻한 무언가를 원하니?

3 소녀: 저 남자가 누구예요?
　　남자: 그는 어젯밤에 잡힌 도둑이야.

B

〈보기〉 소녀: 너무 더워.

나는 매우 덥다고 생각했다.

1 소녀: 나는 다섯 시에 떠날 거야.

나는 민수에게 내가 다섯 시에 떠날 것이라고 말했다.

2 여자: 한글은 세종대왕님에 의해 창제되었어.

재민이는 한글이 세종대왕님에 의해 창제되었다는 것을 배웠다.

3 소년: 2 곱하기 2는 4야.

은호는 그의 여동생에게 2 곱하기 2는 4라는 것을 설명했다.

해설

A

1 대화에서 가난한 소년이 아니었다고 했으므로, 부유한 집에 태어난 소년이라고 쓰는 것이 적절하다. 분사구는 명사를 뒤에서 꾸며주므로 born in wealth를 a boy 다음에 이어 쓴다.

2 삽화를 참고하여 따뜻한 마실 것을 권하고 있음을 알 수 있다. 부정대명사는 뒤에서 수식하므로 something 다음에 hot to drink를 붙인다.

3 분사구는 명사를 뒤에서 수식하므로, the thief를 먼저 쓰고 caught last night를 그 뒤에 쓴다.

B

1 주절의 시제가 과거이므로, 현재진행형인 종속절은 과거진행형으로 형태가 바뀌어야 한다.

2 역사적인 사실은 주절의 시제에 관계없이 과거형으로 사용해야 한다.

3 절대적인 진리는 주절의 시제가 무엇이든 현재형으로 쓴다.

Reading 1

본문 ● 140쪽

1 ④　**2** are

해석

미얀마의 카얀 족 여성들은 그들의 신체를 독특한 방식으로 장식한다. 다섯 살에, 그들은 놋쇠 고리를 목둘레에 걸기 시작한다. 그들은 나이를 더 많이 먹을수록 더 많은 고리를 건다. 그것은 그들의 목을 더 길게, 가끔은 정상 길이의 2~3배만큼 늘리게 된다. 결국, 그들은 말하자면 '기린 여성'이 된다. 이 여성들에게 빛나는 놋쇠 고리는 여성의 우아함과 지위의 표시이다. 대부분의 카얀 족 여성들은 이 미적 관례를 따른다. 하지만 오늘날, 일부의 더 어린 여성들은 전통을 깨고 목에 거는 고리를 걸지 않고 있다.

1
① 목 스트레칭을 하는 방법
② 당신의 몸을 장식하는 방법들
③ 카얀 족 여성들은 그들의 전통을 유지한다
④ 카얀 족 여성들의 독특한 미적 관례
⑤ 전 세계의 독특한 신체 장식

해설

1 이 글은 카얀 족 여성들이 놋쇠 고리로 자신의 신체를 장식하는 것에 관한 글이다. 따라서 ④ '카얀 족 여성들의 독특한 미적 관례'가 이 글의 제목으로 가장 알맞다.

2 「some of ~」는 ~에 들어가는 명사에 따라 수가 결정된다. some of 다음에 나오는 the younger women은 복수이므로 이 문장의 주어는 복수로 보는 것이 적절하다. 또한 문장이 현재시제이므로, 빈칸에는 주어가 복수일 때 현재형으로 사용하는 be동사인 are가 사용되어야 한다.

구문

· They wear more rings **as** they grow older.
접속사 as는 '~함에 따라, ~할수록'이라는 뜻으로 변화를 나타낸다.

· But today, some of the younger women are breaking the tradition **and (some of the younger women are)** not wearing neck rings.
접속사 and 다음에 반복되는 주어와 동사가 생략되어 있다.

Reading 2

본문 ● 141쪽

1 ③　**2** cumulus clouds

해석

구름들은 하늘에서의 그들의 높이에 근거하여 다른 이름이 주어진다. 어떤 구름들은 지면 가까이 있다. 다른 것들은 거의 제트 비행기들이 날아가는 만큼 높이 있다. 대기 중에서 가장 높은 구름은 권운이다. 권운은 보통 맑은 날씨에 발생하지만, 그것들을 보는 것은 가끔은 폭풍우가 올지도 모른다는 의미이다. 지면에 가장 가까운 구름들은 적운과 층운이다. 적운은 그 꼭대기가 둥글고 뭉게뭉게 피어올라 있는데, 맑고 화창한 날에 발달한다. 층운은 균일한 회색을 가지고 있고 하늘 전체를 덮을 수 있다. 그것들은 지면에 닿지 않은 안개처럼 보일 수도 있다. 층운이 하늘에 있을 때는 옅은 안개나 보슬비가 가끔 떨어진다.

2
어떤 유형의 구름들이 둥글고 뭉게뭉게 피어 오른 꼭대기를 가지고 있는가?
→ 적운의 꼭대기가 둥글고 뭉게뭉게 피어올라 있다.

해설
1 본문에서는 권운은 보통 맑은 날씨에 발생한다고 했다.
2 꼭대기가 둥글고 뭉게뭉게 피어올라 있는 구름은 적운이다.

구문

- Others are almost **as** high **as** jet planes fly.
  「as ~ as …」는 '…만큼 ~한'이라는 의미로 해석되므로, as high as jet planes fly는 '제트 비행기들이 날아가는 만큼 높은'으로 해석된다.
- Cumulus clouds, **whose tops are rounded and puffy**, develop on clear, sunny days.
  이 문장의 주어는 Cumulus clouds, 동사는 develop이다. 쉼표 사이에 삽입된 부분은 선행사인 Cumulus clouds에 관해 설명하고 있다.

Unit
12 도치와 강조

Grammar Practice 1
본문 • 147쪽

A
1 is 2 comes 3 did 4 do
B
1 go we → we go
2 the bus comes → comes the bus
3 is so → so is 4 was → did
C
1 Here comes my taxi. 2 So do I.
3 neither can Minho
D
1 stood an old tree 2 So is my 3 neither has

해석

A
1 여기 네 차가 있다.
2 여기 그 우체부가 온다.
3 진수는 감기에 걸렸다. 나도 그렇다.
4 Clare는 노래를 매우 잘하고 너도 그렇다.

B
1 여기 우리가 간다!
2 여기 버스가 온다.
3 Mike는 16살이고 Jean도 그렇다.
4 나는 점심을 걸렀고 Dan도 그랬다.

C
1 A: 여기 내 택시가 온다. 나는 이제 가야 해.
  B: 그래. 안녕.
2 A: 나는 Kid Heroes를 응원해. 너는 어떠니?
  B: 나도 그래. 김한성이 내가 좋아하는 타자야.
3 A: 우리 토요일에 만날까?
  B: 언젠가 다른 날에 만나자. 나는 토요일에 시간을 낼 수 없고, 민호도 그래.

해설

A
1 「Here+동사+주어」 구문에서는 주어가 마지막에 나오므로, 마지막의 your tea에 어울리는 be동사를 사용해야 한다.
2 문장의 주어가 the postman이므로 동사는 3인칭 단수 형태를 사용해야 한다.

3 앞선 문장의 동사가 일반동사의 과거형이므로 이에 맞추어 do동사를 과거형으로 쓴다.

4 「so+동사+주어」 구문이므로 마지막에 나오는 주어 you에 알맞은 동사를 사용해야 한다.

B

1 주어가 대명사일 때는 문장이 Here로 시작하더라도 주어와 동사의 순서가 바뀌지 않는다.

2 「Here+동사+주어」 구문이다.

3 '~도 그렇다'라는 의미를 나타낼 때는 「so+동사+주어」의 형태를 사용해야 한다.

4 「so+동사+주어」 구문을 사용할 때에 동사는 앞선 문장의 동사를 고려하여 결정한다. 이 문제의 경우, 앞선 문장의 동사가 일반동사의 과거형이므로 do동사의 과거형인 did를 사용하는 것이 알맞다.

C

1 「Here+동사+주어」 순서로 주어진 단어를 배열한다.

2 「so+동사+주어」의 순서에 맞도록 단어를 배열한다.

3 앞선 문장이 부정문이므로, 「neither+동사+주어」의 구문에 맞게 단어를 배열한다.

D

1 위치를 나타내는 부사구가 문장 맨 앞에 나올 때에도 주어와 동사의 순서가 서로 뒤바뀌므로, 「동사+주어」의 순서로 빈칸을 채운다.

2 '~도 그렇다'라는 의미의 문장에서 주어가 마지막에 위치하고 있으므로, 「so+동사+주어」의 구문임을 알 수 있다. 이때 동사는 앞선 문장의 동사의 종류와 시제, 해당 문장의 주어를 고려하여 결정한다.

3 '~도 그렇다'라는 의미이고 주어가 마지막에 나오고 있지만 앞선 문장이 부정문이므로 「neither+동사+주어」 구문을 쓴다. 앞선 절에 현재완료가 사용되었으므로 동사는 have를 사용하되, 해당 절의 주어인 Sera에 맞도록 has로 바꿔야 한다.

Grammar Practice 2

본문 • 149쪽

A

1 hope   **2** Do   **3** was   **4** who

B

1 said → say   **2** does → do
3 looks → look   **4** who → that[where]

C

1 be careful   **2** did feel sorry   **3** does hate fish

D

1 Subin, won the race

2 this Friday, we are going to meet

3 at my place, the party took place

A

1 나는 정말로 당신이 성공하기를 희망한다.

2 정말로 마음껏 먹으렴!

3 우리가 런던으로 이동한 것은 바로 열차편으로였다.

4 내게 진실을 말해준 것은 바로 진수였다.

B

1 너는 정말로 그렇게 말했다. 나는 너의 말을 분명히 들었다.

2 너는 오늘 정말로 멋져 보이는구나!

3 Louise는 그 드레스를 입고 정말로 아름다워 보인다.

4 내가 내 책을 잃어버린 것은 교실 안에서였다.

D

1 수빈이가 경주에서 이겼다.

→ 경주에 이긴 것은 바로 수빈이었다.

2 우리는 이번 주 금요일에 만날 것이다.

→ 우리가 만날 때는 바로 이번 금요일이다.

3 그 파티는 우리 집에서 열렸다.

→ 그 파티가 열린 곳은 바로 우리 집이었다.

A

1 조동사 do 다음에는 동사원형을 사용해야 한다.

2 명령문의 주어는 you이므로 do를 사용하는 것이 적절하다.

3 강조구문의 형태는 「It is[was] ~ that ...」이므로 be동사를 사용해야 한다.

4 강조하고자 하는 것이 사람(진수)이므로 who가 알맞다.

B

1 조동사 did 다음에는 동사원형을 사용해야 하므로 said를 say로 고친다.

2 주어가 2인칭이므로 do 동사도 2인칭 현재형인 do를 사용한다.

3 조동사 does 다음에는 동사원형을 사용해야 하므로, looks를 look으로 바꿔 써야 한다.

4 강조하고 있는 대상이 장소이므로 who를 사용하는 것은 적절하지 않다. that이나 where를 사용해야 한다.

C

1 do를 제외하면 '조심해라'라는 의미의 일반적인 명령문이 되므로 「be+형용사」 형태를 사용한다.

2 '미안하다'라는 의미의 feel sorry 앞에 강조의 do를 넣되, 시제를 반영하여 did로 형태를 바꿔 쓴다.

3 '생선을 싫어하다'라는 의미의 hate fish를 쓰고, 강조의 의미로 do를 hate 앞에 넣어 준다. 이때 주어가 3인칭 단수이고 시제가 현재이므로 does를 사용해야 한다.

D

1 강조하는 부분이 Subin이므로 Subin을 It was와 who 사이에 넣는다. 나머지 부분은 뒤의 빈칸에 그대로 써 준다.

2 this Friday를 강조하고 있으므로 이 부분을 먼저 쓰고, 문장의

나머지 부분은 when 다음에 넣는다.

3 강조하려는 at my place를 It was와 where 사이에 넣고, 문장의 나머지 부분을 뒤의 빈칸에 넣어 주면 된다.

Writing 1

본문 • 150쪽

A

1 are the pictures **2** is the new necklace
3 comes the best part **4** does Yumi
5 can I **6** will Minsu

B

1 I do believe you are right.
2 He did tell us a lie.
3 Susan does get up at five in the morning.
4 It was new eyeglasses that she needed.
5 It was at midnight when Mike came back home.
6 It is washing hands that best prevents catching a cold.

해설

A

1 here로 시작되는 문장은 동사 다음에 주어를 사용한다. 주어가 복수이므로 동사는 are를 사용한다.
2 「Here + 동사 + 주어」 구문을 사용한다. 주어가 단수이므로 동사는 is를 사용한다.
3 「Here + 동사 + 주어」 구문의 문장이다. 주어가 the best part of the movie가 되므로 동사는 comes로 사용한다.
4 '~도 그렇다'는 「so + 동사 + 주어」로 나타낸다. 동사는 앞선 절을 참고하여 현재형을 사용하되 주어가 3인칭 단수이므로 do를 does로 바꿔 사용한다.
5 앞 내용이 부정문일 때, '~도 그렇다'는 「neither + 동사 + 주어」로 나타낸다. 앞선 절에 사용된 조동사 can을 그대로 사용한다.
6 「so + 동사 + 주어」 구문이다. 앞선 절에 조동사 will이 사용되어 있으므로 주어의 수나 인칭에 관계없이 동사는 will을 사용한다.

B

1 '정말로' 믿는다고 했으므로 believe 앞에 do를 넣어서 문장의 내용을 강조할 수 있다.
2 강조의 조동사 do를 사용하되, 시제가 과거형이므로 did로 바꿔 쓴다. 뒤따르는 동사는 동사원형이 된다.
3 강조의 조동사 do를 사용한다. 주어가 3인칭 단수이고 시제는 현재이므로, does를 get up 앞에 둔다.
4 「It ~ that ...」 강조구문을 사용하여 '새 안경'을 강조하는 문장을 쓴다. 강조되지 않는 나머지 부분은 that 다음에 나열한다.
5 It was와 when 사이에 at midnight을 넣어서 강조한다.

6 「It ~ that ...」 강조구문을 사용하여 '손 씻기'를 강조하는 문장을 쓴다. prevent -ing는 '~하는 것을 예방하다'라는 의미이다.

Writing 2

본문 • 151쪽

A

1 So will I.   **2** Neither has Sarah.
3 So does everybody else.

B

1 We did meet Daniel at the bus stop at six.
2 It was Daniel that[who, whom] we met at the bus stop at six.
3 It was at the bus stop that[where] we met Daniel at six.
4 It was at six that[when] we met Daniel at the bus stop.

해석

A

1 소년: 나는 엄마를 위해 카드를 만들 거야.
  소녀: 나도 그녀를 위해 카드를 만들 거야.
      → 나도 그럴 거야.
2 여자: 나는 캐나다에 가 본 적이 있어. 너와 Sarah는 어떠니?
  남자: 나는 가 본 적이 없어. Sarah도 거기에 가 본 적이 없어.
      → Sarah도 그래.
3 남자: 수호가 긴장되어 보여.
  여자: 다른 모든 사람들도 긴장되어 보여.
      → 다른 모든 사람들도 그래.

B

우리는 6시에 버스 정류장에서 Daniel을 만났다.
1 우리는 정말로 6시에 버스 정류장에서 Daniel을 만났다.
2 우리가 6시에 버스 정류장에서 만난 것(사람)은 Daniel이었다.
3 우리가 6시에 Daniel을 만난 것은 버스 정류장에서였다.
4 우리가 버스 정류장에서 Daniel을 만난 것은 6시였다.

해설

A

1 밑줄 친 문장은 주어를 I로 하는 긍정문이다. 조동사 will이 사용되었으므로 So will I.라고 써야 한다.
2 밑줄 친 문장의 주어는 Sarah이고, 현재완료의 has가 사용되어 있다. 부정문이므로 Neither로 시작하여 동사 has와 주어 Sarah의 순서로 써 주면 된다.
3 밑줄 친 문장에서 주어는 3인칭 단수인 Everybody else이고 동사는 일반동사, 시제는 현재임을 알 수 있다. 또한 밑줄 친 문장이 긍정문이므로, 문장을 So로 시작해야 한다. 따라서 밑줄 친 문장은 So does everyone else.로 바꿔 표현할 수 있다.

B

1 문장 전체의 내용을 강조할 때는 일반동사 앞에 조동사 do를 넣는다. 시제가 과거이므로 동사 앞에 did를 쓰고, 뒤의 동사는 원형으로 바꿔 주어야 한다.

2 Daniel을 강조하려면 It was와 that 사이에 Daniel을 넣어 주면 된다. 문장의 나머지 부분은 순서대로 that 다음에 쓴다. 이때 that은 앞에 Daniel이라는 사람이 오기 때문에 who로 바꿔 쓸 수 있고, Daniel이 that 이하의 절에서 목적어 역할을 하기 때문에 whom으로도 바꿔 쓸 수 있다.

3 강조하려는 at the bus stop을 먼저 It was와 that 사이에 넣고 문장의 나머지 부분을 that 뒤에 순서대로 쓴다. 이때 that은 앞에 장소가 나오므로 where로 바꿔 사용할 수 있다.

4 at six를 It was와 that 사이에 넣고 문장의 나머지 부분을 that 뒤에 순서대로 쓴다. 이때 강조되는 부분이 시간이므로 that 대신에 when도 사용이 가능하다.

Reading 1

본문 • 152쪽

1 ② **2** so does

해석

당신이 파리지옥을 갖게 되면, 당신은 아마도 그것에게 꼭 파리를 먹여야 한다고 생각할 것이다. 물론 파리지옥은 벌레를 먹는다. 하지만, 그것은 식물이고, 그래서 성장하기 위해 그것이 기본적으로 필요로 하는 것도 당신은 제공해야 한다. 다시 말해서, 당신의 식물이 다른 무엇보다도 필요로 하는 것은 물과 많은 햇빛이다. 하지만 벌레를 먹지 않으면 그것은 정말로 성장을 늦추기는 한다. 그러므로 당신은 화창한 날 바깥에서 그것이 벌레를 잡게 해주거나 살아 있는 곤충을 그것에게 줄 수 있다. 하지만 당신의 식물에게 먹이를 지나치게 주지 마라. 일주일당 벌레 한 마리면 충분하고도 남는다.

1
① 파리를 제거하는 법
② 파리지옥이 필요로 하는 것
③ 다양한 종류의 식충 식물들
④ 파리지옥을 기를 알맞은 장소들
⑤ 파리지옥은 정말로 파리를 잡는가?

2
모든 식물들은 물과 햇빛이 필요하고, 파리지옥도 <u>그렇다</u>.

해설

1 이 글은 파리지옥에게 무엇이 필요한지를 설명하고 있다.

2 이 글에서는 파리지옥도 식물이므로 물과 많은 햇빛이 다른 무엇보다도 필요하다고 했다. 따라서 '파리지옥도 그렇다'라는 의미로

빈칸을 채워야 한다. 주어가 마지막에 나와 있으므로 「so+동사+주어」 구문을 사용한다. 동사는 앞선 절을 참고하여 일반동사의 현재형을 사용하되, 주어가 3인칭 단수임을 고려해 적절히 변형한다.

구문

• In other words, **it's** water and lots of sunlight **that** your plant needs before anything else.
「It ~ that ...」 강조구문을 사용하여 식물이 다른 무엇보다도 필요로 하는 것이 물과 많은 햇빛임을 강조하고 있다.

• So you can **either** let it catch bugs outside on sunny days, **or** give it live insects.
「either A or B」는 'A와 B 둘 중 하나'라는 의미로, 이 문장에서는 이 구문을 'A를 하거나 아니면 B를 하거나'로 해석할 수 있다.

Reading 2

본문 • 153쪽

1 ④ **2** invasive species, usually harm their new region

해석

세상에는 많은 생태계가 있다. 토착종은 원래 하나의 특정한 생태계에 속한 동물들이다. 하나의 생태계에는 완벽한 균형을 이루기 위한 딱 맞는 수의 동물들이 있다. 하지만, 가끔 하나의 생태계로부터의 동물들이 또 다른 생태계로 이동해 들어간다. 그들은 침입종이라고 불린다. 사람들이 우연히 이 동물들을 들여오는 것일 수도 있고, 아니면 그 동물들이 그들끼리만 새로운 지역으로 이동하는 것일 수도 있다. 침입종들은 보통은 그들의 새로운 지역에 해를 끼친다. 그들은 토착종들을 몰살하고 생태계의 균형을 틀어지게 만들지도 모른다. 황소개구리가 1970년대에 수입되어 한국의 토종 동물들을 잡아먹었을 때 이것이 실제로 일어났다.

2
대개 그들의 새로운 지역에 해를 끼치는 것은 바로 침입종이다.

해설

1 ① 한 생태계에 원래 속한 동물들은 토착종이라고 한다.
② 다른 생태계로부터 유입되는 종을 침입종이라고 한다.
③ 사람들이 침입종을 우연히 들여올 수도 있다고 했다.
⑤ 황소개구리는 1970년대에 수입되었다고 했다.

2 문장에서 강조하고자 하는 대상을 It is와 that 사이에, 나머지 부분을 that 뒤에 넣는다.

- In an ecosystem, there are just the right number of animals **to keep a perfect balance**.

to부정사구가 number를 수식하는 형용사적 용법으로 사용되어 '완벽한 균형을 이루기 위한'으로 해석되고 있다.

- This actually happened when bullfrogs, **imported in the 1970s**, preyed on native animals in Korea.

분사구인 imported in the 1970s가 쉼표 사이에 삽입되어 앞의 bullfrogs에 관해 설명하고 있다.

본문 ● 156~157쪽

Writing

예시답안

STEP **1** Get Ready

1 opening hours
2 a 3-month membership
3 a discount
4 from 2 to 9

STEP **2** Organize

1 Gym Boy said it is open from 6 am to 11 pm on weekdays, and from 10 am to 6 pm on Saturdays.
2 The chart showed a 3-month membership is 140,000 won.
3 Jenny asked Gym Boy if she could get a discount if her friend signed up with her.
4 Jenny said she would be there around 3 today.

STEP **3** Draft

Mary, today I contacted Gym Boy at Xpert Fitness Center. As you said, the center seems right for us. I asked him about the opening hours, and he said it is open from 6 am to 11 pm on weekdays, and from 10 am to 6 pm on Saturdays. A 3-month membership isn't that expensive. The chart he sent showed a 3-month membership is 140,000 won. I asked him if I could get a discount if a friend signed up with me, but he said he didn't know if I could. He said the boss would be there from 2 to 9 and asked me when I could visit the center. So I said I would be there around 3 today. Can you come with me? Let me know if you can.

STEP **1** Get Ready

Jenny: 안녕하세요. 영업시간을 제게 알려주실 수 있으세요?
Gym Boy: 안녕하세요. 저는 Xpert 피트니스 센터의 Gym Boy입니다. 저희는 주중에는 오전 6시부터 오후 11시까지, 토요일에는 오전 10시부터 오후 6시까지 엽니다. 저희는 일요일에는 열지 않습니다.
Jenny: 3개월 회원권은 얼마인가요?
Gym Boy: 여기 회원권 가격표가 있습니다.

기간	1개월	3개월	6개월	1년
가격(원)	50,000	140,000	270,000	500,000

Jenny: 친구 한 명이 저와 함께 등록하면 제가 할인을 받을 수 있나요?
Gym Boy: 할인에 관해서는 제가 제 사장님께 여쭤봐야 합니다. 아니면 그가 여기 있을 때 여기를 방문하셔도 됩니다.
Jenny: 그가 거기 언제 있나요?
Gym Boy: 그는 여기에 2시부터 9시까지 있을 겁니다. 언제 오실 수 있으세요?
Jenny: 그러면 오늘 3시 쯤에 가겠습니다.
Gym Boy: 그래요. 그에게 알리겠습니다. 나중에 뵈어요.

STEP **2** Organize

1 질문: 피트니스 센터는 언제 여는가?
응답: 주중에는 오전 6시부터 오후 11시, 그리고 토요일에는 오전 10시부터 오후 6시까지 연다고 Gym Boy가 말했다.
2 질문: 3개월 회원권은 얼마인가?
응답: 그 표는 3개월 회원권은 14만 원임을 보여 주었다.
3 질문: Jenny는 할인에 관하여 뭐라고 물었는가?
응답: Jenny는 Gym Boy에게 자신의 친구가 자신과 함께 등록하면, 자신이 할인을 받을 수 있는지를 물었다.
4 질문: Jenny는 피트니스 센터를 언제 방문할 것인가?
응답: Jenny는 오늘 3시 쯤에 거기 가겠다고 말했다.

STEP **3** Draft

Mary, 오늘 내가 Xpert 피트니스 센터의 Gym Boy에게 연락했어. 네가 말한 것처럼, 그 센터는 우리에게 맞는 것 같아. 나는 그에게 영업시간에 관해 물었고, 주중에는 오전 6시부터 오후 11시까지, 토요일에는 오전 10시부터 오후 6시까지 연다고 그가 말했어. 3개월 회원권은 그렇게 비싸지 않아. 그가 보낸 표가 3개월 회원권이 14만 원임을 보여 주었어. 나는 그에게 친구 한 명이 나와 함께 등록하면 내가 할인을 받을 수 있는지를 물었지만, 그는 내가 그럴 수 있는지를 모르겠다고 말했어. 그는 사장이 거기에 2시부터 9시까지 있을 거라고 했고 내게 언제 센터를 방문할 수 있느냐고 물었어. 그래서 나는 오늘 3시 쯤에 거기 가겠다고 말했어. 너 나와 함께 갈 수 있어? 가능하면 내게 알려줘.

해설

STEP 1 Get Ready

1 영업시간을 안내하고 있으므로, Jenny가 영업시간에 대해 물었음을 알 수 있다.

2 Gym Boy가 회원권별 요금을 안내하고 있으므로, Jenny가 회비의 가격에 관련한 질문을 했음을 알 수 있다.

3 Gym Boy가 할인에 관해서는 사장에게 물어봐야 한다고 했으므로, Jenny가 할인을 요구했음을 알 수 있다.

4 Jenny가 사장이 거기 있는 시간을 물었으므로, Gym Boy가 시간을 안내하는 것이 자연스럽다.

STEP 2 Organize

1 영업시간이 주중에는 오전 6시부터 오후 11시까지, 토요일에는 오전 10시부터 오후 6시까지라고 했다. 영업시간은 현재도 변치 않는 사실이므로 주절이 과거여도 현재시제를 사용한다.

2 Gym Boy가 보낸 표에 따르면, 3개월 회원권은 14만 원이다. 역시 현재도 변치 않는 사실이므로, 주절에 관계없이 현재시제를 사용하여 쓴다.

3 Jenny가 질문한 내용을 쓴다. 주절이 과거이므로 종속절도 과거시제로 바꿔 쓴다. 조동사 can이 과거형인 could로 바뀌어 사용된다. 또한 주어가 Jenny이므로 종속절의 주어로 she를 사용해야 함에 유의한다.

4 주절의 시제가 과거이므로 종속절의 will을 과거 형태인 would로 바꿔 사용해야 한다.

STEP 3 Draft

STEP 2에서 작성한 내용을 바탕으로, 자유롭게 빈칸을 채워 메시지를 완성한다. Mary에게 보내는 메시지에서는 글의 주어가 I임에 유의하여 쓴다.

정답과 해설

Workbook

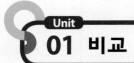

Writing Practice

본문 • 4~5쪽

Ⓐ

1 the hardest stone in the world
2 as quickly as possible
3 pork to beef
4 fewer mistakes than
5 Nobody is as funny
6 three times as old as
7 taller than any other animal
8 not so expensive as
9 going higher and higher
10 the happiest moment (that) I've ever had
11 more popular than basketball
12 sooner, the better
13 Who came earliest
14 one of the most valuable things
15 even colder in July

Ⓑ

1 not as difficult as science
2 twice as much food as
3 more visitors than he expected
4 getting more and more difficult
5 more money he made, the greedier
6 The hardest thing in this job
7 the sweetest song I've ever heard
8 as soon as possible
9 less money on clothes than me
10 nothing is more important
11 What was the worst thing
12 much cheaper than
13 one of the greatest kings
14 doing yoga to jogging
15 more delicious than any other food

Actual Test

본문 • 6~9쪽

01 ④ **02** ⑤ **03** explanation **04** density **05** ②
06 ④ **07** ② **08** ④ **09** ⑤ **10** ② **11** ③ **12** ④ **13** ①
14 The higher, the colder **15** as fast as **16** stronger than **17** the most delicious **18** warmer, warmer
19 My brother's motorcycle is twice as fast as my bike. **20** The more excited the crowd got, the louder they shouted. **21** A blue whale, than all of them
22 ④ **23** As it grew later and later **24** ③ **25** (1) as fast as Jaewon (2) faster than Jaewon (3) faster than any other runner **26** (1) three times as old as (2) is not as[so] tall as (3) two times heavier than[twice as heavy as]

01

해석 • 나는 이 퍼즐을 푸는 방법을 알아낼 수가 없었다.
• 많은 사람들이 외식에 질렸고, 그래서 그들은 집에서 음식을 요리하고 먹는다.
해설 figure out은 '~을 알아내다,' eat out은 '외식하다'라는 표현이다.
어휘 be tired of ~에 싫증나다, ~에 질리다

02

해석 ① 거대한, 큰 ② 시도하다 ③ 꽤, 상당히 ④ 대답하다 ⑤ 평범한, 공통의 – 드문, 희귀한
해설 ⑤는 반의어 관계, 나머지는 모두 유의어 관계이다.

03

해석 내가 학생들에게 그 규칙들을 설명한 후, 그들은 모두 내 설명을 이해했다고 말했다.
해설 내가 설명을 했고 대상이 이해했다고 했으므로 문맥상 '설명'이라는 말이 들어가는 것이 자연스럽다.

04

해석 그것은 어떤 것이 사람들이나 물건들로 가득 채워져 있거나 덮여 있는 정도이다.
해설 '밀도'에 대한 영영 풀이이다.
어휘 extent 정도   be filled with ~으로 채워지다
be covered with ~으로 덮여 있다

05

해석 • 토론토의 CN 타워는 세계에서 가장 높은 건물들 중의 하나이다.
• 너는 일찍 시작할수록 더 일찍 끝낸다.

해설 최상급 앞에 the를 쓰고, 「The + 비교급 ~, the + 비교급 …」은 '~하면 할수록 더 …하다'라는 뜻이다.

06
해석 ① 수건을 더 많이 받을 수 있을까요?
② 그는 너보다 더 적은 돈을 썼다.
③ 가능한 한 재빨리 준비해.
④ 우리는 말은 줄이고 행동을 더 할 필요가 있다.
⑤ 애플망고가 이 지역에서 가장 유명한 과일이다.
해설 ① less → more
② little → less
③ you possible → you can 또는 possible
⑤ famousest → most famous
어휘 mangapple 애플망고(mango(망고)와 apple(사과)의 교배 과일)

07
해석 그 신발은 내가 기대했던 것보다 ①, ③, ④, ⑤ 훨씬 더 비쌌다.
해설 비교급을 강조하는 표현으로 far, even, a lot, much, still 등이 있다. very는 원급을 강조하는 데에만 쓸 수 있다.
어휘 expensive 비싼   expect 기대하다

08
해석 ① 네가 더 많이 가질수록, 너는 더 많이 원하게 된다.
② 나는 딸기보다 오렌지를 더 좋아한다.
③ 점점 더 많은 사람들이 이곳을 방문하고 있다.
④ 그는 그의 학교에서 가장 인기 있는 학생이다.
⑤ 나에게 역사는 수학보다 더 흥미롭다.
해설 ④에는 최상급 most가 필요하다.

09
해석 나는 콜라보다 주스를 더 좋아한다.
= 나는 콜라보다 주스를 ⑤ 더 좋아한다.
① 좋아하다 ② 좋아하다 ③ 바라다 ④ 원하다
해설 like A more than B = prefer A to B

10
해석 ① 그의 손은 내 것보다 더 크다.
② Eddie는 가수만큼 노래를 잘 부른다.
③ Andy는 그의 형만큼 빨리 뛴다.
④ 내 여동생(누나/언니)은 그녀의 모든 반 친구들보다 더 똑똑하다.
⑤ 요가 수업은 테니스 수업보다 더 어렵다.
해설 ② as ~ as 사이에는 형용사나 부사의 원급이 와야 한다. best를 well로 바꿔야 한다.
어휘 smart 똑똑한

11
해석 ① Timmy는 미술 동아리에서 가장 창의적인 회원이다.
② 미술 동아리의 다른 어떤 회원도 Timmy만큼 창의적이지 않다.
③ Timmy는 미술 동아리의 다른 어떤 회원만큼 창의적이다.
④ Timmy는 미술 동아리의 다른 어떤 회원보다 더 창의적이다.
⑤ 미술 동아리에서 다른 어떤 회원도 Timmy보다 더 창의적이진 않다.
해설 ①, ②, ④, ⑤는 Timmy가 미술 동아리에서 가장 창의적인 회원이라는 뜻이지만, ③은 Timmy의 창의성이 다른 어떤 회원과도 비슷한 정도라는 뜻이다.
어휘 creative 창의적인

12
해석 Andy는 Nick만큼 춤을 잘 추지 않았다.
① Andy는 Nick만큼 춤을 못 췄다.
② Nick은 Andy만큼 춤을 잘 췄다.
③ Andy는 Nick보다 춤을 더 잘 췄다.
④ Nick은 Andy보다 춤을 더 잘 췄다.
⑤ Nick은 Andy만큼 춤을 잘 추지 않았다.
해설 Andy는 Nick만큼 춤을 잘 추지는 않았다는 것은 Nick이 춤을 더 잘 췄다는 의미이다.

13
해석 ① 볼링공은 농구공보다 더 가볍다.
② 농구공은 볼링공의 10배만큼 가볍다.
③ 농구공은 볼링공보다 10배 더 가볍다.
④ 볼링공은 농구공의 10배만큼 무겁다.
⑤ 볼링공은 농구공보다 10배 더 무겁다.
해설 배수 비교 표현은 「배수사 + as + 형용사/부사의 원급 + as + 비교 대상」 또는 「배수사 + 형용사/부사의 비교급 + than + 비교 대상」이다.
어휘 bowling ball 볼링공 ten times 10배

14
해석 우리가 더 높이 올라가자, 더 추워짐을 느꼈다.
= 우리가 더 높이 올라갈수록 우리는 더 추워짐을 느꼈다.
해설 '더 ~함에 따라 더 …해지다'라는 의미를 「the + 비교급 ~, the + 비교급 …(~하면 할수록 더 …하다)」으로 쓸 수 있다.

15
해석 오늘 오후에 나는 산책하러 나갔다. 갑자기 비가 세차게 내리기 시작했고 나는 우산이 없었다. 그래서 나는 가능한 한 빨리 집으로 뛰었다.
해설 「as + 부사의 원급 + as possible」은 '가능한 한 ~하게'라는 의미의 표현이다.

16
해석 미나는 상당히 어리지만 나보다 훨씬 더 힘이 세다.

해설 의미상 어리지만 힘이 세다는 말이 자연스럽고, much가 있으므로 비교급으로 쓰고 than을 쓴다.

어휘 quite 꽤, 상당히

17

해석 이것은 내가 지금껏 먹어 봤던 가장 맛있는 케이크 중 하나이다.

해설 명사 뒤의 관계대명사절은 최상급 의미를 강조할 수 있다.

어휘 ever 지금껏, 여태까지, 이전에

taste 맛보다

18

해석 지구는 점점 더 따뜻해지고 있다.

해설 and로 연결된 표현으로 「비교급＋and＋비교급」은 '점점 더 ~한'이라는 뜻이다.

19

해설 배수 비교 표현은 「배수사＋as＋형용사/부사의 원급＋as＋비교 대상」으로 한다.

어휘 twice 두 배(로)   motorcycle 오토바이

20

해설 '~하면 할수록 더 …하다'라는 표현은 「the＋비교급 ~, the＋비교급…」이다.

어휘 crowd 사람들, 군중, 무리

shout loud 크게 고함을 지르다

[21-22]

해석 이제껏 지구상에 존재하는 가장 큰 동물은 무엇인가? 고대의 거대한 공룡들 중 하나? 아니다. 그것들 중 아무도 대왕고래만큼 크지 않다. 한 마리의 대왕고래는 길이와 너비가 일렬로 선 여덟 마리의 코끼리와 같다! 그렇다면 이 커다란 동물은 무얼 먹는가? 그것은 거대한 몸을 가지고 있지만 그것의 목구멍은 정말로 작다. 그것은 사과 한 알보다 더 큰 것은 삼킬 수가 없다! 사실, 모든 동물들 중에서 가장 큰 그 동물은 바다에서 가장 작은 것을 먹는다. 그것은 플랑크톤을 먹는다.

21

해설 부정주어가 비교 대상만큼 크다는 것은 비교 대상이 더 크다는 의미이다. 원급을 이용하여 최상급의 의미를 나타내고 있다.

22

해설 「as＋형용사의 원급＋as」, 「비교급＋than」, 「the＋최상급＋of＋복수명사」의 형태에 유의하여 각 형용사의 형태를 결정한다.

어휘 exist 존재하다   dinosaur 공룡
ancient 고대의   blue whale 대왕고래

구문

- A blue whale is **as long and wide as** eight elephants in a row!
  「as＋형용사의 원급＋as」를 사용하여 대왕고래 한 마리가 어느 정도로 길고 넓은지를 일렬로 늘어선 코끼리에 견주어서 비교하고 있다.
- In fact, **the biggest of all animals** eats **the smallest thing in the ocean**.
  최상급 뒤에 'of ~(~ 가운데서)'와 'in ~(~에서)'이 이끄는 부사구를 써서 비교 범위나 비교 대상 그룹을 표현하고 있다.

[23-24]

해석 여섯 아이와 두 개의 직업을 갖고 있어서 나의 아버지는 휴식이 필요했다. 어느 저녁, 그의 오랜 친구 중 한 분이 방문차 들렀다. 시간이 점점 더 늦어져 갔을 때 그 친구는 떠나고자 서두르지 않았고 대화 소리는 지겹게 계속해서 웅얼거렸다. 내 아버지의 친구가 자신의 새 자동차를 언급했을 때, 나의 아버지는 그들이 나가서 그것을 볼 것을 제안했다. 일단 밖에 나가자, 나의 아버지는 "정말 아름다운 차군! 시동을 켜보지 그래? 그것의 엔진 소리를 들어 보고 싶군."이라고 외쳤다. 그 친구는 고분고분하게 그 차에 타고는 엔진에 시동을 걸었다. "소리가 멋지군! 자, 들려 줘서 고맙네."라고 나의 아버지는 말했다. 그는 의기양양하게 차문을 닫고서 그에게 매우 필요한 잠을 위해 우리 집으로 돌아왔다.

23

해설 접속사 뒤에 시간을 나타내는 비인칭 it을 주어로 하고 동사를 쓴다. 보어로 「비교급＋and＋비교급」을 써서 시간이 점점 더 늦어지고 있었다는 것을 표현한다.

24

해설 같이 나가서 친구의 차를 보자고 한 것은 순수하게 차에 관심이 있어서가 아니라 돌아가려고 하지 않는 친구를 빨리 돌려보내기 위함이라는 것을 글 마지막에서 알 수 있다.

어휘 drop in[by] 잠깐 들르다
in no hurry 급할 것 없는, 시간이 충분한
drone on 지겹게 계속 웅얼거리다   mention 언급하다
exclaim 소리치다, 외치다
obediently 고분고분하게, 공손하게   triumphantly 의기양양하게

구문

- As it grew **later and later**, ~.
  「비교급＋and＋비교급」은 '점점 더 ~한'의 뜻이다. 여기서는 '(시간이) 점점 더 늦어져 가는'이라는 뜻이다.
- ~ my father **suggested they should go out and look at it**.
  suggest의 목적어로 that절을 쓸 때는 「주어＋should＋동사원형 ~」의 형태이며, 이때 should는 생략이 가능하다.

25

해석 (1) 아무 주자도 재원이만큼 빨리 달리지 않았다.
(2) 아무 주자도 재원이보다 더 빨리 달리지 않았다.
(3) 재원이는 다른 어느 주자보다 더 빨리 달렸다.

해설 재원이가 4명 중에서 가장 빨리 결승선을 통과하고 있다. (1)은 원급을 이용한 최상급 표현, (2)와 (3)은 비교급을 이용한 최상급 표현이다.

어휘 runner (특히 경주에 참석한) 주자

26

해석 (1) A: Adams 부인은 그녀의 딸보다 나이가 두 배 더 많은가?
B: 아니다. 그녀는 Christina 나이가 세 배 더 많다.
(2) A: Christina는 그의 어머니보다 키가 더 큰가?
B: 아니다. 그녀는 그녀의 어머니만큼 키가 크지는 않다.
(3) A: Adams 씨는 그의 딸보다 얼마나 더 무거운가?
B: 그는 Christina보다 두 배 더 무겁다.

해설 (1) Adams 부인은 딸 Christina의 나이보다 세 배가 더 많다. 「배수사 + as + 원급 + as」로 표현한다.
(2) Christina는 아직 키가 엄마만큼 되지 않는다. 원급을 이용한 부정의 비교 표현을 쓴다.
(3) Adams 씨는 딸 Christina보다 몸무게가 두 배 더 무겁다. 「배수사 + 비교급 + than」으로 표현한다.

어휘 age 나이 height 키
weight 몸무게

Unit 02 시제

Writing Practice

본문 ● 10~11쪽

A

1 it rained heavily
2 must have been[fallen] asleep
3 has donated money
4 shouldn't have said
5 had already gone
6 may have been late
7 had just begun
8 must have missed
9 found, had already eaten
10 has never seen
11 should have done
12 cannot have left
13 had met
14 Has your mother ever been
15 served

B

1 invented the light bulb
2 finished doing the dishes already
3 should have come to the festival
4 cannot have eaten the hamburger
5 have not talked with him
6 have worked for this company
7 must have worked all day
8 may not have boarded
9 had already closed
10 cannot have told me a lie
11 woke up, had eaten
12 may have taken the fish
13 shouldn't have taken pictures
14 found her pencil case she had lost
15 should have sent her a text message

Actual Test

본문 ● 12~15쪽

01 ⑤ 02 ⑤ 03 care 04 absence 05 ④ 06 ④
07 ④ 08 ⑤ 09 ① 10 ④ 11 ① 12 ⑤ 13 ②
14 were, have been 15 cannot have finished
16 must have been happy 17 had (already) left
18 remembered she had already returned the
book 19 should have been careful 20 shouldn't
have run into the road 21 ⓐ an old chair ⓑ an empty
box from a refrigerator 22 empty 23 ③
24 (1) farms (2) beautiful palaces (3) cities with many
buildings 25 saw, was, said, had been, had been
26 (1) must have overslept (2) cannot have had
breakfast (3) must have gone to bed late (4) cannot
have done well

01
해석 ① 초대하다: 오라고 요청하다
② 사과하다: 미안하다고 말하다
③ 준비하다: 준비된 상태로 만들다
④ 감사하다: 감사를 전하다
⑤ 불평하다: 칭찬하기 위해 장점을 찾다
해설 complain은 'to express dissatisfaction(불만족을 표현하다)'의 의미이다.
어휘 merit 장점

02
해석 ① 참을성이 많은 ② 호기심이 있는 ③ 우호적인 ④ 겁 많은, 소심한 ⑤ 성격, 본성
해설 ①~④는 모두 성격을 나타내는 말이다.

03
해석 • 그들은 자원봉사자로서 노인들을 돌본다.
• 나의 부모님이 안 계신 동안 나의 할머니가 우리를 돌봐 주셨다.
• 길이 아주 미끄러우니 주의 깊게 걸어라.
해설 care for는 '~을 돌보다,' take care of는 '~을 돌보다,' with care는 '주의 깊게, 신중히'라는 뜻의 표현이다.
어휘 elderly 연세가 드신(old보다 정중한 표현)
volunteer 자원봉사   slippery 미끄러운

04
해석 편안함 : 어려움 = 참석 : 부재
해설 반의어 관계이다.

05
해석 나는 방금 전 ① 그녀를 만났다 ② 여기로 이사 왔다 ③ 그 쪽지를 읽었다 ⑤ 제주도에 도착했다.

④ 아파 왔다
해설 just now는 '방금 전에'라는 과거 한 시점을 나타내는 부사구로 완료시제와는 함께 쓸 수 없다.

06
해석 내가 집에 도착했을 때 ① 5시가 넘었었다 ② 내 개가 나를 맞이해 줬다 ③ 내 어린 남동생은 자는 중이었다 ⑤ 아빠는 막 세차를 끝냈다.
④ 엄마는 이미 쇼핑하러 가셨다
해설 과거 특정 시점을 기준으로 하고 있으므로 과거시제(과거진행 포함)를 써서 그때 당시 일어나고 있는 일을 말하거나 과거완료를 써서 그때 이전에 일어난 일이 그때 막 완료된 상황을 나타낼 수 있다. 현재완료는 과거에 시작된 일이 현재에는 완료된 상황을 나타내므로 현재를 기준 시점으로 한다.
어휘 welcome 환영하다

07
해석 Amy는 어제 나와 같이 하루 종일 집에 있었다. 너는 그녀를 파티장에서 봤을 리가 없다.
해설 과거 일에 대해 강하게 부정의 추측을 할 때 「cannot have+과거분사」를 쓴다.
어휘 all day long 하루 종일

08
해석 • 공연이 끝난 후, 모두 집으로 갔다.
• 너 어제 몇 시에 집에 돌아왔니?
• Andy는 지난 10년 동안 파리에 서너 번 갔다 왔다.
해설 ⓐ 과거보다 이전에 일어난 일을 말할 때 과거완료를 쓴다. 단, after라는 접속사가 있으므로 맥락상 과거시제도 가능하다.
ⓑ yesterday라는 과거 시점을 나타내는 부사가 있으므로 과거시제를 쓴다.
ⓒ 지난 10년간의 경험을 나타낼 때는 현재완료를 쓴다.

09
해석 Henry는 그 사고에 대해 많이 알고 있다. 그가 직접 그것을 봤거나 누군가가 그에게 그것에 대해 말해 줬음에 틀림없다.
해설 그 사고에 대해 많이 알고 있다고 했으므로 틀림없이 그 사고를 직접 봤거나 누군가가 그에게 말해 줬을 거라고 추측하는 것이 자연스럽다. '틀림없이 ~했었을 것이다'라는 표현은 「must have+과거분사」이다.
어휘 accident 사고

10
해석 A: 너 전혀 집중을 못하는구나. 뭐가 문제니?
B: 미안해. 나는 어젯밤에 ④ 늦게까지 깨어 있지 말았어야 했는데.
① 집중했었을 수도 있어 ② 충분히 잔 게 틀림없어
③ 과식했을 리 없어 ⑤ 그 TV 프로그램을 봤어야 했는데
해설 지금 집중하지 못하는 것에 대해 어젯밤 일에 대한 후회의 말을 하는 것이 자연스럽다.

11

해석 ① 어젯밤에 비가 심하게 왔니?

② 나는 어제 이후로 아무것도 먹지 않았다. / 나는 어제 아무것도 먹지 않았다.

③ 그녀는 이틀 전에 시험에 합격했다.

④ 태라는 2005년에 부산에서 태어났다.

⑤ 나의 가족은 작년부터 시골에 살고 있다. / 나의 가족은 작년에 시골에 살았다.

해설 ② didn't eat → haven't eaten 또는 since yesterday → yesterday

③ has passed → passed

④ has been → was

⑤ lived → has lived 또는 since last year → last year

어휘 rural 시골의

12

해석 ① 나는 예전에 그를 본 적 있다는 것을 깨달았다.

② 3일 동안 비가 오는 중이다.

③ 그것은 내가 그때까지 본 최고의 경관이었다.

④ 우리가 강에 있었을 때 눈이 오기 시작했다.

⑤ 10년 전에 그녀는 부산으로 이사했고 그때 이후로 거기서 살아왔다.

해설 ⑤ 10년 전 과거 이후로 계속 그곳에 살아왔으므로 현재완료로 써야 한다.

어휘 view 경관, 전망

13

해석 ① 그가 우리를 도왔을 가능성이 있다.

→ 그가 우리를 도왔을 수 있다.

② 그녀는 혼자 돌아갔을 것 같다.

→ 그녀는 혼자 돌아갔을 리가 없다.

③ 그녀가 그 소식을 들었다는 것은 확실하다.

→ 그녀는 틀림없이 그 소식을 들었을 것이다.

④ 네가 그 장면을 놓친 것은 유감이다.

→ 너는 그 장면을 놓치지 말았어야 했는데.

⑤ 내가 식물들에 물을 주지 않은 것을 후회한다.

→ 나는 식물들에 물을 줬어야 했는데.

해설 ② It is likely that ~은 '~일 것 같다'라는 뜻의 표현이다. that절이 과거시제의 긍정문이므로 과거 일에 대한 강한 부정의 추측 「can't have + 과거분사」가 아닌 약한 긍정의 추측 「may have + 과거분사」로 바꿔 쓸 수 있다.

어휘 likely ~할 것 같은   certain 확실한, 틀림없는
pity (실망을 나타내는 표현에 쓰여) 유감, 안된 일, 애석한 일
regret 후회하다

14

해석 A: 너 오늘 아침에 어디 있었니?

B: 나는 지난 월요일부터 조부모님 댁에 있었어.

해설 this morning은 과거의 한 시점을 나타내는 부사구이고, since last Monday는 현재완료형과 함께 쓰는 부사구이다.

15

해석 그가 이 일을 전부 혼자서 끝낸 것이 아니라고 나는 확신한다.

= 그는 이 일을 전부 혼자서 끝냈을 리가 없다.

해설 과거의 일에 대한 강한 확신을 나타내되, 부정의 일에 대한 확신이므로 「cannot[can't/can not] have + 과거분사」를 쓴다.

어휘 by oneself 홀로, 혼자 힘으로

16

해석 너의 부모님은 네가 경연에서 우승했다는 것을 들었을 때 틀림없이 행복했을 것이다.

해설 과거 일에 대한 강한 추측을 나타내는 표현을 쓰는 것이 자연스럽다.

어휘 win the contest 대회에서 우승하다

17

해석 지원이는 8시에 자신의 집을 떠났다. 예림이는 8시 15분에 지원이네 초인종을 울렸다.

→ 예림이가 지원이네 초인종을 울렸을 때, 지원이는 (이미) 자신의 집을 떠났었다.

해설 예림이가 지원이네 초인종을 울렸던 것보다 더 이전에 일어난 일은 과거완료로 표현한다.

어휘 doorbell 초인종

18

해석 기억해 낸 것은 과거시제로 쓰고, 책을 반납한 것은 과거보다 이전이므로 대과거를 나타내는 과거완료로 써야 한다.

19

해석 나는 조심했었어야 했는데.

해설 과거에 하지 않은 행동에 대해 후회나 유감을 표현할 때 「should have + 과거분사」를 쓴다.

20

해석 나는 도로로 뛰어들지 말았어야 했는데.

해설 과거에 한 행동에 대해 후회나 유감을 표현할 때 「shouldn't have + 과거분사」를 쓴다.

[21-22]

해석 엄마와 아빠는 낡은 의자 하나를 나의 언니[누나/여동생]에게 보내기로 마음먹으셨다. 아빠는 그것을 포장할 만큼 충분히 큰 상자를 찾아보았고 마침내 기기점 밖에서 비어 있는 냉장고 상자를

찾아내셨다. 그 상자는 그의 소형 자동차 안에 맞춰 넣기에는 너무 컸기 때문에 그가 그것을 집으로 가져올 수 있는 유일한 방법은 그것을 지붕 위에 묶는 것이었다. 그가 교통 신호등에 서 있었을 때, 그 옆의 자동차 안에 있던 한 여자가 그녀의 창문을 내리고는 물었다. "아저씨, 당신의 냉장고가 떨어져 나간 것을 알고 계신가요?"

21

해설 대명사가 가리키는 대상은 대명사의 앞에서 찾는다.

22

해석 내 아빠 옆 차의 여자는 나의 아빠가 그것을 구했을 때 그 상자가 비어 있었다는 것을 몰랐다.

해설 여자는 차 위에 묶인 비어 있는 냉장고 상자를 보고 중간에 냉장고가 떨어진 것이라고 오해하고 질문을 한 것이다.

어휘 search for ~을 찾다　pack 포장하다, 싸다
empty 텅 빈　refrigerator 냉장고
appliance (가정용) 기기　fit 끼우다, 맞추다
compact 소형의　tie 묶다
traffic light (교통) 신호등
roll ~ down (손잡이를 돌려서) ~을 내리다, 열다

구문

- Mom and Dad **decided** to send an old chair to my sister.
  이 글은 과거의 어느 특정 시점에 있었던 일을 기술하고 있으므로 전체 문장이 과거시제로 표현되어 있다.
- ~ "Mister, do you know that your refrigerator **has fallen out**?"
  know의 목적어인 that절에서 현재완료를 쓴 이유는 이미 냉장고가 떨어져 나가서 말을 하고 있는 현재 시점에는 냉장고가 제자리에 없는 상태이기 때문이다.

[23-24]

해석 스페인 사람들이 1500년대에 멕시코에 도착했을 때 마야의 인디언들은 수천 년 동안 그곳에서 살고 있었다. 마야인들은 선진 기술을 가진 지적이고 문화적으로 풍요로운 사람들이었다. 그들은 농장, 아름다운 궁전, 많은 건물이 있는 도시들을 갖고 있었다. 마야 사람들은 또한 자연과 그들 주위의 세계에 대해 많이 알고 있었다. 이 지식은 그들이 당시의 대부분 사람들보다 더 나은 삶을 살도록 도움이 되었다. 예를 들면, 도구와 농사에 대한 지식은 그들의 일을 더 쉽고 더 생산적으로 만들었다.

23

해설 ⓐ 스페인 사람들이 멕시코에 도착한 것은 과거의 특정한 어느 시점에 일회적으로 일어난 일이고, ⓑ 마야의 인디언들이 그 지역에서 수천 년 동안 살아온 것은 그 이전부터 그때까지 계속 이어져 온 일이다.

24

해설 바로 뒤에 이어지는 문장에 언급되어 있다.

어휘 the Spanish 스페인 사람들
Mayan 마야(의)　thousands of 수천의
the Maya 마야인들　intelligent 지적인
culturally 교양으로서, 문화적으로
advanced 선진의, 고급의　technology 기술
knowledge 지식　tool 연장, 도구, 공구
farming 영농, 농업, 농사　for instance 예를 들면
productive 생산적인

구문

- When the Spanish **arrived** in Mexico in the 1500s, the Mayan Indians **had lived** there for thousands of years.
  스페인 사람들이 멕시코에 도착한 것은 과거의 일이고, 마야의 인디언들이 그 지역에서 수천 년 동안 살아온 것은 그 이전부터 그때까지 계속 이어져 온 일이므로 과거완료로 표현한다.
- This knowledge **helped them live** a better life than most people of that time.
  「help+목적어+(to+)동사원형」은 '목적어로 하여금 동사원형의 동작을 하도록 돕다'라는 표현이다.

25

해석 A: 나는 어제 공원에서 John을 봤어.
B: 그는 어땠어?
A: 정말로 좋던데. 거의 3주 동안 아파서 침대에 있었다고 말하긴 했지만.
B: 그는 학교에 돌아갔니?
A: 아니, 아직 아니야. 그는 월요일에 돌아갈 거야.

해설 명백히 과거의 특정 시점을 나타내는 부사가 있을 때나 과거 어느 시점의 일회적인 일을 나타낼 때는 과거시제를 쓴다. 과거완료시제는 과거보다 이전에 일어난 일을 나타내거나 그 일이 과거 어느 시점까지 상태가 계속되었을 때 쓴다.

26

해석 (1) 진하는 학교에 뛰어가고 있다. 그는 오늘 아침 늦잠을 잔 것이 틀림없다.
(2) 진하는 배가 고파 보인다. 그는 오늘 아침밥을 먹었을 리가 없다.
(3) 진하는 졸려 보인다. 그는 어젯밤에 늦게 잠자리에 든 것이 틀림없다.
(4) 진하는 기분이 상해 보인다. 그는 시험에서 잘했을 리가 없다.

해설 '틀림없이 ~했을 것이다'라는 표현은 「must have+과거분사」, '~했을 리가 없다'라는 표현은 「cannot have+과거분사」를 쓴다.

어휘 oversleep 늦잠 자다　quiz 시험, 퀴즈

Writing Practice

본문 ● 16~17쪽

Ⓐ

1 how much the shirt is
2 did you
3 whether or not you drink coffee / whether you drink coffee or not
4 was there
5 how soon the game will start / how soon the game starts
6 doesn't he
7 soccer or basketball
8 why she left so early
9 where the nearest bank is
10 aren't you
11 whether I was hungry (or not) / whether or not I was hungry
12 if you have money
13 a robot or a board game
14 by accident or on purpose
15 what you ate

Ⓑ

1 a beautiful day, isn't it
2 go shopping this Saturday or this Sunday
3 ask you if you like
4 when your mother wakes up
5 what you are talking about
6 prefer, traveling by train or
7 What do you think he ordered
8 if you have been to
9 whether she will bring
10 what time you came here
11 how long it took
12 whose backpack that is
13 seen a snake, have you
14 can speak Chinese, can't he
15 who invented the computer

Actual Test

본문 ● 18~21쪽

01 ② 02 ① 03 ⑤ 04 equal 05 ② 06 ③ 07 ⑤
08 ② 09 ④ 10 ① 11 ④ 12 ③ 13 ③ 14 or
15 aren't there 16 didn't tell, did you 17 if [whether] he is really responsible 18 Which do you want for lunch, rice or noodles? 19 if[whether] they are staying in Seoul 20 How was your vacation?
21 ④ 22 they had problems with acne when they were growing up 23 Did your wife send it? 24 ②
25 (1) isn't there (2) don't you (3) won't she 26 (1) where Sanghyo is (2) what Sanghyo is doing in the library (3) if[whether] Jiwon has finished her report (or not) (4) if[whether] she can join him (or not)

01

해석 〈보기〉 거리 - (거리가) 먼
① 운 - 운 좋은   ② 선택 - 선택하다
③ 성공 - 성공적인, 성공한   ④ 신비 - 신비로운
⑤ 상호 작용 - 상호 작용하는
해설 ②를 제외한 나머지는 '명사-형용사'의 관계이다.

02

해석 • 트럭이 나무의 몸통을 들이받았다.
• 코끼리는 긴 코를 갖고 있다.
• 아빠는 자신의 차 트렁크 안을 살펴보고 계신다.
① (나무의) 몸통; (코끼리의) 코; (자동차의) 트렁크 ② 눈동자
③ (식물의) 줄기 ④ 모양을 이루다; 모양, 형태 ⑤ 요소, 성분
해설 trunk는 여러 가지 의미를 갖고 있다.

03

해석 당신의 충고는 나의 결정에 대단히 중요하다.
① 요소, 요인 ② 무한한 ③ 포함하는 ④ 기회 ⑤ 매우 중요한
해설 '결정적인, 매우 중요한'의 의미이다.
어휘 advice 충고   decision 결정, 결심

04

해석 1파운드는 대략 450그램과 동등하다.
해설 be equal to ~와 동등하다
어휘 pound 파운드(중량의 단위, 약 453그램)
roughly 대략, 거의

05

해석 ① 이 나무는 죽지 않았어, 그렇지?
② Eddie는 수영할 수 있어, 그렇지 않니?

③ 너는 자고 있었어, 그렇지 않니?

④ 너의 엄마는 여기 와 본 적이 없으셔, 그렇지?

⑤ 새미와 그녀의 오빠(남동생)는 서로 도울 거야, 그렇지 않니?

해설 ② 부가의문문의 주어는 항상 대명사로 쓴다. can't Eddie? → can't he?

어휘 each other 서로

6

해석 너와 너의 형(남동생/오빠)은 같은 중학교를 다녔어, <u>그렇지 않니?</u>

해설 주어 you and your brother는 인칭대명사 you로 받고, 긍정의 과거시제 평서문 뒤에는 부정의 과거시제 부가의문문을 써야 한다.

7

해설 '~인지 아닌지'라는 의미로 간접의문문을 이끄는 접속사는 if와 whether가 있으나 if 바로 뒤에는 or not을 쓸 수 없다.

어휘 wonder 궁금해하다

8

해석 ① Jones 씨가 너(희)를 도왔구나, ③ 너의 남동생(형/오빠)은 외출했구나, ④ 할아버지가 너를 태워 주셨구나, ⑤ 너의 아버지가 네게 수영하는 방법을 가르쳐 주셨구나, 그렇지 않니?

② Eric은 최선을 다하지 않았어, 그렇지?

해설 부가의문문의 형태가 과거시제의 부정문이므로 앞의 평서문은 과거시제의 긍정문이어야 한다.

어휘 do one's best 최선을 다하다

pick up ~을 (차에) 태우러 가다, ~을 (차에) 태우다

9

해석 ① 이것은 너의 모자니 아니면 그녀의 것이니?

② 너는 걸어서 등교하니 아니면 버스로 등교하니?

③ 너는 집에 있었니 아니면 외출했었니?

④ 케이크나 아이스크림 좀 드시겠습니까?

⑤ 너는 농구와 축구 중 어느 것을 더 좋아하니?

해설 ① her → hers

② by bus → go to school by bus

③ went out → go out

⑤ and → or

10

해석 ① 너는 그가 무엇을 하고 있다고 생각하니?

② 저 사람이 누군지 너는 아니?

③ 그가 여기서 얼마나 오래 기다렸는지 나는 궁금하다.

④ 그가 올지 오지 않을지 나는 모른다.

⑤ 무엇이 너를 여기로 데려왔는지 너 내게 말해 줄 수 있니? / 네가 왜 여기에 왔는지 내게 말해 줄 수 있니?

해설 ① 주절의 동사가 think일 때는 간접의문문의 의문사가 주절 앞에 온다. 즉, What do you think he is doing?으로 써야 한다.

11

해석 A: 당신은 여름과 겨울 중 어느 것을 더 좋아하나요?

B: ① 겨울이요. ② 저는 겨울을 아주 좋아해요. ③ 저는 겨울을 더 좋아해요. ⑤ 저는 여름보다 겨울을 더 좋아해요. 저는 겨울 스포츠를 즐겨요.

④ 그래요, 저는 겨울을 더 좋아해요.

해설 선택의문문에는 Yes나 No로 답하지 않는다.

어휘 prefer ~을 더 좋아하다, 선호하다

prefer A to B B보다 A를 더 좋아하다(= like A better than B)

12

해석 A: Kelly는 오늘 학교에 오지 않았어, 그렇지?

B: 그래, 오지 않았어. 그녀는 하루 종일 침대에서 앓았어.

해설 부가의문문에 대한 응답은 앞의 평서문에 언급된 동사에 대해 긍정이면 Yes로, 부정이면 No로 답한다.

어휘 all day long 하루 종일

13

해석 ① 소년은 자신의 전화기를 찾고 있다.

② 소년은 자신의 전화기가 어디에 있는지 궁금해한다.

③ 소년은 자신의 전화기가 어디에 있는지 알아낸다.

④ 소년은 자신의 전화기가 어디에 있는지 알고 싶어 한다.

⑤ 소년은 자신의 전화기를 어디에 두었는지 기억하지 못한다.

해설 소년은 전화가 어디에 있는지 몰라서 찾고 있는 중이다. find out이 긍정의 평서문에서 주동사로 사용될 때는 '~을 찾아내다, 알아내다'라는 의미이다.

14

해석 • 파란색과 흰색 중 어느 드레스가 내게 더 잘 어울려?

• 그가 곧 여기 올지 안 올지 내게 말해 줘.

해설

• 선택의문문에서 선택 대상 두 가지는 A or B로 제시한다.

• '~인지 아닌지'를 묻는 whether나 if로 시작하는 간접의문문은 마지막에 or not을 붙일 수 있다.

15

해석 A: 너의 반에는 26명의 학생이 있어, <u>그렇지 않니?</u>

B: 응, 그래.

해설 「There are[is] ~」 구문의 부가의문문은 「aren't[isn't] there?」이다.

16

해설 앞의 평서문은 부정문으로, 이어지는 부가의문문은 긍정문으로 쓴다.

어휘 lie 거짓말

17

해석 그에게 정말로 책임이 있나요?

→ <u>그에게 정말로 책임이 있는지</u> 제가 여쭤 봐도 될까요?

해설 의문사 없는 의문문을 if[whether]로 시작하는 간접의문문으로 바꾼다.

어휘 responsible (~에 대해) 책임이 있는, 책임을 져야 할

18

해설 선택의문문이므로 의문사 which로 시작하고, 선택 대상 두 가지를 *A or B* 구조로 의문문 마지막에 붙인다.

어휘 rice 쌀, 밥   noodle 국수

19

해석 그는 "그들은 서울에 머물고 있니?"라고 말한다.
→ 그는 그들이 서울에 머물고 있는지 묻는다.

해설 의문사가 없는 의문문이므로 if나 whether로 연결하고, 「주어＋동사 ~」의 어순으로 쓴다.

20

해석 그녀는 내게 내 방학이 어땠는지 묻는다.
→ 그녀는 내게 "네 방학은 어땠니?"라고 말한다.

해설 그녀가 나에게 묻는다고 했으므로 how로 시작하는 직접의문문의 주어는 your vacation이고, 동사는 과거형으로 써야 한다.

어휘 vacation 방학

[21-22]

해석 불행히도 몇몇 사람들에게 여드름은 유전적이다. 당신이 그들 중 한 사람이라면, 당신은 피부를 깨끗이 유지하려고 열심히 애써도 어쩔 수 없이 (여드름이) 발생한다. 당신의 엄마와 아빠께 그분들이 자랄 때 여드름으로 인한 문제를 겪었는지 여쭤 봐라. 만약 그렇다면, 당신의 최선의 선택은 아마도 피부 문제 처치를 전문으로 하는 의사인 피부과 전문의의 진료를 받는 것이다. 그들은 여드름을 예방하고 말끔하게 하는 걸 도와줄 치료를 제공한다. 따라서 만약 당신이 심한 여드름을 갖고 있다면, 피부과 전문의를 방문하는 것이 좋은 생각이다. 그들은 또한 당신에게 최고로 효과를 발휘할 방법을 당신이 찾도록 도와준다. 또한 그들은 당신이 제일 먼저 시도해 봐야 할 다른 것들에 대해서도 어느 정도 간파하고 있을지도 모른다.

21

해설 if로 시작하는 간접의문문은 직접의문문일 때 의문사가 없다. 주어 they는 주절의 your mom and dad이며 글쓴이의 입장에서는 3인칭이지만 이 글을 읽는 사람의 입장에서 직접 물어볼 때는 2인칭으로 써야 한다.

22

해석 만약 그분들이 자랄 때 여드름으로 인한 문제를 겪었다면

해설 so는 바로 앞에 언급된 절을 그대로 대신하는 말로서 동일 어구의 반복을 피하기 위해 사용된 대용어이다.

어휘 unfortunately 불행하게도, 유감스럽게도

can't help -ing ~하는 것을 피할 수 없다, 어쩔 수 없이 ~하다
break out (안 좋은 일이) 발발하다, 발생하다
option 선택(할 수 있는 것), 선택권
dermatologist 피부과 전문의   specialize in ~을 전문으로 하다
treat 다루다, 치료하다   offer 제공하다
treatment 치료, 처치   prevent 예방하다, 막다
clear up 말끔히 정리하다, 치우다, 깨끗하게 하다
insight 통찰력, 이해, 간파

구문

· Ask your mom and dad **if they had problems with acne** when they were growing up.
의문사가 없는 의문문이 간접의문문으로 바뀌어 다른 문장의 목적어로 사용되고 있다. 간접의문문의 어순 「if[whether]＋주어＋동사 ~」를 따르고 있으며, 이때 if는 '~인지 아닌지'로 해석한다.

· ~ to see **a dermatologist, a doctor who specializes in treating skin troubles**.
a doctor 이하는 a dermatologist와 동격으로서 동일 대상을 나타내며 who는 주격관계대명사로 a doctor를 수식하는 관계대명사절을 이끌고 있다.

[23-24]

해석 우리 담임 선생님께서 선인장을 받았을 때, 나는 그의 아내가 그것을 보낸 건지 그분께 여쭤 봤다. 그는 그렇다고 말하고 그들이 크게 말다툼을 했으며 아마도 그녀가 사과의 의미로 그 식물을 보낸 것이라고 설명했다. 그는 나에게 카드를 자신에게 읽어 달라고 요청했다. 메시지는 커다란 빨간 글자로 이렇게 적혀 있었다: 그 위에 앉아요.

23

해석 나는 그에게 "당신의 아내가 그것을 보냈나요?"라고 말했다.

해설 간접의문문을 직접의문문으로 바꿔 쓴다. if로 시작되는 간접의문문이므로 직접의문문일 때 의문사 없이 「조동사＋주어~?」가 되고, 간접의문문의 시제가 과거완료이므로 직접의문문의 시제는 과거이다.

24

해석 당신은 선생님의 아내가 왜 그 식물을 그녀의 남편에게 보냈다고 생각하는가?
① 사과하기 위해   ② 그녀의 분노를 표현하기 위해
③ 그녀의 후회를 표현하기 위해   ④ 사과를 받아들이기 위해
⑤ 그와 화해하기 위해

해설 선인장과 함께 보낸 메시지에 의하면 선생님의 추측과는 달리 아내는 여전히 남편에게 화가 나 있음을 알 수 있다.

구문

• ~ I asked him **if his wife had sent it**.
의문사가 없는 의문문이 간접의문문이 되어서 다른 문장의 목적어로 사용되고 있다. 접속사는 if나 whether를 쓰고, 동사의 시제는 주절의 과거시제보다 이전에 일어난 일을 묻고 있으므로 대과거를 나타내는 과거완료로 썼다.

• He **asked me to read** the card to him.
「ask+목적어+to부정사」 구문은 '목적어로 하여금 to부정사의 동작을 하도록 부탁하거나 요청하다'라는 의미의 표현이다.

25

해석 A: 정말 엉망진창이구나! 할 일이 많네, 그렇지 않아?
B: 응, 그렇네. 내가 설거지를 할게. 넌 바닥을 청소해.
A: 좋아. 넌 쓰레기 봉지가 어디에 있는지 알고 있어, 그렇지 않니?
B: 응. 그것은 벽장 안에 있어. 엄마가 돌아오시면 기뻐하실 거야, 그렇지 않겠니?
A: 그렇길 바라. 서두르자.
해설 빈칸에는 부가의문문이 필요하다. 부가의문문의 경우 문장의 주어와 동사의 종류, 시제에 유의한다.
어휘 mess 지저분하고 엉망(진창)인 상태
clean up ~을 치우다, 청소하다   closet 벽장

26

해석 (1) 지원: 여보세요, 상효야. 너 어디니?
상효: 안녕, 지원아. 나 도서관에 있어.
→ 지원이는 상효가 어디에 있는지 알고 싶어 한다.
(2) 지원: 너 거기서 뭐하고 있는데?
상효: 난 내 역사 보고서를 위한 책을 찾고 있어.
→ 지원이는 상효가 도서관에서 무엇을 하고 있는지 궁금하다.
(3) 상효: 넌 네 보고서 끝냈니?
지원: 아니, 난 그것을 시작하지 않았어.
→ 상효는 지원이가 그녀의 보고서를 끝냈는지 모른다.
(4) 지원: 나 너랑 같이 해도 돼?
상효: 물론이지. 네가 여기에 도착하면 나한테 다시 전화해.
→ 지원이는 상효에게 자신이 그와 함께해도 되는지를 묻는다.
해설 각 대화의 의문문을 간접의문문으로 바꾸어 문장을 완성한다. 의문사가 있는 경우는 「의문사+주어+동사 ~」의 어순으로, 의문사가 없는 경우는 「if[whether]+주어+동사 ~」의 어순으로 쓰되, 주어의 인칭 변화와 문장의 시제에 유의한다.
어휘 join 함께하다, 합류하다

Unit
04 대명사

Writing Practice

본문 ● 22~23쪽

Ⓐ
1 All of my allowance
2 All (of the) students receive
3 Every student in the classroom
4 Each of the students
5 I took the others
6 care more about others[care about others more]
7 None of the rooms were available
8 tell this to the others
9 show me another (one)
10 Every student has
11 it looks very delicious
12 each side of the river
13 another is white, and the other is brown
14 the others are daughters
15 Each of you needs to paint

Ⓑ
1 buy a new one
2 I want a bigger one.
3 has her hair done every other month
4 rings every 45 minutes
5 Each of my parents goes to work
6 Almost every room in the building has
7 All wood tends to absorb
8 None of my children
9 One is *Harry Potter* and the other is *Farewell to Arms*.
10 and the others were students
11 the other child is the same age as you are
12 All the people you invited will come
13 One is a girl, and the other is a boy.
14 and others like black tea
15 Each of us received the same amount.

Actual Test

본문 ● 24~27쪽

01 ③　02 ⑤　03 musical instrument　04 shape　05 ③
06 ①　07 ①　08 ③　09 ①　10 ⑤　11 ⑤　12 ③　13 ③
14 it　15 All (of) the members 또는 All members
16 another　17 one, it　18 One, another, the other
19 One, the other　20 Not every runner gave up
running the race.　21 the other (hand / one)　22 his
meal[lunch], the letters　23 ②　24 ④　25 some,
others, it, one, it　26 (1) Some, in the classroom
(2) Some are, others are (3) One, another, the other

1
해석 만약 당신이 뭔가를 ③ 장식한다면, 당신은 그것에 물건을 더함으로써 그것을 더욱 멋지게 만든다.
① 추구하다 ② 증가시키다 ④ 감소시키다 ⑤ 보여 주다
해설 뭔가를 추가해서 대상을 더 멋지게 만드는 것은 장식한다는 의미이다.
어휘 attractive 매력적인, 멋진　add 더하다, 추가하다

2
해석 나는 이번 방학 동안 Jane Austen의 모든 소설을 하나씩 읽기로 결심했다.
① 쉬지 않고 계속해서 ② 한꺼번에 ③ 모두 ④ 그 순간에 ⑤ 하나씩
해설 one by one은 '차례차례 하나씩'이라는 의미의 표현이다.
어휘 novel 소설

3
해석 〈보기〉 플루트, 기타, 바이올린, 드럼
해설 모두 악기들이다.

4
해석 • 사각형, 원형, 그리고 삼각형은 형태의 종류들이다.
• 그 선물 상자는 하트 모양이었다.
해설 사각형, 원형, 삼각형은 모두 모양이나 형태의 종류이고, 하트와 어울리는 표현도 형태이다.
어휘 square 사각형　triangle 삼각형

5
해석 일부는 걸어서 갔지만, ③ 또 다른 일부는 버스를 타고 갔다.
① 모두 ② 아무도 ~아닌 ④ 또 다른 하나 ⑤ 나머지 하나
해설 some ~, others ...는 '어떤 사람[것]들은 ~, 또 다른 사람[것]들은 …'이라는 표현이다. others는 some을 제외하고 '또 다른 일부'를 가리킨다.
어휘 on foot 걸어서　by bus 버스를 타고, 버스로

6
해석 A: 너 이 소설을 읽어 봤니?
B: 응, 난 ① 그것을 읽었어.
② 역시 ③ 이것 ④ 하나 ⑤ 그것들
해설 앞에서 이미 언급된 바로 그 대상(this novel)을 가리키므로 대명사 it이 적절하다.

7
해석 • 모든 소년이 그녀를 좋아한다.
• 우리는 모두 그를 알고 있다.
• 각자는 그 자신의 결함을 갖고 있다.
해설 ⓐ every 다음에는 반드시 단수명사가 와야 한다.
ⓑ all은 셋 이상의 집단 전체를 가리키며 사람을 가리킬 때는 복수 취급한다.
ⓒ each는 구성원 하나를 개별적으로 가리키며 단수 취급한다.
어휘 own ~ 자신의, ~의　fault 결함, 흠, 단점, 결점

8
해석 ① 모든 그룹은 그들의 최선을 다한다.
② 모두가 공연을 기다리고 있다.
③ 팀들 각각은 열심히 연습한다.
④ 각 사람은 자신의 텀블러를 갖고 온다.
⑤ 정보 모두가 도움이 되었다.
해설 every와 each는 반드시 단수 취급하므로, ③은 practice 대신 practices로 써야 한다. all은 사람을 가리킬 때는 복수 취급하고, 물건이나 상황을 나타낼 때는 단수 취급한다.
어휘 person 사람
tumbler 텀블러(굽이나 손잡이가 없고 바닥이 납작한 큰 잔)

9
해석 ① 모든 지붕 위에 눈이 왔다.
② 나는 모든 이야기를 읽을 것이다.
③ 그녀의 자매들 모두는 아름답다.
④ 모든 아이들이 재밌게 지내고 있다.
⑤ 그는 정원의 식물 모두에 물을 줬다.
해설 ① all of roofs 대신 all roofs 또는 all of the roofs로 써야 한다.
어휘 roof 지붕

10
해석 ① 모두는 자리에 앉는다.
② 그 둘 모두 신사적이다.
③ 각 승객은 자신의 안전벨트를 매고 있다.
④ 그는 사흘에 한 번 체육관에 간다.
⑤ 그녀는 2주마다 조부모님 댁을 방문한다.
해설 ① every 다음에는 반드시 단수명사를 쓴다.
② all은 셋 이상의 모두를 가리키는 말로서 둘 모두를 가리킬 때는 both를 쓴다.

③ each가 가리키는 명사가 사람일 때는 대명사로 he[his / him], she[her] 또는 they[their / them]를 쓴다. 따라서 its 대신에 his, her 또는 their로 써야 한다.
④ '사흘에 한 번'이라는 표현은 every third day이다.
어휘 passenger 승객　　　seat belt 안전벨트, 안전띠

11
해석 ① 우리는 1시까지 도착할 것이다.
② 그는 1주일 더 머물렀다.
③ 그들은 단지 한 명의 딸만 있다.
④ 공원에 커다란 못이 하나 있었다.
⑤ 이 빨간 야구모자 대신 나는 저 파란 것을 사겠다.
해설 ⑤는 앞서 언급된 cap을 가리키는 부정대명사이고, 나머지는 모두 '하나'를 의미하는 수사이다.
어휘 instead of ~ 대신에

12
해석 ① 밤새 비가 왔다.
② 우리 모두는 지쳐 있다.
③ 너희들 각자는 특별하다.
④ 책들 모두가 지루했다.
⑤ 너는 네 일을 모두 끝냈니?
해설 all은 사람을 가리킬 때 복수 취급한다. ③은 동사가 단수형이기 때문에 each만 들어갈 수 있다.

13
해석 ① 사람은 자신의 의무를 다해야 한다.
② 나는 내 우산을 잃어버렸고, 그래서 하나를 살 것이다.
③ 그녀가 얼음을 원했기 때문에 나는 그녀를 위해 약간을 구했다.
④ 두 권의 책 중에서 하나는 내 것이고, 나머지 하나는 내 여동생〔언니 / 누나〕의 것이다.
⑤ 우리는 버스를 놓쳤고, 다음 것〔버스〕을 기다리는 중이다.
해설 ③에는 셀 수 없는 명사 ice를 가리키는 some, 나머지에는 one이 들어간다.
어휘 duty 의무　　　　　miss 놓치다

14
해석 나는 케이크를 하나 샀고, 그것을 엄마께 드렸다.
해설 「the + 명사」는 it으로 받는다.

15
해석 회원들 중 아무도 결석하지 않았다.
= 회원들 전부 다 출석이다.
해설 none은 전체 부정의 주어로 all과 반대의 의미이다.
어휘 absent 결석한　　　present 참석한, 출석한

16
해석 • 나는 여기에 한 주 더 머물 것이다.

• 아는 것은 하나이고, 가르치는 것은 또 다른 하나이다. (아는 것과 가르치는 것은 별개이다.)
• 내가 바보라면, 너는 또 다른 하나(의 바보)이다.
해설 another = one more / a different one / too[also]
어휘 fool 바보

17
해석 A: 너 자전거 갖고 있니?
B: 응, 하나 갖고 있어. 나는 주말마다 그걸 타.
해설 「a + 명사」는 one으로 받는다. 앞서 언급한 단수의 동일 대상을 가리킬 때는 it을 쓴다.

18
해석 Kelly 양은 자신의 집에서 세 마리의 고양이와 함께 산다. 한 마리는 흰색이고, 또 다른 한 마리는 검정색이고, 나머지 한 마리는 갈색이다.
해설 셋 중 '하나, 또 다른 하나, 나머지 하나'를 가리킬 때 one, another, the other를 쓴다.

19
해설 가리키는 대상이 둘일 때 one은 '둘 중 하나'를, the other는 '둘 중 하나를 제외하고 나머지 하나'를 가리킨다.

20
해설 부정어 not을 every 앞에 쓰면 '모두가 ~인 것은 아니다'라는 부분 부정이 된다. 또한 give up의 목적어로 동명사가 쓰임에 유의한다.
어휘 give up 포기하다, 그만두다

[21-22]
해석 한 잘 차려입은 젊은이가 우체통으로 걸어가는 것을 점심시간의 사람들 무리가 지켜봤다. 그의 한 손은 한 꾸러미의 편지들을 움켜쥐고 있었고 나머지 한 손은 그의 점심 식사-닭튀김 한 상자를 쥐고 있었다. 그 남자의 이마가 집중하느라 찡그려져 있는 동안 그는 주의 깊게 그의 식사를 우편으로 부쳤다. 그러고 나서 활송 장치가 쾅 소리를 내며 닫혔을 때, 그는 여전히 다른 손에 움켜져 있는 편지들을 오싹해하며 응시했다.

21
해설 양손 중 한쪽을 one hand로 지칭했으니 둘 중 나머지 한쪽을 가리키는 말이 필요하다.

22
해석 왜 젊은이는 공포로 가득 찼는가?
→ 그는 편지 대신 자신의 밥〔점심 식사〕을 우편으로 보냈다는 것을 깨달았다.
해설 젊은이는 한쪽 손에 남아 있는 편지 꾸러미를 보고 나서야 자신이 양손에 쥐고 있던 물건을 헷갈려서 편지 대신 자신의 점심 식사를 발송했음을 깨닫고 심하게 놀랐다.

어휘 crowd 사람들, 군중, 무리

well-dressed (옷을) 잘 차려입은 | clutch (꽉) 움켜잡다
a bundle of 한 꾸러미의 | forehead 이마
wrinkle 주름을 잡다, 찡그리다 | concentration 정신 집중
slam 쿵 닫히다 | shut (문 등이) 닫힌
stare 빤히 쳐다보다, 응시하다 | in horror 오싹하여, 무서워서

구문

- His **one hand** is clutching a bundle of letters and **the other** is holding his lunch ~.
  양손 중 하나는 one, 나머지 하나는 the other로 가리킨다.
- ~ he stared in horror at the letters which were still clutched in **the other** hand.
  the other는 두 개의 대상 중 나머지 하나를 가리키는 말이다.
  첫 번째 하나는 문장에 나타나 있지 않은, 점심 식사를 들고 있던 손이다.

[23-24]

해석 바다표범은 육지도 좋아하는 수중 포유동물이다. 몇몇 바다표범은 한 번에 몇 주 또는 몇 개월 동안 바닷속에 머문다. 그들의 지느러미와 물갈퀴가 그들을 아주 훌륭한 수영 선수이자 잠수부로 만든다. 그들은 30분 동안 물속에 머물 수 있다. 그들은 심지어 물속에서 잠을 잘 수도 있다. 하지만 모든 바다표범은 때로는 육지로 갈 필요가 있다. 그들은 사람들과 다른 동물들로부터 떨어진 육지의 장소들을 고른다. 바다표범은 차가운 온도와 보통 온도 양쪽 모두에서 살 수 있다. 그들은 그들을 따뜻하게 유지시켜 줄 털과 두꺼운 지방층을 갖고 있다. 흥미롭게도, 그들은 따뜻함보다 시원함을 유지하는 데 더 힘든 시간을 보낸다.

23

해설 글의 첫 문장에서 바다표범은 물과 육지 모두를 좋아하는 동물이라고 했으므로 ⓑ는 모든 바다표범에 대한 설명으로 보는 것이 자연스럽고, 문맥상 ⓐ는 일부의 바다표범으로 보는 것이 자연스럽다. ⓒ는 바다표범이 아닌 다른 동물들을 가리키는 것이 자연스럽다.

24

해석 ① 바다표범은 그들의 시간 대부분을 육지에서 보낸다.
② 바다표범은 그들의 지방 때문에 수영을 잘 할 수 있다.
③ 바다표범은 사람들 근처에 있는 것을 좋아한다.
④ 바다표범의 털과 지방은 그들을 따뜻하게 유지시켜 준다.
⑤ 바다표범은 높은 온도에서 쉽게 시원함을 유지할 수 있다.
해설 글의 내용에 비추어 하나씩 일치 여부를 비교한다. 바다표범이 육지에서 대부분의 시간을 보낸다는 언급은 없었고, 수영을 잘 할 수 있는 것은 지느러미와 물갈퀴 때문이며, 사람과 떨어진 육지의 장소를 고른다고 했다. 또한 춥고 보통인 온도에서는 털과 지방층 때문에 따뜻하게 있을 수 있을 수 있으나 시원함을 유지하기는 힘들다고 했다.

어휘 seal 바다표범, 물개 | mammal 포유동물
at a time 한 번에 | fin 지느러미
flipper 지느러미발, 물갈퀴 | underwater 물속에, 수중에
at times 가끔은, 때로는 | spot 곳, 장소, 자리
moderate 보통의, 중간의 | temperature 온도
layer 층

구문

- **Some** seals stay in the sea for weeks or months at a time. ~ But **all** seals need to go on land at times.
  some은 전체 중 일부를 가리키는 말이고, all은 전체 모두를 가리키는 말이다.
- They pick spots on land away from people and **other** animals.
  other animals는 '불특정한 다른 동물들'을 가리키는 표현이다.

25

해석 A: 도와 드릴까요?
B: 네. 제 아들을 위한 티셔츠를 하나 사고 싶은데요. 제게 몇 벌 보여 주실 수 있나요?
A: 물론이죠. 이 다채로운 셔츠들은 어떠세요?
B: 그는 이런 다채로운 것을 원하진 않을 것 같네요. 다른 것들을 보여 주실 수 있나요?
A: 네. 이 글자가 쓰인 셔츠들은 어떠세요? 각각의 셔츠는 독특한 글자가 그 위에 있죠.
B: 저 검정색 것(셔츠)이 마음에 드네요. 그걸 사겠어요.
해설 '여러 개의 불특정한 다수'를 가리킬 때 some, some을 제외하고 '또 다른 일부'를 가리킬 때 others, 앞서 나온 대상과 동일 종류의 단수명사를 가리킬 때 one, 앞서 언급한 바로 그 대상(단수)을 가리킬 때 it을 쓴다.
어휘 lettered 글자를 넣은
lettering (특정한 서체로 쓰거나 인쇄한) 글자

26

해석 (1) 점심시간 동안 모든 학생들은 뭔가를 하면서 그들의 시간을 보낸다. 일부는 교실에 있지만 나머지는 교실 밖에 있다.
(2) 안에 있는 학생들 모두는 즐거운 시간을 보내고 있다. 일부는 친구들과 대화를 나누고 있고 또 다른 일부는 공부를 하고 있다.
(3) 세 명의 학생이 춤을 추고 있다. 한 명은 유미, 또 다른 한 명은 재연, 나머지 한 명은 혜수다.
해설
(1) some은 전체 중 '일부'를, the others는 some을 제외하고 '나머지 전체'를 가리킨다.
(2) some은 전체 중 '일부'를, others는 some을 제외하고 '또 다른 일부'를 가리킨다.
(3) 셋 중 '하나'는 one, '또 다른 하나'는 another, '나머지 하나'는 the other를 쓴다.

Writing Practice

본문 ● 28~29쪽

1 came from either China or Korea
2 not going fishing but
3 doesn't go to the gym but to the park
4 Neither my friends nor my coach agrees with
5 neither swim nor jump rope
6 drink either orange juice or mango juice
7 You can both go to the museum and climb up
8 Both Tom and I were born
9 Neither Jamie nor Scott would like to eat [have]
10 Neither Jennie nor her brother is going out [will go out]
11 you can have[eat] both spaghetti and a hamburger
12 Not only the classmates but also
13 as well as my parents came to
14 is important not only for children
15 my experience as well as

1 not at home but
2 either at ABC Theater or at Star Theater
3 Both men and women should share
4 neither water to drink nor food to eat
5 I like neither jazz nor rock and roll
6 Both my mom and dad will visit
7 Either my friends or I am
8 We can either go to a fast-food restaurant
9 from either the garage or the backyard
10 emotionally as well as economically
11 Both Jamie and Catherine have stopped
12 We not only got lost but also
13 is not only smart but also talented
14 neither good actors nor a good story
15 is not money but time

Actual Test

본문 ● 30~33쪽

01 ② 02 ④ 03 date 04 celebrity 05 ④ 06 ①
07 ⑤ 08 ② 09 ③ 10 ② 11 ③ 12 ① 13 ②
14 you, he sings 15 Either, or 16 but 17 not only, but 18 neither food nor money 19 both, and[not only, but (also)] 20 neither, nor 21 ② 22 get around, visit some interesting places outside of 23 전체 바닥을 부수는 것이 아니라 누출이 있는 부분만 부수어 다시 배관 작업을 하는 것 24 ⑤ 25 (1) both Andy[Timmy] and Timmy [Andy] have (2) Neither Andy[Timmy] nor Timmy [Andy] wears (3) Not Andy but Timmy 26 (1) Both Joe and Cindy (2) either hang out with friends or go shopping with Mom (3) Not Joe but Cindy

01
해석 ① 얻다 ② 남자; 남성의 – 여자; 여성의 ③ 창조하다, 만들어 내다 ④ 소문 ⑤ 사다
해설 ②는 반의어 관계, 나머지는 모두 유의어 관계이다.

02
해석 • 이 영화는 사실에 기반을 두고 있다.
• 오늘밤 식사 메뉴에 뭐가 있죠?
해설 based on ~에 근거하여
on the menu 메뉴에 올라

03
해석 • 그녀는 요즘 Ron과 데이트한다.
• 아빠가 엄마에게 데이트 신청을 했다.
• 그는 자신의 데이트 상대를 그녀의 집에서 태울 것이다.
해설 date 데이트, 데이트 상대; ~와 데이트하다
on a date 데이트에
어휘 pick up (차에) 태우러 가다, 태우다

04
해석 특히 영화, 음악, 저작, 또는 스포츠와 같은 오락 영역에서 유명한 사람
해설 '유명 인사'에 대한 정의이다.
어휘 especially 특히, 특별히
entertainment (영화 · 음악 등의) 오락(물), 여흥

05
해석 그는 중국어와 영어 둘 다 구사한다.
해설 ① → speaks not A but B

② → speaks either A or B

③ → speaks both A and B

⑤ → speaks neither A nor B

06

해석 Bill은 춤을 잘 추지만, 노래 부르기에서는 아니다.

= Bill은 노래 부르기가 아니라 춤추기를 잘한다.

해설 'A가 아니라 B'라는 표현은 not A but B이다.

07

해석 ① 세미는 먹는 것이 아니라 요리하는 것을 즐긴다.

② 나는 초콜릿뿐 아니라 껌도 샀다.

③ 내가 아니라 네가 그 프로젝트를 책임지는 것이다.

④ 한국인뿐 아니라 유럽인도 김치를 즐긴다.

⑤ 의사는 그에게 담배 피우는 것도 술 마시는 것도 하지 말라고 말했다.

해설 ⑤는 nor, 나머지는 모두 not이 들어간다.

어휘 in charge of ~을 담당하고 있는, 책임지고 있는

08

해석 A: 오, 우리를 도와줄 누군가가 필요해.

B: 내가 Andy와 Tina 둘 모두에게 메시지를 보냈어.

A: 그들이 올까?

B: 나도 확신은 없어. 기다려! 나 메시지 받았어. Andy나 Tina 중 한 사람으로부터 온 게 틀림없어.

해설 메시지는 한 개를 받았으므로 둘 중 한 사람이 보낸 것이라고 추측하는 것이 자연스럽다.

09

해석 ① 그녀뿐 아니라 나도 역시 학생이다.

② 진 씨는 똑똑할 뿐 아니라 의사이다.

③ 나는 수영뿐 아니라 스키도 즐긴다.

④ 그는 정치인일 뿐 아니라 학자이기도 하다.

⑤ 목재는 재활용할 수 있을 뿐 아니라 재사용할 수도 있다.

해설 ① so → as

② A as well as B에서 A와 B는 품사나 형태가 같아야 한다.

④ and → but (also)

⑤ not → not only

어휘 statesman 정치인   scholar 학자

recyclable 재활용할 수 있는   reusable 재사용할 수 있는

10

해석 ① Peter뿐 아니라 너도 자고 있었다.

② 너와 Peter 둘 다 나를 도와야 한다.

③ 너뿐만 아니라 Peter도 재미있게 지내는구나.

④ 너와 Peter 둘 중 한 사람은 집에 있어야 한다.

⑤ 너와 Peter 둘 다 집에 일찍 오지 않는다.

해설 B as well as A, not only A but also B, either A or B, neither A nor B가 주어일 때 동사의 수는 B에 일치시킨다. both A and B가 주어일 때 동사는 복수형을 쓴다.

11

해석 ① 그 판사는 정직할 뿐 아니라 공정하다.

② 나는 이 색은 마음에 들지 않고 저 색이 좋다.

③ 나는 펜도 연필도 갖고 오지 않았다.

④ 그는 육체적으로 뿐 아니라 정신적으로도 아프다.

⑤ 우리는 점심으로 샌드위치나 핫도그를 먹을 것이다.

해설 ③ neither A nor B는 이 자체로 전체 부정의 의미가 있으므로 not과 함께 쓰는 것은 어색하다. → I brought neither a pen nor a pencil.

어휘 judge 판사   fair 공정한

12

해석 너는 곤충을 무서워하지 않는다. 나도 곤충을 무서워하지 않는다.

① 너와 나 둘 다 곤충을 무서워하지 않는다.

② 네가 아니라 내가 곤충을 무서워하지 않는다.

③ 너와 나 둘 중 한 사람은 곤충을 무서워하지 않는다.

④ 너와 나 둘 모두가 곤충을 무서워하지 않는 것은 아니다.

⑤ 너뿐 아니라 나도 역시 곤충을 무서워한다.

해설 neither A nor B: 둘 다 부정

not A but B: A가 아니라 B

either A or B: 둘 중 하나

both A and B ~ not: 부분 부정

not only A but also B: 둘 다 긍정

어휘 be afraid of ~을 두려워하다   insect 곤충

13

해석 ① Ron과 Bob 둘 다 자전거 타기를 즐긴다.

② Ron과 Bob 둘 중 한 사람은 자전거 타기를 즐긴다.

③ Bob뿐만 아니라 Ron도 역시 자전거 타기를 즐긴다.

④ Ron뿐만 아니라 Bob도 역시 자전거 타기를 즐긴다.

⑤ Ron은 자전거 타기를 즐기고 Bob 또한 자전거 타기를 즐긴다.

해설 ②는 둘 중 한 사람만 자전거 타기를 즐긴다는 의미이다.

14

해석 너와 마찬가지로 그도 노래를 잘한다.

= 너뿐 아니라 그도 역시 노래를 잘한다.

해설 B as well as A = not only A but also B

동사의 수는 B에 일치시킨다.

15

해석 Nick과 Ted 둘 다 우리를 도우러 올 수 있는 것은 아니다.

= Nick이나 Ted 중 한 사람은 우리를 도우러 올 수 있다.

해설 both *A* and *B* ~ not은 부분 부정으로서 '둘 다는 아닌'이라는 의미이므로 '둘 중 하나'를 의미하는 either *A* or *B*와 바꿔 쓸 수 있다.

16

해석 A: 종호는 너의 남동생〔형/오빠〕이니?
B: 아니, 그는 내 남동생〔형/오빠〕이 아니라 내 사촌이야.
해설 No로 응답을 시작했으므로 남자 형제가 아니라는 말이 이어지는 게 자연스럽다. 'A가 아니라 B'라는 표현은 not *A* but *B*이다.

17

해설 'A뿐만 아니라 B도'에 해당하는 표현은 not only *A* but also *B*이다.

18

해석 그는 음식이 없다. 그는 돈도 없다.
→ 그는 음식도 돈도 없다.
해설 neither *A* nor *B*: A와 B 둘 다 부정

19

해석 날씨가 끔찍했다! 바람이 불었을 뿐 아니라 춥기도 했다.
해설 both *A* and *B* 또는 not only *A* but (also) *B*를 써서 두 가지 날씨 상황을 연결하여 묘사한다.

20

해석 나는 내 전화기를 찾고 있다. 그것은 책상 위에도 서랍 안에도 없다.
해설 neither *A* nor *B*를 써서 두 곳 중 어느 곳에도 없다고 묘사한다.
어휘 drawer 서랍

[21-22]

해석 서울의 지하철은 서울을 돌아다니는 최고의 방법이다. 심지어 서울 밖의 몇몇 흥미로운 장소들을 방문하고 싶을 때조차도 지하철은 매우 편리하다. 예를 들어, 4호선을 타고 신길온천역에서 내리면 당신은 온천욕을 즐길 수 있다. 그리고 운길산역에서 내리면 당신은 멋진 등산을 즐길 수 있다. 게다가, 한국 밖으로 여행을 가고 싶다면, 당신은 공항이나 항구 둘 중 한 곳으로 지하철을 타고 갈 수 있다. 지하철을 이용하는 것은 쉬울 뿐 아니라 값이 싸기도 하다. 언젠가 그것을 한번 해보라!

21

해석 ① 공항이 아니라 항구
② 공항 또는 항구 중 한 곳
③ 공항과 항구 둘 다
④ 항구뿐 아니라 공항도

⑤ 공항도 항구도 아닌
해설 '둘 중 하나'에 해당하는 표현은 either *A* or *B*이다.

22

해석 서울을 돌아다니기 위해서 뿐만 아니라 서울 밖의 몇몇 흥미로운 장소들을 방문하기 위해서도 역시 당신은 지하철을 이용할 수 있다.
해설 서울 내에서 돌아다니는 것, 서울 밖 흥미로운 곳을 방문하는 것 모두 지하철로 가능하다고 했음을 참고하여 not only ~ but also 구문이 사용된 문장을 알맞게 완성한다.

어휘 convenient 편리한   hot spring 온천
get off (타고 있던 교통수단에서) 내리다
port 항구

구문

> • ~ you can take the subway to **either** an airport **or** a port.
> either *A* or *B*는 'A와 B 둘 중 하나'라는 표현이다.
> • Using the subway is **not only** easy **but also** very cheap.
> not only *A* but also *B*는 'A뿐만 아니라 B도 역시'라는 뜻으로 A와 B 둘 모두 해당한다는 것을 강조하는 표현이다.

[23-24]

해석 배관공으로서 Dewy와 그의 동료 둘 모두는 그들이 작업하고 있는 의료 건물 건설 현장에서 일어난 일에 짜증이 났다. 그들이 누출에 대비해 배관 연결을 점검하기 전에 시멘트가 그들의 배관 작업 위에 부어졌다. 아니나 다를까, 누출이 있다. 하지만 어디에? 바로 그때 한 의사가 일이 어떻게 진행되고 있는지 보기 위해 들러서 그들의 난처한 상황을 알게 된다. 그는 자신의 청진기를 귀에 꽂고 손과 무릎을 대고 엎드린다. 그는 바닥을 따라 기다가 곧 누출의 정확한 위치를 찾아낸다. 단지 작은 수술만이 필요할 뿐이다.

23

해설 전체 바닥을 다 부수는 대신 의사가 찾아 준 누출된 부분만을 부수고 공사를 하는 것은 작고 간단한 작업이 될 것이다.

24

해석 ① Dewey와 그의 동료는 둘 다 배관공이다.
② Dewey도 그의 동료도 시멘트가 부어지기 전 그들의 배관 작업을 점검하지 않았다.
③ Dewey도 그의 동료도 누출의 정확한 위치를 찾아내지 못한다.
④ Dewey는 자신의 동료가 아니라 한 의사로부터 기대치 않은 도움을 받는다.
⑤ Dewey는 건물을 헐거나 시멘트 바닥을 부숴야 한다.
해설 의사가 청진기로 누출 위치를 찾아 준 덕분에 Dewey는 전체 바닥을 부술 필요가 없어졌다.

어휘 plumber 배관공   coworker 동료, 함께 일하는 사람
irritated 짜증이 나는   construction 건설
cement 시멘트   plumbing 배관 작업, 배관 공사
connection 연결   leak 누출(되는 액체나 기체)
sure enough 아니나 다를까, 과연
drop by 잠깐 들르다   frustrating 난처한, 당혹스러운
stethoscope 청진기   earpiece 수화기, 이어폰
get down 내려오다   crawl (엎드려) 기다
locate ~의 정확한 위치를 찾아내다
surgery 수술
tear down 헐다, 파괴하다, 해체하다

구문

· As plumbers, **both** Dewey **and** his coworker feel irritated by what happened at the construction site ~.
both A and B는 A와 B가 둘 다 해당됨을 강조하는 표현이다.
· Just then a doctor drops by to see **how things are going** ~.
see의 목적어로 「의문사＋주어＋동사 ~」의 간접의문문이 사용되었다.

25

해석 (1) A: Andy나 Timmy 둘 중 하나는 곱슬머리니?
   B: 사실 Andy와 Timmy 둘 다 곱슬머리야.
(2) A: Andy나 Timmy 둘 중 하나는 안경을 쓰니?
   B: 아니. Andy와 Timmy 둘 다 안경을 쓰지 않아.
(3) A: Andy가 개를 안고 있니?
   B: 아니. Andy가 아니라 Timmy가 개를 안고 있어.
해설 (1) '둘 다'를 강조할 때 both A and B이며, 복수주어로 취급한다.
(2) '둘 다'를 부정할 때 neither A nor B를 쓰며, 이를 주어로 쓸 때 동사의 수는 B에 일치시킨다.
(3) 'A가 아니라 B'라는 표현은 not A but B이며, 이를 주어로 쓸 때 동사의 수는 B에 일치시킨다.
어휘 actually 실제로, 정말로, 실지로
hold (손, 팔 등으로) 잡다[들다/안다]

26

해석 (1) Joe와 Cindy는 둘 다 숙제를 할 것이다.
(2) Cindy는 친구들과 어울리거나 엄마와 쇼핑 하러 갈 것이다.
(3) Joe가 아니라 Cindy가 자원봉사 일을 할 것이다.
해설 둘 다 긍정이면 both ~ and, 둘 중 하나만 긍정이면 either ~ or, 둘 중 긍정인 것과 부정인 것이 명백하면 not ~ but을 쓰는 것에 유의하여 문장을 완성한다.
어휘 hang out 어울리다, 많은 시간을 보내다

Writing Practice

본문 ● 34~35쪽

Ⓐ

1 If you study hard
2 Work out regularly, or [Unless you work out regularly,]
3 it doesn't rain tomorrow
4 you don't take a rest
5 you don't help her
6 so that I could [(so as) to]
7 so clear that we can see
8 However, we don't have any evidence.
9 On the contrary [On the other hand / However], my husband grew up in the city.
10 so funny that I checked it out
11 However [Nevertheless / Nonetheless], we didn't give up.
12 Instead, she turned away and left.
13 In addition [Moreover / Besides], it can help you sleep well.
14 As a result [Therefore / Thus / So], he couldn't win the race.
15 she could watch her favorite show on TV

Ⓐ 해석

1 열심히 공부해라, 그러면 너는 성공할 것이다.
2 네가 규칙적으로 운동하지 않으면, 체중이 늘 것이다.
3 내일 비가 내리지 않으면, 우리는 야외에서 축구를 할 것이다.
4 휴식을 취해라, 그렇지 않으면 너는 녹초가 될 것이다.
5 그녀를 도와라, 그렇지 않으면 그녀는 그녀의 집안일을 끝내지 못할 것이다.
6 나는 셔틀버스를 타기 위해 서둘렀다.
7 우리가 목성을 볼 수 있을 정도로 하늘이 충분히 깨끗하다.
8 우리는 그가 창문을 깼다고 생각하지만, 우리에게 증거가 없다.

9 나의 남편은 도시에서 자란 반면 나는 시골에서 자랐다.
10 그 책이 너무 재미있었다. 그래서 나는 그것을 도서관에서 빌렸다.
11 우리가 이길 확률이 거의 없음에도 불구하고 우리는 포기하지 않았다.
12 그녀는 내 질문에 답하는 대신 돌아서서 떠나 버렸다.
13 운동은 당신을 건강하게 만들 뿐 아니라 그것은 당신이 잠을 잘 자는 데 도움을 줄 수 있다.
14 중상의 결과로, 그 소년은 경주에서 이길 수 없었다.
15 그녀는 자신이 가장 좋아하는 쇼를 TV로 볼 수 있도록 집에 있기로 결심했다.

B

1 in order to catch the last train
2 too hot to be outside
3 Eat more, or
4 Start working now, and
5 or you will catch a cold
6 so that I can learn Spanish
7 so that we can buy some popcorn
8 so that dinner will be ready by seven o'clock
9 so that the rain won't come into the house
10 so touching that I watched it
11 so alike that I can't tell one from the other
12 so tired that I want to go to bed
13 so badly that he can't eat anything
14 so amazing that she couldn't
15 so beautiful that we want to live there

Actual Test

본문 ● 36~39쪽

01 ② 02 ⑤ 03 (d)ignity 04 mimic 05 ① 06 ④
07 ④ 08 ② 09 ⑤ 10 ④ 11 ④ 12 ⑤ 13 ② 14 so
15 Therefore[So] 16 touching that I 17 you don't take the subway 18 Though[Although / Even if / Even though] this bag is cheaper 19 I keep the milk in the refrigerator so that it won't go bad. 20 so that he 21 (1) Annie's son (2) Annie 22 ① 23 ④ 24 ③ 25 (1) or you'll get wet (2) and I'll serve it (3) and I'll open it for you (4) or you'll catch a cold 26 (1) Kelly likes K-pop so much that she listens to K-pop every day. (2) Kelly plans to visit Korea so that she goes[can go] to K-pop concerts. (3) Kelly studies Korean so that she sings[can sing] K-pop songs. (4) Kelly has studied Korean so hard that she speaks Korean well now.

1

해석 ① 제공하다 – 주다   ② 낭비하다 – 저축하다
③ 끌어당기다 – 당기다   ④ 능숙한 – 능숙한
⑤ 인공적인 – 인조의
해설 ②는 반의어, 나머지는 모두 유의어 관계이다.

2

해석 찬수는 높은 ⑤ 지능을 갖고 있다. 그는 매우 똑똑하고 총명하다.
① 급여 ② 확률, 가능성 ③ 결심, 결정 ④ 주의
해설 똑똑하고 총명한 사람은 지능이 높다고 할 수 있다.

3

해석 왕과 왕비는 위엄 있게 왕좌에 앉아 있었다. 그들은 차분했고, 자제력 있으며, 존경스러웠다.
해설 차분하고, 자제력 있고, 존경스러운 태도와 어울리는 말은 dignity(위엄)이다.
어휘 throne 왕좌   admirable 존경스러운

4

해석 보통 재미있고 즐거운 방식으로 어떤 사람이나 동물을 모방하다
해설 mimic(모방하다)의 의미를 설명하고 있다.
어휘 amusing 재미있는, 즐거운
entertaining 재미있는, 즐거움을 주는

5

해석 지금 당장 일어나, 그렇지 않으면 넌 학교에 늦을 거다.

해설 '…해라, 그렇지 않으면 ~'의 의미를 갖는 것은 「명령문, or ~」이다.

6
해석 만약 네가 서두른다면, 제시간에 도착할 것이다.
= 서둘러라, 그러면 너는 제시간에 도착할 수 있다.
해설 조건절은 「명령문, and/or ~」로 바꿔 쓸 수 있다.

7
해설 '너무 ~해서 …하다'는 so ~ that ...으로 표현한다.

8
해석 A: 나는 몸무게를 좀 줄이고 싶어.
B: 규칙적으로 운동해, 그러면 너는 몸무게를 줄이게 될 거야.
해설 「명령문, and ~」로 표현하는 것이 적절하다.
어휘 regularly 규칙적으로, 정기적으로

9
해석 • 그 문제는 너무 어려워서 나는 그것을 풀 수 없었다.
• 나는 그것을 잘 할 수 있도록 여러 번 연습했다.
해설 so ~ that은 결과를 나타내는 접속사이고, so that은 목적을 나타내는 접속사이다.

10
해석 • 그는 아주 늦게 잠자리에 들었다. 그럼에도 불구하고, 그는 아침 일찍 일어났다.
• 그녀는 계속 콜라를 마신다. 게다가, 그녀는 항상 달콤한 간식을 먹는다.
해설 앞 문장과 뒷 문장의 의미상 연결 관계를 살펴본다. 각각 양보와 부가의 의미를 갖는 접속부사가 필요하다.

11
해석 ① 움직이지 마, 그렇지 않으면 넌 떨어질 것이다.
→ 움직이지 않으면, 넌 떨어질 것이다.
② 서두르면, 넌 기차를 탈 수 있을 것이다.
→ 서둘러, 그렇지 않으면 넌 기차를 탈 수 있을 것이다.
③ 외투를 입어, 그렇지 않으면 넌 추울 것이다.
→ 외투를 입으면, 넌 추울 것이다.
④ 왼쪽으로 돌아라, 그러면 당신은 버스 정류장을 찾게 될 것이다.
→ 왼쪽으로 돌면, 당신은 버스 정류장을 찾게 될 것이다.
⑤ 쓰레기를 내다버리면, 내가 너에게 1달러를 줄게.
→ 쓰레기를 내다버려라, 그렇지 않으면 내가 너에게 1달러를 줄게.
해설 ① don't move → move[will → won't]
② or → and
③ put → don't put[If → Unless]
⑤ or → and

12
해석 ① 나는 다시 또 다시 시도했다. 그럼에도 나는 실패했다.
② 그는 똑똑하다. 게다가 그는 항상 자신의 최선을 다한다.
③ Ron은 대학에 가지 않았다. 대신 그는 자기 자신의 사업을 시작했다.
④ 나는 단것을 좋아한다. 예를 들면 나는 초콜릿, 과자 등등을 아주 좋아한다.
⑤ 이 박물관은 사람들이 간식을 갖고 들어오는 것을 허가하지 않는다. 그래서 그들은 과자를 갖고 왔다.
해설 ⑤ 간식을 허용하지 않는데도 불구하고 과자를 갖고 왔다고 양보의 의미를 갖는 접속부사를 쓰는 것이 자연스럽다.

13
해석 ① 비록 비가 심하게 내리지만, 나는 밖에서 놀 것이다.
② 비가 너무 심하게 내려서 나는 밖에서 놀 수 없다.
③ 내가 밖에서 놀 수 없도록 비가 심하게 내린다.
④ 비가 심하게 내리지만 나는 밖에서 놀 것이다.
⑤ 비가 심하게 내린다. 그럼에도 나는 밖에서 놀 것이다.
해설 so ~ that 구문의 that절은 결과를 나타낸다.

14
해석 • 내가 잘 수 있도록 TV 소리를 줄여라.
• 안개가 너무 짙어서 우리는 잘 볼 수가 없었다.
해설 목적을 나타낼 때는 접속사 so that을, 원인과 결과를 나타낼 때는 so ~ that ...을 쓴다.
어휘 thick (농도가) 진한, 짙은

15
해석 너무 많은 양의 카페인은 당신이 자는 것을 방해한다. 그러므로 커피를 덜 마셔라.
해설 결과의 의미를 갖는 접속부사를 쓰는 것이 자연스럽다.
어휘 caffeine 카페인
prevent A from - ing A가 ~하는 것을 막다

16
해석 이 영화는 매우 감동적이었다. 나는 눈물을 흘리지 않을 수 없었다.
→ 이 영화는 너무나 감동적이어서 나는 눈물을 흘리지 않을 수 없었다.
해설 원인과 결과를 나타내는 so ~ that ...으로 표현한다.
어휘 touching 감동적인
can't help - ing ~하지 않을 수 없다, 어쩔 수 없이 ~하다
weep 울다, 눈물을 흘리다

17
해석 지하철을 타라, 그렇지 않으면 너는 늦을 것이다.
= 지하철을 타지 않으면, 너는 늦을 것이다.
해설 「명령문, or ~」는 부정의 조건절로 바꿔 쓸 수 있다.

18

해석 이 가방이 더 싸다. 그럼에도 그것이 더 좋아 보인다.
= 비록 이 가방이 더 싸지만, 그것이 더 좋아 보인다.

해설 however는 양보의 의미를 갖는 접속부사이다. 접속사를 써서 두 문장을 한 문장으로 연결할 경우 though나 although를 쓸 수 있다. 역접의 의미를 갖는 but을 써서 This bag is cheaper, but it looks better.로 연결할 수도 있다.

19

해설 목적을 나타낼 때 접속사 so that을 쓴다.

어휘 go bad 상하다

20

해석 질문: 세호는 왜 그렇게 일찍 일어났는가?
응답: 그는 일출을 보기 위해 일찍 일어났다.

해설 so that은 목적을 나타내는 접속사이다.

어휘 sunrise 일출

[21-22]

해석 Annie는 그녀의 1개월 된 아들을 데리고 자신의 부모님 댁을 방문했다. 자신의 어린 시절 침실에 돌아가서의 첫날밤 동안 그녀는 그녀의 아버지가 일어나서 복도를 내려가기 시작하는 소리를 들었다. 그때 그녀는 그녀의 어머니가 그에게 "춥네요. 아기가 잘 덥고 있는지 확인해 봐요."라고 말하는 것을 들었다. 그녀는 새로 할아버지가 된 그가 행동하는 것을 주시할 수 있도록 잠들어 있는 척했다. 곧 그녀는 자신이 늘 아빠의 어린 딸이라는 것이라는 사실을 알게 되었다. 방에 들어왔을 때, 그는 아기 침대 근처로 가지 않았다. 대신 그는 다시 복도를 천천히 걸어 내려가기 전에 이불을 당겨서 그녀가 침대에서 편안하게 덮여 있는지 확인했다.

21

해설 Annie는 아기라는 말을 들었을 때 자신의 한 달된 아들이라고 여기고 할아버지가 된 아버지가 자신의 아들에게 하는 행동을 보려고 했으나, 그녀의 아버지는 아기를 보살피라는 말에 자기 자신의 아기인 딸 Annie를 챙기는 모습을 보였다.

22

해석 ① 그녀는 새 할아버지가 행동하는 것을 보기 위해 잠들어 있는 척했다.
② 그녀는 잠들어 있는 척했고 새 할아버지가 행동하는 것을 볼 수 있었다.
③ 그녀는 잠들어 있는 척해서 그 결과 새 할아버지가 행동하는 것을 볼 수 있었다.
④ 그녀는 잠들어 있는 척했지만 새 할아버지가 행동하는 것을 볼 수 없었다.
⑤ 그녀는 잠들어 있는 척했기 때문에 새 할아버지가 행동하는 것을 볼 수 있었다.

해설 so that은 '~하기 위해서'라는 목적을 나타내는 접속사이다.

어휘 make sure 확인하다   pretend to ~인 척하다
asleep 잠들어 있는   observe 관찰하다, 주시하다
in action (제 고유의) 활동을 하는
pull 당기다   the covers (침대) 커버, 이불

구문

- ~ she **heard** her father **get up** and **start** down the hall.
「지각동사＋목적어＋동사원형~」 구문이다. get up과 start는 현재분사 형태인 getting up과 starting으로 쓸 수도 있다.
- She pretended to be asleep **so that** she could observe the new grandfather in action.
so that은 '~하기 위해서'라는 목적을 나타내는 절을 이끄는 접속사이다.

[23-24]

해석 한국인들, 중국인들, 일본인들은 먹을 때 어떤 식사 도구를 사용하는가? 젓가락이다. 비록 이 세 나라의 사람들은 모두 젓가락을 사용하긴 하지만, 그것의 재료와 모양은 서로 다르다. 첫째, 한국의 젓가락은 금속으로 만들어져 있다. 그러나 대부분의 중국과 일본의 젓가락은 나무다. 젓가락의 길이에 관해 말하자면, 중국의 젓가락이 셋 중에서 가장 길다. 중국인들은 탁자 위의 큰 그릇 하나에 있는 음식을 나눠 먹는다. 따라서 그들의 젓가락은 길 필요가 있다. 그와는 반대로, 일본인들은 보통 음식을 나눠 먹지 않기 때문에 일본의 젓가락이 가장 짧다. 당신이 이 나라들을 방문할 기회를 갖게 되면, 젓가락의 이런 특징을 찾아보라.

23

해설 문맥상 ⓐ에는 대조, ⓑ에는 결과, ⓒ에는 대조의 의미를 갖는 접속부사(구)가 필요하다.

24

해설 이 글은 한중일 3개국의 젓가락을 비교하며 그 특징을 설명하고 있다.

어휘 utensil 기구, 도구   material 물질, 재료
one another (셋 이상에서) 서로   as for ~에 대해 말하자면
share 나눠 갖다, 공유하다   characteristic 특징, 특질

구문

- **Therefore**, their chopsticks need to be long.
therefore는 앞 문장에 대한 결과를 나타내는 문장의 앞에 쓰는 접속부사이며, as a result, so 등으로 바꿔 쓸 수 있다. 앞 문장은 그들의 젓가락이 길어야만 하는 이유가 언급되어 있고, 그 결과가 therefore 뒤에 이어진다.

- **On the contrary**, Japanese chopsticks are the shortest because Japanese people usually don't share food.

on the contrary는 앞 문장과 대조를 이루는 문장의 앞에 쓰는 접속부사구이며, on the other hand, instead 등으로 바꿔 쓸 수 있다. 앞 문장은 중국의 젓가락이 가장 길다는 사실과 이유가 언급되어 있고, on the contrary 뒤에 그와는 대조적으로 일본의 젓가락이 가장 짧다는 사실과 그 이유가 언급되어 있다.

25

해석 (1) 조심하세요! 젖을 거예요.
→ 조심하세요, 그렇지 않으면 젖을 거예요.

(2) 제게 그 음식을 주세요! 제가 그걸 상에 갖다 낼게요.
→ 제게 그 음식을 주세요, 그러면 제가 그걸 상에 갖다 낼게요.

(3) 그 병을 내게 가져와라! 내가 널 위해 그걸 열어 줄게.
→ 그 병을 내게 가져와라, 그러면 내가 널 위해 그걸 열어 줄게.

(4) 옷을 갈아입으렴! 너는 감기에 걸릴 거야.
→ 옷을 갈아입으렴, 그렇지 않으면 너는 감기에 걸릴 거야.

해설 명령문, and ~: …해라, 그러면 ~
명령문, or ~: …해라, 그렇지 않으면 ~

어휘 catch a cold 감기 걸리다
serve (음식을 상에) 차려 내다   get wet 젖다

26

해석 (1) Kelly는 K-pop을 매우 좋아한다. 그녀는 매일 K-pop을 듣는다.

(2) Kelly는 한국을 방문할 계획이다. 그녀는 K-pop 콘서트에 가고 싶다.

(3) Kelly는 한국어를 공부한다. 그녀는 K-pop 노래를 부르고 싶다.

(4) Kelly는 한국어를 매우 열심히 공부해 왔다. 그녀는 지금 한국어를 잘 말한다.

해설 so ~ that ... 구문은 '너무 ~해서 그 결과가 that 이하이다' 라는 표현이고, so that ... 구문은 'that절의 내용을 위해서'라는 목적을 나타내는 표현이다.

Unit 07 가정법

Writing Practice

본문 ● 40~41쪽

Ⓐ
1 he would visit us
2 If she saw your messy room
3 we would take him to
4 I had my own room
5 as if[though] he were[was] president
6 would you do if you met
7 I could travel to the moon
8 as if[though] he knew her
9 If I owned a zoo
10 as if[though] he were[was] a cowboy
11 we would win the match
12 the weather would improve
13 as if[though] they were not[weren't] satisfied with
14 If there were[was] an angel
15 If people stared at the sun

Ⓑ
1 I could speak French
2 I wish she would stay here
3 If the weather were fine
4 as if you saw a ghost
5 you would go hiking with me
6 as if she remembered me
7 If you saw the movie
8 If Jack were our teacher
9 I knew the way to the station
10 treat me as if I were a suspect
11 as if he caught a cold
12 If I had a bigger room than yours
13 If you decided to come to my place
14 If I were taller, I would join
15 I would write songs for you

실전책

Actual Test

본문 • 42~45쪽

01 ③　02 ⑤　03 ④　04 (e)xperience　05 ①　06 ③
07 ③　08 ①　09 ④　10 ④　11 ②　12 ⑤　13 ③　14 knew
15 I wish I had enough money right now.　16 As I
don't know, I can't tell you.　17 She cares for me as
if[though] I were[was] her own son.　18 I would turn
off the water (while I am brushing my teeth)
19 I would close the window 또는 I would turn off the
air conditioner　20 catch my[the] balloon　21 were
[was]　22 ④　23 ②　24 gravity　25 (1) I were[was]
slimmer (2) I were[was] as young as them (3) I had
a dog (4) I could drink some cold water　26 (1)
didn't have homework to do (2) were[was] not too
tired (3) had enough money (4) were[was] not
raining hard

01

해석 ③ 방학 동안, 대학교, 대학, 그리고 학교는 공식적으로 닫혀 있다.
① 썰매 ② 이론 ④ 방향 ⑤ 탐험
해설 학교가 공식적으로 닫혀 있는 기간은 방학이다.
어휘 university 대학교(학사 학위 이상의 과정이 제공되는 대학교)
college 대학교(학사 학위 과정만 제공되는 대학교)
officially 공식적으로

02

해석 그녀는 문제에 접근하는 새로운 생각을 해 냈다.
① 입었다 ② 포기했다 ③ ~에 이르렀다 ④ 존경했다
⑤ (생각을) 해 냈다
해설 think of = come up with (생각, 아이디어 등을) 생각해 내다
어휘 approach 접근하다

03

해석 ① 항해하다: 바닷길로 가다
② 쫓다: 뒤쫓다
③ 마침내, 결국: 마지막으로, 결국
④ 맑은, 갠: 어둡고 구름 낀
⑤ 기이한, 비범한: 극도로 좋거나 특별한
해설 clear은 '구름 없이 맑게 갠'이라는 뜻이다.

04

해석 방문객들은 이 직업 박람회에서 다양한 직업이 어떤지 경험할 수 있다. 이 경험은 그들이 미래 직업을 선택하는 데에 도움을

줄 것이다.
해설 experience 경험하다; 경험

05

해석 • 그녀가 시간이 좀 있다면, 그녀는 여행을 갈 것이다.
• 그녀가 시간이 좀 있다면, 그녀는 여행을 갈 텐데. (시간이 없어서 그녀는 여행을 가지 못한다.)
해설 주절의 동사 형태를 보아 첫 문장은 직설법, 둘째 문장은 가정법이다. 직설법의 조건절에 쓰인 동사는 주어의 인칭과 문장의 시제에 따라 형태가 바뀌지만, 가정법의 조건절에 쓰인 동사는 주어의 인칭, 수에 관계없이 특정한 형태로 쓴다.
어휘 go on a trip 여행 가다

06

해석 내가 지금 의사라면 좋을 텐데.
해설 now라는 말로 지금 현재 이룰 수 없는 소망을 말하고 있음을 알 수 있다. 따라서 가정법 과거가 필요하고, 이때 be동사는 주어에 관계없이 대개 were를 쓴다.

07

해석 ① 내 키가 더 크면 좋을 텐데.
② 나는 네가 어제 아팠다고 확신해.
③ 네가 지금 바쁘면 나중에 전화할게.
④ 네가 내 입장이라면 넌 뭘 할래?
⑤ 세미는 마치 컴퓨터인 것처럼 일들을 암기한다.
해설 ③은 주절의 동사 형태로 보아 현재 가능성이 있는 일을 가정하는 조건절이다. 따라서 are가 필요하다.
어휘 later 나중에
be in one's shoes ~의 입장에 처하다
memorize 암기하다, 외우다

08

해석 내가 너라면 나는 ② 내 말을 지킬 텐데 / ③ 그곳으로 여행을 갈 텐데 / ④ 경주를 끝낼 수 없을 텐데 / ⑤ 그들에게 도움이 될 수 있을 텐데.
① 아침 식사를 거르지 않을 것이다
해설 조건절이 가정법 과거이므로 주절은 주어 뒤에 「조동사의 과거형+동사원형」을 써야 한다.
어휘 skip (일을) 거르다, 빼먹다
keep one's word 약속을 지키다

09

해석 A: 네가 한 가지 소원을 가질 수 있다면, 그것은 무엇이 될까?
B: ① 내가 날 수 있다면 좋을 텐데. / ② 내 소원은 과학자가 되는 것일 텐데. / ③ 타임머신을 갖는 것이 멋질 텐데. / ⑤ 그것은 공부하고 놀 더 많은 시간을 갖는 것이 될 텐데.
④ 안에 지니 요정이 들어 있는 마법 램프를 갖는 것이었다.

해설 현재 이룰 수 없는 소망을 묻고 있으므로 가정법 과거로 답해야 한다. ④는 단순 과거시제의 직설법 문장이다. was를 would be로 바꿔야 한다.
어휘 genie (아랍 신화에서 특히 병이나 램프 속에 사는) 정령, 요정

10
해석 ① 오늘 날씨가 좋다면, 나는 하이킹 갈 텐데.
② 그가 시간 안에 오면 우리는 그와 함께 갈 것이다.
③ 내일 비가 오면, 나는 세차하지 않을 것이다.
④ 내가 그의 말을 듣지 않는다면, 무슨 일이 일어날까?
⑤ 네가 지금 배고프면, 그 피자를 전부 다 먹을 수 있을 텐데.
해설 ④는 조건절은 직설법, 주절은 가정법 과거이다. don't를 didn't로 바꾸거나, would를 will로 바꿔야 한다.
어휘 in time 시간 맞춰, 늦지 않게

11
해석 ① 내가 진실을 알고 있다면 좋을 텐데.
　(사실, 나는 진실을 모른다.)
② 내가 내일 시험이 없다면 좋을 텐데.
　(사실, 나는 내일 시험이 있다.)
③ 내가 차가 있다면, 나는 종일 드라이브 할 수 있을 텐데.
　(사실, 나는 차가 있다.)
④ 그녀는 마치 내 선생님인 것처럼 행동한다.
　(사실, 그녀는 내 선생님이 아니다.)
⑤ Andy는 마치 관심이 없는 것처럼 말한다.
　(사실, 그는 관심이 있다.)
해설 ③은 가정법 과거의 문장이므로 밑줄 친 부분은 현재 사실을 반대로 가정하고 있는 것이다. 따라서 I don't have a car.의 뜻이다.
어휘 interested 관심 있어 하는, 흥미 있어 하는

12
해석 그가 내게 요청한다면, 나는 그를 도울 텐데.
① 그가 내게 요청하고, 그래서 나는 그를 돕는다.
② 내가 그를 도왔기 때문에, 그가 나에게 요청했다.
③ 그가 나에게 요청했고, 그래서 나는 그를 도왔다.
④ 비록 그는 내게 요청하지 않았지만, 나는 그를 도왔다.
⑤ 그가 내게 요청하지 않기 때문에 나는 그를 돕지 않는다.
해설 가정법 과거 문장이므로 현재의 사실과 반대되는 가정을 나타낸다.

13
해석 ① Sam은 게으르고, 그래서 나는 그를 신뢰하지 않는다.
② Sam은 게으르기 때문에 나는 그를 신뢰하지 않는다.
③ 만약 내가 그를 신뢰한다면, Sam은 게으를 텐데.
④ 그가 게으르기 때문에 나는 Sam을 신뢰하지 않는다.
⑤ Sam이 게으르지 않다면, 나는 그를 신뢰할 텐데.

해설 ③은 '만약 내가 그를 신뢰한다면, Sam은 게으를 텐데.'라는 뜻으로 나머지와는 의미가 다르다.
어휘 lazy 게으른
trust 신뢰하다

14
해석 그녀는 마치 모든 것을 알고 있는 것처럼 말하지만 그녀는 아무 것도 모른다.
해설 실제로는 아는 게 없으면서 마치 다 아는 척 한다는 말을 as if 다음에 가정법 과거로 표현한다. 동사를 과거형으로 쓴다.
어휘 not ~ anything = nothing

15
해석 내 컴퓨터는 아주 낡고 느리다. 나는 새 것을 사고 싶지만, 돈을 충분히 갖고 있지 않다. 지금 당장 내게 충분한 돈이 있다면 좋을 텐데.
해설 I wish 다음에 가정법 과거를 써야 하므로 동사를 과거형으로 쓴다.

16
해석 내가 알고 있다면, 너에게 말할 텐데.
해설 현재의 사실과 반대되는 가정을 나타내는 가정법 과거이므로 직설법은 현재시제로 쓰고, 조건절과 주절 모두 부정문으로 쓴다.

17
해석 그녀는 나를 그녀 자신의 아들처럼 보살핀다.
해설 실제로는 그렇지 않지만 마치 그런 것 같다고 가정할 때 「as if[though]+가정법 과거」를 쓴다. 의미상 주어는 I, 동사는 be동사가 어울린다.
어휘 care for ~을 돌보다, 보살피다

18
해석 너는 물을 낭비하고 있구나. 내가 너라면 나는 물을 잠글 텐데.
해설 '내가 너라면 ~할 텐데'라는 가정법 과거 문장의 충고를 상황에 어울리게 한다. (양치하는 동안) 물을 잠그라는 내용의 충고가 어울린다.

19
해석 너는 에너지를 낭비하고 있구나. 내가 너라면, 나는 창문을 닫을 텐데 / 나는 에어컨을 끌 텐데.
해설 '내가 너라면 ~할 텐데'라는 가정법 과거 문장의 충고를 상황에 어울리게 한다. 창문을 닫거나 에어컨을 끄라는 내용의 충고가 어울린다.

20
해석 내가 내 풍선을 잡을 수 있다면 좋을 텐데.

I wish I could ~는 현재 이룰 수 없는 소망을 나타내는 표현이다. 날아가는 풍선을 잡지(catch my [the] balloon) 못해 안타까워하는 모습이다.

[21-22]

해석 어느 겨울 나의 아빠는 장작이 필요했다. 그는 죽은 나무를 발견했고 그것을 톱으로 베어 냈다. 봄이 되자 그가 실망스럽게도 나무의 몸통 주위에서 새로운 싹들이 났다. 그는 "나는 그게 죽었다고 확신했어. 겨울철에는 날이 너무 추워서 그 늙은 나무에는 남아있는 생명이 없는 것처럼 잔가지들이 톡 부러졌지."라고 말했다. 그는 나를 보고 말했다. "Bob, 이 중요한 교훈을 잊지 마라. 겨울철에는 결코 나무를 베어 내지 마라. 네가 힘든 시기에는 결코 부정적인 결정을 내리지 마라. 네가 최악의 기분일 때 결코 너의 가장 중요한 결정을 내리지 마라. 기다려라. 인내심을 발휘해라. 폭풍은 지나갈 것이다. 봄이 올 것이다."

21

해설 '(그 당시) 마치 ~인 것처럼 보였다'라는 의미가 되려면 과거시제의 주절 뒤에 「as if + 가정법 과거」를 써야 한다. as if 다음에 동사를 과거형으로 쓰되, be동사의 경우 가정법에서는 주어의 수와 인칭에 관계없이 were를 쓰며, 구어체에서는 was를 쓰기도 한다.

22

해설 힘든 시기에 내린 결정은 부정적인 결과를 가져올 수 있으므로 상황이 좋아질 때까지 기다렸다가 결정을 내리라는 것이 아버지의 교훈이라고 할 수 있다.

어휘 firewood 장작
saw something down ~을 톱으로 베어 넘어뜨리다
dismay 실망, 경악
to one's dismay ~가 실망스럽게도
shoot (새로 돋아난) 순, 싹
sprout 싹이 나다, 발아하다, 자라기 시작하다
trunk 나무의 몸통
wintertime 겨울철
twig (나무의) 잔가지
snap 딱 부러지다, 끊어지다
negative 부정적인
decision 결정, 결심
patient 참을성 있는, 인내심 있는

구문

• In the wintertime it was **so cold that** the tree's twigs snapped ~
「so ~ that ...」 구문은 '너무 ~해서 (그 결과) ...이다[하다]'라는 표현이다.

• ~ the tree's twigs snapped **as if** there **were** no life left in the old tree
as if 다음에 동사를 과거형으로 써서 가정법 과거를 나타낸다. 주절이 과거시제이므로 과거 그 당시에 '사실은 생명이 남아 있었는데 그렇지 않은 것처럼 보였다'는 의미이다.

[23-24]

해석 만약 당신이 달의 중심을 통과하는 터널을 뚫고 그 안으로 뛰어든다면 무슨 일이 일어날까? 만약 당신이 터널 안으로 뛰어든다면 중력 때문에 당신은 매우 빠른 속도로 중심 쪽으로 가속화될 것이다. 그러면 당신은 중심을 지나가게 될 것이고 속도가 느려지기 시작할 것이다. 그런 후, 당신이 달의 반대편에 있는 터널의 끝에 도착하면 당신은 멈출 것이고 그러고 나면 당신은 다시 반대 방향으로 터널 아래로 다시 가게 될 것이다. 당신은 이런 식으로 영원히 앞뒤로 왔다 갔다 하게 될 것이다.

23

해설 가정법 과거 문장에서 동사는 과거형으로 쓴다.
ⓑ jump → jumped

24

해설 중력 때문에 중심으로 떨어질 때는 가속도가 붙고 표면에 도착하면 멈췄다가 다시 중심으로 떨어지는 동작이 반복된다.

어휘 drill (드릴로) 구멍을 뚫다
tunnel 터널, 굴
center 중심, 한가운데
accelerate 가속화되다, 속도를 높이다
toward ~쪽으로, ~을 향해서
gravity 중력
slow down 속도를 늦추다
back and forth 왔다갔다

구문

• **What would happen if you drilled** a tunnel through the center of the moon and **jumped** into it?
가정법 과거가 사용된 문장이다. 달 중심을 꿰뚫는 터널을 뚫고 그 안으로 뛰어든다는 현재 절대로 일어날 수 없는 일을 가정하고 그 결과가 어떨까를 상상하는 말이다.

• ~ **when you reached** the end of the tunnel on the other side of the moon, **you would stop** ~
달의 반대편에 있는 터널의 끝에 도착하는 일은 현재 절대 일어날 수 없는 일이다. 만약 그런 일이 일어난다고 가정하고 그 결과를 상상하여 말하고자 가정법 과거를 썼다.

25

해석 (1) 내가 더 날씬하다면 좋을 텐데.
(2) 내가 저들만큼 젊다면 좋을 텐데.
(3) 나에게 개가 한 마리 있다면 좋을 텐데.
(4) 내가 차가운 물을 좀 마시면 좋을 텐데.

해설 「I wish + 주어 + 동사의 과거형(가정법 과거) ~」를 써서 현재 이룰 수 없는 소망을 나타낸다.

어휘 slim 날씬한, 호리호리한

26

해석 (1) 현주는 그녀의 친구들과 어울려 다니고 싶지만 그녀는 해야 할 숙제가 있다.
→ 만약 현주가 해야 할 숙제가 없다면, 그녀는 그녀의 친구들과 어울려 다닐 텐데.
(2) 엄마는 영화관에 가고 싶지만 그녀는 너무 지쳐있다.
→ 만약 엄마가 너무 지쳐있지는 않다면, 그녀는 영화관에 갈 텐데.
(3) 아빠는 새 차를 사고 싶지만 그는 돈이 충분하지가 않다.
→ 만약 아빠가 충분한 돈을 갖고 있다면, 그는 새 차를 살 텐데.
(4) 현주의 남동생은 밖에서 놀고 싶지만 비가 심하게 오고 있다.
→ 만약 비가 심하게 오고 있지 않다면, 현주의 남동생은 밖에서 놀 텐데.

해설 if 절에 가정법 과거를 사용하여 현재 사실을 반대로 가정하는 상황을 묘사한다. 주어 다음에 동사를 과거형으로 쓰되, 실제 상황과 긍정, 부정을 반대로 표현한다.

어휘 hang out with ~와 시간을 보내다, ~와 어울려 다니다
go to the movies 영화관에 가다

Unit
08 관계사

Writing Practice

본문 ● 46~47쪽

Ⓐ

1 where Emily got married
2 where he had lived for 10 years
3 where I walk my dogs
4 who works in this building
5 where I take the train to work every day
6 when I will come back home
7 where we went last year
8 where you can buy used items
9 which is not good for health
10 who had helped me before
11 where Mozart lived and grew up
12 when the winter break began
13 when we traveled to Jejudo
14 who didn't recognize her
15 where I saw Burj Khalifa, the world's tallest building

Ⓐ 해석

1 나는 이 장소를 아는데, 이곳에서 Emily가 결혼했다.
2 그는 그가 10년 동안 살았던 그 마을을 방문했다.
3 이곳은 내가 나의 개들을 산책시키는 공원이다.
4 나는 김 선생님을 아는데, 그는 이 건물에서 일한다.
5 이곳은 내가 매일 일하러 갈 때 기차를 타는 역이다.
6 9시 이후에 내게 전화주세요, 그때 저는 집에 돌아올 거예요.
7 우리는 작년에 갔던 그 야영지에서 캠핑을 했다.
8 나는 네가 중고 물품을 살 수 있는 가게를 안다.
9 몇몇 학생들은 아침을 먹지 않는데, 그것은 건강에 좋지 않다.
10 나는 Tom을 기억했는데, 그는 나를 전에 도와준 적이 있다.
11 모차르트가 살고 자랐던 그 집은 이제 박물관이다.
12 우리는 12월 15일에 파티를 열었는데, 그날에 겨울 방학이 시작되었다.
13 우리가 제주도로 여행을 갔던 날에 비가 심하게 내렸다.

14 Jane은 그녀의 옛 친구를 만났는데, 그는 그녀를 못 알아봤다.
15 나는 이번 여름에 두바이로 여행을 갔는데, 그곳에서 세계에서 가장 높은 빌딩인 부르즈 할리파를 보았다.

Ⓑ

1 where the festival will take place
2 which Hermann Hesse wrote
3 who was a brilliant artist
4 who lives in Canada
5 when she arrived in London
6 who teaches in college
7 when I saw one of Matisse's paintings for the first time
8 who took an art class with me
9 where I want to travel with my family
10 when all the leaves change color
11 when people usually take vacations
12 when I will get my driver's license
13 where you can appreciate great paintings
14 when I can go to the movies
15 when I graduated from high school

Actual Test
본문 ● 48~51쪽

01 ③ 02 ③ 03 hang 04 mythology 05 ⑤ 06 ①
07 ① 08 ⑤ 09 ③ 10 ④ 11 ③ 12 ② 13 ④
14 when 15 Leave the book in the place where it is. 16 The man finished the race, though[although] he was very tired. 17 He buys a lot of books, but he doesn't read them. 18 Mary lived in Lyme Regis, which is on the south coast. 19 Lyme Regis, where Mary lived all her life, is famous for its fossils. 20 Mary's father, who was a carpenter, collected fossils and sold them. 21 and she 22 ⑤ 23 examine the scene of the crime 또는 examine the place where it occurred 24 ⑤ 25 (1) where you can ride a rail bike (2) where you can see an amazing sunrise at Seoraksan (3) where you can enjoy sea fishing 26 (1) who is the same age as me (2) where it rarely snows (3) when we will go ice skating and skiing together

01
해석 그는 용기 있고 ③ 용감하다. 그는 어렵고 위험한 상황에서 두려움을 보이지 않는다.
① 잔인한 ② 겁이 많은 ④ 웅장한 ⑤ 재미있는
해설 어렵고 위험한 상황에서 두려움을 보이지 않는 사람은 용감한 사람이다.
어휘 courageous 용기 있는, 용감한

02
해석 〈보기〉 미, 아름다움 – 아름다운
① 폐허로 만들다 – 폐허
② 안쪽의, 내부의 – 바깥쪽의, 외곽의
③ 역사 – 역사적인
④ 벌주다 – 벌, 처벌
⑤ 파괴하다 – 파괴적인
해설 〈보기〉는 '명사 – 형용사'의 관계이다.

03
해석 • 네 사진들을 이 벽에 걸자.
• 방과 후에 나는 종종 내 친구들과 어울려 시간을 보낸다.
해설 hang 걸다, 매달다
hang out with ~와 많은 시간을 보내다, 어울리다

04
해석 한 무리의 신화들, 특히 특정 국가, 종교, 문화에서 나온 모든 신화들
해설 단편적인 하나의 신화를 myth라고 하고, 일반적인 또는 특정 문화나 사회 등이 갖고 있는 집합적 개념의 신화를 mythology라고 한다.
어휘 myth 신화   religion 종교

05
해석 • 런던 아이는 매년 3백만 명이 넘는 사람들이 방문하는 것인데, 그것은 승객을 태우는 대회전 관람차이다.
• 그는 자신의 출발을 연기했고, 그것은 내가 원하던 바였다.
해설 첫째 문장의 경우, 사물을 선행사로 하는 목적격 관계대명사는 which나 that이 가능하지만 that은 계속적 용법에는 사용하지 않는다.
둘째 문장의 경우, 앞 문장 전체를 선행사로 할 수 있는 것은 관계대명사 which이다.
어휘 Ferris wheel 페리스 대회전식 관람차
postpone 연기하다   departure 출발

06
해석 ① 그 책을 내가 지금 읽고 있는데, Nick의 것이다.
② 그 영화는 Lina가 주연인데, 코미디이다.

③ 그 택시를 우리가 타고 있었는데, 갑자기 멈췄다.
④ Anderson 씨는 95세인데, 여전히 힘이 세고 건강하다.
⑤ 진 선생님을 너는 문 앞에서 만났는데, 그는 나의 수학 선생님이다.

해설 관계대명사 that은 계속적 용법에는 사용하지 않는다.

어휘 star (영화·연극 등이 어떤 배우에게) 주연이나 주역을 맡기다

07

해석 ① Eric은 그가 일주일간 머물렀던 홍콩에 갔다.

해설 의미상 제한적 용법이 아니라 계속적 용법의 관계사가 필요한 문장이다.

08

해석 〈보기〉 오전 7시는 우리 기차가 출발하는 시간이다.
① 나는 그의 생일이 언제인지 모른다.
② 내가 집에 가면 너에게 다시 전화를 할게.
③ 너의 학교 방학은 언제 시작해?
④ 너는 자라서 뭐가 되고 싶어?
⑤ 겨울은 눈이 많이 오는 계절이다.

해설 〈보기〉와 ⑤는 관계부사, ①과 ③은 의문사, ②와 ④는 때를 나타내는 접속사이다.

어휘 call back (전화를 해 왔던 사람이나 누구에게) 다시 전화를 하다
vacation 방학   season 계절

09

해석 ① 나는 내가 경주에서 우승한 그 날을 잊을 수가 없다.
② 내가 아주 많이 좋아하는 여배우가 새로운 연극에 나온다.
③ 나는 우산을 하나 살 수 있는 상점을 찾고 있다.
④ 이 도서관은 내가 책을 빌리곤 했던 장소이다.
⑤ 너는 우리가 함께 캠핑 갔던 그 날을 기억해?

해설 관계부사 when의 선행사 the day, the time, 관계부사 where의 선행사 the place는 생략할 수 있다.

어휘 used to ~하곤 했다, 예전에는 ~했다

10

해석 ① 오전 9시는 우리가 출발할 시간이다.
② 우리가 부산을 떠난 날은 비가 왔다.
③ 이곳은 많은 사과나무가 자라는 마을이다.
④ 네가 수영하고 싶어 하는 그 강은 매우 깊다.
⑤ 이곳은 나의 어머니가 음식을 사는 시장이다.

해설 ④ → in which

11

해석 ① 나는 내가 자란 마을에 방문했다.
② 이것은 내가 산책하곤 했던 공원이다.
③ 어느 것이 우리가 머물게 될 호텔이니?
④ 우리가 어제 저녁을 먹은 그 식당은 멋진 요리들이 있다.

⑤ 그는 밴쿠버에 살았는데, 그곳에서 잡지에 싣기 위해 팝 음악에 대해 썼다.

해설 ③은 장소를 선행사로 하며, 문장 마지막에 장소의 전치사 at이 있으므로 관계부사 where가 아닌 관계대명사 which나 that이 필요하다. 나머지는 모두 관계부사 where가 필요하다.

어휘 dish 요리

12

해석 ① 나는 5시에 집에 도착했는데, 그 때 비가 오기 시작했다.
② 이것이 그 집인데, 내가 그곳에서 젊을 때 살았다.
③ 나는 J's Dining 식당을 좋아하는데, 그곳에 나는 지난 주말에 갔다.
④ 피카소는 스페인에서 태어났지만, 프랑스에서 작업했다.
⑤ 그는 버스 정류장으로 돌아갔지만, 그곳에서 그의 잃어버린 가방을 찾을 수 없었다.

해설 ② which → where

어휘 youth 젊음   in one's youth ~가 젊을 때에
missing bag 잃어버린 가방

13

해석 나는 인천에 결코 가 본 적이 없는데, 나의 할머니는 그곳에서 태어나셨다.
④ 나는 인천에 결코 가 본 적이 없는데, 그곳에서 나의 할머니는 태어나셨다.
①~③, ⑤ 나는 나의 할머니가 태어나셨던 인천에 결코 가 본 적이 없었다.

해설 계속적 용법의 관계부사 또는 관계대명사가 사용된 문장이 필요하다.

어휘 be born in ~에서 태어나다

14

해석 너는 우리가 처음으로 만났던 그 날을 기억해?

해설 on which 대신 시간을 나타내는 관계부사 when을 쓴다.

15

해석 그 책을 그것이 있는 곳에 남겨둬라.

해설 where 앞에 the place만 넣어서는 leave the book과 연결하여 올바른 절이 될 수 없다.

어휘 leave 남겨두다, 남겨놓다

16

해석 그 남자는 매우 지쳐 있었지만 경주를 끝마쳤다.

해설 계속적 용법은 앞에서부터 순서대로 해석한다. 문맥상 양보의 의미가 있는 접속사와 주어가 필요하다.

17

해석 그는 많은 책을 사지만 읽지 않는다.

해설 문맥상 역접의 의미가 있는 접속사와 목적어가 필요하다.

18

해석 Mary는 라임 레지스에 살았다. 그곳은 남쪽 해안에 있다.

해설 뒷문장의 주어 It이 가리키는 것은 앞문장의 Lyme Regis 이므로 관계대명사 which로 연결할 수 있다. 단, Lyme Regis는 고유명사이므로 제한적 용법의 선행사는 될 수 없고(남쪽 해안에 있는 Lyme Regis와 별도로 다른 곳에 있는 Lyme Regis가 있지는 않기 때문에), 계속적 용법의 선행사가 되어야 한다.

어휘 coast 해안

19

해석 Lyme Regis는 그곳의 화석으로 유명하다. Mary는 그곳에서 그녀의 평생을 살았다.

해설 뒷문장의 there가 가리키는 것은 앞문장의 Lyme Regis이고 장소를 나타내는 부사이므로 관계부사 where를 써서 선행사를 보충 설명하는 계속적 용법의 관계부사절로 만든다.

어휘 be famous for ~로 유명하다
fossil 화석

20

해석 Mary의 아버지는 화석을 수집하고 그것을 팔았다. 그는 목수였다.

해설 뒷문장의 주어 He가 가리키는 것은 앞문장의 Mary's father이므로 관계대명사 who로 연결할 수 있다. 단, Mary's father도 고유명사에 준하는 명사이므로 제한적 용법의 선행사는 될 수 없고(목수인 아버지와 목수가 아닌 아버지가 동시에 있지는 않기 때문에), 계속적 용법의 선행사가 되어야 한다.

어휘 collect 수집하다, 모으다   carpenter 목수

[21-22]

해석 십 대 소년으로서, 나는 나의 어머니와 친척들을 방문하는 긴 버스 여행에 동행하도록 선택받았는데, 그녀는 그 당시 젊어 보이는 53세였다. 집에 돌아오기 위해 우리가 버스에 탑승했을 때, 잘생긴 버스 기사가 버스 밖에 서 있었고 우리의 승차권을 받았다. "누나가 가방 드는 걸 도와드리렴."이라고 그가 제안했다. 내가 그의 말을 정정하려고 돌아섰을 때, 나의 어머니는 나를 쿡 찌르고는 다정하게 말했다. "신경 쓰지 마, 동생아. 너 저 남자가 말한 것을 들었잖아."

21

해석 나는 나의 어머니와 친척들을 방문하는 긴 버스 여행에 동행하도록 선택받았고, 그녀는 그 당시 젊어 보이는 53세였다.

해설 계속적 용법의 관계대명사 who가 이끄는 절은 선행사 my mother를 보충 설명해주는 역할을 하며 「접속사+대명사」로 바꿔 쓸 수 있다.

22

해설 아들에게 다정하게 Brother이라는 호칭을 쓰는 것으로 보아 엄마는 누나로 오해 받은 것을 정정하고 싶지 않다.

어휘 accompany ~와 동행하다, 동반하다
at the time 그 당시에, 그 시기에
relative 친척
board 승선[승차, 탑승]하다
correct 바로잡다, 정정하다
nudge (특히 팔꿈치로 살짝) 쿡 찌르다
sweetly 상냥하게, 다정하게

구문

> • ~ I was chosen to accompany my mother, **who** was a young-looking 53-year-old at the time, on a long bus trip to visit relatives
> who was ~ time은 my mother를 부가적으로 설명하는 계속적 용법의 관계대명사절로서 앞과 뒤에 쉼표가 있다는 점에 유의한다.
> • You heard **what** the man said.
> what은 선행사를 포함하는 관계대명사로서 '~하는 것'의 의미이다.

[23-24]

해석 만약 당신이 강도 사건이나 살인과 같은 범죄를 해결하고 싶다고 가정하면, 어떻게 시작을 하겠는가? 어떤 유형의 증거를 당신은 찾아보겠는가? 범죄 전문가들은 모두 하나의 기본적인 원칙 또는 믿음을 갖고 있다. 범인은 항상 범죄 현장에 뭔가를 가져오고 항상 그곳에 뭔가를 남겨둔다. 결과적으로, 범죄 전문가들은 항상 범죄가 일어난 장소를 주의 깊게 조사하는 것으로써 그들의 범죄 수사를 시작한다.

23

해석 우리는 우선 범죄 현장을 조사할 텐데. / 우리는 우선 그것이 발생했던 장소를 조사할 텐데.

해설 글의 마지막 문장에 범죄 수사는 범죄 현장을 주의 깊게 조사하는 것에서 시작된다고 언급되어 있다.

24

해설 접속사 역할과 in the place라는 장소를 나타내는 부사구의 역할을 하는 관계부사가 필요하다.

어휘 crime 범죄
such as 예를 들어 (~와 같은)
robbery (특히 협박·폭력을 이용하는) 강도 (사건)
murder 살인(죄), 살해
evidence 증거
expert 전문가
principle 원리, 원칙
belief 믿음
criminal 범인, 범죄자; 범죄의
as a result 결과적으로

investigation 수사, 조사, 연구
examination 조사, 검토, 검사
occur 일어나다, 발생하다

구문

· **If you wanted** to solve a crime such as a robbery or a murder, how **would you start**?
조건절의 동사는 과거형, 주절의 동사는 「조동사의 과거형 + 동사원형」을 사용한 가정법 과거 문장이다. 글을 읽는 사람이 실제로 범죄 사건을 해결하길 원하는 상황은 아니지만 그렇다고 가정하고 묻는 질문이다.

· ~ a careful examination of the place **where** the crime occurred
where는 at[in] the place라는 부사구 역할과 동시에 앞의 절과 the crime occurred를 연결하는 접속사 역할을 하는 관계부사이다.

25
해석 〈보기〉 삼척: 거대한 동굴들을 방문하다
삼척은 당신이 거대한 동굴들을 방문할 수 있는 곳이다.
(1) 정선: 레일 바이크를 타다
정선은 당신이 레일 바이크를 탈 수 있는 곳이다.
(2) 속초: 설악산에서 놀라운 일출을 보다
속초는 당신이 설악산에서 놀라운 일출을 볼 수 있는 곳이다.
(3) 강릉: 바다낚시를 즐기다
강릉은 당신이 바다낚시를 즐길 수 있는 곳이다.
해설 장소를 나타내는 부사 역할과 동시에 절과 절을 연결하는 접속사 역할을 할 수 있는 관계부사 where를 사용하여 문장을 완성한다.
어휘 huge 거대한   cave 동굴
sunrise 일출   sea fishing 바다낚시

26
해석 · 유리는 내 사촌이다.
· 그녀는 나와 동갑이다.
· 그녀는 캘리포니아의 산호세에 산다.
· 산호세에는 눈이 거의 오지 않는다.
· 그녀는 이번 겨울에 나를 방문할 것이다.
· 우리는 이번 겨울에 함께 스케이트와 스키를 타러 갈 것이다.
유리는 나와 동갑인데 내 사촌이다. 그녀는 캘리포니아의 산호세에 사는데, 그곳에서는 눈이 거의 오지 않는다. 그녀는 이번 겨울에 나를 방문할 것인데, 그때 우리는 함께 스케이트와 스키를 타러 갈 것이다.
해설 선행사와 쉼표 뒤에 적절한 관계대명사 또는 관계부사를 써서 선행사를 보충 설명하는 계속적 용법의 관계사 구문을 만든다.
어휘 rarely 드물게, 좀처럼 ~하지 않는

Unit
09 수동태

Writing Practice
본문 ● 52~53쪽

Ⓐ
1 was written by him
2 was being made by my mom
3 was designed by Timothy
4 was being washed by my brother
5 I was offered a ride
6 is being served by the waiter
7 English can be taught
8 were fed by me
9 were bought for me by my parents
10 was given to me by Sarah
11 were killed by the explosion
12 can be wrapped by a machine
13 is being prepared by my classmates
14 A school will be built
15 is being written by the composer

Ⓐ 해석
1 그는 수상 소설을 썼다.
2 나의 엄마는 케이크를 만들고 있었다.
3 Timothy가 그 드레스를 디자인했다.
4 나의 남동생은 아빠의 차를 세차하고 있었다.
5 Jenny는 나에게 태워주겠다고 제안했다.
6 그 웨이터가 음식을 나르고[서빙하고] 있다.
7 그녀는 그에게 영어를 가르칠 수 있다.
8 나는 나의 개와 고양이들에게 먹이를 주었다.
9 나의 부모님이 나에게 이 신발들을 사주셨다.
10 Sarah가 나에게 그 스카프를 주었다.
11 그 폭발로 많은 죄 없는 사람들이 죽었다.
12 기계가 상품을 포장할 수 있다.
13 나의 학급 친구들은 파티를 준비하고 있는 중이다.
14 나는 10년 안에 학교를 지을 것이다.
15 그 작곡가는 새 노래를 쓰고 있는 중이다.

B

1 was elected president
2 were invited to the dinner party
3 will be directed by Bob
4 must be left outside
5 A loud noise was heard
6 was bought for my little sister
7 was built 200 years ago
8 can be planted in the garden
9 I was given a letter by
10 will be presented at the meeting
11 was taught to us by our music teacher
12 will be cleaned by robots in the future
13 I was given a speeding ticket
14 The longest bridge in the world will be built
15 The concert was called off last night

Actual Test
본문 ● 54~57쪽

01 ② 02 ⑤ 03 accident 04 snack 05 ⑤ 06 ①
07 ① 08 ③ 09 ④ 10 ① 11 ③ 12 ② 13 ①
14 Where will the 2028 Olympics be held?
15 should[must] be cleaned by us 16 was fed
by 17 was sold, the kilogram 18 (1) was given
those flowers by him (2) were given to me by
him 19 The missing pen is not being looked for by
Tom. 20 What can they use to carry the heavy
boxes? 21 was hit by 22 ② 23 you will[are going
to] be satisfied with the job 24 ④ 25 (1) must
[should] be turned off (2) must[should] not be taken
(3) must[should] not be ridden 26 (1) The trash will
be taken out (2) The toys and books will be
arranged (3) Books will be read to the children (4)
The piano will be played for the children

01
해석 • 날씨가 나빠서 모든 비행이 취소되었다.
• 날씨에 상관없이 우리는 내일 출발할 것이다.
해설 because of ~ 때문에 / regardless of ~에 상관없이
어휘 cancel 취소하다
depart 떠나다, 출발하다

02
해석 ① 두꺼운 – 얇은
② 결백한, 무죄의 – 죄책감이 드는, 유죄의
③ 화나게 하다 – 위로하다
④ 안정적인 – 불안정한
⑤ 숨겨둔 – 덮어둔
해설 ⑤는 유의어 관계, 나머지는 모두 반의어 관계이다.

03
해석 나는 그를 만날 기대도 계획도 하지 않았지만 우리는 공항에서 우연히 만났다.
해설 by accident 우연히

04
해석 그것은 끼니 사이에 재빨리 조리될 수 있고 먹을 수 있는 간단한 음식이다.
해설 간식에 대한 정의이다.
어휘 meal 식사, 밥, 끼니

05
해석 그 종이 장미는 Annie에 의해 만들어졌다.
해설 주어 That paper rose가 동사 make의 주체가 아니라 대상이 되므로 수동태로 쓴다.

06
해석 이 쿠키는 나를 위해 나의 할머니에 의해 ② 만들어졌다 / ③ 구워졌다 / ④ 구입되었다 / ⑤ 주문되었다.
① 보내졌다
해설 목적어를 두 개 갖는 동사 중 send는 직접목적어를 주어로 하여 수동태 문장으로 표현할 때 간접목적어 앞에 전치사 to를 쓴다.

07
해석 • 부디 나를 공원에 데려가 주세요.
• 나는 지난여름에 제주도에서 그 사진을 찍었다.
• 방안에 들어가기 전에 신발을 벗어야 한다.
해설 주어와 동사의 관계를 생각해서 동사를 능동형으로, 또는 수동형으로 사용한다. 첫 문장과 둘째 문장에서는 주어가 동작의 주체이고, 셋째 문장에서는 주어가 동작의 대상이다.
어휘 take off (몸에 걸친 것을) 벗다

08
해석 다음 주에는 가게를 열지 않을 겁니다.
③ 가게는 다음 주에 열리지 않을 겁니다.
해설 조동사가 있는 문장의 수동태에서 동사의 형태는 「조동사＋be＋과거분사」이다. 부정문이므로 not을 조동사 뒤에 쓰며, 일반인 주어가 행위자이므로 문장 마지막의 「by＋행위자」는 생략한다.

09

해석 ① 그는 나에게 호의를 베풀었다.

→ 그에 의해 나에게 호의가 베풀어졌다.

② 그는 나에게 낡은 앨범 하나를 보여 주었다.

→ 그에 의해 나는 낡은 앨범 하나를 보게 되었다.

③ Tom은 John에게 책을 한 권 줬다.

→ 책 한 권이 Tom에 의해 John에게 주어졌다.

④ 그의 아버지는 그에게 자전거를 한 대 사주었다.

⑤ 그녀는 그를 위해 특별히 한 조각의 케이크를 잘랐다.

→ 한 조각의 케이크가 그녀에 의해 그를 위해 특별히 잘라졌다.

해설 buy의 두 개 목적어 중 직접목적어를 수동태의 주어로 하는 경우, 간접목적어 앞에 전치사 for가 붙는다.

어휘 favor 호의

10

해석 누구에 의해 이 규칙들이 준수되어야 하는가?

= 누가 이 규칙들을 준수해야 하는가?

해설 수동태 문장의 주어 these rules를 목적어로 하여 능동태 문장으로 바꿔 쓴 경우이다. 의문사가 행위자이자 주어이므로 「의문사(주어)＋조동사＋동사원형 ～?」의 어순과 형태가 되어야 한다.

11

해석 ① 그는 신뢰할 수가 없다.

② 그의 병이 완전히 치료될까?

③ 이 책은 주의해서 읽어야 한다.

④ 그 보고서는 내일까지 끝내져야 한다.

⑤ 당신의 상황을 누구로부터 이해 받을 수 있는가?

해설 ① can be not → can not be

② cure → be cured

④ be finish → be finished

⑤ your situation can be → can your situation be

어휘 trust 신뢰하다

cure 치료하다

completely 완전히

with care 주의를 기울여서

12

해석 ① 그는 자신감이 부족하다.

② 우리는 멋진 저녁 식사를 했다.

③ 그들은 멋진 집을 갖고 있다.

④ 이 드레스는 그녀에게 잘 어울린다.

⑤ 이 외투는 너에게 맞지 않는다.

해설 have가 '소유하다'의 의미일 때는 수동태를 만들지 못하지만 '먹다'의 의미일 때는 가능하다.

어휘 lack 부족하다

confidence 자신감

become 어울리다

fit 잘 맞다

13

해석 ① Andy는 수지로부터 파티에 초대 받았다.

② 오렌지는 (그들이) 저 가게에서 판다.

③ 반딧불이는 (사람들이) 밤에 볼 수 있다.

④ 그는 (한 여자에 의해) 더운 여름에 태어났다.

⑤ 이 꽃을 (사람들은) 영어로 뭐라고 부릅니까?

해설 행위자가 일반인 또는 막연한 사람인 경우(②, ③, ⑤), 굳이 밝힐 필요가 없을 만큼 분명한 경우(④)에는 수동태 문장에서 「by＋행위자」를 생략할 수 있다.

어휘 firefly 반딧불이

14

해석 2028년 올림픽은 어디에서 개최될 것인가?

해설 주어가 동사 hold의 대상이 되는 문장이므로 수동태로 써야 한다.

어휘 hold (대회, 행사 등을) 개최하다, 열다

15

해설 「조동사＋be＋과거분사」 형태의 수동태 문장으로 완성한다.

16

해석 A: 누가 그 길 잃은 고양이에게 먹이를 주었나?

B: 그것은 Jenna에 의해 먹이가 주어졌다.

해설 고양이를 가리키는 It을 주어로 썼으므로 수동태로 문장을 완성한다.

어휘 fed feed(먹이를 주다)의 과거형·과거분사형

stray 길을 잃은, 주인이 없는

17

해석 그 당시에는 치즈를 킬로그램 단위로 팔았다.

= 그 당시에는 치즈가 킬로그램 단위로 팔렸다.

해설 능동태 문장의 목적어 cheese를 주어로 하여 수동태 문장으로 바꿔 쓴 경우이다. 일반인을 나타내는 주어 they는 수동태 문장에서 보통 생략한다.

어휘 by the kilogram 킬로그램으로 달아서

18

해석 그는 내게 저 꽃들을 줬다.

= (1) 나는 그로부터 저 꽃들을 받았다.

= (2) 저 꽃들은 그에 의해 나에게 주어졌다.

해설 두 개의 목적어 각각을 주어로 하여 수동태로 바꿔 쓴 경우이다. '～을'이라는 의미의 직접목적어를 주어로 한 수동태 문장에서는 '～에게'라는 의미의 간접목적어 앞에 그 의미를 명확히 하기 위해 보통 전치사를 쓴다.

19

해석 Tom은 없어진 펜을 찾고 있는 것이 아니다.

해설 the missing pen을 주어로 하는 진행형 수동태 문장으로 바꿔 쓴다. 이때 동사는 「be동사＋being＋과거분사」의 형태로 쓴다.

20

해석 그 무거운 상자들을 옮기기 위해 무엇이 그들에 의해 사용
될 수 있는가?

해설 by 뒤의 행위자 them을 주어 they로 하는 능동태 문장으
로 바꿔 쓴다. 조동사를 포함하며 의문사가 있는 의문문임에 유의하
여 「의문사＋조동사＋주어＋동사원형 ~?」의 어순으로 쓴다.

[21-22]

해석 우리 고향이 토네이도에 강타 당했을 때 내 어린 여동생
Clare는 겨우 세 살 반이었다. 폭풍이 지나간 후에 우리 전 가족은
TV 뉴스를 시청했다. 그것은 발생했던 어마어마한 파괴를 보여 주
고 있었다. 뿌리 채 뽑힌 나무들, 박살난 창문들, 없어진 지붕들의
장면들을 조용히 지켜보면서 Clare의 눈은 접시만큼 커졌다. 마침내
그녀는 나를 향해 돌아보며 물었다. "토마토가 저 모든 걸 한 거야?"

21

해설 의미상 '마을이 토네이도의 타격을 받았다'는 수동태가 사
용되는 것이 자연스럽다.

22

해석 ① 토마토는 엄청난 재난을 야기했다.
② Clare는 토네이도와 토마토를 혼동했다.
③ Clare의 고향은 토마토를 많이 재배한다.
④ 토마토는 토네이도가 지속되는 동안 좋은 음식이 될 수 있었다.
⑤ Clare는 토마토가 매우 위험하다는 것을 알고 놀랐다.

해설 어린 Clare는 뉴스에서 토네이도를 발음이 비슷한 토마토
로 혼동하여 듣고 놀라서 질문을 한 것으로 보인다.

어휘 hometown 고향
tornado 회오리바람, 토네이도
tremendous 엄청난, 굉장한, 대단한
destruction 파괴, 파멸
occur 일어나다, 발생하다
saucer (커피 잔 따위의) 받침, 접시 모양의 물건
uprooted 뿌리 채 뽑힌
smashed 박살난
roof 지붕
confuse A and B A와 B를 혼동하다

구문

• ~ when our hometown **was hit by** a tornado.
동사 hit은 '~을 치다, 강타하다'의 의미로 주어 our hometown
이 동사의 동작 대상이므로 수동태 문장으로 썼다. 과거시제
수동태 문장은 「be동사의 과거형＋과거분사」 형태를 써서 표현
한다.

• It was showing the tremendous destruction that **had
occurred**.
뉴스가 방송으로 파괴를 보여 주는 것은 과거 한 시점의 일이
고, 파괴는 그것보다 더 이전에 일어난 일이므로 대과거를 나
타내기 위해 동사를 과거완료형으로 썼다.

[23-24]

해석 좋은 직업이란 무엇인가? 사람들은 대개 많은 돈을 벌고 싶
어 하기 때문에 그들은 좋은 직업이란 높은 급여의 직업이라고 말한
다. 그러나 높은 급여가 당신이 그 직업에 만족할 것이라고 보장하
는 않는다. 직업 만족도에 대한 어떤 조사가 행해졌다. 의사들은 대
개 높은 급여를 받지만, 직업 만족도의 면에서는 거의 가장 낮은 등
급이었다. 하지만 사진사와 작가는 최고의 등급이었다. 그러므로 당
신이 좋은 직업이 무엇인지 생각할 때는 당신이 대가를 얼마나 받을
것인지에 대해서만 생각해서는 안 된다.

23

해설 미래시제의 수동태 문장에서 동사는 「will[be going
to]＋be＋과거분사」의 형태이며, 동사 satisfy는 '~에 만족하게 하
다'로서 '~에 만족함을 느끼다'는 be satisfied with로 표현한다.

24

해석 ① 좋은 직업이란 존재하지 않는다.
② 좋은 직업이란 높은 급여의 직업이다.
③ 높은 급여는 낮은 직업 만족도를 준다.
④ 직업 만족도는 직업 선택에서 중요하다.
⑤ 직업을 선택할 때 그것의 급여는 무시해라.

해설 위 글의 문맥상 만족도 높은 직업이 곧 좋은 직업임을 유추
할 수 있으며, 만족도 높은 직업을 갖기 위해서는 보수만 고려하지
말라는 요지의 글이다.

어휘 earn 벌다
salary 급여, 봉급, 월급
guarantee 보장하다
research 연구, 조사
satisfaction 만족
rank (등급, 등위, 순위를) 매기다, 평가하다
in terms of ~면에서, ~에 관하여
pay (물건 값, 서비스 비용, 일의 대가 등을) 지불하다, 내다, 주다
disregard 무시하다, 묵살하다

구문

• Some research about job satisfaction **has been done**.
현재완료시제 수동태 문장이다. 동사의 형태는 「have[has]
been＋과거분사」이다.

- Doctors, who usually get a high salary, **were ranked** almost the lowest in terms of job satisfaction.
주어 Doctors의 등급이 매겨졌기 때문에 수동태 문장으로 썼다.

25
해석 (1) 휴대전화는 전원을 꺼야만 한다.
(2) 사진은 찍으면 안 된다.
(3) 오토바이는 타면 안 된다.
해설 각 문장의 주어는 모두 괄호 안에 주어진 동사에 대해 동작의 대상이므로 수동태 문장으로 표현한다.

26
해석 이번 금요일에 민수와 그의 친구들은 봉사활동을 하러 어린이 병원에 갈 것이다. 그들은 되어져야 할 일의 목록을 만든다. 그러고 나서 모두가 한 가지 일을 고른다. 그 일들은 누구에 의해 되어질 것인가?
(1) 쓰레기는 민수에 의해 치워질 것이다.
(2) 장난감과 책들은 재민이에 의해 정리될 것이다.
(3) 수미가 아이들에게 책들을 읽어줄 것이다.
(4) 아이들을 위해 유림이에 의해 피아노가 연주될 것이다.
해설 표의 내용과 일치하도록 미래 시제의 수동태 문장을 완성한다.
어휘 task 일, 과업, 과제

Unit
10 분사

Writing Practice
본문 ● 58~59쪽

Ⓐ
1 touching news made us
2 keep the forgotten promise
3 adopt the abandoned dog
4 attached to the train
5 Standing in front of the bookshelf
6 Cooked with fresh ingredients
7 Though very tired
8 Raising more than three children
9 Traveling in other countries
10 Staring at the apple
11 Drinking too much water
12 Mom watched us playing
13 found the painting pleasing
14 make yourself understood
15 saw the movie star wearing

Ⓑ
1 Getting on stage
2 Though being rich
3 chewing your food
4 Beginning at five
5 The man wearing eyeglasses
6 worried about her son
7 was covered with snow
8 had my hair cut
9 heard a dog barking
10 got his fingers caught
11 felt a hand touching
12 Not answering the phone call
13 looking into the person's eyes
14 waiting for someone to open the door
15 Finding everything the same as before

01 ⑤ **02** ⑤ **03** site **04** (s)urvivor **05** ③ **06** ③
07 ⑤ **08** ③ **09** ⑤ **10** ④ **11** ②, ④ **12** ① **13** ③
14 frightening, frightened **15** satisfied, satisfying
16 waved → waving **17** use, used **18** catch
[catching], caught **19** Not knowing what to do
20 Although[Though] I am sitting here in the
sun **21** ① **22** the weather **23** As[When] they
helped Paul up and brushed off the snow **24** ⑤
25 (1) her hair waved (2) her nails polished (3) her
given makeup 또는 makeup given to her **26** (1) He
goes jogging, listening to music. / Going jogging, he
listens to music. (2) He plays the piano, singing
songs. / Playing the piano, he sings songs. (3) He
dances, watching music videos. / Dancing, he
watches music videos.

01
[해석] ① 북극의 – 남극의
② 야외의 – 실내의
③ ~을 포함하여 – ~을 제외하고
④ 흔히 – 드물게
⑤ 짜증난 – 당황한
[해설] annoyed(짜증난)와 embarrassed(당황한)는 반의어 관계라고 할 수 없다.

02
[해석] ① 여우 ② 개 ③ 고래 ④ 쥐 ⑤ 포유동물
[해설] ①~④는 모두 포유류에 속하는 동물이다.

03
[해석] • 야영지를 떠나기 전에 우리는 불을 껐다.
• 이곳은 신설 학교용 부지이다.
• 나는 내 사진들을 인터넷 웹 사이트에 올렸다.
[해설] site 장소, 현장, (인터넷) 사이트
[어휘] put out (불을) 끄다
post (웹사이트에 정보·사진을) 올리다, 게시하다

04
[해석] 죽음에 가깝게 다가갔음에도 불구하고 재해, 사고 또는 질병 후에 계속 살고 있는 누군가
[해설] '생존자'에 대한 정의이다.

05
[해석] ① 그는 아직도 자고 있니?

② 그녀는 잠들어 있는 그녀의 아기를 보며 미소 짓고 있다.
③ 네게 필요한 유일한 것은 침낭이다.
④ 소파에서 자고 있는 저 소년은 내 남동생이다.
⑤ 두 마리 쥐가 문 앞에 잠들어 있는 고양이를 지켜보고 있다.
[해설] ③은 동명사, 나머지는 모두 현재분사이다
[어휘] sleeping bag 침낭
mice mouse(쥐)의 복수형

06
[해석] 나는 그 피아노가 연주되는 것을 결코 들어본 적이 없다.
[해설] piano와의 관계를 생각했을 때 수동의 의미가 있는 과거분사를 써야 한다.

07
[해석] ① 파란색으로 칠해진 그 집은 Anne의 집이다.
② 이것들은 부산에서 찍은 사진들이다.
③ 우리는 길 옆에서 고장 난 차를 발견했다.
④ 노래하는 새 한 마리가 창가에 앉아 있다.
⑤ 200년 전에 써진 저 시들은 여전히 인기가 있다.
[해설] ① 집은 칠해진 것이므로 과거분사 painted의 수식을 받아야 한다.
② 사진은 찍힌 것이므로 과거분사 taken의 수식을 받아야 한다.
④ 노래를 하고 있는 새로 봐야 하므로 현재분사 singing의 수식을 받아야 한다.
⑤ 시는 써진 것이므로 과거분사 written의 수식을 받아야 한다.
[어휘] beside ~의 옆에
poem 시
popular 인기 있는

08
[해석] 우리는 ① TV를 보고 있지 않았다 / ② 우리의 성공에 기뻐했다 / ③ 그 영화에게 실망스러운 존재였다 / ④ 전 관객에게 충격적인 존재였다 / ⑤ 우리의 감정에 매우 혼란스러웠다.
[해설] be disappointed at ~에 실망하다
disappointing 남을 실망하게 하는
[어휘] audience 관객, 청중

09
[해석] ① 그는 나를 보지 않으면서 그렇게 말했다.
② 경찰의 눈에 띄자마자 그는 도망쳤다.
③ 옆집에 살기 때문에, 그는 종종 나를 방문한다.
④ 경기에서 이겨서 우리는 큰 파티를 열었다.
⑤ 좋은 약도 너무 많이 복용되면 너에게 해를 끼칠 수 있다.
[해설] ⑤ Taking → Taken: 분사구문의 생략된 주어는 a good medicine이므로 복용된다는 의미의 과거분사로 써야 한다.
[어휘] run away 도망치다
live next door 옆집에 살다
do you harm 너에게 해를 끼치다

10

해석 비록 매우 피곤했지만 그는 일을 계속했다.

해설 양보의 의미를 갖는 부사절을 분사구문으로 바꿀 때 의미를 명확히 하기 위해 접속사를 생략하지 않고 쓰기도 한다. 분사구문의 분사가 being일 때 흔히 생략하기도 한다.

어휘 continue 계속하다

11

해석 일요일마다 나의 아버지는 나에게 자신의 차를 세차시킨다.

해설 사역동사가 사용된 문장에서 목적어와 목적격 보어의 관계가 능동인지 수동인지에 따라 목적격 보어의 형태가 다르다. 능동 관계의 경우 동사원형을, 수동 관계의 경우 과거분사를 쓴다.

어휘 on Sundays 일요일마다 (= every Sunday)

12

해석 왼쪽으로 돌면 당신은 버스 정류장을 볼 수 있다.

해설 조건을 나타내는 부사절로 보는 것이 적절하다.

어휘 bus stop 버스 정류장

13

해석 일찍 떠났기 때문에 우리는 버스를 탈 수 있었다.

해설 이유를 나타내는 부사절로 보는 것이 적절하다.

14

해석 그 장면은 너무나 깜짝 놀랄 만한 것이어서 모두가 그것에 깜짝 놀랐다.

해설 frightening 깜짝 놀랄 만한
feel frightened by ~에 깜짝 놀라다

어휘 frighten 깜짝 놀라게 하다

15

해석 우리는 그 식당의 서비스에 만족했다. 그것은 정말로 만족스러웠다.

해설 be satisfied with ~에 만족하다
satisfying ~을 만족시키는

어휘 satisfy 만족시키다

16

해석 수지는 그녀의 손을 흔들면서 "잘 가"라고 말했다.

해설 주절의 주어가 wave의 동작 주체이므로 현재분사로 써야 한다.

17

해석 내 친구는 내가 그의 펜을 쓰게 했다.
= 내 친구는 그의 펜이 나로 하여금 사용되게 했다.

해설 사역동사가 사용된 문장에서는 목적어와 목적격 보어의 관계가 능동인지, 수동인지를 생각하여 목적격 보어의 형태를 정한다.

능동일 때는 동사원형으로, 수동일 때는 과거분사로 쓴다.

18

해석 나는 뱀이 개구리를 잡는 것을 봤다.
= 나는 개구리가 뱀에게 잡히는 것을 봤다.

해설 지각동사가 사용된 문장에서는 목적어와 목적격 보어의 관계가 능동인지, 수동인지를 생각하여 목적격 보어의 형태를 정한다. 능동일 때는 동사원형이나 현재분사로, 수동일 때는 과거분사로 쓴다.

19

해석 어쩔 줄을 몰라서 Amy는 나에게 조언을 청했다.

해설 절을 분사구문으로 바꿀 때 접속사와 주어를 생략하고 동사를 현재분사로 변형하되, 부정문의 경우는 분사 앞에 not을 쓴다.

어휘 ask for 요청하다

20

해석 여기 햇볕이 드는 곳에 앉아 있지만, 나는 여전히 춥다.

해설 의미상 양보를 나타내는 부사절로 바꾸는 것이 적절하다.

[21-22]

해석 수천 년 동안 사람들은 날씨로부터 스스로를 보호하기 위해 그들의 집을 지어왔다. 그것이 덥고 건조한 사막의 집이 추운 북극의 집과 매우 달라 보이는 까닭이다. 추운 북부 캐나다에 사는 많은 이누이트 족은 이글루라고 불리는 집을 짓는다. 벽과 반구 형태의 지붕은 두꺼운 눈 블록으로 만들어진다. 그것들은 바람과 추위로부터 안에 있는 사람들을 안전하게 지켜준다. 이와는 대조적으로, 인도네시아에 있는 열대의 집은 사람들을 태양으로부터 보호해줄 높고 경사진 지붕을 갖고 있다. 그 지붕은 또한 심한 빗물이 빠지도록 해주기도 한다.

21

해설 각각 Inuit와 homes를 뒤에서 꾸미는 분사구의 분사로 바꾼다. 명사와의 관계를 생각할 때 live는 능동의 의미인 현재분사로, call은 수동의 의미인 과거분사로 쓰는 것이 적절하다.

22

해석 집은 날씨에 따라 다른 형태나 재료를 갖게 되었다.

해설 날씨로부터 사람들을 보호하기 위한 목적으로 집이 지어졌기 때문에 날씨에 따라 가옥의 형태나 재료가 다르다는 것이 글의 요지이다.

어휘 protect A from B B로부터 A를 보호하다
desert 사막
the Arctic 북극
Inuit 이누이트 족(캐나다 북부 및 그린란드와 알래스카 일부 지역에 사는 어로·수렵인종)

igloo 이글루(이누이트 족의 눈덩이로 지은 집)
dome-shaped 돔 모양의, 반구 형태의
be made of ~로 만들어지다
tropical 열대 지방의, 열대의
sloping 경사진, 비탈진, 비스듬한
drain away (물이) 빠지다

구문

- Many Inuit **living** in cold northern Canada build homes **called** igloos.
  분사구가 명사의 뒤에서 명사를 직접 수식하고 있다. 수식하는 명사와의 관계가 능동인지, 수동인지에 따라서 현재분사구 또는 과거분사구가 수식한다.
- In contrast, tropical houses in Indonesia have high, **sloping** roofs to protect people from the sun.
  slope(경사지다, 기울어지다)의 현재분사 sloping이 명사 앞에서 명사를 직접 수식하고 있다.

[23-24]

해석 Paul이 오스틴에 있는 텍사스 주립대학 1학년이던 겨울 동안 폭설이 있었다. Paul과 그의 친구들은 휴스턴 출신이었기 때문에 눈은 그들에게 신기한 것이었다. 그들은 카페테리아 식판으로 썰매를 타고 눈사람을 만들면서 기꺼이 눈싸움에 참여했다. 기숙사로 돌아오는 길에 Paul은 도로를 따라 작은 눈사람이 있는 것을 보고 그것에 풋볼 태클을 연습하기로 마음먹었다. 그의 친구들 모두는 그가 눈사람에게 스스로를 던지는 것을 지켜봤다. 그것은 움직이지 않았다. Paul이 일어나는 것을 돕고 눈을 털어냈을 때, 그의 친구들은 Paul이 소화전에 태클을 걸었던 것을 알았다.

23

해설 시간을 나타내는 부사절로 바꾸는 것이 문맥상 타당하다.

24

해설 눈사람으로 오인했던 소화전은 Paul의 태클에도 움직이지 않았다고 했다.

어휘 freshman (대학·고등학교의) 신입생
University of Texas at Austin 텍사스 대학교 오스틴 캠퍼스
snowfall 강설
novelty 새로움, 참신함, 신기함
be delighted to 기꺼이 ~하다, ~해서 기쁘다
take part in ~에 참여하다, 참가하다, 가담하다
on the way to ~에 가는 도중에
dorm 기숙사(dormitory)
tackle (축구, 럭비, 미식축구 등에서의) 태클, 수비; (공을 들고 뛰는 상대팀 선수에게) 태클을 걸다, 맞붙다
brush off (솔로) 털다

구문

- His friends all **watched him throwing** himself at the snowman.
  「지각동사+목적어+현재분사 ~」 구문이다. 목적어가 throw 동작을 하는 행위자이기 때문에 현재분사를 썼다. 이때 현재분사 대신 동사원형을 쓸 수도 있다.
- **Helping Paul up and brushing off the snow**, his friends found that Paul had tackled a fire hydrant.
  '주절의 주어가 ~하면서'라는 부대상황(연속 동작)을 나타내는 분사구문이다. 넘어진 Paul이 일어서는 것을 돕고 (그의 몸에 묻은) 눈을 털어내면서 주절의 일이 일어났다.

25

해석 〈보기〉 Kamila가 "내 머리를 샴푸로 감고 말려 주세요."라고 말한다.
→ Kamila는 자신의 머리를 샴푸로 감기고 말리게 한다.
(1) Kamila가 "내 머리를 곱슬거리게 해주세요."라고 말한다.
→ Kamila는 자신의 머리를 곱슬거려지게 한다.
(2) Kamila가 "내 손톱을 다듬어 주세요."라고 말한다.
→ Kamila는 자신의 손톱을 다듬어지게 한다.
(3) Kamila가 "나에게 화장을 해주세요."라고 말한다.
→ Kamila는 자신을 화장되게 한다.

해설 자신이 직접 하지 않고 다른 사람에게 동작을 시키는 사역 동사가 사용된 문장이며, 동작의 대상을 목적어로 하고 있으므로 목적격 보어는 과거분사로 쓴다.

어휘 shampoo (머리를 샴푸로) 감다
wave (머리를) 약간 곱슬거리게 하다, 웨이브가 지게 하다
polish 다듬다, 손질하다
nail 손톱
makeup 화장

26

해석 Josh는 음악을 사랑한다. 그것은 그의 생활 중 큰 부분이다.
(1) 그는 음악을 들으면서 조깅하러 간다. / 그는 조깅하러 가면서 음악을 듣는다.
(2) 그는 노래 부르면서 피아노를 친다. / 그는 피아노를 치면서 노래 부른다.
(3) 그는 뮤직 비디오를 보면서 춤을 춘다. / 그는 춤추면서 뮤직 비디오를 본다.

해설 동시 동작을 나타내는 분사구문을 쓴다. 이 경우 분사구문은 주절의 앞, 또는 뒤에 올 수 있다.

어휘 go jogging 조깅하러 가다

Unit 11 일치와 수식

Writing Practice

본문 • 64~65쪽

A

1 Something seems to be
2 The Netherlands is
3 have nothing to lose
4 kettle to boil water
5 house by the river
6 cap (that[which]) the singer wore
7 magnet moving like water
8 likely to rain
9 is tough to chew
10 asked if[whether] she could
11 read (that) the Korean War broke out
12 said (that) where there is
13 showed (that) the plane arrives
14 expected (that) he would
15 admitted (that) Dokdo is

B

1 anything I can do
2 need someone really strong
3 Seven days makes one
4 Taking selfies is my
5 gets you even healthier
6 A number of people were
7 wrote that I lived
8 thought he was honest
9 knew I had been
10 were ready to race
11 are unable to connect
12 was hesitant to make
13 Be slow to promise
14 was free to choose
15 am happy to attend

Actual Test

본문 • 66~69쪽

01 ⑤ 02 ⑤ 03 tradition 04 (r)itual 05 ② 06 ③
07 ④ 08 ② 09 ② 10 ④ 11 ① 12 ④ 13 ①
14 makes 15 didn't know, was 16 The
Netherlands is located in northwest Europe. 17 I
want to drink something cold. / I want something cold
to drink. 18 You can't find anyone more confused.
19 lose the game 20 play 또는 learn 21 (1) 녹색 식
물은 우리에게 식량을 준다. (2) 식물들은 우리가 숨 쉬는 데 필
요한 산소를 만든다. 22 Oxygen is necessary for us to
breathe. 23 ⑤ 24 ① 25 (1) free to use (2)
dangerous to run on (3) ready to help (you) (4) not
good to drink 26 (1) she had been born (2) she had
lived there (3) her hobby was (4) she would be

01

해석 그것들은 ⑤ 균일한 크기이다. 그들은 모두 하나의 크기이다.
① 맑은 ② 뭉게뭉게 피어 오른 ③ 보통, 일반적인
④ 보통의, 평범한, 정상적인
해설 uniform은 형용사로 '획일적인, 균일한, 한결같은'의 뜻이
있다.
어휘 one-sized 한 가지 크기인

02

해석 그녀는 자신의 고상함과 지위를 ⑤ 지키고자 노력한다.
① 엷은 안개 ② 발생하다 ③ (잡아당기거나 하여 길이·폭 등을)
늘이다 ④ 장식하다
해설 '유지하다, 지키다'의 의미가 있는 것을 고른다.
어휘 elegance 우아함, 고상함
status 신분, 지위

03

해석 우리는 설날에 떡 수프인 떡국을 먹는다. 그것은 한국의 오
래된 전통이다.
해설 오랫동안 따르던 관습이나 풍습을 전통이라고 할 수 있다.

04

해석 그것은 고정된 순서대로 행해지는 일련의 행동을 포함하는
종교적인 의식 또는 다른 의식이다.
해설 '의식, 의례'를 뜻하는 ritual의 정의이다.
어휘 religious 종교적인
service (종교적인) 의식, 예배
ceremony 의식, 식
involve 수반하다, 포함하다

05

해석 나는 아름다운 ① 누군가를 / ③ 뭔가를 / ④ 누군가를 / ⑤ 어딘가를 찾고 있다.
② 언젠가

해설 명사는 대개 형용사 뒤에서 형용사의 수식을 받지만 -one, -thing, -body, -where는 형용사가 뒤에서 수식하는 명사이다. sometime은 부사로서 목적어가 될 수 없다.

어휘 look for ~을 찾다

06

해석 나는 물이 섭씨 0도에서 언다는 것을 배웠다.

해설 불변의 진리는 시제 일치 규칙의 예외로서 항상 현재시제로 쓴다.

어휘 freeze 얼다

07

해석 나는 다시는 늦지 않겠다고 약속했다.

해설 앞으로의 일을 약속한 것이므로 종속절에는 미래시제의 문장이 와야 한다. 단, 주절이 과거시제이므로 will의 과거형을 써서 시제를 일치시킨다.

어휘 promise 약속하다

08

해석 ① 10년은 기다리기엔 긴 시간이다.
② 많은 수의 자동차가 여기 주차하고 있다.
③ 잼 바른 빵이 그의 대개의 아침 식사이다.
④ 바닥의 절반이 양탄자로 덮여 있다.
⑤ 여기 주차된 자동차들의 비율이 매년 증가하고 있다.

해설 ② a number of는 many와 마찬가지로 '많은 개수의'라는 의미이며 복수형 명사와 함께 쓰이고 이 경우 복수 취급한다. 따라서 ②에는 are 또는 were가 들어간다.

어휘 park 주차하다
be covered with ~로 덮여 있다
carpet 카펫, 양탄자
percentage 백분율, 비율
increase 증가하다

09

해석 ① 너는 내가 만든 쿠키를 먹고 있구나.
② 나는 내가 아주 잘 하고 있다고 생각했다.
③ 나는 네가 어제 아팠다고 확신한다.
④ 너는 우리가 경기에서 이길 거라고 믿어?
⑤ 나는 늦게 일어났기 때문에 버스를 놓쳤다.

해설 ② → was doing: 주절의 시제가 과거이므로 목적어절의 시제도 과거로 일치시켜야 한다.

어휘 miss 놓치다

10

해석 ① 새로운 누군가가 우리와 합류할 것이다.
② 어딘가 시원한 곳으로 가자.
③ 친절한 누군가가 그들을 돕는다.
④ 여기에는 특별한 게 아무것도 없다.
⑤ 뭔가 이상한 일이 지난밤에 일어났다.

해설 명사는 대개 형용사 뒤에서 형용사의 수식을 받지만 -one, -thing, -body, -where는 형용사가 뒤에서 수식하는 명사이다.
① New someone → Someone new
② cold somewhere → somewhere cold
③ Kind somebody → Somebody kind
⑤ Strange something → Something strange

어휘 join 함께 하다

11

해석 ① 그녀는 자신을 도울 누군가가 필요하다.
② 네가 공원에서 만난 소녀를 나는 안다.
③ 그녀는 자신의 이름을 부른 그 남자를 몰랐다.
④ 나는 내 형[오빠/남동생]의 친구들과 농구를 했다.
⑤ 우리 수학 선생님께 말을 걸고 있는 저 여자는 누구지?

해설 ① somebody help her → somebody to help her: '그녀를 도와줄 누군가'라는 말은 somebody를 뒤에서 수식하는 to부정사를 써서 표현한다.

12

해석 ① 아기들은 반응하는 데에 느리다.
　아기들은 느리게 반응한다.
② John은 확신시키기 힘들다.
　John을 확신시키는 것은 힘들다.
③ 그는 올 것 같다.
　그가 올 것 같다.
④ 나는 그 소식을 들어서 기뻤다.
　나는 기뻐서 그 소식을 들었다.
⑤ 이 질문은 답하기에 쉽다.
　이 질문에 답하는 것은 쉽다.

해설 ④ → To hear the news made me glad.: 내가 기뻤던 원인이 그 소식을 들은 것이므로 그 소식을 들은 것이 나를 기쁘게 했다고 바꿀 수 있다.

어휘 react 반응하다
convince 납득시키다, 확신시키다

13

해석 〈보기〉 너는 언제든 자유롭게 나가도 된다.
① 그는 기꺼이 우리를 돕는다.
② 쉬기 위해 멈추자.
③ 그의 꿈은 비행사가 되는 것이다.
④ 나는 그것을 거절할 이유가 없다.

⑤ 나는 여기에 더 이상 머물러 있고 싶지 않다.

[해설] 형용사를 뒤에서 수식하는 to부정사를 찾는다.

[어휘] be free to 자유롭게 ~하다, 마음껏 ~하다, 편히 ~하다
be willing to 기꺼이 ~하다
refuse 거절하다

14

[해석] 그녀가 말하는 것은 항상 나를 행복하게 만든다.

[해설] 관계대명사절은 단수 취급한다.

15

[해석] 그는 "나는 내 차가 어디에 있는지 몰라."라고 말했다.
= 그는 자신의 차가 어디에 있는지 모른다고 말했다.

[해설] 주절의 시제가 과거이므로 종속절의 동사는 직접 말할 때보다 한 시제 이전의 형태로 써야 한다. 둘 다 현재형이므로 과거형으로 쓴다.

16

[해석] 네덜란드는 유럽의 북서부에 위치해 있다.

[해설] 나라 이름은 단수 취급한다.

17

[해석] A: 음료를 드시겠어요?
B: 네. 저는 차가운 뭔가를 마시고 싶어요.

[해설] something은 수식하는 형용사가 뒤에 오는 명사이다.

18

[해석] 너는 누군가 더 혼란스러워 하는 사람은 찾을 수가 없다.

[해설] 관계대명사와 be동사를 삭제하고 형용사구가 직접 anyone을 수식하는 표현으로 바꿔 쓸 수 있다. anyone은 형용사(구)가 뒤에서 수식한다.

19

[해석] 질문: 그들은 왜 마음이 상해 보이니?
응답: 그들은 경기에서 져서 실망했어.

[해설] 그림의 상황을 보고 감정의 원인이 되는 동작을 to부정사로 쓴다.

20

[해석] 질문: 뭐가 문제니?
응답: 드럼이 연주하기[배우기] 어려워.

[해설] 그림의 상황을 보고 의미상 드럼을 목적어로 하는 동작을 생각해서 to부정사로 쓴다.

[21-22]

[해석] 우리는 녹색 식물 없이는 살 수 없다. 녹색 식물은 우리에게 식량을 준다. 그것들은 물, 공기, 햇빛을 이용해서 식량을 만들고 그것을 자신들의 잎, 뿌리, 줄기, 열매, 그리고 씨앗에 저장한다. 우리는 이 식량을 먹는다. 식물들은 식량을 만들 때 산소를 만들어 낸다. 이것이 우리가 녹색 식물 없이 살 수 없는 두 번째 이유이다. 산소는 우리가 숨 쉬는 데 필요하다.

21

[해설] ⓐ의 바로 뒤에 첫 번째 이유가, 중반부 이후에 두 번째 이유가 언급되어 있다.

22

[해설] to부정사가 의미상 주어와 함께 형용사 necessary를 뒤에서 수식하는 구조의 문장이다.

[어휘] store 저장하다   stem 줄기
oxygen 산소   breathe 숨 쉬다, 호흡하다

[구문]

- They make food **using water, air, and sunlight** ~
'~을 사용해서'라는 동시 동작을 나타내는 분사구문이다. 절로 바꾸면 They use water, air, and sunlight while they make food.로 쓸 수 있다.
- This is **the second reason why we can't live without green plants**.
형용사 second는 reason을 앞에서, 관계부사절 why ~는 reason을 뒤에서 수식한다. the reason why ~는 '~하는 이유'라는 뜻이다.

[23-24]

[해석] 여름 방학 전 우리의 마지막 수업을 위해 우리 수학 선생님께서는 하늘에서 발생하는 특별히 흥미로운 것들을 보여 주는 슬라이드들을 갖고 오셨다. "내가 여러분에게 보여줄 마지막 슬라이드는 유일무이한 것입니다."라고 그는 마지막으로 말했다. "그것은 내가 가진 가장 아름다운 사진입니다. 그것은 내가 수개월을 기다리며 보낸 천국의 현상의 사진입니다." 우리는 그가 우리에게 보여 주려는 별 무리의 사진을 보고 싶은 생각이 간절했다. 대신에, 그것은 그의 딸 아기였다.

23

[해설] ⓐ의 주어는 관계대명사 that이며 이것이 가리키는 선행사는 slides이다. 주절의 시제가 과거이므로 관계절의 동사도 과거시제로 일치시킨다.
ⓒ의 주어는 he이며 주절보다 미래의 일이므로 will show로 써야 하나, 주절이 과거시제이므로 will을 과거형으로 써야 한다.

24

[해석] ① 여자 아기   ② 아름다운 하늘   ③ 별 무리   ④ 수학적 현상   ⑤ 하늘에서 발생하는 흥미로운 것

해설 글의 마지막에 ⓑ가 교사의 딸 사진이었다고 언급되어 있다.

어휘 bring in 들여오다, 가져오다

particularly 특히, 특별히

occurrence 발생하는 것, 존재하는 것, 나타나는 것

unique 유일무이한, 독특한

in conclusion 마지막으로, 끝으로(= finally)

heavenly 천국의, 하늘의

phenomenon 현상, 경이로운 것

be eager to ~을 하고 싶어 하다, ~하고 싶은 생각이 간절하다

구문

- **The last slide (that) I will show you is** unique.
  형용사 last는 slide를 앞에서, 관계사절(목적격 관계대명사 that 생략) I will show you는 slide를 뒤에서 직접 수식한다. 문장의 주어는 the last slide이고 동사는 이 주어의 수에 일치하는 is이다.
- It's a picture of a **heavenly phenomenon that I have spent months waiting for**.
  형용사 heavenly는 phenomenon을 앞에서, 관계사절 that ~은 phenomenon을 뒤에서 직접 수식한다.

25

해석 (1) 구명조끼는 사용하는 데 무료이다.

(2) 미끄러운 표면은 뛰어 다니기엔 위험하단다.

(3) 안전 요원들은 (너를) 도와줄 준비가 되어 있어.

(4) 물은 마시기에 적절하지 않단다.

해설 (1) free to use 사용하는 것이 무료인

(2) dangerous to run on 뛰어다니기에 위험한

(3) be ready to ~할 준비가 되어 있다

(4) not good to drink 마시기에 적절하지 않은

어휘 life jacket 구명조끼

slippery 미끄러운

lifeguard (해수욕장·수영장의) 인명 구조원, 안전 요원

26

해석 전입생 새미는 자기를 소개했다. "나는 부산에서 태어났어. 그때 이후로 그곳에서 살았지. 내 취미는 그리기야. 나는 장래에 패션 디자이너가 될 거야."

(1) 새미는 부산에서 태어났다고 말했다.

(2) 그녀는 그때 이후로 그곳에서 살았다고 말했다.

(3) 그녀는 자신의 취미가 그리기라고 말했다.

(4) 그녀는 장래에 패션 디자이너가 될 것이라고 말했다.

해설 주절의 시제가 과거이므로 종속절의 동사 형태를 직접 말할 때보다 한 시제 이전으로 표현해야 한다.

Unit

12 도치와 강조

Writing Practice

본문 ● 70~71쪽

Ⓐ

1 comes the pizza we ordered

2 Ready or not, here I

3 goes a fire engine

4 It was Ariel that

5 It is at 10 p.m. that

6 I do believe you

7 Michael did move to

8 The dress did cost me

9 Do remember that the train

10 It is a bucket of water

11 and so have you

12 neither does my cat

13 neither has the cherry tree

14 so can my grandmother

15 neither are horror movies

Ⓑ

1 Iced water does ease

2 This medicine did cure

3 Here is a new way

4 There was my mother

5 appeared the rising sun

6 sat two birds side by side

7 and neither will I

8 and so are those

9 It was because of the traffic jam

10 I did have[eat] three hamburgers

11 The cook does know

12 where I met your mom

13 that saved us

14 in 2009 when Mary and Jack

15 so did the other players

Actual Test

본문 ● 72~75쪽

01 ② 02 ① 03 overfeed 04 belong 05 ④ 06 ⑤
07 ② 08 ① 09 ① 10 ② 11 ④ 12 ⑤ 13 ③
14 did 15 On the table is 16 is your bag 17 It
was from my grandfather that I learned how to ride
a bike. 18 do I 19 What was it that made him
change his mind? 20 so haven't I → neither have
I 21 tried to do what Jaeyoung wanted once, too
22 ⑤ 23 ⓐ It ⓑ that[when] 24 ① 25 (1) So am (2)
Neither can (3) So do 26 (1) was on Saturday, he
took a tennis lesson (2) was with his grandparents,
he had dinner (then) (3) was at home, he did his
science homework (4) was Tony, watched a movie
with him

01
해석 해변에 매우 많은 수의 사람들이 있다.
① (수가) 많은 ② (수가) 몇몇인 ③, ④ (수나 양이) 많은
⑤ 수많은
해설 a large number of 매우 많은 수의

02
해석 ① 사랑 – 사랑스러운
② 기본적인 – 기본적으로
③ 원래의, 본래의 – 원래, 본래
④ 특정한 – 특히, 특별히
⑤ 우연한, 돌발적인 – 우연하게, 뜻하지 않게
해설 ①은 '명사 – 형용사'의 관계이고, 나머지는 모두 '형용사
– 부사'의 관계이다.

03
해석 당신의 애완동물에게 먹이를 지나치게 주지 마시오. 그
들에게 너무 많은 먹이를 주면, 그들은 과체중이 될 수도 있을 텐데.
해설 overfeed 먹이를 지나치게 주다

04
해석 Robinson 씨가 이 집의 소유주이다.
= 이 집은 Robinson 씨에게 속해 있다.
해설 그가 집의 소유주라고 했으므로 집은 그에게 속한 것이라
고 할 수 있다.
어휘 owner 소유주, 주인

05
해석 나는 그에게 전화를 걸진 않았지만 정말로 그에게 문자 메
시지를 보냈다.

해설 문맥상 sent가 들어가야 하는데, 시제를 고려하여 did
send라고 써서 문장의 뜻을 강조할 수 있다.
어휘 text message 문자 메시지

06
해석 • 정말로 그는 그들이 다시 만나기를 바란다.
• 나는 양념 맛이 강한 음식을 즐기는데 Andy도 그렇다.
해설 문장의 뜻을 강조하는 조동사 do와 앞에 나온 동사구를 대
신하는 조동사 do가 각각 필요하다. 시제와 인칭을 고려하여 does
형태로 쓴다.
어휘 spicy 양념 맛이 강한

07
해석 • 내가 이 구두를 구한 것은 그 상점에서였다.
• 그녀는 배가 고팠고 나도 그랬다.
• Anna는 아직 도착하지 않았고 그녀의 부모님도 그렇지 않았다.
해설 장소를 강조할 때 「It+be동사 ~ that ...」 강조구문을 쓴
다. '~도 역시 그렇다'라는 표현은 「so+동사+주어」로, '~도 역시
그렇지 않다'라는 표현은 「neither+동사+주어」로 쓴다.
어휘 not ~ yet 아직 ~아닌

08
해석 ① 제발 조용히 해.
② 그 소식이 여기 있어.
③ 언덕 위에 성이 있었다.
④ 그는 지치지 않았고 나도 그렇다.
⑤ 내가 그 장면을 관찰했던 것은 어제였다.
해설
① 명령문을 강조할 때 be동사 앞에 do를 쓸 수 있다.
② → is the news: Here로 시작하는 문장에서는 주어와 동사가 도
치된다.
③ → stood a castle: 부사구로 시작하는 문장에서도 주어와 동사
가 도치된다.
④ → neither am I: 부정문에 대해서 다른 주어도 역시 그렇지 않
다고 말할 때 neither ~를 쓴다.
⑤ → It was yesterday that: 「It+be동사 ~ that ...」 강조구문에서
that절이 과거시제일 때 It 뒤의 be동사는 과거형인 was를 쓴다.
어휘 castle 성

09
해석 ① 그가 (드디어) 여기로 오네.
② 버스가 (드디어) 여기로 온다.
③ 여기 당신의 거스름돈이요.
④ 상자 안에 사과가 한 개 있다.
⑤ 탁자 위에 메모가 하나 있었다.

10

해석 ① Bob은 그를 알고, 나도 그렇다.
② 지나는 오지 않을 것이고, 나도 그럴 것이다.
③ 세찬이가 너를 도울 수 있고, 나도 그럴 수 있다.
④ 나는 시험에 합격했고, 윤주도 그랬다.
⑤ 나의 부모님은 노래를 아주 못하시고, 나도 그렇다.
해설 '~도 역시 그렇지 않다'라는 표현은 「neither＋동사＋주어」로 쓴다. ② so will I → neither will I
어휘 pass the test 시험에 합격하다
be terrible at ~을 심하게 못하다

11

해석 ① 정말로 나는 너를 사랑해.
② 정말로 그는 우리의 도움이 필요하다.
③ 정말로 그녀는 그녀의 최선을 다하고자 애썼다.
④ 그는 나에 대해 잘 알고 있었고 나도 그랬다.
⑤ 너는 내가 갈 것이라고 기대하지 않았지만, 정말로 나는 갔다.
해설 ④는 앞에 나온 동사(구)를 대신하고, 나머지는 문장의 뜻을 강조하는 역할을 한다.
어휘 do one's best ~의 최선을 다하다
expect 기대하다

12

해석 ① 너에게 전화를 했던 것은 바로 나였다.
② 내가 가장 신뢰하는 것은 John이다.
③ 내가 그녀를 만났던 것은 보스턴에서였다.
④ 그가 그 책을 준 것은 바로 나에게였다.
⑤ 그녀가 어제 아팠던 것은 진실이다.
해설 ⑤는 진주어가 되는 명사절을 이끄는 접속사이고 나머지는 「It＋be동사 ~ that ...」 강조구문의 that이다.
어휘 trust 신뢰하다

13

해석 A: 너는 왜 그에게 진실을 말하지 않았니?
B: ③ 정말로 나는 그에게 말했어.
① 응, 그럴게.
② 아니, 난 그렇지 않았어.
④ 나는 그에게 아무것도 말하지 않았어.
⑤ 나는 그에게 진실을 말하지 않았어.
해설 상대의 부정이나 의심이 옳지 않으며 자신의 말이 사실임을 드러내고자 할 때 조동사 do를 동사 앞에 써서 문장의 의미를 강조한다.

어휘 truth 사실, 진실

14

해석 그는 지금 운동을 별로 많이 하지 않지만, 그가 더 어렸을 때는 정말로 농구를 꽤 많이 했다.
해설 현재와 대립되는 과거의 일을 강조하기 위해 조동사 did를 동사 앞에 쓴다.
어휘 get exercise 운동하다
quite a bit 꽤, 상당히

15

해석 탁자 위에 물이 한 잔 있다.
해설 문장의 맨 마지막에 주어가 있으므로 「장소 부사구＋동사＋주어」의 어순으로 문장으로 완성한다.

16

해석 네 가방이 여기에 있다.
해설 here를 문장 앞에 쓰면 「동사＋주어」의 어순이 이어진다.

17

해석 나는 내 할아버지로부터 자전거 타는 법을 배웠다.
해설 「It＋be동사 ~ that ...」 강조구문을 활용하여 전치사구인 from my grandfather를 강조하는 문장으로 쓴다.

18

해석 A: 나는 주말에는 일찍 일어나지 않는다.
B: 나도 마찬가지다.
해설 밑줄 친 부분은 '나도 역시 그렇지 않다'라는 표현이다. '~도 역시 그렇지 않다'라는 표현은 「neither＋동사＋주어」로 쓴다.
어휘 on weekends 주말마다, 주말에

19

해석 무엇이 그로 하여금 마음을 바꾸게 했나?
해설 의문사를 강조하는 경우 「의문사＋be동사＋it＋that ~?」으로 쓴다.
어휘 change one's mind ~의 마음을 바꾸다

20

해석 Sean은 하와이에 결코 가 본 적이 없고 나도 마찬가지이다.
해설 '~도 역시 그렇지 않다'라는 표현은 「neither＋동사＋주어」로 쓴다. 앞선 절의 동사가 현재완료형이므로 neither 뒤에 조동사 have를 쓴다.
어휘 have been to ~에 가 본 적이 있다

[21-22]

해석 재영이와 그의 가장 친한 친구인 민우는 방학을 보내러 안동에 갔다. 그들은 재미있는 여행을 할 것이라고 기대했지만 그것은

그런 식으로 되지 않았다. 여러 번, 재영이가 뭔가를 하고 싶어 하고 민우는 그 외에 다른 것을 하고 싶어 했다. 재영이는 한 번은 민우가 원하는 것을 하려고 애썼고, 민우도 그렇게 했다. 그러나 여행이 끝났을 때 그들은 둘 다 불만족스러웠다. 다음번에 그들은 함께 여행하기 전에 그들 각자가 하고 싶어 하는 것에 대해 말해야 한다.

21

해석 민우도 재영이가 원하던 것을 한 번 하려고 애썼다.

해설 앞서 나온 말에 대해 '민우도 그랬다'라는 의미이므로 이를 풀어 쓰면 민우도 재영이가 원하던 것을 한 번 하려고 애썼다는 말이 된다.

22

해설 글의 마지막에 언급된 내용으로 보아 두 사람이 여행 내내 원하는 바가 달라서 즐겁지 않았음을 알 수 있다.

어휘 for a vacation 방학을 위해
once 한 번
unsatisfied 불만족스러운

구문

- They **expected** (that) they **would have** a fun trip ~
  주절이 과거시제이므로 목적어절의 동사도 시제 일치를 이루어 will have의 과거형인 would have로 썼다.
- Jaeyoung tried to do what Minwu wanted once, and **so did Minwu**.
  앞에 나온 표현을 반복하지 않고 대용어 so와 대동사 do를 써서 「so+do+주어」로 표현했다. 이 때 do는 문장의 시제와 주어의 인칭 및 수에 일치하는 형태로 쓴다.

[23-24]

해석 자신의 십 대 아들이 그의 방을 청소하도록 애쓰는 것은 Monica에게 엄청나게 힘든 일이었다. 마침내 그녀는 "네가 월요일까지 그 방을 청소해 놓지 않으면 내가 너 대신 그걸 청소할 거야!"라고 그를 위협했다. 월요일 아침이 왔고, 그것은 여전히 참사 상태였다. 그가 학교로 갈 때, 그녀는 그에게 자신의 위협을 상기시켰다. 그러나 그 상황이 벌어졌을 때, 그녀는 너무 바빠서 결코 그 방을 건드리지 않았다. 그가 집에 왔을 때 한 마디도 하지 않고 그녀 옆으로 곧장 걸어가 버렸다. 그가 부엌으로 돌아와서 자신의 팔을 그녀의 어깨에 두르고 "고마워요, 엄마, 딱 제가 맘에 드는 방식으로 제 방을 청소하셨네요."라고 말한 것은 잠깐 후였다.

23

해설 때를 나타내는 부사구를 강조하는 「It+be동사 ~ that ...」 강조구문이다.

24

해석 Monica의 아들은 왜 그녀에게 고마워했습니까?
① 그녀는 그의 방을 청소하지 않았다.
② 그녀는 그가 자신의 방을 청소하도록 내버려뒀다.
③ 그녀는 그가 그의 방을 청소하는 걸 도왔다.
④ 그녀는 그의 방을 완전히 청소했다.
⑤ 그녀는 가사 노동을 하느라 항상 바빴다.

해설 엄마는 바빠서 아들의 방을 청소하지 못했는데 아들은 그것이 자신이 원하는 상태로 청소한 것이라며 고마워했다.

어휘 monumental 기념비적인, 엄청난, 대단한
struggle 투쟁, 분투, 힘든 것, 힘든 일
threaten 위협하다
disaster 참사, 재난, 재해, 엄청난 불행, 재앙
remind A of B A에게 B를 상기시키다, 생각나게 하다
threat 위협
by ~ 옆에
moment 순간
completely 완전히
do housework 가사 노동을 하다

구문

- If you **don't have that room cleaned** by Monday ~
  「have+목적어+과거분사」 구문은 '목적어가 ~되게 하다'라는 의미로 목적어가 과거분사 동작의 대상이기 때문에 사역동사의 목적격 보어임에도 동사원형이 아니라 과거분사를 썼다.
- **It** was a few moments later **that** he came back into the kitchen ~
  「It+be동사 ~ that ...」 강조구문을 사용하여 that절의 일이 일어난 때가 바로 a few moments later였음을 강조하고 있다.

25

해석 A: 나 아주 피곤해.
B: 나도 그래.
A: 난 더 이상 걸을 수가 없어.
B: 나도 못 해.
A: 난 쉬고 싶어.
B: 나도 그래.

해설 '~도 역시 그렇다'라는 표현은 「so+동사+주어」로, '~도 역시 그렇지 않다'라는 표현은 「neither+동사+주어」로 쓴다. 주어는 모두 1인칭 'I'이고, 시제 또한 모두 현재시제이며, 앞 문장의 동사의 종류에 따라 be동사, 조동사, do를 알맞게 골라 쓴다.

어휘 take a rest 쉬다, 휴식을 취하다

26

토요일	일요일
• 테니스 강습을 받았다 • 나의 조부모님과 저녁을 먹었다	• 집에서 과학 숙제를 했다 • Tony와 영화를 봤다

(1) 질문: Sam은 언제 테니스 강습을 받았습니까?
  응답: 그가 테니스 강습을 받은 것은 토요일에였다.
(2) 질문: Sam은 토요일에 누구와 함께 저녁을 먹었습니까?
  응답: 그가 (그때) 저녁을 먹은 것은 그의 조부모님과 함께였다.
(3) 질문: Sam은 어디에서 그의 과학 숙제를 했습니까?
  응답: 그가 그의 과학 숙제를 한 것은 집에서였다.
(4) 질문: 누가 Sam과 함께 영화를 봤습니까?
  응답: 그와 함께 영화를 본 것은 Tony였다.

해설 「It+be동사 ~ that ...」 강조구문 형식의 응답이다. 의문사가 가리키는 말을 It was와 that 사이에 써서 강조하여 응답하는 것이 자연스럽다.

EBS 중학

뉴런

| 영어 3 |

Mini Book

Mini Book

Reading 어휘 연습

Vocabulary 어휘 목록

속담

관용 표현

Reading 1

Andy Warhol은 20 **century**의 가장 중요한 예술 가 중의 한 명이었다. 그의 초창기에 Warhol은 그 당 시의 더 잘 알려진 예술가들만큼 유명해질 방법을 찾으 려고 애썼다. 한 **gallery**의 **owner**가 Warhol에 게 Campbell's 사의 수프 깡통을 그려 줄 것을 **suggest**했다. 그는 그렇게 했다. 하지만 그림을 그리는 **guide**로서 **actual**한 수프 깡 통을 사용하는 **instead of**에, Warhol은 잡지에 실린 **image**를 이용해서 **huge**한 수 프 깡통을 그렸다. **once** 그것이 화랑에 **hang**되자, 그 그림은 매우 달랐기 때문에 많은 사람들의 관심을 끌었다. Warhol은 **common**한 **product**를 택해서 그것을 예술로 바 꿔 놓았다.

century 몡 세기	gallery 몡 화랑, 미술관
owner 몡 소유주, 주인	suggest 통 제안하다
guide 몡 안내, 지침	actual 휑 실제의
instead of ~ 대신에	image 몡 영상, 이미지
huge 휑 거대한	once 젭 일단 ~하면, ~하자마자
hang 통 걸다	common 휑 평범한, 공통의
product 몡 제품	

나의 딸은 매우 조그마했을 때, 매우 **advanced**한 언어 **skill**을 갖고 있었다. 나는 딸이 "아빠, 'density'가 뭐예요?"라고 물었을 때 전혀 놀라지 않았다. 딸은 **quite correctly**하게 그것을 **pronounce**하지는 않았지만, 나는 그녀의 작은 목소리로 어른이 쓰는 이 단어를 **attempt**해 보는 소리를 듣는 것을 좋아했다.

그것은 정말로 **challenging**한 단어였다. 나는 그렇게 어린아이에게 이 어려운 **concept**를 어떻게 설명할지 **figure out**하려고 애썼다. 나는 장난감 블록으로 그 단어를 **explain**하는 시도를 해보았다. 그녀는 더 쉬운 단어들을 설명하는 것보다 훨씬 더 긴 **explanation**을 내내 매우 신중하게 들었다. 마지막으로 나는 "이제 **density**가 무엇인지 알겠어?"라고 물었다. 그녀는 "그런 것 같지 않아요."라고 **reply**했다. 나는 딸이 왜 **density**에 대해 알고 싶어 하는지 물었다. "저," 그녀는 천천히 대답했다. "저는 그저 우리가 *I am the Lord of the Dance, said he.*('나는 춤의 왕이야'라고 그는 말했다.)라고 노래 부를 때 그것이 무슨 뜻인지 **wonder**했어요."

advanced 혱 앞선, 진보한	skill 몡 기술, 기능, 솜씨
density 몡 밀도	quite 뷔 꽤, 상당히
correctly 뷔 정확하게	pronounce 통 발음하다
attempt 통 시도하다	challenging 혱 도전적인
concept 몡 개념	figure out ~을 알아내다
explain 통 설명하다	explanation 몡 설명
reply 통 대답하다	wonder 통 궁금해하다

Reading 1

양 선생님께,

pet shelter에서 모든 일이 **go well**하기
를 바랍니다. Lucky와 저는 아주 잘 지냅니다.
그녀가 처음 저의 집에 왔을 때, 그녀는 아무것
도 먹으려 하지 않고 그저 잠만 잤습니다. 그녀
는 슬프고 지쳐 있었음에 틀림없습니다. 하지만
그녀는 많이 변했습니다. 그녀는 어디에나 저를
따라다니고 모든 것에 **curious**합니다. 저도 많이 변했습니다. 저는 애완동물을 어떻게 돌
보는 것인지 알게 되었습니다. 저는 그녀를 산책시키고 용변을 치웁니다. 이것들은 제가
take on한 유용한 **responsibility**입니다. 그리고 그녀는 제 사랑에 **pay back**합
니다. 그녀는 저의 가장 좋은 친구입니다. 지금껏 최고의 친구를 제게 주신 것에 대해 감사
드립니다!

대단히 감사드리며,

시원 드림

---

pet shelter 애완동물 보호소   go well 잘 되어 가다
be curious about ~에 호기심을 보이다. ~을 궁금해하다
take on (책임을) 지다. (일 등을) 맡다   responsibility 명 책임
pay back 되갚아 주다

Reading 2

나는 영어에서 가장 중요한 **expression** 중
의 한 가지는 '감사합니다'라고 생각한다. 그것
을 말하는 것은 다른 사람들을 **at ease**하게
해 준다. 하지만 그것의 **absence**는 온갖 종
류의 **negative**한 감정을 **stir**할 수 있다. 한
가지 예를 들고자 한다. 지난달에 나의 아들은
몇몇 친구들과 **sleepover**를 했다. 나는 저

녁 식사로 중국 음식을 **order**했다. 나는 아들의 친구들을 위해 청소를 하고 **bedding**
을 **prepare**해 주었다. 아침에는 나는 그 무리를 위해 프렌치토스트를 만들어 대접했다.
그의 친구들이 한 명씩 떠날 때, 그 아이들 중 어느 누구도 감사하다고 말하지 않았다. 나의
아들은 **probably** 그들이 감사하다고 하기에 너무 **shy**했을 거라고 말했지만 나는
offended했다.

---

expression 명 표현
absence 명 부재
stir 통 휘젓다, (감정을) 일으키다
order 통 주문하다
prepare 통 준비하다
shy 형 수줍어하는

at ease 편안한, 편히
negative 형 부정적인, 부정의
sleepover 명 함께 자며 놀기, 밤샘 파티
bedding 명 잠자리, 침구
probably 부 아마도
offended 형 기분 상한, 화난

Reading 1

지구는 3차원의 원 같은 모양이다. 나무 **trunk** 조각은 많은 원 모양의 고리를 **reveal**해 주며 인간의 눈은 원 모양의 **pupil**을 **contain**하고 있다. 그런 예들처럼, 우리는 자연 세계 어디에서나 원을 발견할 수 있다. 하지만 사람들은 원들이 **mysterious**하다고 생각한다. 그들이 왜 그

렇게 생각하는지 아는가? 이것은 그것들을 **measure**할 방법이 없기 때문이다. 여러분이 원 둘레의 **distance**를 재서 그것(원)을 **across**하는 **distance**로 그것을 **divide**하면, 항상 파이가 나오게 될 것이다. 파이는 약 3.14와 **equal to**하지만 **infinitely**하게 길다. **With the help of** 컴퓨터로 **mathematician**들은 파이를 **calculate**해 낼 수 있었지만 그들은 그 수의 끝을 볼 수는 없었다.

---

trunk 명 나무의 몸통
pupil 명 눈동자, 동공
mysterious 형 신비로운
distance 명 거리
divide 통 나누다
infinitely 분 무한으로, 끝없이
mathematician 명 수학자

reveal 통 드러내다
contain 통 담다, 포함하다
measure 통 재다, 측정하다
across 전 ~을 가로질러
be equal to ~와 동등하다
with the help of ~의 도움으로
calculate 통 계산하다

Reading 2

상당히 **successful**한 사람들은 세 가지를 **have in common**한다. 그것은 **motivation**, **ability**, 그리고 **opportunity**이다. 이것은 우리가 성공하기를 원한다면 동기, **talent**, 그리고 운의 **combination**이 필요하다는 것을 뜻한다. 하지만 아주 중요한 **factor**가 한 가지 더 있다. 네 번째 **ingredient**는 다른 사람과의 **interaction**이다. 이것은 **critical**하지만 종종 **neglect**된다. 우리가

또 다른 사람과 직장에서 **interact**할 때마다 우리는 **choice**를 해야 한다. 우리는 더 줄 것인가, 더 가질 것인가, 아니면 우리가 주는 것과 갖는 것을 그냥 똑같이 맞출 것인가? 갖는 사람들이 가장 성공적인 사람들인 것처럼 보일 수도 있다. 하지만, 한 연구는 가장 성공적인 사람들은 주는 사람들이었다는 것을 보여 주었다.

successful 휑 성공한
motivation 몡 동기
opportunity 몡 기회
combination 몡 조합
ingredient 몡 성분, 요소
critical 휑 대단히 중대한
interact 통 소통하다, 교류하다

have ~ in common ~을 공통으로 가지고 있다
ability 몡 능력
talent 몡 재능
factor 몡 요소
interaction 몡 상호 작용
neglect 통 무시하다
choice 몡 선택

Reading 1

우리 반은 스승의 날을 맞아 우리 담임선생님이신 김
선생님을 위해 **surprise party**를 준비했다. 몇
명의 학생들은 벽에 풍선들을 **put up**했다. 그리고
다른 몇몇은 감사 메시지로 **chalkboard**를
decorate했다. 우리는 칠판에 **in the shape
of** 큰 하트로 메시지를 썼다. 그리고 나서, 우리는 김

선생님을 교실로 불렀고, 우리 학급 비디오를 그녀에게 보여 드렸다. 비디오를 보고 나서, 두
명의 학급 친구들이 교실로 들어왔다. 그들은 커다란 초콜릿 케이크를 가져왔다. 초콜릿 케
이크 위에는 초 세 개가 있었다. 하나는 빨간색, 또 다른 하나는 파란색, 그리고 나머지 하나
는 노란색이었다. 김 선생님은 매우 기쁜 표정을 지으며 "사랑스러운 나의 학생 여러분, 모
두에게 감사합니다."라고 말씀하셨다. 그리고 나서 그녀는 **one by one** 우리에게 **give
a hug**해 주셨다.

---

surprise party 깜짝 파티
chalkboard 圀 칠판
in the shape of ~ 모양으로
give ~ a hug ~을 안아 주다

put up (남의 눈에 띄게) 붙이다
decorate 图 장식하다
one by one 하나씩, 한 사람씩

취미는 십 대들이 **mentally**하거나 **physically** 하게 건강하게 지낼 수 있도록 도와준다. 또 다른 **benefit**은 그것들이 창의력을 **increase**하고 스트레스를 **decrease**해 준다는 것이다. 또한, 취미를 공유하는 것은 그들이 새로운 친구를 사귀고 우정을 쌓도록 도와준다. 음악 **instrument**를 연주하는 것은 십 대들 사이에서 인기 있는 취미이다. 몇몇은 여가 시간에 악기 연주를 한다. 다른 학생들은 학교 밴드와 **choir**에서 그들의 음악 재능을 보여 준다. 또한 춤추기는 십 대들 사이에서 인기 있는 또 다른 취미이다. 그들 중 많은 이들이 학교 댄스 클럽에 가입하여 발레부터 현대 무용, K-pop 댄스에 이르기까지 다른 종류의 춤을 배운다. **neighborhood**에 사는 다른 사람들을 돕는 자원봉사를 취미로 선택하는 십 대들도 있다. 그들은 **homeless shelter**에서 식사를 **serve**하거나 지역 **cleanup** 활동을 도울 수도 있다. 그리고 다른 십 대들은 그림 그리기나 채색과 같은 예술 활동을 하며 시간 보내기를 **prefer**한다. 당신이 관심을 갖는 취미는 무엇인가?

---

mentally 〔부〕 정신적으로
benefit 〔명〕 이점, 이득, 혜택
decrease 〔동〕 감소시키다
choir 〔명〕 합창단, 성가대
homeless shelter 노숙자 보호소
cleanup 〔명〕 청소, 정화

physically 〔부〕 육체적으로
increase 〔동〕 증가시키다
instrument 〔명〕 악기
neighborhood 〔명〕 이웃, 근처
serve 〔동〕 (음식 등을) 제공하다
prefer 〔동〕 선호하다

Reading 1

어떤 **celebrity**의 **date** 사진들을 보면 여러분은 어떤 기분이 드는가? 여러분은 단순히 그 유명 인사가 누구와 **date**를 하고 있는지에 관심이 생기거나, 사생활이 없다는 것에 대해 그 유명 인사에 안쓰러움을 느끼거나 둘 중 하나일 것이다. 그러나 어떤 사람들은 **go one step further**해서 그 사진에 **based on**한

rumor들을 **create**해 낸다. 몇몇은 심지어 그나 그녀의 **date**를 **torture**하기도 한다. 당신이 어떻게 **react**하든지, 한 가지는 확실하다. 그 사람은 그의 사생활에 대한 **access**를 팔지 않았다는 것이다. **Moreover**, 우리는 그것을 **purchase**한 적이 없다. 여러분은 그 소식이 모두에게 무료라고 생각할 수도 있지만, 사실은 그것은 공짜가 아니라 훔친 것이다. 그러므로 우리는 **gossip**을 **consume**하는 것을 멈추고 유명 인사들을 **leave alone**해야 한다.

---

celebrity 명 유명 인사
go one step further 한 걸음 더 나아가다
rumor 명 소문
torture 동 지독히 괴롭히다
access 명 접근권, 접촉 기회
purchase 동 구매하다, 사다
consume 동 소비하다, 소모하다

date 명 데이트; 데이트 상대 동 ~와 데이트하다
based on ~에 근거하여
create 동 만들어 내다
react 동 반응하다
moreover 부 게다가
gossip 명 소문
leave ~ alone ~을 내버려 두다, 건드리지 않다

Susie와 그녀의 남편 Ben은 공원을 걷고 있었다. 얼마 후, 그녀는 Ben에게 "저 음식 가판대에 들러 **snack**을 먹을래요?"라고 물었다. Ben이 "아니, 아직 배가 고프지 않아요."라고 대답했다. 갑자기 Susie가 조용해졌다. Ben은 이유를 몰랐다. 그는 그녀가 자신이 배가 고픈지 묻고 있다고 생각했다. 하지만 Susie는  그에게 그녀가 간식을 먹으러 잠깐 들르고 싶다고 말하고 있었다. 이처럼 남녀 사이에 **misunderstanding**이 있다. **consultant**들은 남성과 여성이 다른 **conversational** 규칙을 가지고 성장하기 때문에 **miscommunication**이 발생한다고 말한다. 여성들은 대화를 감정을 표현하는 데뿐만 아니라 합의에 이르는 데에도 사용한다. 그러나 남성들은 대화를 정보를 **exchange**하는 것뿐만 아니라 **respect**를 **gain**하기 위해 종종 사용한다. 그러므로 대화 방식의 차이는 **male-female** 사이의 **interaction**에서 매우 큰 의미를 가진다.

---

snack 명 간단한 식사, 간식
consultant 명 상담가, 고문
miscommunication 명 잘못된 전달, 오해
respect 명 존경
male 명 남자 형 남성의
interaction 명 상호 작용

misunderstanding 명 오해
conversational 형 대화의
exchange 동 교환하다
gain 동 얻다
female 명 여자 형 여성의

Reading 1

artificial intelligence는 너무나 많이 발전해서 그것은 인간의 지능을 **threaten**한다. 1997년에 큰 체스 경기가 있었다. 그 당시에 많은 사람들은 인간이 인공 지능보다 더 똑똑하다고 확신했었다. 체스 세계 챔피언과 IBM의 컴퓨터인 딥블루가 체스를 두었다. 결과는 어땠을까? 딥블

루가 이겼다. 그것은 많은 **attention**을 받았고 그 당시 모든 **major**한 **media oulet**에 올랐다. 2016년에 바둑 챔피언인 이세돌이 구글 딥마인드의 알파고를 상대로 패배했을 때도 같은 일이 일어났다. 어떤 사람들은 인공 지능이 인간의 **subconscious**한 **decision**을 **mimic**한다고 믿는다. 다른 사람들은 인공 지능이 너무 똑똑해져서 가까운 미래에 그것이 인간을 지배하는 것이 아닌지 걱정하고 있다. 그들은 인공 지능이 인간의 가치와 인간의 **dignity**를 **degrade**할 가능성이 있다고 말한다.

---

artificial 혱 인공적인

threaten 통 위협하다

major 혱 주요한

subconscious 혱 잠재의식의

mimic 통 모방하다, 흉내 내다

degrade 통 비하하다, 비하시키다

intelligence 명 지능

attention 명 관심, 주의, 주목

media outlet (신문·방송 등의) 대중 매체

decision 명 결정

dignity 명 존엄성, 위엄, 품위

Reading 2

당신이 한 회사의 **CEO**이고, 당신을 위해 일할 누 군가가 필요하다고 상상해 보라. 당신은 **for sure** 정말로 재능 있는 근로자를 원할 것이다. 하지만 당신은 어떻게 그런 종류의 사람을 찾을 수 있는가? 많은 사람들은 **high salary를 offer** 하면, 쉽게 **competent**한 근로자들을 구할 거

라고 생각한다. 하지만 그것이 항상 맞는 것은 아니다. 아마도 더 훌륭한 **interviewee**를 만날 **chance**는 높아질 것이다. 그러나 **high salary**가 좋은 일꾼을 **guarantee**해 주지는 않는다. 모든 사람들이 **high salary**를 원하기 때문에, **high salary**를 **offer** 하는 것은 모든 종류의 사람들을 끌어들인다. 만약 당신이 **competent**한 근로자를 **recognize**할 수가 없어서 잘못된 사람을 고른다면, 당신은 당신의 결정을 후회하게 될 것이다. 그러므로 당신은 능력 있는 근로자가 누구인지를 알아볼 수 있는 기술을 계발할 필요가 있다.

CEO 명 사장, 최고 경영자 (Chief Executive Officer)
for sure 분명히
offer 통 제공하다
interviewee 명 면접 대상자
guarantee 통 보장하다

high salary 높은 급여
competent 형 유능한, 능숙한
chance 명 확률
recognize 통 알아보다

Reading 1

Sarah야 안녕.

어떻게 지냈어? 네가 너의 겨울 **vacation**을 즐기고 있기를 소망해. 나는 여기 핀란드에서 최고로 멋진 시간을 보내고 있어. 너도 여기에 있다면 좋을 텐데. 어제 나는 숲으로 **sleigh**를 타러 갔어. 핀란드의 몇몇 지역에서는 **reindeer**가 **sleigh**를 끌어서 마치 내가 산타가 된 것처럼 느껴져. 밤에 우리는 **the Northern Lights**를 **chase**하기 위해 나갔어. **clear**한 하늘 덕분에, 나는 마침내 그것을 보았어. 그것은 **extraordinary**한 **experience**였어. 나는 **reindeer**와 **the Northern Lights** 사진 몇 장을 **attach**할게. 곧 보자.

미나로부터

vacation 명 휴가
reindeer 명 순록
chase 동 쫓다
extraordinary 형 기이한, 놀라운
attach 동 첨부하다, 붙이다

sleigh 명 썰매
the Northern Lights 북극광
clear 형 맑은
experience 명 경험

인간의 역사에서 사람들은 세상이 **flat**하다고 생각했다. 그들은 만약 당신이 한 **direction**으로 충분히 멀리 여행을 한다면, 당신은 **eventually** 세상의 **edge**에 올 것이라고 생각했다. 그런데 약 이천 년 전에 사람들은 지구가 둥글다는 **theory**를 **come up with**하기 시작했다. 이것은 만약 당신이 한 **direction**으로 충분히 멀리 여행을 한다면, 당신은 **eventually** 시작점에 돌아오게 될 것이라는 것을 의미했다. 그러나 많은 사람들은 Ferdinand Magellan의 **expedition**이 16세기에 처음으로 세계 일주를 하기 전까지 이 **theory**를 **rule out**했다. 그 **expedition**은 남아프리카를 돌아 다시 포르투갈에 돌아오기 전까지 포르투갈에서 서쪽으로 처음 **sail**했고, 남미를 돌아 태평양을 가로질렀다.

---

flat 혱 평평한
eventually 凰 결국, 마침내
theory 뗭 이론
expedition 뗭 탐험대, 탐험
sail 통 항해하다

direction 뗭 방향
edge 뗭 끝, 가장자리
come up with (아이디어 등을) 생각해 내다
rule out 배제하다

Reading 1

당신은 아시아의 **beauty**를 경험하고 싶은가? 그러면 아시아에서 가장 흥미로운 **destination**들 중 하나인 마카오를 방문하러 오라. 마카오 타워는 당신이 도시의 정말 멋진 경관을 볼 수 있는 장소이다. 만약 당신이 충분히 **brave**하다면, 당신은 마카오 타워 **outer**의 **edge**를 따라 걸어 다닐 수 있다. 당신은 세나도 광장에서 **mosaic-paved**된 도로와 **historical**한 건물들을 볼 수 있는데, 그곳에서 당신은 또한 성 바울 교회의 **ruins**도 발견하게 될 것이다. 1835년에 **typhoon** 동안 화재가 있었는데, 그것은 교회를 **destroy**했다. 이러한 **spot**들 외에도 볼 만한 반드시 방문해야 할 장소들이 더 많이 있는데, 왜 기다리는가?

---

beauty 몡 미, 아름다움
brave 휑 용감한
edge 몡 가장자리, 끝
historical 휑 역사적인
typhoon 몡 태풍
spot 몡 장소, 곳, 자리

destination 몡 목적지, 도착지
outer 휑 바깥쪽의, 외곽의
mosaic-paved 휑 모자이크로 포장된
ruins 몡 (파괴된 건물의) 잔해, 폐허, 유적
destroy 동 파괴하다

그리스 **mythology**에 예전에 Echo라고 불리는
nymph가 살았는데, 그녀는 그녀 자신의 목소리를
사랑했다. Echo는 **nymph**들의 무리와 수다를 떨면
서 숲에서 그녀의 시간을 보냈다. Echo는 하나의 문제
가 있었다. 그녀는 너무 수다스러웠다. 어느 날 Hera
는 그녀의 남편 Zeus가 아름다운 **nymph**들과 주로
hang out하는 숲속에서 그를 찾고 있었다. Echo는
Hera를 **take aside**해서 Zeus가 **escape**할 수

있을 때까지 길고 **entertaining**한 이야기로 그녀의 주의를 **distract**했다. Hera는
Echo가 한 것을 깨달았을 때, 가장 **cruel**한 방법으로 Echo를 **punish**했다. 그녀는
"Echo는 자신이 듣는 마지막 단어들만 말할 수 있게 될 것이다."라고 말했다.

---

mythology 몡 신화
hang out 많은 시간을 보내다
escape 통 탈출하다
distract 통 (주의를) 딴 데로 돌리다
punish 통 벌주다

nymph 몡 (고대 그리스·로마 신화의) 요정
take A aside A를 한쪽으로 데려가다
entertaining 혱 재미있는, 즐겁게 해 주는
cruel 혱 잔인한

Reading 1

만약 당신이 그것의 뒤에 있는 **meaning**을 안다면 개의 **behavior**는 쉽게 이해되어질 수 있다. **For instance.** 당신이 개가 자신의 꼬리를 **wag**하는 것을 볼 때, 그 개가 행복하다는 것을 항상 의미하는 것은 아니다. 개는 **insecure** 하거나 **impatient**한 것을 보여주기 위해 자신의 꼬리를 **wag**한다. 당신은 식탁에 있던 음식을 먹은 것 때문에 개를 **scold**해 본 적이 있는가? 그 개가 **scold**된 이후에, 그것

은 **guilty**하다고 느끼는 것처럼 보일 수 있다. (식탁 위 음식을 찾는 것은 쉽지 않다.) 그러나 몇몇 **researcher**들은 개들은 그 어떤 **guilt**도 느끼지 않는다고 말한다. 그것은 개가 그렇게 느끼길 우리가 원하는 방식일 뿐, 실제로 그것이 그렇게 느끼는 것은 아니라고 그들은 말한다. 그러므로 당신은 그들의 순진한 눈에 속아서는 안 된다.

---

meaning 몡 의미, 뜻	behavior 몡 행동.
for instance 예를 들어	wag 동 (꼬리를) 흔들다
insecure 혱 불안정한	impatient 혱 참을성 없는, 안달하는
scold 동 혼내다	guilty 혱 죄책감을 느끼는; 유죄의
researcher 몡 연구자	guilt 몡 죄책감

Reading 2

감자칩은 나이에 **regardless of**하게 세계적으로 모든 사람에게 사랑받는다. 사실 감자칩을 **mention**하지 않고 **favorite** 간식이 **discuss**될 수 없다. 놀랍게도 감자칩은 실제로 **by accident**하게 **invent**되었다! 1853년에 한 **customer**는 감자가 너무 **thick**해서 요리사 Crum의 튀긴 감자를 계속 돌려보냈다. Crum은 화가 났고, 그래서 그는 그 **customer**를 괴롭힐 아

이디어를 **come up with**했다. 그는, 감자를 정말 얇게 썰고, 그것들을 오랜 시간 동안 튀기고, 소금을 심하게 쳤다. 무슨 일이 일어났는지 아는가? 그 **customer**는 그 요리를 매우 좋아했고, 우리가 **favorite**하는 간식 중 하나가 탄생한 것이다!

---

regardless of ～에 상관없이
favorite 혱 가장 좋아하는
by accident 우연히, 실수로
customer 몡 손님
come up with ～을 생각해 내다

mention 통 언급하다
discuss 통 논하다, 상의하다
invent 통 발명하다
thick 혱 두꺼운

Reading 1

Arctic 여우는 흔히 **Arctic region**에서 발견되는 작은 여우이다. 이 여우는 여름에는 갈색이고 겨울에는 흰색이다. 다자란 여우들은 무게가 6에서 20파운드 사이이다. 그것의 **thick**한 **fur** 외투는 영하의 **temperature**와 눈 속에서도 그것이 체온을 따뜻하게 유지할 수 있도록 돕는다. **Arctic** 여우는 대단한 **survival** 기술을 가지고 있다. 그것은 곤충, 작은 **mammal**, 새, 오리, 거위, 그리고 알을 **including**

하여 **almost** 어떤 것이든 먹을 수 있다. **Arctic** 여우들은 나무딸기류의 열매나 해초 **as well** 먹을 수 있다. 먹이가 **scarce**해 지면, **Arctic** 여우들은 **scavenger**가 된다.

Arctic 웹 북극의   region 웹 지역
thick 웹 빽빽한, 숱이 많은   fur 웹 털
temperature 웹 기온, 온도   survival 웹 생존
mammal 웹 포유동물   including 웹 ~를 포함하여
almost 뿐 거의   as well ~도, 또한
scarce 웹 부족한, 드문   scavenger 웹 죽은 동물을 먹는 동물

Reading 2

내 가족은 지난 주말에 캠핑을 가기로 결정했다. 우리는 매우
신이 나 있었고 캠핑하는 동안 무엇을 먹을지에 관해 이야기
하고 있었다. 우리는 **campsite**로 **on the way to**일
때, 식료품점으로 차를 달렸다. 우리는 우리가 원하는 것을
pick out하면서 식료품점을 돌아보았다. 우리가 쇼핑을 마
치고 우리 차로 돌아왔을 때, 우리는 정말로 놀랐다. 우리 차
앞에 **park**되어서 우리가 나가는 것을 **block**하고 있는 차
가 있었다. 운전자는 대략 30분 후에 나와서 **drive off**했고

우리는 정말로 **annoyed**였다. 야영지에 도착해서 **outdoor** 바비큐 파티를 열면서, 우
리는 우리의 나쁜 기분에 관해 잊었다. 하지만, 만약 내가 **someday** 차를 가지게 된다
면, 나는 절대로 내 차를 그렇게 주차하지 않을 것이라고 생각했다.

---

campsite 명 야영지	on the way to ~로 가는 길에
pick out 선택하다	park 통 주차하다
block 통 막다, 차단하다	drive off (운전자 · 자동차 등이) 떠나다
annoyed 형 짜증난	outdoor 형 야외의
someday 부 언젠가	

Reading 1

미얀마의 카얀 족 여성들은 그들의 신체를 독특한 방식으로 **decorate**한다. 다섯 살에, 그들은 **brass** 고리를 목둘레에 걸기 시작한다. 그들은 나이를 더 많이 먹을수록 더 많은 고리를 건다. 그것은 그들의 목을 더 길게, 가끔은 **normal** 길이의 2~3배만큼 늘리게 된다. **eventually**, 그들은 **so to speak** '기린 여성'이 된다. 이 여성들에게 빛나는 **brass** 고리는 **female**

elegance와 **status**의 표시이다. 대부분의 카얀 족 여성들은 이 미적 **ritual**을 따른다. 하지만 오늘날, 일부의 더 어린 여성들은 **tradition**을 깨고 목에 거는 고리를 걸지 않고 있다.

---

decorate 圖 장식하다
normal 圈 정상적인, 보통의, 평범한
so to speak 말하자면
elegance 圈 우아함, 고상함
ritual 圈 관례, 의식, 의례

brass 圈 놋쇠 (제품)
eventually 圈 결국
female 圈 여성의
status 圈 지위, 신분
tradition 圈 전통

구름들은 하늘에서의 그들의 **height**에 **based on**해서 다른 이름이 주어진다. 어떤 구름들은 지면 가까이 있다. 다른 것들은 거의 제트 비행기들이 날아가는 만큼 높이 있다. **atmosphere** 중에서 가장 높은 구름은 권운이다. 권운은 **typically**하게 **fair**한 날씨에 **occur**하지만, 그것들을 보는 것은 가끔은 폭풍우가 올지도 모른다는 의미이다. 지면에 가장 가까운 구름들은 적운과 층운이다. 적운은 그 꼭대기가 둥글고 **puffy**한데, 맑고 화창한 날에 **develop**한다. 층운은 **uniform**한 회색

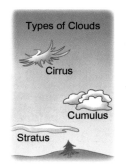

Types of Clouds

Cirrus

Cumulus

Stratus

을 가지고 있고 하늘 전체를 덮을 수 있다. 그것들은 지면에 닿지 않은 안개처럼 보일 수도 있다. 층운이 하늘에 있을 때는 옅은 **mist**나 **drizzle**이 가끔 떨어진다.

---

height 명 높이　　　　　　　　　based on ~에 근거하여
atmosphere 명 대기　　　　　　typically 부 보통, 일반적으로
fair 형 맑은　　　　　　　　　　occur 통 발생하다
puffy 형 뭉게뭉게 피어 오른　　develop 통 발달하다
uniform 형 균일한　　　　　　　mist 명 옅은 안개
drizzle 명 보슬비

Reading 1

당신이 파리지옥을 갖게 되면, 당신은 아마도 그것에게 꼭 파리를 먹여야 한다고 생각할 것이다. 물론 파리지옥은 벌레를 먹는다. 하지만, 그것은 식물이고, 그래서 성장하기 위한 그것의 **basic**한 **requirement**들도 당신은 **provide**해야 한다. **In other words**, 당신의 식물이 **before anything else** 필요로 하는 것은 물과 많은 햇빛이다. 하지만 벌레를 먹지 않으면 그것은 정말로 **growth**를 **slow down**하기는 한

다. 그러므로 당신은 화창한 날 바깥에서 그것이 벌레를 잡게 해주거나 살아 있는 곤충을 그것에게 줄 수 있다. 하지만 당신의 식물에게 **overfeed**하지 마라. 일주일 **per** 벌레 한 마리면 충분하고도 남는다.

---

basic 혱 기본적인
provide 통 제공하다
before anything else 다른 무엇보다도
slow down 늦추다
per 젠 ~당

requirement 몡 필요(한 것)
in other words 다시 말해서
growth 몡 성장
overfeed 통 먹이를 지나치게 주다

세상에는 **numerous**한 **ecosystem**이 있다. **native**종은 **originally** 하나의 특정한 생태계에 **belong to**한 동물들이다. 하나의 생태계에는 완벽하게 **keep a balance**하기 위한 딱 맞는 수의 동물들이 있다. 하지만, 가끔 하나의 생태계로부터의 동물들이 또 다른 생태계로 이동해 들어간다. 그들은 침입종이라고 불린다. 사람들이 **accidentally**하게 이 동물들을 들여오는 것일 수도 있고, 아니면 그 동물들이 **by oneself** 새로운

지역으로 이동하는 것일 수도 있다. 침입종들은 보통은 그들의 새로운 지역에 해를 끼친다. 그들은 토착종들을 **kill off**하고 생태계의 균형을 **upset**할지도 모른다. 황소개구리가 1970년대에 **import**되어 한국의 토종 동물들을 **prey on**했을 때 이것이 실제로 일어났다.

---

numerous 혱 많은
native 혱 토착의, 토종의
belong to ~에 속하다
accidentally 툇 우연하게, 뜻하지 않게
kill off 몰살하다
import 툉 수입하다

ecosystem 몡 생태계
originally 툇 원래, 본래
keep a balance 균형을 유지하다
by oneself ~끼리만, 혼자서
upset 툉 잘못되게(틀어지게) 만들다
prey on 잡아먹다

1. 숫자를 나타내는 표현

cent(i)- 100, 백

milli- 1000분의 1

kilo- 1000, 천

bi- 2, 둘

tri- 3, 셋

quadr- / quart- 4, 넷

penta- 5, 다섯

hexa- 6, 여섯

sept- 7, 일곱

oct(a)- 8, 여덟

2. 여러 가지 뜻을 가진 단어

can 명 깡통, 통조림
　　 조 ~할 수 있다

pretty 형 예쁜

　　　　부 상당히, 꽤

mean 동 의미하다

　　　　형 비열한

story 명 이야기

　　　　명 (건물의) 층

block 명 블록, 사각형 덩어리

　　　　동 막다, 차단하다

3. out이 들어간 동사구

figure out 알아내다, 이해하다, 계산해 내다

put out (불을) 끄다

carry out 수행하다, 실행하다

come out 나오다, 출시되다, 발간되다

hang out (with) (~와) 많은 시간을 보내다, 어울리다

1. 성격을 나타내는 단어

curious 형 호기심이 많은
uninterested 형 무관심한

shy 형 수줍어하는, 수줍음이 많은
confident 형 자신감 있는

hostile 형 적대적인
friendly 형 친절한, 다정한, 호의적인

courageous 형 용맹한, 용감한
cowardly 형 겁이 많은, 비겁한

patient 형 참을성이 많은
impatient 형 짜증난, 참을성이 없는

2. 여러 가지 뜻을 가진 단어

change 동 변하다
명 잔돈, 거스름돈

order 동 주문하다 명 주문
명 순서

kind 명 종류
형 친절한

last 동 지속되다
　　　　형 마지막의; 지난

lot 명 많음, 다수
　　　 명 지역, 부지

3. 반대되는 뜻을 가진 단어

negative 형 부정적인
positive 형 긍정적인, 적극적인

absence 명 부재, 결석
presence 명 참석, 존재

praise 동 칭찬하다
blame 동 비난하다

thrilling 형 짜릿한, 흥분되는
boring 형 지루한, 지겨운

ease 명 쉬움; 편안함
difficulty 명 어려움

1. 비슷한 뜻을 가진 단어

opportunity 명 기회
chance 명 기회

whole 형 전체의
entire 형 전체의

worried 형 걱정하는
anxious 형 걱정하는, 근심하는

grown-up 명 성인, 어른
adult 명 성인, 어른

collect 동 모으다
gather 동 모으다

2. 여러 가지 뜻을 가진 단어

trunk 명 (나무의) 몸통
　　　명 (코끼리의) 코

ring 명 반지; 고리; 원, 원형
　　명 전화하다

pupil 몡 동공, 눈동자

몡 학생, 제자

common 혱 공통의, 공동의

혱 흔한

match 통 (대등하게) 맞추다

몡 시합; 성냥

3. '명사+ed'의 표현

-shaped 혱 ~ 모양인, ~ 모양을 지닌

-mouthed 혱 ~ 입을 가진

-eyed 혱 ~ 눈을 가진

-tailed 혱 ~ 꼬리를 가진

-colored 혱 ~ 색깔을 가진, ~ 빛깔의

1. '자격, 정신적 특성'을 뜻하는 -ship

friend 명 친구
friendship 명 우정, 교우 관계

citizen 명 시민
citizenship 명 시민 자격, 시민권

member 명 회원
membership 명 회원 자격, 회원권

intern 명 인턴
internship 명 인턴 자격, 인턴 근무

leader 명 지도자
leadership 명 지도력, 통솔력

2. '기간, 시절, 신분, 정신적 특성'을 뜻하는 -hood

neighbor 명 이웃 사람
neighborhood 명 이웃, 이웃 관계, 근처

child 명 아이
childhood 명 어린 시절, 유년기

adult 명 어른
adulthood 명 성인 시절, 성인기

mother 명 어머니
motherhood 명 모성

parent 명 부모, 어버이
parenthood 명 어버이 신분

3. '~주의, ~특성'을 뜻하는 -ism

modern 형 현대의
modernism 명 현대주의 (현대적 사상이나 방식)

critic 명 비평가
criticism 명 비평, 비판

optimistic 형 낙관적인
optimism 명 낙관주의

real 형 사실적인, 진짜의
realism 명 사실주의

natural 형 자연의
naturalism 명 자연주의

1. '나쁜, 잘못된'을 뜻하는 mis-

understand 동 이해하다
misunderstand 동 오해하다

behave 동 얌전하게 굴다
misbehave 동 버릇없게 굴다

read 동 읽다
misread 동 잘못 해석하다, 잘못 읽다

inform 동 전하다, 알리다
misinform 동 잘못 전하다, 틀린 정보를 전하다

match 동 연결하다, 짝짓다, 어울리다
mismatch 동 짝을 잘못 짓다, 어울리지 않다

2. '~사이에, ~간에'를 뜻하는 inter-

action 명 행동
interaction 명 상호 작용

national 형 국가의
international 형 국제적인

section 명 구분, 부분, 구획
intersection 명 교차점, 교차로

personal 형 사람의, 개인의
interpersonal 형 사람 사이의, 대인 관계의

continental 형 대륙의
intercontinental 형 대륙 간의, 대륙 사이의

3. 사람을 나타내는 -ant, -or

consult 동 상담하다, 상의하다
consultant 명 상담가, 고문

serve 동 시중들다
servant 명 하인, 고용인

negotiate 동 협상하다
negotiator 명 협상가

edit 동 편집하다
editor 명 편집자

prosecute 동 기소하다
prosecutor 명 검사

1. '아래로'를 뜻하는 de-

grade 명 등급, 학년
degrade 동 (등급, 지위 등을) 낮추다

press 동 누르다
depress 동 우울하게 하다, 낙담하게 하다

form 명 모양, 형태
deform 동 모양이 망가지다, 망가뜨리다

posit 어근 놓다, 두다(put)
deposit 명 보증금, 예금 동 내려놓다, 예금하다

scribe 어근 쓰다(write)
describe 동 묘사하다, 서술하다

2. 주체를 나타내는 -er, -or *vs.* 객체를 나타내는 -ee

employer 명 고용주
employee 명 종업원, 고용인

trainer 명 교육시키는 사람(교관)
trainee 명 교육 받는 사람, 훈련생

interviewer 명 면접관
interviewee 명 면접 대상자

loaner 명 대여자, 대부자
loanee 명 채무자, 대출자

mentor 명 멘토, 스승, 조언자
mentee 명 멘티(멘토에게 상담이나 조언을 받는 사람)

3. '아래'를 뜻하는 sub- (변화형 sup-)

conscious 형 의식 있는, 의도적인
subconscious 형 잠재의식의

way 명 길
subway 명 지하철

marine 형 바다의
submarine 형 바다 밑의 명 잠수함

urban 형 도시의, 도회의
suburban 형 교외의

press 동 누르다
suppress 동 진압하다, 억압하다, 억제하다

1. '~밖의, ~을 넘어서'를 뜻하는 extra- (변화형 extro-)

ordinary 형 평범한
extraordinary 형 기이한, 놀라운

terrestrial 형 지구의
extraterrestrial 형 외계인의, 지구 밖의 명 외계인, 우주인

curricular 형 교육과정의
extracurricular 형 교과 외의

sensory 형 감각의
extrasensory 형 초감각적인

legal 형 법률과 관련된, 합법적인
extralegal 형 법의 영역 밖의

2. '~밖으로'를 뜻하는 ex-

expedition 명 탐험대, 탐험

exceed 동 초과하다, 넘다

exhale 동 내쉬다

expose 동 폭로하다, 드러내다

exclude 동 배제하다

exit 동 나가다 명 출구

extend 동 연장하다

export 동 수출하다

expand 동 확장시키다, 확대되다

expire 동 기한이 만료되다

3. come이 들어간 동사구

come up with: (아이디어 등을) 생각해 내다

come across: ~을 우연히 발견하다, ~을 우연히 마주치다

come down with: (심각하지 않은 병이) 들다, 걸리다

come forward: (도움을 주거나 증인으로) 나서다

come apart: 부서지다, 흩어지다

1. '~론, ~설, ~학, ~과학' 등을 뜻하는 -(o)logy

myth 명 신화
mythology 명 신화(학)

zoo 명 동물원
zoology 명 동물학

term 명 용어, 말
terminology 명 전문 용어

astro- 어근 별의, 우주의
astrology 명 점성술(학)

bio- 어근 생명, 인간의 삶
biology 명 생물학

2. 명사와 동사의 형태가 같은 단어

echo 명 메아리, 울림
　　　동 (소리가) 울리다, 메아리치다

chat 명 담소, 수다
　　　동 수다를 떨다

experience 명 경험
　　　　　　 동 경험하다, 느끼다

spot 명 장소, 곳; 점
　　　　 동 (~한 점을) 발견하다

voice 명 목소리, 음성
　　　　 동 (말로) 나타내다

3. look이 들어간 동사구

look for: ~을 찾다

look after: ~을 돌보다

look up to: ~을 존경하다

look down on: ~을 낮춰 보다, ~을 얕보다

look into: ~을 조사하다, ~의 속을 들여다보다

Unit 09 수동태

1. 부정을 나타내는 in-

secure 형 안전한
insecure 형 불안정한

considerate 형 사려 깊은
inconsiderate 형 사려 깊지 못한

flexible 형 잘 구부러지는, 유연한
inflexible 형 잘 구부러지지 않는

expensive 형 비싼
inexpensive 형 저렴한

correct 형 맞는, 정확한
incorrect 형 틀린, 부정확한

2. 부정을 나타내는 im-

patient 형 참을성 있는
impatient 형 참을성 없는

moral 형 도덕적인
immoral 형 부도덕한

possible 형 가능한
impossible 형 불가능한

mature 형 성숙한
immature 형 성숙하지 않은

mortal 형 언젠가는 반드시 죽는
immortal 형 불멸의

3. 부정을 나타내는 ir-

resistible 형 참을 수 있는
irresistible 형 거부할 수 없는

regular 형 규칙적인
irregular 형 불규칙적인

responsible 형 책임감 있는
irresponsible 형 책임감 없는, 무책임한

removable 형 제거할 수 있는
irremovable 형 제거할 수 없는, 움직일 수 없는

rational 형 이성적인
irrational 형 비이성적인

1. '전부, 완전히'를 뜻하는 al-

most 형 대부분, 대부분의
al**most** 부 거의

one 명 하나
al**one** 형 혼자인 부 혼자서

ways 명 (장)거리, 길
al**ways** 부 항상

mighty 형 강력한
al**mighty** 형 전능한, 엄청난

arm 명 팔
al**arm** 명 불안 동 불안하게 만들다

ready 형 준비된
al**ready** 부 이미

right 형 (상태가) 좋은
al**right** 형 괜찮은

together 부 함께, 같이
al**together** 부 완전히, 모두 합쳐, 전체적으로 보아

though 접 (비록) ~이긴 하지만
although 접 비록 ~이긴 하지만

so 부 ~도 또한 (그러하다)
also 부 또한, 게다가, ~도

2. '바깥쪽'을 뜻하는 out-

door 명 문
outdoor 형 옥외[야외]의

side 명 쪽, 옆
outside 명 겉면, 바깥쪽   형 겉면의, 바깥쪽의
　　　　　전 ~의 바깥에   부 밖에서

look 명 보기   동 바라보다
outlook 명 전망, 관점

line 명 선   동 ~에 선을 긋다
outline 명 윤곽   동 개요를 보여 주다, 윤곽을 서술하다

patient 명 환자
outpatient 명 외래 환자

1. '하나, 하나로 된'을 뜻하는 uni-

unique 형 유일무이한, 독특한

union 명 조합, 협회

unicorn 명 유니콘

unisex 형 남녀 공용의

unicycle 명 외바퀴 자전거

unit 명 구성단위, 단원

uniform 명 제복, 교복 형 획일적인, 균일한

united 형 국가들이 연합한, 통합된

unify 동 통합(통일)하다

universe 명 우주

2. 높이, 길이, 넓이 등을 나타내는 형용사와 명사

high 형 높은
height 명 높이, 키

deep 형 깊은
depth 명 깊이

long 형 긴
length 명 길이

strong 형 튼튼한, 강한
strength 명 힘, 강점

wide 형 넓은
width 명 폭, 너비

3. 형용사를 명사로 바꾸는 -ce

different 형 다른
difference 명 차이

elegant 형 품격 있는, 우아한
elegance 명 우아, 고상

important 형 중요한
importance 명 중요성

patient 형 인내심 있는
patience 명 인내, 인내심

violent 형 폭력적인
violence 명 폭력

1. '더 높이, 위로, 꼭대기로'를 뜻하는 up-

set 동 놓다, (어떤 상태로) 되게 하다
upset 형 속상한, (몸의) 상태가 좋지 않은
　　　　동 잘못되게 만들다, 배탈이 나게 하다

coming 명 시작 형 다가오는, 다음의
upcoming 형 다가오는, 곧 있을

date 명 날짜, 약속, 데이트
update 동 갱신하다, 업데이트하다

grade 명 품질, 등급, 성적, 학년
upgrade 동 개선하다, 승급시키다

hold 동 잡고 있다, 유지하다 명 쥐기
uphold 동 유지시키다, 옹호하다

load 동 싣다 명 짐
upload 동 업로드하다 명 업로드

right 형 옳은, 바른
upright 형 (자세가) 똑바른, 꼿꼿한

side 명 쪽, 편
upside 명 윗면, 좋은 면

stair 명 (계단의) 한 단
upstairs 명 위층, 2층 형 위층(2층)의
　　　　　 부 위층(2층)에서, 위층(2층)으로

town 명 (소)도시, 시내, 번화가
uptown 부 시 외곽으로 형 시 외곽의, 부유층 지역의

2. '너무 많이'를 뜻하는 over-

feed 동 먹이를 주다 명 먹이
overfeed 동 먹이를 지나치게 주다

react 동 반응하다, 반응을 보이다
overreact 동 과잉반응을 보이다

sleep 동 자다 명 잠
oversleep 동 늦잠을 자다

weight 명 무게, 체중 동 무겁게 하다
overweight 형 과체중의, 중량 초과의

work 동 일하다 명 일, 직업
overwork 동 과로하다 명 과로

속담

1. 배움, 공부

Don't teach your grandmother to suck eggs.
공자 앞에서 문자 쓰지 마라.

- -

One is never too old to learn. 배울 수 없을 정도로 늙은 사람은 없다.

- -

There is no royal road to learning. 학문에는 왕도가 없다.

- -

The sparrow near a school sings a primer.
서당개 3년이면 풍월을 읊는다.

- -

You can lead a horse to water, but you can't make him drink.
물가에 말을 데려 갈 수는 있지만, 물을 마시게 할 수는 없다.

- -

You can't teach an old dog new tricks.
늙은 개에게 새로운 재주를 가르칠 수는 없다.

2. 노력, 인내

As you sow, so shall you reap.
뿌린 대로 거둔다.

- -

Constant dripping wears away the stone.
낙숫물이 댓돌 뚫는다.

- -

Practice makes perfect.
훈련이 완벽을 만든다.

- -

Rome was not built in a day.
로마는 하루아침에 이루어지지 않았다.

- -

Slow and steady wins the race.
여유와 꾸준함이 경기를 이긴다.

- -

Where there's a will there's a way. 뜻이 있는 곳에 길이 있다.

3. 사랑, 우정

Love me, love my dog.
아내가 좋으면 처갓집 말뚝을 보고도 절한다.

A man is known by the company he keeps.
사귀는 친구를 보면 그 사람을 알 수 있다.

Every Jack has his Jill. 짚신도 짝이 있다.

There is honor among thieves. 도둑들 간에도 의리가 있다.

A friend in need is a friend indeed.
어려울 때 친구가 진정한 친구이다.

Familiarity breeds contempt.
지나치게 허물없이 지내면 체면을 잃는다.

4. 경제, 돈

Waste not, want not.
낭비하지 않으면 없어서 곤란해지지 않을 것이다.

A bird in the hand is worth two in the bush.
손 안에 든 새 한 마리는 풀숲에 있는 두 마리 새의 가치가 있다.

Penny wise, pound foolish.
소탐대실(小貪大失); 한 푼 아끼려다 열 냥 잃는다.

Money doesn't grow on trees.
돈이 많지 않으니 낭비하지 말고 아껴 써라.

You can't eat your cake and have it. 양쪽 다 좋을 수는 없다.

One beats the bush, and another catches the birds.
뿌리는 사람 따로, 거두는 사람 따로 있다. / 재주는 곰이 넘고 돈은 주인이 받는다.

관용표현

add insult to injury 설상가상(雪上加霜)으로, 엎친 데 덮친 격으로

a hot potato 다루기 어렵고 민감한 문제나 사람

a penny for your thought 무슨 생각을 하고 있는지 말해줘.

a piece of cake 아주 쉬운 일

a stick in the mud 변화를 거부하는 고루하고 따분한 사람

a wet blanket 흥을 깨는 사람, 분위기를 망치는 사람

beat around the bush
둘러말하다, 요점을 피하다, 문제점을 꺼내 말하기를 주저하다

be caught between two stools
(두 가지 대안 중 하나를 고르기 어려워서) 갈팡질팡하다, 결정하기 어려운 상황에 처하다

be on the ball 일이 어떻게 돌아가는지 훤히 알다, 사정을 꿰고 있다

bite the bullet (하기는 싫지만 피할 수 없는 일을) 이를 악물고 하다

Break a leg! 행운을 빌어!

cost an arm and a leg 엄청 비싸다

cut corners (일을 쉽게 하려고) 절차나 원칙 등을 무시하다

Don't be a chicken. 겁먹지 마라. (a chicken: 겁쟁이)

drive someone up the wall / drive someone nuts
누군가를 매우 화나게 하다, 짜증나게 하다

face the music (자신의 행동에 대해) 비난[벌]을 받다

hear something on the grapevine 소문으로 듣다

hear something straight from the horse's mouth
권위 있는 곳, 믿을 만한 소식통으로부터 듣다

hit the ceiling[roof] (몹시 화가 나서) 길길이 날뛰다, 격노하다, 노발대발하다

hit the nail on the head 정확히 맞는 말을 하다

knock someone's socks off 결정적으로 승리하다; 너무 좋다, 훌륭하다

let the cat out of the bag 비밀을 발설하다

miss the boat 기회를 놓치다

once in a blue moon 매우 드물게

put wool over other people's eyes 남의 눈을 속이다, 눈 가리고 아웅 한다

see eye to eye (누군가와) 마음이 맞다, 의견이 일치하다

sit on the fence 결정하지 못하다, 중립적인 태도를 취하다

speak of the devil 호랑이도 제 말 하면 온다더니

take what someone says with a pinch of salt
누군가 하는 말에 큰 의미를 두지 않다, 남의 말을 그대로 믿지 않다

the last straw (하중(荷重)에 견디지 못하게 되는) 마지막 한 가닥 무게, 더 이상
견딜 수 없는 한계, 최후의 결정타

under the weather 다소 몸 상태가 안 좋은

when pigs fly 결코(never), 절대 그럴 일 없다

Memo